SERVIÇO SOCIAL, FUNDAMENTOS E TENDÊNCIAS TEÓRICAS

contribuições ao debate
latino-americano

Dados Internacionais de Catalogação na Publicação (CIP)
(Câmara Brasileira do Livro, SP, Brasil)

Serviço social, fundamentos e tendências teóricas : contribuições ao debate latino-americano / José Fernando Siqueira da Silva (org.). — São Paulo : Cortez, 2022.

Vários autores.
Bibliografia
ISBN 978-65-5555-244-7

1. Assistentes sociais - América Latina 2. Assistentes sociais - Trabalho profissional 3. Serviço social - América Latina I. Silva, José Fernando Siqueira da.

22-110682 CDD-361.098

Índices para catálogo sistemático:

1. Serviço social : América Latina 361.098

Cibele Maria Dias - Bibliotecária - CRB-8/9427

José Fernando Siqueira da Silva
(Org.)

SERVIÇO SOCIAL, FUNDAMENTOS E TENDÊNCIAS TEÓRICAS

contribuições ao debate latino-americano

São Paulo – SP

2022

SERVIÇO SOCIAL, FUNDAMENTOS E TENDÊNCIAS TEÓRICAS: contribuições ao debate latino-americano
José Fernando Siqueira da Silva (Org.)

Capa: deSign Arte Visual
Preparação de originais: Márcia Leme e Agnaldo Alves
Revisão: Ana Paula Ribeiro
Editora-assistente: Priscila F. Augusto
Assessoria editorial: Maria Liduína de Oliveira e Silva
Diagramação: Linea Editora
Coordenação editorial: Danilo A. Q. Morales
Direção editorial: Miriam Cortez

Direitos para esta edição
CORTEZ EDITORA
R. Monte Alegre, 1074 — Perdizes
05014-001 — São Paulo-SP
Tel.: +55 11 3864 0111
cortez@cortezeditora.com.br
www.cortezeditora.com.br

Impresso no Brasil – outubro de 2022

Oferecemos
à histórica resistência antifascista.

Sumário

Apresentação

"Todo começo é difícil, e isso vale para toda ciência"
(Marx, 2013, p. 77)[1]

A obra que vem a público é produto de estudos e de pesquisas coletivamente realizados por pesquisadores(as) latino-americanos(as). Oferece uma contribuição ao debate do Serviço Social, seus fundamentos e as tendências teóricas hoje em curso na América Latina[2]. Não se trata, portanto, de um compilado de capítulos escritos isoladamente, por especialistas convidados(as), mas de um esforço coletivo intensificado entre os anos de 2018 e 2021 com apoio da Fapesp e do CNPq[3].

1. MARX, Karl. Prefácio da primeira edição. *O Capital:* crítica da economia política. Livro: O processo de produção do capital. Tradução de Rubens Enderle. São Paulo: Boitempo, 2013.

2. O termo "tendências teóricas" é aqui entendido como tratado no segundo capítulo desse livro: "*As tendências são estruturalmente políticas, contaminadas pela vida real objetivamente posta (mesmo que não afirmem formalmente isso), tecidas — com o auxílio do pensamento — no processo de produção e reprodução material do ser social sob dadas condições históricas (contaminadas pela economia política).* Sendo assim, elas fazem parte dos fundamentos do Serviço Social como profissão, expressam culturas profissionais diversas, intencionalidades políticas (não obrigatoriamente partidárias), impactam a visão de homem-mundo no processo de formação profissional desejado e no trabalho profissional realizado (...)". (Fragmento de texto exposto, mais adiante, no capítulo 2, por SILVA).

3. Processos 2017/14497-5 (auxílio à pesquisa — Fapesp) e 302472/2017-7 (bolsa produtividade do coordenador desta obra).

A pesquisa, originalmente denominada *Serviço Social e América Latina: tendências teóricas atuais*, concretizou-se em seis países latino-americanos: Argentina, Uruguai, Paraguai, Chile, Costa Rica e Cuba, com apoio de docentes-pesquisadores(as) destas localidades. Envolveu, ainda, uma heterogênea equipe brasileira de estudiosos(as) formada por professores(as) e discentes situados(as) em diferentes momentos de formação (da pós-graduação à graduação), atuantes em três grandes centros de formação em Serviço Social do Estado de São Paulo: Universidade Federal de São Paulo (Unifesp), Pontifícia Universidade Católica de São Paulo (PUC-SP) e Universidade Estadual Paulista (Unesp). Contou, ainda, com a participação orgânica de duas pesquisadoras e discentes de universidades situadas em dois outros estados brasileiros (Universidade Federal do Triângulo Mineiro — UFTM — e Universidade de Brasília — UnB —), bem como com o envolvimento de pesquisadores(as) associados(as) internacionais vinculados(as) a suas respectivas unidades de ensino nos seus países de origem: Universidad Nacional de Luján (UNLU — Argentina), Universidad de Chile (UC — Chile), Universidad de La República, (UDELAR — Uruguai), Universidad Nacional de Asunción (UNA — Paraguai), Universidad de Costa Rica (UCR — Costa Rica) e Universidad de La Habana (UH — Cuba)[4].

A pesquisa desenvolveu-se por meio de alguns procedimentos que devem ser aqui ressaltados:

a) o estudo de uma parte representativa das obras mestras publicadas no passado recente (últimos 25 anos) e relevantes para o Serviço Social nos países pesquisados;

b) visitas de estudo-pesquisa aos países, por meio de equipes de trabalho, com a participação direta e ativa do(a) pesquisador(a) associado(a) de cada nação;

c) realização de encontros de estudo por equipe-país e de reuniões de até três dias, semestralmente, com os(as) pesquisadores(as)

4. O Chile também teve a participação orgânica de dois discentes da Universidad de Chile.

brasileiros(as) do projeto, com o objetivo de debater os dados obtidos e sistematizar o trabalho em equipe[5];

d) organização de um simpósio final em que os resultados parciais do estudo foram apresentados à comunidade e debatidos com ela. Esse momento se deu no mês de novembro de 2019, nas instalações da PUC-SP, evento esse denominado *Perspectivas teóricas do Serviço Social na América Latina: tendências atuais*, simpósio que também contou com a participação de parte dos(as) pesquisadores(as) internacionais;

e) continuidade dos estudos em 2020/2021, em pleno período pandêmico, após a aprovação do relatório final da pesquisa pela Fapesp, com o objetivo de refinar a análise e preparar a produção final na forma de um livro.

Estamos diante, portanto, de um longo estudo em que "deve-se distinguir o modo de exposição segundo sua forma, do modo de investigação" (MARX, 2013, p. 90)[6]. A proposta possui uma direção muito precisa: *contribuir com o debate sobre as tendências teóricas em curso no âmbito do Serviço Social na América Latina reconstruindo mentalmente, como certo "concreto pensado"* (MARX, 1989, p. 410)[7], *o objeto posto na história e sob dadas condições históricas*. Não cabe, aqui, qualquer dúvida sobre o ponto de partida do conhecimento: *a realidade que possui dinâmica e lógica que lhe pertence (como "lógica da coisa"* — MARX, 2005, p. 39*)*[8], portanto com explícita inspiração ontológica vinculada à produção e reprodução da vida de seres sociais.

5. Nestes encontros de estudo não foi objetivamente possível contar com a participação presencial dos(as) pesquisadores(as) de fora do Brasil. Viabilizou-se, todavia, em determinados momentos, a participação virtual.

6. MARX, Karl. Posfácio da segunda edição. *O Capital:* crítica da economia política. Livro: O processo de produção do capital (tradução de Rubens Enderle). São Paulo: Boitempo, 2013.

7. MARX, Karl. O método da economia política. *In*: FERNANDES, Florestan (org.). *Marx e Engels — História*. 3. ed. São Paulo: Ática, 1989. (Textos originais de Marx e Engels)

8. MARX, Karl. *Crítica da filosofia do direito de Hegel*. São Paulo: Boitempo, 2005.

Posto isso, algumas observações são necessárias. Caberia indagar, em primeiro lugar: quais os critérios que determinaram a escolha destes seis países e a ausência do Brasil como fonte de pesquisa, pelo menos imediatamente? Algumas informações objetivas respondem a essa indagação. São conhecidas as inúmeras dificuldades para a obtenção de financiamento também para estudos do gênero, fato que indiscutivelmente limita o alcance de qualquer pesquisa. O momento atual, de amplo avanço do conservadorismo-reacionário e de ofensiva do capital sobre o trabalho, agravou essa dura realidade que já estava em curso. A explícita ênfase internacional segue o atual momento que tem ressaltado academicamente tal importância, voltando-se ao contexto latino-americano: quatro países sul-americanos (Argentina, Uruguai, Chile e Paraguai — os três primeiros com um importante acúmulo na área de Serviço Social), um centro-americano (Costa Rica — igualmente importante para a profissão) e outro caribenho (Cuba). Esta delimitação seguiu alguns critérios objetivos: a) estabeleceu uma amostragem que pudesse representar diferentes regiões da América Latina (América do Sul, América Central e Caribe); b) envolveu países heterogêneos, inclusive em relação ao desenvolvimento do Serviço Social como profissão; c) sustentou-se em limites objetivos relacionados a obstáculos operacionais que exigiram contatos previamente existentes nestas localidades capazes de auxiliarem e viabilizarem o estudo no país a partir de condições reais para realizá-lo[9].

O Serviço Social brasileiro, embora ausente como fonte de pesquisa direta, se fez presente na maioria dos(as) pesquisadores(as) brasileiros(as) e no conteúdo do estudo que, a todo momento, dialoga com o legado construído pela profissão no Brasil. Uma análise séria sobre as tendências teóricas em curso no atual Serviço Social brasileiro, uma empreitada importante e urgente, exigiria uma pesquisa

9. Foi científica e financeiramente impossível delimitar mais do que seis países nesta pesquisa. Destaque deve ser dado aqui, por exemplo, ao Serviço Social na Colômbia, ausente neste estudo pelos limites objetivos indicados.

nacional essencialmente dedicada a esse país-continente, no atual momento histórico, ainda que como parte inseparável da América Latina. Importante ressaltar, todavia, que os dois primeiros capítulos do livro — "América Latina, dependência e desigualdade em tempos de pandemia" e "Serviço Social e tendências teóricas: o sentido da crítica" — debatem diretamente com autores(as) brasileiros(as) e com a realidade deste país.

Ademais valeria indagar: o Brasil e o Serviço Social brasileiro conhecem suficientemente a América Latina? Estudos têm adensado esse debate[10], mas no geral o desconhecimento não é o detalhe, senão a regra. Junta-se a isso outro aspecto a ser ressaltado: o debate sobre as tendências teóricas que têm informado o Serviço Social no Brasil nos últimos 25 anos já foi iniciado e sumariado por José Paulo Netto (1996)[11] e Iamamoto (2007)[12], referências estas insuprimíveis para a necessária retomada deste estudo no Brasil atual. Em relação aos demais países latino-americanos, o debate sobre as tendências teóricas em curso é inédito (praticamente inexistente, embora latente), considerando o perfil analítico sugerido neste livro e a utilidade dessa análise para o Serviço Social brasileiro que necessita situar-se no contexto internacional e latino-americano atual. Como fazer isso sem conhecer as teses apresentadas por um conjunto de autores(as) das mais variadas tendências teóricas espalhados(as) por toda América Latina? O pioneirismo (em determinados aspectos), a relevância e a densidade do Serviço Social brasileiro — algo indiscutível —, não lhe isenta de

---

10. Excelentes exemplos recentes estão documentados nos seguintes estudos: a) IAMAMOTO, Marilda Villela; SANTOS, Claudia Mônica dos. *A História pelo avesso* — a reconceituação do Serviço Social na América Latina e interlocuções internacionais. São Paulo: Cortez, 2021; b) YAZBEK, Carmelita; IAMAMOTO, Marilda Villela. *Serviço Social na História:* América Latina, África e Europa. São Paulo: Cortez, 2019.

11. NETTO, J. P. Transformações societárias e Serviço Social: notas para uma análise prospectiva da profissão no Brasil. *Serviço Social & Sociedade*. São Paulo, n. 50, p. 87-132, abr. 1996.

12. IAMAMOTO, Marilda. A produção teórica brasileira sobre os fundamentos do trabalho do assistente social. *Serviço Social em tempo de capital fetiche*: capital financeiro, trabalho e questão social. São Paulo: Cortez, 2007.

estudos cuidadosos sobre outras realidades que possuem importantes peculiaridades. Exige exatamente a continuidade de pesquisas que caminhem contra toda e qualquer forma de endogenia (teórica e geográfica), ainda que deva combater firmemente atalhos ecléticos.

Vale perguntar ainda: como explicar a presença de países como Paraguai e Cuba nesse universo, nações cujo desenvolvimento do Serviço Social possui tradição intelectual e profissional não tão intensa se comparada com outros países latino-americanos? Isso se justifica pelo "simples fato" de que o primeiro tem vivido transformações relevantes no âmbito do Serviço Social e avançado profissionalmente (inclusive como esforços para se configurar como área de conhecimento), além de ser um país sul-americano muito pouco conhecido, cuja história foi apagada com sangue desde a covarde e genocida Guerra da Tríplice Aliança. Cuba, por sua vez, igualmente tem passado por mudanças no âmbito do Serviço Social (ainda que marcadas por idas e vindas), além de constituir exemplo de resistência latino-americana ao imperialismo há mais de 50 anos, influenciando toda a região e servindo, inclusive, como uma das fontes inspiradoras do Movimento de Reconceituação do Serviço Social na América Latina nas décadas de 1960 e 1970. Simples-complexo: como anda a profissão nesses países? Ademais, esta opção metodológica para a delimitação das fontes assegura a possibilidade de uma análise sobre a diversidade da profissão nesta parte do Continente Americano, transitando por países que viveram surtos de intensa industrialização/desindustrialização (Argentina, Uruguai, Chile)[13], bem como considerando localidades que nunca experimentaram um processo de industrialização de fato (Costa Rica e Paraguai, por exemplo). Nesse contexto, Costa Rica possui ampla experiência no âmbito do Serviço Social; Cuba, por sua vez, é um exemplo muito peculiar: ousou desencadear e viabilizar certa experiência pós-capitalista que tem transitado por caminhos muito diversos a partir do

13. Em que a Argentina é um exemplo (além do Brasil e do México que não serviram como base empírica direta para essa pesquisa).

triunfo da Revolução liderada por Fidel Castro Ruz em 1959, fato que impactou a profissão a partir de outras mediações.

Um segundo aspecto deve ser destacado como um traço essencial desse estudo: ele tem como ponto de partida a própria realidade e produz conhecimentos comprometidos com a formação de pesquisadores(as) em todos os níveis de formação, ou seja, com a consolidação de quadros que permitam que a profissão continue estimulando uma tradição intelectual estruturalmente atrelada à crítica, como crítica-crítica, permanentemente incomodada e em movimento, insatisfeita, anticapitalista progressista, fiel perseguidora do real e de seu movimento, radicalmente orientada pelo ponto de vista ontológico (Lukács, 2010)[14]. Trata-se, por isso, de um grupo de pesquisadores(as) orientado pela crítica, assumidamente heterogêneo, composto por um amplo espectro teórico e ideopolítico explicitamente progressista, com níveis diversos de crítica anticapitalista, que transitam da democracia radical à defesa explícita de uma sociedade que forceja para além do capital, como sociedade humanamente emancipada. Nisto, a defesa de estratégias e táticas diversas, com visões e apreensões igualmente diferentes sobre o Serviço Social como profissão, mas orientados(as) por um progressismo anticapitalista que o marca e que não renuncia ao pluralismo não eclético (portanto, produtor de direção social hegemônica).

Ora, sob essa perspectiva, não existe espaço para uma produção que desconsidere o trabalho coletivo, sério, cuidadoso, sincero, empreendido e organizado por um grupo não homogêneo de pesquisadores(as) que assume e debate essa diversidade. O produto não poderia, portanto, sintetizar-se em textos organizados isoladamente, no "estrito respeito às diferenças". Os capítulos apresentados a seguir são compostos por autores(as) orgânicos(as) ao estudo, que participaram ativamente dele, debateram seus conteúdos, concordaram e discordaram, balizaram o debate conjunto dos textos e que, no final,

---

14. LUKÁCS, György. *Prolegômenos para uma ontologia do ser social*. São Paulo: Boitempo, 2010.

após a entrega e a aprovação do relatório da pesquisa pela Fapesp, se dispuseram a participar da construção deste livro independentemente do nível de formação de cada integrante, suas diferenças teóricas e políticas ancoradas na tradição mais progressista[15]. O(a) leitor(a) verificará que o número de articulistas por capítulo varia conforme o país envolvido e o estudo realizado, já que reflete realmente o perfil das equipes que se organizaram por países. Pelo mesmo motivo, por exemplo, o grupo que realizou e organizou os estudos sobre o Uruguai permaneceu, ao final, com dois textos registrados nos dois últimos capítulos deste livro — cada um deles com um número um pouco mais reduzido de páginas —, já que foi necessário organizar a exposição do conteúdo contando com uma variada e ampla equipe de trabalho (o que não fragmentou a análise). Sendo assim, seria científica e profissionalmente desonesto — além de absolutamente incoerente com a essência desse estudo — reduzir o número de articulistas por capítulo apenas para satisfazer a voracidade produtivista em voga e uma forma de exposição adequada aos "padrões de excelência" da ciência situada na estreita fronteira da razão miserável.

Em terceiro lugar, os textos que se seguem convidam o(a) leitor(a) à análise cuidadosa e à crítica impenitente. Composto por dois capítulos iniciais que tratam da realidade latino-americana e estimulam o debate sobre as tendências teóricas em curso no Serviço Social na América Latina, os textos seguintes adensam a análise ao realizarem um estudo atual sobre as tendências teóricas da profissão nos países indicados: Argentina, Chile, Cuba, Costa Rica, Paraguai e Uruguai (respectivamente). Abordam a profissão na história, particularmente

15. Importante ressaltar o amadurecimento deste grupo de pesquisadores(as), fruto, evidentemente, de um conjunto de fatores. Isso se objetivou no crescimento teórico deste coletivo, inclusive, em muitos casos, na conclusão de fases formativas dos(as) participantes e início de outras: finalização da graduação e ingresso/conclusão do mestrado, do doutorado, de instâncias pós-doutorais e importantes alterações no espaço de trabalho com o início, por exemplo, da vida profissional como docente.

latino-americana, que capta processos específicos que marcaram as realidades destes países e deixaram um legado para a atualidade.

Os capítulos sobre os quatro países sul-americanos se debruçam sobre um contexto regional heterogêneo, uno e múltiplo, fortemente marcado pelo legado deixado pelo processo de reconceituação — praticamente ausente no Paraguai, mas intenso nos outros países —, bem como pelas duras consequências das ditaduras cívico-empresariais-militares na região a partir da segunda metade dos anos 1960 e início dos anos 1970, balizadas por lutas travadas entre o modelo imperialista liderado pelos Estados Unidos, os projetos desenvolvimentistas e a alterativas de ruptura. Vale destacar, aqui, a riqueza e a heterogeneidade deste processo: Perón (Argentina), Batlle e o batllismo (no Uruguai) e a trajetória chilena que culminou com Allende e a "via chilena ao socialismo". Impossível não considerar as sangrentas ditaduras financiadas pelo imperialismo norte-americano por toda região, em especial nas nações aqui destacadas: Videla (Argentina), Pinochet (Chile), a junta militar oficialmente representada por presidentes civis (Uruguai) e Stroessner (Paraguai).

Por sua vez, inserida em um contexto tipicamente centro-americano, Costa Rica é marcada pela proximidade geográfica com os EUA, pela ausência de industrialização e por ser um importante polo regional irradiador do Serviço Social. O texto cubano, por fim, trata de um representante caribenho muito particular, adensando a análise sobre uma realidade sustentada no triunfo da revolução popular e de inspiração socialista iniciada em 1959 (única em território americano), fato que impactou Cuba e o Serviço Social/Trabalho Social aí praticado, bem como influenciou toda a América Latina e a política dos EUA por toda esta região.

Os capítulos reproduzem análises inacabadas, inevitavelmente limitadas pela historicidade em curso, mas absolutamente comprometidas com a reprodução mental e crítica — não exata — do materialmente posto, seu movimento. Mais do que isso, cada um dos capítulos analisa o objeto de estudo proposto neste livro considerando o momento atual, as particularidades do Serviço Social na história latino-americana e em cada um dos países, os alcances possíveis do estudo em cada nação. São, por isso, textos necessariamente diversos que expressam densidades igualmente heterogêneas, sem que com isso percam de vista o eixo da análise proposto nesta obra. Revelam, ao mesmo tempo, diferenças e semelhanças, dissensos e consensos, graus de complexidade de maior ou menor intensidade, estudos marcados pela vida real de seres sociais reais. O(a) leitor(a) tem em mãos, portanto, uma contribuição coletiva ao debate do Serviço Social na América Latina e de suas tendências teóricas, produto esse que não pretende, absolutamente, colonizar outras nações, dizer o que devem fazer (o que seria, no mínimo, deselegante), mas debater a nossa diversidade posicionando-se sobre ela para além da "convivência harmônica dos diferentes".

Destarte, é importante novamente destacar a grande diversidade e complexidade que marca a realidade dos países estudados, seja em relação à história de cada um deles, seja em relação ao Serviço Social como profissão inserida na divisão social e técnica do trabalho, como especialização do trabalho coletivo (Iamamoto; Carvalho, 1985)[16], na era monopólica da acumulação capitalista (Netto, 1992)[17], nas condições atuais de ofensiva do capital sobre o trabalho e sobre a diversa classe trabalhadora expropriada e precarizada (Antunes, 2018)[18]. Esta classe se diversifica por sua heterogênea inserção na atual divisão do trabalho e pelo grau de exploração a que é submetida na América Latina (e esse é um aspecto importante), mas também por sua condição de gênero, raça e etnia que particulariza o perfil dessa classe, potencia sua expropriação e demarca formas específicas de opressão. Destacar esta heterogeneidade possui o exato sentido de afirmar que a América Latina é uma unidade-diversa, ou seja, possui traços universais

16. IAMAMOTO, Marilda; CARVALHO, Raul de. *Relações Sociais de Serviço Social no Brasil* — Esboço de uma interpretação histórico-metodológica. 3. ed. São Paulo: Cortez, 1985.

17. NETTO, José Paulo. *Capitalismo monopolista e Serviço Social*. São Paulo: Cortez, 1992.

18. ANTUNES, Ricardo. *O privilégio da servidão*. São Paulo: Boitempo, 2018.

comuns atrelados a um lugar historicamente atribuído a ela pela divisão internacional do trabalho e pela economia política burguesa: *países submetidos pelo imperialismo, reprodutores do capitalismo dependente cuja revolução burguesa realizou-se pela via colonial e empreendeu um desenvolvimento desigual e combinado*[19]*;* isto é, possui particularidades que necessitam ser reconstruídas considerando múltiplas mediações. Seguramente, a análise sobre as tendências teóricas hoje em curso no debate do Serviço Social nessas nações apresenta aspectos muito particulares tecidos a partir daqueles elementos que foram transmitidos por gerações nessas localidades e reorganizadas na atualidade em um cenário intenso de luta de classes[20].

Sem esse cuidadoso procedimento, a totalidade social — sua complexidade formada por ricas determinações, suas particularidades nesta parte do continente americano —, se perde em generalizações abstratas ou em fragmentações que aparentemente falam por si, isoladamente, ambas incapazes de explicarem a realidade existente, sua dinâmica. O Serviço Social como profissão não pode ser explicado sem esse complexo contexto historicamente construído e reconstruído,

---

19. FERNANDES, Florestan. *Capitalismo dependente e classes sociais na América Latina.* São Paulo: Global, 2009. MARINI, Ruy Mauro. *Dialética da dependência.* 1973. Disponível em: https://www.marxists.org/portugues/marini/1973/mes/dialetica.htm. CHASIN, José. A via colonial de entificação do capitalismo. *A miséria brasileira — 1964-1994:* do golpe militar à crise social. Santo André (SP): Estudos e Edições AD Hominem, 2000. OLIVEIRA, Francisco de. *Crítica à razão dualista:* o ornitorrinco. São Paulo: Boitempo, 2003.

20. É preciso destacar, aqui, um aspecto vinculado à tradução de vários textos originalmente concebidos em castelhano. Em português — em particular no caso brasileiro —, a profissão possui uma denominação única: Serviço Social. A palavra trabalho social em português apresenta um sentido que não se limita à profissão. Essa realidade, todavia, não se reproduz em vários países latino-americanos cujo termo utilizado, sobretudo por influência do Movimento de Reconceituação, é Trabalho Social (ou ambos: "Trabajo Social" e "Servicio Social", em alguns casos). No caso cubano, a situação é mais complicada: se articula a qualquer tipo de trabalho social (profissão ou não), de perfil essencialmente militante, realizado no amplo campo do social. Sendo assim, optou-se por manter a palavra Serviço Social ao longo dos textos (exceto no de Cuba), ressaltando, nesta apresentação, que a palavra "Trabajo Social", nos países de língua castelhana, não representa apenas uma expressão formal (no seu sentido etimológico), mas a rejeição e a crítica direcionada — no final dos anos 1960 e primeira metade dos anos 1970 — ao Serviço Social mais conservador até então praticado nesses países.

produzido/reproduzido, assumam isso ou não aqueles(as) que se propõem a estudá-lo. "Decifra-me, ou devoro-te", diria a esfinge de Tebas. Ótima leitura seguindo os passos de "Zamba de Balderrama"[21].

JOSÉ FERNANDO SIQUEIRA DA SILVA
Desde as bandas sul-americanas, fevereiro de 2022.

21. Zamba de Balderrama" – Letra de Manuel J. Castilla; música de Gustavo "Cuchi" Leguizamón. Canção disponível no seguinte endereço: https://www.youtube.com/watch?v=bXt4yEpgdzo

Prefácio

Este livro, mais uma contribuição da fecunda trajetória intelectual de José Fernando Siqueira no âmbito do Serviço Social brasileiro, vem ao público como um dos resultados do projeto de pesquisa originalmente denominado "Serviço Social e América Latina: tendências teóricas atuais", financiado pela Fapesp e tendo como objeto uma desafiante temática acerca das tendências teóricas e políticas presentes no Serviço Social latino-americano. Cabe destacar que a pesquisa se desenvolveu em seis países da América Latina: Argentina, Uruguai, Paraguai, Chile, Costa Rica e Cuba, contando com a participação de docentes-pesquisadores(as) desses países e do Brasil, onde a equipe se constituiu por professores(as) e discentes da pós-graduação e da graduação em Serviço Social de Brasília e dos estados de São Paulo e Minas Gerais.

Centrada na busca dos fundamentos e tendências teórico-políticas presentes na produção do Serviço Social no âmbito desses seis países, a pesquisa da qual resultou essa publicação beneficiou-se do acúmulo intelectual de seus participantes para expor os resultados de fértil parceria que levou os autores envolvidos a formular relevantes contribuições para o aprofundamento do debate público acerca do Serviço Social latino-americano.

Cabe destacar que essa pesquisa ocorreu em um contexto de grandes transformações societárias econômicas, tecnológicas, sociais, culturais e políticas, em um tempo complexo, inquietante e sombrio, seja em termos globais, seja na realidade latino-americana.

Contexto, que, exacerbado pela pandemia global da covid-19, vem colocando em evidência questões relativas à própria sobrevivência da humanidade. Pandemia que escancarou uma tragédia anunciada: a vergonhosa desigualdade que estrutura a nossa sociedade. Condição que se aprofunda na pandemia, mas se relaciona a um conjunto de medidas anteriores que vem caracterizando o avanço do projeto capitalista ultraneoliberal. Condição que, conforme Antunes, caracteriza "uma nova era de devastação, uma espécie de fase ainda mais destrutiva da barbárie neoliberal e financista que almeja a completa corrosão dos direitos do trabalho [e eu acrescentaria dos direitos sociais,] em escala global" (Antunes, 201, p. 10).

É importante lembrar, ainda, que essas transformações estruturais e conjunturais do capitalismo atual vêm se processando sob a dominância do capital financeiro e têm na superexploração do trabalho a base para novas formas geradoras de valor. São formas profundamente predatórias do capitalismo com trabalhadores desprotegidos, desprovidos de direitos e em condições de brutal exploração.

Como sabemos, a produção se mundializou, com processos de flexibilização produtiva, com avanços tecnológicos e informacionais, como a robótica, trazendo impactos ambientais e, sobretudo, mudanças profundas nas formas de organização das relações de trabalho e da economia, modificando o emprego estrutural, que é caracterizado, por um lado, pela flexibilização produtiva e pela segmentação dos trabalhadores em estruturas ocupacionais cada vez mais complexas e, por outro, pela crescente precarização do trabalho e dos trabalhadores.

Em síntese, o contexto é de crise estrutural do capital, que avança em seu caráter ultraliberal, predatório e de banalização da vida. Tempos de obscurantismo e de refuncionalização do conservadorismo de traços fascistas, de crescimento do irracionalismo na defesa das instituições tradicionais, na naturalização da desigualdade, no acirramento dos preconceitos, no racismo, no feminicídio, na homofobia e na criminalização dos movimentos sociais. Tempos que nos colocam frente a um arcaísmo tacanho, irracionalista, genocida e abrutalhado.

Tempos de necropolítica, de Estado penal e racista, de colapso social e institucional. Tempos de eliminação da classe que vive do trabalho.

Esses tempos parecem ser imprescindíveis para o capitalismo financeiro global. Situação que se agrava com o crescimento da chamada "nova direita" na conjuntura global, que traz consigo mudanças na política e na sociabilidade com ameaças à democracia e a redução dos direitos.

Quadro que revela, como sabemos, sobretudo na América Latina, o custo social dessas transformações e vai somar-se a uma histórica e estrutural desigualdade que vem se expressando mediada por componentes históricos, políticos e culturais que plasmaram as particularidades das formações sociais e dos processos de desenvolvimento que caracterizaram cada sociedade nacional. Referem-se, pois, às desigualdades, injustiças e opressões que se estruturaram nessas sociedades em múltiplos níveis e dimensões. Nesse sentido, essas desigualdades, injustiças e opressões são partes constitutivas, de diferentes formas e em múltiplas dimensões, da vida social dos países do continente.

A compreensão sobre a América Latina foi buscada em rigoroso arsenal teórico-metodológico, tendo como referência uma abordagem contextualizada da ordem capitalista em sua periferia. Assim, buscou-se desvendar esse "capitalismo periférico" e suas principais características, englobando a questão colonial, a questão indígena e a questão racial inscritas na questão social, na composição de suas classes sociais e na violência presente na desigualdade social estruturante do cotidiano dos bairros pobres, das baixadas e das favelas desse imenso Continente.

No contexto de estudos sobre o capitalismo dependente e das relações imperialistas que marcaram nossa América Latina em seus vínculos estruturais com a experiência colonial-escravista, foram examinados os processos históricos que estruturaram essa herança comum latino-americana, unificada pela experiência de subordinação e dependência. Experiências que, embora processadas em tempos e espaços diversos, interconectam-se e permanecem em nossas realidades, atravessando as relações sociais de pertencimento ao mundo capitalista que se expressam em enorme desigualdade e pobreza.

Conforme dados do Relatório Anual do Programa das Nações Unidas para o Desenvolvimento (PNUD, 2021) "Em uma armadilha: alta desigualdade e baixo crescimento na América Latina e no Caribe", a América Latina continua sendo a região mais desigual do mundo, embora não a mais pobre, situação que se aprofundou com o avanço da pandemia de covid-19. O relatório destaca três fatores que impulsionam a desigualdade e o baixo crescimento da região: a concentração de poder nas mãos de poucos que defendem seus interesses privados, a violência em sua multiplicidade de formas e políticas protetivas insuficientes.

Nesse contexto, contraditório e em movimento, é que se desenvolveu a pesquisa que buscou abordar a produção do Serviço Social em seus fundamentos e tendências teórico-políticas na América Latina. Partimos da posição de que as profissões são construções históricas e contextualizadas, situando-se nos processos de reprodução social da sociedade capitalista com suas particularidades, ou seja, o Serviço Social como profissão se explica na interlocução com a realidade em que se insere.

Assim, expressa "múltiplas determinações, historicamente processadas". Partimos do pressuposto de que a profissão só pode ser entendida no movimento histórico da sociedade. Sociedade que é produto de relações sociais, de ações recíprocas dos homens entre si, no complexo processo de reprodução social da vida. Portanto, buscamos ultrapassar a análise do Serviço Social em si mesmo para situá-lo no contexto de relações sociais mais amplas que o condicionam e lhe atribuem características particulares. Seu significado social, suas demandas, tarefas e atribuições devem ser identificados dentro da trama de relações que constituem a vida social e particularmente nas respostas que a sociedade e o Estado constroem diante das necessidades sociais dos homens em suas múltiplas dimensões (materiais, espirituais, culturais, subjetivas etc.). Essas dimensões constituem a sociabilidade humana e estão presentes no cotidiano da prática do assistente social.

O quadro conjuntural rapidamente aqui traçado nos coloca, como profissionais, diante de uma realidade que nos interpela, que nos desafia a decifrá-la e que não é certamente uma tarefa fácil, pois trata-se de uma interlocução com o adverso. Contexto que exige uma organização coletiva forte, nem sempre encontrada nas realidades investigadas, tarefa que supõe o estudo, a pesquisa, o debate. Não há melhor caminho para qualificar o trabalho do Serviço Social, que é uma profissão em movimento e sem possibilidade de deixar de participar desse processo, cuja direção está sempre em disputa. Nesse sentido, não foi tarefa fácil abordar a produção do Serviço Social na realidade una e múltipla que caracteriza a América Latina.

A leitura crítica das principais obras da literatura dos países pesquisados nos últimos 25 anos, acompanhada de visitas e encontros de estudo, traduziu-se neste livro, que se configura como espaço privilegiado de expressão do diálogo qualificado estabelecido entre docentes, discentes e especialistas da área nos países em questão. Em seu âmbito, são examinadas, em nove capítulos, a realidade da América Latina e o debate contemporâneo acerca das tendências teóricas atuais da profissão, nos países escolhidos para aprofundamento do estudo, apresentando como resultado, conforme aponta o organizador do livro na sua apresentação, "um amplo espectro teórico e ideopolítico explicitamente progressista, com níveis diversos de crítica anticapitalista, que transitam da democracia radical à defesa explícita de uma sociedade que forceja para além do capital, como sociedade humanamente emancipada. [...] com visões e apreensões igualmente diferentes sobre o Serviço Social como profissão, mas orientados(as) por um progressismo anticapitalista que o marca e que não renuncia ao pluralismo não eclético (portanto, produtor de direção social hegemônica)". Nessa direção, a coletânea nos permite conhecer alguns dos inúmeros desafios enfrentados pelo Serviço Social, em diferentes contextos, especialmente no âmbito da formação e do exercício profissional, no campo do conhecimento teórico e dos saberes interventivos da profissão na América Latina.

Em síntese, o livro que José Fernando Siqueira nos oferece com importantes reflexões e análises de uma ampla e heterogênea equipe de pesquisadores é resultado de um desafio enfrentado com competência, apresentando para o leitor um conjunto de textos instigantes, no âmbito da pesquisa sobre o Serviço Social e de sua produção teórico-metodológica na América Latina e dos saberes que possibilita nesses difíceis tempos de mudanças societárias.

Temática instigante, ampla e complexa e em relação à qual há poucos estudos e produções no país, a publicação vai atender à importante necessidade de problematizar no âmbito dos fundamentos a formação e o trabalho do(a) assistente social latino-americano(a).

O leitor tem em mãos, portanto, uma obra original, de rara qualidade teórica, elaborada a partir de rigorosa e pertinente pesquisa e diálogo crítico com obras clássicas referentes à área de Serviço Social e a partir de instigante interpretação dos autores por pesquisadoras(es) consagradas(os) e de jovens quadros acadêmicos.

Para finalizar, é importante destacar que colocar essas questões em debate permite também refletir sobre os caminhos para enfrentá-las, particularmente pela mediação de uma produção de conhecimentos qualificada, capaz de iluminar o cotidiano de um trabalho comprometido ética e politicamente com a população trabalhadora.

Leitura imprescindível para todos os que buscam superar as perplexidades do presente.

Maria Carmelita Yazbek

Referências

ANTUNES, Ricardo. Prefácio. *In*: RAICHELIS, Raquel; VICENTE, Damares; ALBUQUERQUE, Valeria. *A nova morfologia do trabalho no Serviço Social*. São Paulo: Cortez, 2018.

América Latina, dependência e desigualdade em tempos de pandemia

José Pablo Bentura
Freddy Giovanni Esquivel Corella
Maria Carmelita Yazbek

1. América Latina: complexidade e diversidade

Deve-se ressaltar, inicialmente, que a América Latina é uma realidade única e múltipla em sua trajetória sócio-histórica. É necessário, por um lado, ter o cuidado para não promover generalizações indevidas e, por outro lado, destacar que os determinantes da ordem de capital para o continente são os mesmos para todos os países. Esse caráter único e diverso se expressa na existência de características comuns da longa história que caracteriza o continente, mas também apresenta muitas diferenças étnicas, culturais e políticas.

Nesse sentido, a América Latina é portadora de uma heterogeneidade irredutível: a diversidade dos povos indígenas é acrescida pelo sequestro e exploração de populações africanas escravizadas e pela chegada de fluxos migratórios oriundos de diversas partes do mundo. A América Latina é um imensurável caldeirão de línguas, religiões, culturas e etnias. Sustenta-se, ao mesmo tempo, em conflitos irreconciliáveis e em certa convivência não tão pacífica. Simboliza, para nós latino-americanos(as), nossa identidade, nossa pátria, nossa nação. Assim, a história política, econômica e social da América Latina carrega traços da economia colonial sustentada na exploração predatória que se reorganizou, de forma dependente, às necessidades determinadas pela produção e reprodução da ordem do capital na atualidade. Como destaca SILVA (2020, p. 09-10), esse processo não prevaleceu

> [...] sem a resistência dos povos latino-americanos (originários ou aqui formados no processo de colonização) [...]. E os exemplos aqui são vastos: a) transitam da eliminação de povos nativos muito diversos que resistiram de diferentes formas à colonização [...]; b) passam pela resistência dos povos negros escravizados [...]; c) envolve povos e as lutas anticoloniais pela Pátria Grande latino-americana que se formaram a partir da mistura euro-afro-americana nativa [...]; d) se expressa no covarde massacre realizado pela coalisão Brasil-Argentina-Uruguai contra o Paraguai liderado por Solano Lopes na Guerra da Tríplice Aliança ou Guerra Grande (1864-1870); e) bem como possui amplo desenvolvimento ao longo do século XX por todo cone centro-sul da América, por meio de lutas antiditatoriais, movimentos armados, projetos anticapitalistas, anticoloniais e anti-imperialistas diversos, em que a experiência cubana de 1959 foi exemplar.

Que engenhoca fantástica produziu essa identidade, esse espaço de resistência e de luta que é a América Latina? Os seres humanos detêm a força de trabalho, a capacidade de transformar a natureza em bens de uso, potência esta universal. Mas os seres humanos que possuem essa capacidade são, na essência, diversos, ou seja, são homens e mulheres, pessoas negras e brancas, povos indígenas de tradição originária, de diferentes nacionalidades, territórios, culturas, geografias, comércios etc. O capital transforma o trabalho humano em mercadoria, em condições de ser comprada/vendida por um determinado preço com base na capacidade automática com que ele transforma os diversos em homogêneos, uma capacidade já estudada por Marx (2002), no século XIX, nas condições do capitalismo inglês.

Esta diversidade é pulverizada fazendo com que seres humanos se tornem, conscientes ou não, uma classe social, com interesses comuns que atuam no sentido de superar essa objetificação que os equaliza para recuperar sua diversidade humana. Em última análise, o interesse da classe trabalhadora é destruir esse mecanismo sinistro que objetifica tudo, inclusive a vida.

Quando a burguesia transforma a força de trabalho em uma mercadoria, inevitavelmente objetifica as pessoas, cria os carrascos da sociedade burguesa. Da mesma forma, quando a colonização e o imperialismo transformam as nações em espaços fornecedores de matérias-primas, criam os opositores do colonialismo e do imperialismo. A classe trabalhadora é para a luta de classes, o que a América Latina é para o anti-imperialismo. Isso marcou a trajetória histórica do continente que tem tingido suas terras regadas por suas "veias abertas" ao longo de sua história.

Esta história heroica não deve esconder o fato de que também foi marcada por Estados que foram construídos como importantes aliados da burguesia, levando em conta a lógica da expansão do capitalismo nos países da periferia. Esse caráter, unificado e diverso, caracteriza-se pela existência de aspectos comuns contidos na longa história que marca o continente, que, como foi dito, apresenta muitas diferenças étnicas, culturais e políticas. Nesse sentido, os países que o compõem têm suas conformações geográficas e diversos recursos naturais, suas colonizações e suas culturas e etnias heterogêneas, bem como seus imigrantes, suas lutas revolucionárias e suas experiências políticas e sociais, juntamente com seu desenvolvimento industrial ou sua tecnificação produtiva, incluindo o plano agrícola e mineral.

É evidente, então, que abordar a realidade desigual da América Latina, em um contexto de crise de capital, agravado pela pandemia do coronavírus, é, sem dúvida, um grande desafio, sobretudo — e não apenas — pelas condições geradas por essa pandemia, que só evidencia uma tragédia prevista pela vergonhosa desigualdade que estrutura a sociedade capitalista no seu atual estágio de desenvolvimento. A pandemia, aliada às medidas ultraliberais, à redução de direitos, além da ofensiva conservadora e da construção de uma sociabilidade que esteja em conformidade com o mercado, mostra que o capitalismo financeirizado precisa dessa sociabilidade traduzida em um individualismo competitivo exacerbado, marcado por formas de preconceito e pelo consumismo.

Quanto à inserção da América Latina nos circuitos da crise do capital, sabemos que a reorganização geopolítica do padrão latino-americano no capitalismo global revela com intensidade dramática a condição de dependência do continente. Também não se pode esquecer que, diante desse novo impulso homogeneizante dos grandes negócios, a luta anti-imperialista dos povos continua a ser oposta. Esta realidade — as formas mais predatórias do capitalismo contemporâneo, com trabalhadores(as) desprotegidos(as), privados(as) de direitos e em condições de tal exploração — "se assemelha ao capitalismo da acumulação primitiva" (Antunes, 2021). Uma condição que se aprofunda na pandemia, mas que se relaciona com um conjunto de medidas anteriores que caracterizaram o progresso do projeto capitalista ultraliberal. Sem dúvida, um contexto de transformações estruturais e conjunturais do capitalismo, que são processados sob a dominação do capital financeiro, que busca ser valorizado pela devastação do mundo do trabalho e da própria humanidade. Um contexto em que a superexploração do trabalho se torna base para novas formas de geração de valor e que, agravadas pela condição da pandemia de covid-19, recrudescem questões relacionadas à própria sobrevivência da classe trabalhadora.

A partir da década de 1970, o avanço da ofensiva neoliberal na era do "desmoronamento" (Hobsbawm,1995, p. 393) aprofundou a desapropriação e a exploração, apenas comparáveis aos níveis bárbaros de colonização. Como aponta Silva (2021, p. 9), a ofensiva neoliberal na América Latina contou com Estados Nacionais fortes à acumulação, Estados estes mais próximos aos interesses imperialistas ou marcados por alternativas mais identificadas a projetos nacionais-desenvolvimentistas, com certa distribuição interna da riqueza, que não se sustentaram a médio ou a longo prazo. Getúlio Vargas no Brasil,

José Batlle y Ordóñez no Uruguai, José Figueres na Costa Rica, Omar Torrijos no Panamá e Juan Perón na Argentina são exemplos clássicos destas experiências na América Central e do Sul. As alternativas que se apresentaram à hegemonia imperialista nos anos 1960, a revolução dentro da ordem — como radicalização democrática — ou contra a ordem (Fernandes, 2009, p. 38-39), foram definitivamente derrotadas e o resultado é conhecido: a autocracia burguesa, a modernização conservadora, o aprofundamento da dependência, a recriação de estados autoritários e a hegemonia do imperialismo norte-americano.

Junto com isso, em lugares como a América Central *e Caribe* existiram lutas inspiradas na Revolução Cubana contra Fulgencio Batista (1953). Na Nicarágua, por exemplo, a resistência liderada pela Frente de Libertação Popular Sandinista em 1979, atuou para derrubar o ditador Anastasio Somoza; em El Salvador, nos anos 1980, movimentos emancipatórios se organizaram sob o comando da Direção Revolucionária Unificada (DRU). Lutas que décadas mais tarde, mesmo em Cuba, são atingidas pela pressão do capitalismo financeiro e das forças militares e gerenciais de organizações internacionais e regionais, para abrir caminho para a implementação dos preceitos contrakeynesianos e antissocialistas, que defendiam os seguidores de Hayek e Popper, também reconhecidos como "Chicago Boys".

Friedrich Von Hayek foi um defensor lúcido do neoliberalismo (talvez o único). Pode ser acusado de muitas coisas, menos de ser oportunista. No início de seu trabalho, por volta de 1945, Hayek e seus seguidores concentraram suas críticas ao modelo do Estado de Bem-Estar Social, questionando fundamentalmente o Partido Trabalhista inglês, que naquele ano venceria a eleição. Seus argumentos visavam questionar a intervenção estatal na economia, argumentando que as pretensões de solidariedade e igualdade — limitadas, por sinal, no quadro do capitalismo — eram baseadas em boas intenções, mas nada mais faziam do que limitar a liberdade dos indivíduos e interferir na livre-concorrência (Hayek, 2006). Nessa perspectiva, a livre-concorrência é o principal motor do desenvolvimento social. Portanto, limitá-la tem como consequência a servidão e a passividade

(Anderson, 1995, p. 10-11). Com outras palavras, qualquer tentativa de o Estado regular ou intervir no mercado, de qualquer forma, será catastrófica, mesmo que esta atuação seja feita de acordo com os desejos estáveis e coerentes dos cidadãos. Ainda assim, o bem comum seria prejudicado (Przeworsky, 1995, p. 26).

O neoliberalismo, imposto pelo sangue e pelo fogo, realiza uma exaltação sem precedentes da racionalidade instrumental e individualista, não deixando espaço para qualquer tipo de valor alternativo. É evidente que a exaltação do individualismo é uma característica que não pode ser considerada como nova no quadro do capitalismo, mas nunca nos níveis absolutos em que é atualmente exaltada. O capitalismo sempre precisou limitar o individualismo de alguma forma, temperando-o com outros valores: do trabalho, da honestidade etc. Basta recordar Weber e a importância que ele atribuiu à ética protestante no desenvolvimento do capitalismo (Hobsbawm, 1995, p. 25).

Com o neoliberalismo, as crises periódicas do capital foram transformadas em crises civilizadoras brutais, cuja base de análise são as relações estabelecidas entre as classes sociais sob o domínio do capital financeiro. O crescimento das desigualdades que estruturam a "questão social" exige uma análise enraizada nas classes sociais que considere a interdependência dessas relações com a raça, a cultura, a etnia e o gênero, eixos estruturantes da dominação. Mas, fundamentalmente, esse processo é atravessado pela luta de classes, na qual os capitalistas constantemente pressionam pela maior extração possível de mão de obra não remunerada.

Os(as) trabalhadores(as), por outro lado, enfrentam burguesias que minam suas formas de organização, apelando para a violência estatal. Deve-se lembrar que parte dessa burguesia está politicamente alinhada com a extrema-direita e com o avanço do conservadorismo-reacionário global, apoiado pelo ultraneoliberalismo. Trata-se de um projeto de destruição, um sonho ultraliberal e um pesadelo para os que vendem a força de trabalho, espaço social dominado pelo mercado, com apoio decisivo do Estado como importante instância garantidora das regras econômicas e financeiras (Paulani, 2021).

2. A América Latina nos últimos anos

Nos últimos anos, a América Latina ainda "guarda traços comuns dessa longa história que a condiciona: a colonização imposta, a questão indígena, as lutas pela independência", modos predatórios de produção, escravidão, luta pela terra, falta de respeito aos povos nativos, desigualdades, injustiças e principalmente os inúmeros processos de exploração econômica e política. Junta-se a isso outros fatores resultantes dos modos de produção e reprodução das "relações sociais em suas múltiplas dimensões: econômicas, políticas, culturais, religiosas, com acento na concentração de poder e de riqueza de classes e setores sociais dominantes e na pobreza generalizada das classes que vivem do trabalho" (Wanderley, 2013, p. 62). Assim, as marcas da cultura colonial permanecem presentes em nossas relações sociais, características do capitalismo periférico neste continente,

> [...] onde a supressão do estatuto colonial ocorreu no plano político, mas não no plano econômico... [...] O que nos une — o que dá unidade real, objetiva, aos povos latino-americanos — é a ameaça imperialista; é a exploração imperialista. Este é um dado objetivo (NETTO, J. P. 2012, p. 97).

Uma análise crítica desse caminho na América Latina exige que sejam considerados os processos de formação dos países do continente e sua história. É, portanto, essencial não esquecer que a natureza predatória das relações coloniais e da escravidão deixaram, sem dúvida, sua marca na história do continente, lançando bases importantes na construção da lógica que vem presidindo a expansão do capitalismo dependente na periferia. No Brasil, por exemplo, "O par senhor-escravo assentou as bases de uma estrutura social bipolar, que formou a maior parte da nação. A casa grande e a senzala são o brasão dessa sociedade" (Oliveira, 2018, p. 29).

Com relação à acumulação do capital, deve-se notar que, no contexto atual, especialmente nas últimas décadas, o capital financeiro assumiu a hegemonia deste processo, "de forma que o campo de sua acumulação não mais apresenta fronteiras de qualquer ordem" (Marques, 2018, p. 110). A centralidade do capital financeiro e sua predominância sobre o capital produtivo têm sérias consequências para a classe trabalhadora, com a manutenção de altas taxas de desemprego, insegurança e instabilidade no emprego, crescimento do trabalho informal, redução dos salários e precariedade das relações de trabalho. Nisto, situações de uberização do trabalho são exemplares, incluindo subcontratação e contratos de prazo fixo, entre outros aspectos (Antunes, 2018).

Nos últimos anos, as transformações no campo da acumulação capitalista, expressas na reestruturação produtiva e na financeirização da economia, além de deixarem seus impactos no mundo do trabalho, na "questão social" e nas políticas sociais, atingiram a sociabilidade, pois nesse processo o conservadorismo é reativado por meio da restauração e da defesa da ordem instituída com um viés explicitamente reacionário e irracional, que confronta valores democráticos e propõe a eliminação de direitos. Nesse processo, emergem novas formas de gestão dos serviços públicos e das políticas sociais, marcadas pelo gerencialismo e orientadas à "fabricação do tema neoliberal", processos que intercalam e confundem os setores público e privado (cf. Dardot; Laval, 2016, p. 321). Essas transformações tiveram as agências multilaterais de crédito como suas principais impulsionadoras, orientações sociais estas predominantes nas últimas décadas, com explícita referência ao Consenso de Washington, que contém uma dupla dimensão que não foi substancialmente modificada pelo mais recente Pós-Consenso Washington:

a) o ajuste estrutural (Grassi *et al.*, 1994) cujo principal objetivo era desmontar todos os sistemas corporativos que moldaram os frágeis Estados Sociais na América Latina, a fim de dar o golpe de misericórdia à indústria de substituição de importações, eliminar toda a proteção tarifária e a garantia de pleno emprego, reduzindo, assim, o valor do trabalho para atrair investimentos externos;

b) como forma de reduzir o impacto social dessas reformas, promover uma mudança no sistema de proteção social associado ao mundo do trabalho, onde as novas políticas sociais passaram a substituir a tendência setorial, universal e centralizada pela diretriz abrangente, focada e descentralizada (com a participação da sociedade civil) (Filgueira, 1998), destinada a abordar "os níveis de pobreza crítica" (Iglesias,1993, p. 7) facilitado pelo próprio ajuste.

Essa situação gerou a ruptura do pacto histórico entre capital e trabalho que moldou o mundo desenvolvido no Estado de Bem-Estar Social, bem como sustentou algumas melhorias nas políticas sociais na periferia. Nesse sentido, é preciso revelar a natureza desse capital, compreender seu ataque à política e às políticas sociais, em relação ao qual se conclui que não faz parte de seu projeto "manter políticas sociais organizadas e financiadas pelo Estado" (Marques, 2018 p. 110). Dessa forma, podemos considerar que o avanço do capital sobre as políticas sociais é uma característica do capitalismo contemporâneo em nível global, conforme anunciado por Marques (2015, p. 18): "Nesse quadro, o lugar das políticas sociais está em um "Não Lugar", pois não faz parte da agenda desse tipo de capital".

Na América Latina, o desenvolvimento dos Estados Sociais tinha limites muito precisos: juntamente com os processos de ampliação da cidadania de setores integrados ao mundo do trabalho, coexistiram grandes grupos populacionais que não conseguiam fazer parte dos sistemas de proteção associados ao trabalho. Estes últimos constituem o fenômeno, que, nos anos 1980, foi caracterizado como marginalidade, ou seja, constituíram as frações populares que não participam dos benefícios do desenvolvimento (Germani,1980); setores que, embora não possam participar do mundo do trabalho, constituem uma "superpopulação relativa" sem nem mesmo operar como um "exército industrial de reserva" (Num, 2001).

A crise dos Estados Sociais na América Latina é atribuída à ofensiva neoliberal, em grande parte à incapacidade de incorporar esses setores. Argumenta-se que a grande dívida dos Estados Sociais tem sido a sua incapacidade de reduzir a pobreza. Em resposta, propõem-se novas políticas sociais que tendem a aumentar a proteção de tais setores, defendendo a necessidade de concentrar sistemas de proteção social em grupos "marginalizados". Sobre isso, Bentura (2014, p.102) cita Iglesias:

> Os países latino-americanos têm uma longa experiência em políticas redistributivas, embora não tão bem-sucedidas quanto se tem desejado. Ela tem, recentemente, se tornado compatíveis com a preservação dos equilíbrios globais. No entanto, diante da magnitude dos problemas sociais enfrentados pela região, novos caminhos devem ser buscados para combater a pobreza. Isso inclui prestar maior atenção ao papel do setor informal na economia [...] A formulação de políticas para atender a essas necessidades, focadas em grupos específicos, muitas vezes tem se mostrado mais bem-sucedida do que programas globais. (IGLESIAS, 1993, p. 95 — tradução nossa)[1]

Desde a crise do modelo de industrialização por substituição de importações, os esforços dos Estados Sociais têm sido reorientados: os processos de expansão da cidadania com base no mundo do trabalho retrocedem e são sucedidos por sistemas residuais de integração social dos setores "marginalizados". Nesse contexto, consolida-se a ofensiva do pensamento neoliberal, que nada mais é do que uma construção ideológica que justifica as transformações que são processadas de fato e que, como a coruja de Minerva, somente voará ao anoitecer. O argumento da preocupação com a pobreza nada mais é do que uma retórica que esconde que ela é o resultado da ofensiva do capital sobre o trabalho, expressão de condição de classe do "pobre". Diante

1. No original: "Los países latinoamericanos tienen una larga experiencia en materia de políticas redistributivas, aunque no tan exitosa como hubiesen querido. Se ha aprendido recientemente a hacerlas compatibles con la preservación de los equilibrios globales. Sin embargo, frente a la magnitud de los problemas sociales que enfrenta la región, deben buscarse nuevas formas para atacar la pobreza. Entre ellas se cuentan el prestar una mayor atención al papel del sector informal en la economía [...] La formulación de políticas de atención a estas necesidades, focalizadas hacia grupos específicos, ha demostrado muchas veces ser más exitosa que los programas globales."

desta brutal violação, pretende-se curar a ferida com a mesma arma que a produziu, sendo que o alvo não tem outro propósito a não ser prejudicar ainda mais a classe trabalhadora, enfraquecendo sua capacidade de resistência à ação restauradora dos grandes negócios.

O discurso neoliberal nada mais é do que um manto que busca camuflar a brutal ofensiva do capital contra o trabalho. A preocupação em empreender "políticas prudentes" nos gastos públicos se constitui numa retórica para esconder a forte pressão para restringir o Estado e colocá-lo a serviço exclusivo do grande capital. O respeito fiscal se confunde com o respeito às demandas das classes subalternas, sendo que a expressão "espaço fiscal" revela imediatamente sua origem ideológica. A disciplina fiscal rigorosa foi o principal argumento das organizações internacionais para impor reformas estruturais neoliberais na América Latina (Grassi *et al.*, 1994), conforme estabelecido pelo guru dessas reformas processadas nos anos 1980 e 1990 na América Latina:

> Embora a década dos anos 1980 tenha representado uma década perdida para a melhora do padrão de vida da população na América Latina, foi uma década extremamente produtiva em termos do progresso das ideias. Não somente foi uma década em que o regime democrático, em geral, se enraizou, mas também produziu uma evolução decisiva para a aceitação das formas modernas de organização econômica, que incluíram sistemas econômicos liberalizados e orientados para o exterior, dentro dos quais foram implementados programas macroeconômicos prudentes. (WILLIAMSON, 1993, p. 175 — tradução nossa)[2]

O progresso das ideias a que Williamson se refere alcançou tal enraizamento que a própria esquerda, na luta ideológica contra o

2. No original: "Aunque la década de los años ochenta representó una década perdida para América Latina en cuanto al mejoramiento del nivel de vida de la población, constituyó en cambio un decenio sumamente productivo en cuanto al progreso de las ideas. No sólo fue una década en que el régimen democrático, en general, quedó arraigado, sino que en ella se produjo, además, una evolución decisiva hacia la aceptación de formas modernas de organización económica, que incluyó sistemas económicos orientados hacia el exterior, liberalizados, en cuyo marco se llevaron a la práctica programas macroeconómicos prudentes."

neoliberalismo, quando governo, manteve um respeito inesperado tanto pela orientação "externa" quanto pelos "programas macroeconômicos prudentes", resultando em um dos limites mais nítidos no aprofundamento de suas reformas. O pensamento neoliberal faz o monitoramento para que as políticas sociais sejam estritamente focadas e respeitem programas macroeconômicos prudentes. O crescimento dos gastos focados na política focada, já nas próprias manifestações, esconde o limite: o crescimento será através da "progressividade e gradualidade". Liberdade é para o pensamento neoliberal oposto à segurança. A despesa, portanto, não é calculada em relação aos riscos a serem evitados, mas à disponibilidade fiscal.

O gasto social está sempre sujeito à avaliação, nunca gera segurança, nunca gera direitos, e a possibilidade de cortes é paradoxal porque responde ao "espaço fiscal". O paradoxo está dado, porque quando mais se necessita de recursos, é quando o "espaço fiscal" é mais estreito. O discurso da "progressividade e gradualidade" ressalta que o "espaço fiscal" se expande quando se afasta da crise (momento em que a assistência é mais necessária), e então, quando nos afastamos da crise, o corte é possível porque a população a ser assistida é reduzida, a pobreza extrema cede com a melhoria da economia. Há "espaço fiscal", mas a população empobrecida é reduzida. O "espaço fiscal" é o dispositivo neoliberal mais perfeito, pois sempre fornece argumentos para reduzir a intervenção estatal junto aos direitos.

Do ponto de vista político, vivemos em uma era de desqualificação e despolitização da política, época em que os significados da própria política estão em jogo. Embora as últimas eleições tenham revelado, em diversos países, como foi o caso brasileiro, campos irreconciliáveis de conflito de interesses e lutas sociais, eles também mostraram a disputa sobre os significados da sociedade. Neste contexto de paradoxos, onde se articulam diferentes forças reativas, é também "evidente que o capitalismo financeirizado necessita de toscas subjetividades temporariamente no poder para destruir todas as históricas conquistas democráticas e republicanas, dissolvendo suas perspectivas e erradicando seus protagonistas" (Rolnik, 2018, p. 3).

Em alguns países podemos ver uma forte regressão que banaliza a vida e nos coloca diante de um arcaísmo estreito, irracional, genocida e abrupto. O caso brasileiro é exemplar: um governo que retira até mesmo as feições do politicamente correto. São tempos de necropolítica, de Estado/governo criminoso e racista, de colapso social e institucional. É a hora da política da eliminação da classe que vive da venda de sua força de trabalho. Por outro lado, na busca pelo lucro, o capital reduz seu investimento em mão de obra viva, aumentando a superpopulação relativa e disponível, levando ao desemprego e às relações de trabalho precárias.

As críticas ao atual contexto não têm sido feitas somente por atores(as) anticapitalistas. Castel (1996), por exemplo, dialogando mais diretamente com a realidade francesa e com o desmonte do Estado de Bem-Estar Social europeu, caracteriza a crise como o fim da sociedade salarial (na verdade uma crise do capital), explicitamente preocupado com a coesão, a integração e as anomias sociais, temas tipicamente positivistas de base durkheimiana. Para ele, as transformações no mundo do trabalho, associadas à introdução da robótica e da computação, assim como o da microeletrônica, deixaram sem trabalho enormes contingentes populacionais que podem trabalhar, sendo invalidados pela conjuntura. Na década de 1990, na França, as pessoas começaram a falar sobre os "vulneráveis" e os "excluídos". Enquanto a população vulnerável consegue se integrar ao mundo do trabalho, mas de forma instável e sempre ameaçada pela possibilidade de ser excluída, a população excluída é composta por aqueles que são expulsos do mundo do trabalho e, portanto, não têm acesso a sistemas de proteção social. Eles não acessam assistência porque podem trabalhar, e não acessam o seguro social porque não têm emprego (Castel, 1996).

Na análise desse quadro de alterações, deve-se lembrar, como propõe José Paulo Netto, que a dinâmica constitutiva do capitalismo continua operando.

> Nada mais alheio à minha argumentação do que pretender insinuar que o mundo não mudou desde 1845 [...] Conquistas civilizacionais foram

> feitas; os trabalhadores, mediante árduas lutas, forçaram o reconhecimento de direitos políticos e sociais; o Estado burguês foi compelido a assumir, sem prejuízo de seu caráter de classe, funções coesivas e legitimadoras. Aquilo que não mudou, todavia, e responde pela permanência da pobreza e da desigualdade, é a dinâmica econômica elementar da nossa sociedade, assentada na acumulação capitalista — por isso mesmo, seus efeitos, os efeitos de sua lei geral, continuam operantes [...]. (Netto, 2006, p. 32).

A ofensiva do grande capital teve um forte impacto nessas conquistas civilizadoras. As históricas lutas do trabalho têm sido voltadas para a politização do mercado (Coutinho, 2000, p. 49-50). Essa ofensiva visa justamente despolitizar a política, naturalizar a regulação de mercado e, portanto, refirmar o fetiche da mercadoria que inclui a força de trabalho em toda a sua dimensão (Marx, 2002) como capitalismo monopolista.

A economia política do capital despolitiza a "questão social" e, como consequência, a naturaliza. As causas da "questão social" são individualizadas: o responsável pela "exclusão" é o próprio agonista que não sabia como lidar com o mercado, sendo que a sua miséria é apresentada como resultado de sua incapacidade. Por sua vez, essa incapacidade explica a precariedade dos desapropriados em uma sociedade liberalizada, o que justifica diversas formas de tutela que operam sobre essas populações que devem ser reeducadas e moralizadas. Nesse novo contexto, só é cidadão — como no capitalismo clássico — aquele que tem acesso ao trabalho abstrato, na produção, mas sobretudo no consumo.

Esses processos de despolitização, desenvolvidos a partir de uma clássica aliança entre o pensamento conservador (que só entende a "questão social" como um problema moral), e o pensamento liberal (que só tolera a intervenção sobre a pobreza extrema, desde que não interfira no mercado) geram critérios leoninos na atenção da "questão social", reprovando qualquer interferência na relação capital-trabalho. Essa aliança, que se torna hegemônica na América Latina, cria um olhar e uma prática sobre a "questão social" que se convertem em paradigmas. Sendo assim, é possível estabelecer critérios que guiam a administração da "questão social", que articulam a perspectiva neoliberal e conservadora e que podem ser observados na concepção dos programas de assistência que são desenvolvidos para mitigar as consequências da implementação do modelo.

São critérios orientadores da perspectiva liberal:

- a política social tem como critério fundamental a focalização, ou seja, não deve transferir recursos para aquela população considerada habilitada para ingressar no mercado de trabalho, minimizando a possibilidade do manejo estratégico desses recursos. Evita, com isso, processos de desmercantilização nos termos propostos por Esping-Andersen (1990);
- os benefícios nunca devem constituir direitos e devem estar sempre sujeitos à avaliação;
- os benefícios devem ser inferiores em quantidade e qualidade aos recursos que podem ser obtidos no mercado, com a intenção de não desestimular o trabalho. Em nenhuma circunstância a intervenção deve distorcer ou interferir nas leis do mercado.

São critérios orientadores da perspectiva conservadora:

- o acesso a qualquer benefício implica, por parte do beneficiário, uma contrapartida de natureza "educacional-disciplinar";
- o conteúdo educativo não é avaliado em termos de qualidade, pois o que se busca é o efeito moralizador dele, que se solidariza com o crescente processo de mercantilização da educação.

O trabalho, como contrapartida, é avaliado em seu componente de potencial integrador e não em sua capacidade de produzir valor. Nessa perspectiva, o trabalho entra como contrapartida a um benefício recebido. As políticas sociais universais, que no mundo europeu fizeram da cidadania a justificação para o acesso universal a bens e serviços (Welfare), tendem a ser substituídas por políticas focalizadas que multiplicam condicionalidades (Workfare). Para Lavinas (2012, p. 3),

> [...] a finalidade do Workfare não é civilizatória, nem de preservação dos valores morais do trabalho, como quer fazer crer o pensamento conservador, senão a violência que torna compulsório aceitar qualquer emprego, ainda que indigno, mal remunerado e precário — aceitar, portanto um novo padrão laboral desfavorável aos trabalhadores em troca do direito à sobrevivência.

O grande fracasso do Consenso de Washington foi a sua incapacidade de diminuir o impacto social das contrarreformas. As novas políticas sociais falharam ao evitar a crise brutal de integração que foi processada na América Latina, a partir da crise do capital iniciada nos anos 1970 e de suas contrarreformas explicitamente objetivadas a partir dos anos 1990.

É possível arriscar que *"[...] a onda de governos de esquerda e/ou progressistas que ocorreu entre o final do século XX e o início do vigésimo primeiro"* (Midaglia; Antia, 2007, p. 1, tradução nossa)[3], tinha a legitimidade necessária para implementar as novas políticas sociais e fechar o círculo do neoliberalismo. A construção de um dispositivo institucional para implementar essas novas políticas sociais é a principal novidade institucional dos governos progressistas. Dessa forma, os novos Ministérios do Desenvolvimento Social se constituíram no universo empírico privilegiado para a reconstrução do discurso legitimador de políticas voltadas para o combate à pobreza extrema.

Nos diferentes países da América Latina, o contexto é de disputa entre democratização no horizonte da preservação de direitos e cenários que nos colocam na frente dos velhos fantasmas do autoritarismo. De tal forma que,

> O aumento da desigualdade é acompanhado pela quebra dos fundamentos do pacto social que a mobilidade social gerou em muitos países, o que criou expectativas de alcançar melhorias no bem-estar. Essa

3. No original: "[...] la oleada de gobiernos de izquierda y/o progresistas que tuvo lugar entre fines del siglo XX e inicio del XXI."

tendência está estagnada ou recuando: o mundo do trabalho está cada vez mais precário e instável. (ECLAC, 2020a, p. 31 — tradução nossa)[4]

Segundo a CEPAL, em um relatório de janeiro de 2019, a América Latina continua sendo a região mais desigual do mundo, embora não a mais pobre. Com economias enfraquecidas, 30% dos seus 638 milhões de latino-americanos (210 milhões,) vivem na pobreza, e destes, 83,4 milhões são extremamente pobres. Já em 2010, o Programa das Nações Unidas para o Desenvolvimento (PNUD), em seu relatório sobre distribuição de renda na América Latina (2010), referia-se a essa região como a mais desigual do mundo (PNUD-PNUD, 2010).

Ainda em relatório conjunto da CEPAL e da OIT de 2019, a "queda do PIB estimada em 5,3% fará com que a taxa de desemprego suba de 8,1% em 2019 para 11,5% em 2020. Com o aumento de 3,4 pontos percentuais na taxa de desemprego, espera-se que a região tenha mais de 11,5 milhões de novos desempregados". Ainda de acordo com esse relatório conjunto CEPAL/OIT, mais de 42% das ocupações latino-americanas são as mais ameaçadas, porque pertencem a setores econômicos de alto risco (comércio atacadista e varejo; reparação de veículos e motocicletas; indústrias de manufatura; serviços de alojamento e alimentos, atividades imobiliárias e serviços administrativos e de apoio). A diferenciação nas estruturas produtivas dos países da região explica o diferencial na composição das ocupações ameaçadas, uma vez que contém maior probabilidade de serem destruídas, especialmente no contexto da pandemia.

O relatório de desenvolvimento humano do Programa das Nações Unidas para o Desenvolvimento (PNUD) 2019, divulgado em dezembro de 2019, reitera a desigualdade que permeia a América Latina.

4. No original: "El aumento de la desigualdad se acompaña de la ruptura de los fundamentos del pacto social que la movilidad social había generado en muchos países, que había creado expectativas de lograr mejoras del bienestar. Esa tendencia está estancada o en retroceso: el mundo del trabajo es cada vez más precario e inestable."

Nesta, os 10% mais ricos do continente concentram uma parcela maior da renda (37%), índice superior a qualquer outro lugar do planeta. E vice-versa: os 40% mais pobres recebem a menor parcela da riqueza social (13%). O relatório analisa a desigualdade além da renda, ou seja, considera áreas importantes ao longo da vida, tais como a saúde e a educação. Destaca, também, o papel fundamental da promoção do desenvolvimento da primeira infância, que exige investimentos na instalação de uma "estrutura política abrangente com diretrizes, ferramentas e normas nacionais". A América Latina é tão desigual que uma mulher de um bairro pobre de Santiago do Chile nasce com uma expectativa de vida de 18 anos menor, se comparada com a que vive em outra área — mais privilegiada — da mesma cidade.

Da mesma forma, é possível estabelecer que a cultura do privilégio é uma característica das sociedades latino-americanas, desigualdades que se reproduzem em suas instituições. A evasão fiscal, por si só, por exemplo, causa uma perda média de 6,3% do PIB nos países da região, seis vezes mais do que os custos médios das políticas sociais expandidas nos últimos anos. O Estado, que até pouco tempo era considerado predominantemente como o centro dos problemas nacionais pela prescrição neoliberal, rapidamente tornou-se a condição necessária para sair da atual situação regressiva. No relatório conjunto da CEPAL e da OIT, a "queda do PIB estimada em 5,3% fará com que a taxa de desemprego suba de 8,1% em 2019 para 11,5% em 2020. Com o aumento de 3,4 pontos percentuais na taxa de desemprego, espera-se que a região tenha mais de 11,5 milhões de novos desempregados". Além disso, a perda salarial está se expandindo, com maior presença de informalidade e trabalho por conta própria, sendo estas as mais perversamente afetadas. Cabe ainda lembrar que a atual onda viral, que exacerba esse quadro, é o resultado da forma degradante e predatória como o desenvolvimento capitalista explorou a natureza. As emissões de gases de efeito estufa, o desmatamento e as mudanças climáticas afetam todos os biomas, levando à crescente liberação de vetores que espalham doenças virais.

3. América Latina sob a égide do capital financeiro em tempos de pandemia

Para Husson (1999), o processo de financeirização indica uma forma de estruturar a economia mundial. Ele se limita à mera preferência de capital por aplicações financeiras especulativas em relação às produtivas. Os principais atores nesse processo são grupos industriais transnacionais e investidores institucionais (bancos, seguradoras, financiadores de investimento coletivo, fundos de pensão e fundos mútuos), que se tornam credores do Estado e acionistas das empresas que começam a agir independentemente deles (Chesnais, 1996, 1998 e 2000). É nesse contexto que se impõe a redução do padrão de vida do coletivo de trabalhadores, com o impulso efetivo dos Estados Nacionais, com impacto direto sobre o mundo do trabalho.

De um lado, a privatização do Estado, o desmonte das políticas públicas e a mercantilização dos serviços, o chamado relaxamento da legislação de proteção ao trabalho, que enfraquece as formas de organização dos trabalhadores e sua resistência. Isso se soma à distribuição desigual da renda e à menor tributação dos altos rendimentos, o que significa que a carga tributária recai sobre a maioria dos trabalhadores.

Por outro lado, os investimentos em ações de empresas do mercado financeiro estão apostando nas expectativas de rentabilidade futura, interferindo silenciosamente nas políticas de gestão e redução do trabalho, na intensificação e no aumento da jornada de trabalho, no estímulo à concorrência entre os trabalhadores em um contexto recessivo, dificultando a organização sindical. Estimulam, com isso, o aumento da produtividade do trabalho com tecnologias de economia de mão de obra e a participação dos(as) trabalhadores(as) na realização dos objetivos empresariais com ampla regressão de direitos. Um exemplo disso são as massas de jovens mulheres que trabalham na "indústria maquilera" em El Salvador, Nicarágua, México e República Dominicana, que são submetidas a extenuantes jornadas de trabalho, baixos salários, impedimento à organização sindical e com ambientes laborais onde o assédio sexual foi relatado (REDCAM, 2014).

Esse complexo processo tem causado profundas metamorfoses no mundo do trabalho (Harvey, 1993; Alves, 2000; Antunes, 1997, 1999; BIHR, 1999; Santana; Ramalho, 2003). Como destaca Iamamoto,

> [...] as crises propiciam questionamentos a respeito do futuro de nossas sociedades. São momentos de paradoxos, que desvelam limites e possibilidades nos quais eclodem vários tipos de alternativas — conservadoras, socialistas e anticapitalistas. Esses tempos de crise nos indagam e desafiam tanto ao nível da investigação quanto de respostas coletivas no âmbito das relações entre o Estado e a sociedade civil (Iamamoto, 2018, p. 70).

Não podemos esquecer que essas mudanças resultantes da reestruturação dos mecanismos de acumulação do capitalismo globalizado, incluindo as inovações tecnológicas e computacionais, são de natureza regressiva e conservadora. Aprofundaram a precariedade do trabalho e sua subordinação à ordem de mercado, mudaram as bases dos sistemas de proteção social, desmantelaram os direitos sociais, civis e políticos, questionaram as políticas de proteção social do início do século XXI, especialmente aquelas que desenvolvem ações voltadas ao enfrentamento da pobreza e da desigualdade.

Nessas condições históricas, a reorganização econômica e política da maioria dos países capitalistas, o surgimento de novas manifestações e expressões da "questão social", a alteração das experiências contemporâneas nos sistemas de proteção social e os processos de (re)mercantilização dos direitos sociais, fortalecem a defesa da tese de que cada indivíduo é responsável pelo seu bem-estar, levando o Estado à defesa de alternativas privatistas que envolvem a família, as organizações sociais e a comunidade em geral. A partir daí, a direita e suas propostas avançam por todo o continente. Tempos de crescimento do conservadorismo de traços fascistas e exposição da face hiperautoritária do neoliberalismo nos termos de Dardot e Laval (2016, p. 21), que afirmam que "o neoliberalismo não é apenas uma ideologia, um tipo de política econômica. É um sistema normativo que ampliou sua influência ao mundo inteiro, estendendo a lógica do capital a todas as relações sociais e a todas as esferas da vida". É um sistema que emprega "técnicas de poder sem precedentes sobre comportamentos e subjetividades". Para Harvey, na mesma direção, o neoliberalismo mercantiliza ilimitadamente relações sociais. Esta situação é agravada pelo "[...] ingresso da chamada 'nova direita' na conjuntura internacional" em um processo de "exportação, do centro para a periferia [...] entendida como uma espécie de reação à emergência de um ciclo de governos progressistas na América Latina, no início do novo século" (Mello, 2018, p. 15).

O resultado é o surgimento de tempos obscurantistas com ataques ameaçadores contra a democracia e os direitos, tempos de regressão conservadora-reacionária que se expressa no avanço do irracionalismo, na defesa das instituições tradicionais, na naturalização da desigualdade, na perseguição de massas de imigrantes que se deslocam na região, na intensificação de preconceitos, do racismo, do feminicídio, da homofobia, da criminalização dos movimentos sociais, da financeirização da economia e de um forte impulso contra os trabalhadores, sua subjetividade, sua capacidade de organização e pressão representada pelos sindicatos, com o desmonte de seus direitos trabalhistas e a intensa privatização dos Estados e dos fundos públicos. Este processo viabiliza e objetiva o projeto empresarial do grande capital.

É nesse contexto que a financeirização se intensificou nas condições impostas pela histórica dependência latino-americana. Nesse cenário contraditório, governos progressistas assumiram os Estados na América Latina: Venezuela (Hugo Chaves — 1998), Bolívia (Evo Morales — 2006), no Equador (Rafael Correa — 2007), compondo o diverso bloco bolivariano; outras experiências diversas foram constituídas no Chile (Lagos e Bachelet — 2000 e 2006), no Brasil (Lula e Dilma — 2003 e 2011), na Argentina (Néstor e Cristina Kirchner — 2003 e 2007), no Paraguai (Fernando Lugo — 2008-2012) e no Uruguai (Vázquez-Mujica-Vázquez — Frente Ampla, Ampla, 2005-2019), na Nicarágua (Daniel Ortega — Frente Sandinista de Liberación Nacional -2007-2001); em El Salvador (Mauricio Funes, Frente Farabundo Martí para la Liberación

Nacional — 2009-2014); em Honduras (Manuel Zelaya, Partido Libertad y Refundación — 2006-2009); e em Costa Rica (Luis Guillermo Solís, Partido Acción Ciudadana — 2014-2018). Tais propostas foram tecidas tendo por base o pacto social e a conciliação das classes. Foi com base nesse processo contraditório e de crise estrutural do capital (aprofundada a partir de 2008) que esses mesmos governos foram gradualmente desarmados, pondo fim à política de conciliação de classes que a América Latina manteve nos primeiros anos do século XXI.

Alguns resultados dessas transformações sociais impostas pela ofensiva neoliberal são visíveis: a imensa concentração de riqueza e de poder junto com a tragédia da pobreza, da fome, do não acesso aos bens materiais e de outros direitos igualmente importantes, processo este que vem se expressando no crescimento das massas descartáveis, excedentes e desprotegidas em um contexto altamente desumano marcado pelo individualismo, pela competição e pela mercantilização das relações sociais, que reeditam formas de superexploração da força de trabalho no processo de produção do valor. Nesse contexto de mudanças globais, relacionadas ao capital fetiche, observamos que também se alteram a política e a sociabilidade com impactos — não sem resistências e disputas — nas múltiplas dimensões da vida, da cultura, da sociabilidade e da comunicação.

É também nesse contexto que, a partir de 2020, o continente latino-americano, sob o impacto da pandemia da covid-19, enfrenta as consequências e limites desse capitalismo financeirizado que busca se valorizar pela devastação do mundo do trabalho e da própria humanidade. Do ponto de vista da economia política, com a pandemia, este quadro agravou-se muito e suas consequências apontam para uma forte recessão: o Fundo Monetário Internacional (FMI) apresentou a previsão de -3% de crescimento da economia, em sua versão mais otimista desde o impacto da crise de saúde na economia mundial; a Organização Mundial do Comércio (OMC) previu uma redução de 13% no fluxo do comércio mundial em 2020. Sem dúvida, um dos resultados dessa crise será um aumento significativo da desigualdade dentro e entre países. Para Marques e Depieri (2020, p. 1),

> A pandemia, ao exigir a paralização das atividades, acabou afetando o mundo inteiro, mesmo antes de ela se fazer presente em todos os países. [...] E, nesse sentido, atuou como um segundo choque, destruindo empregos e renda, desfazendo laços contínuos de que se vale o mercado, nas relações entre empresas, sistemas financeiro e famílias.

Assim, nesses tempos de pandemia, sob o comando do capital financeiro, tem-se, no Continente Americano, massas crescentes de trabalhadores(as) informais, migrantes, desempregados(as) e, ao mesmo tempo, o avanço da concentração de renda e de riqueza numa íntima união entre bancos e indústrias que se sustenta na fusão de todos os tipos de propriedade de capital: empresas, bancos, comércio e serviços.

4. Considerações finais

Como já foi anunciado na introdução deste capítulo, os limites existentes nesta breve retomada histórica sobre a desapropriação e a resistência de nossa América articulam-se com a enorme diversidade dos povos latino-americanos e suas lutas pela vida. As estratégias coloniais e imperialistas têm reiterado, em tempos e caminhos diversos, a mesma coisa: a política da desapropriação, que também é a política da morte. A vida, por aqui, sempre encontra formas de resistir. Como argumentado nas páginas antecedentes, é verdade que vivemos hoje sob o implacável domínio da necropolítica, ainda que isso não seja novo nessas terras regadas pelo suor e sangue de nossos povos. Como aponta Silva (2021, p. 8),

> A colonização do cone centro-sul-americano e do Caribe foi adensada pelos próprios espanhóis e pelos portugueses que dividiram suas posses na América Latina até a primeira metade do século XIX. É nesse contexto que povos e culturas aqui constituídos foram submetidos à força, vilipendiados, saqueados e dizimados. O colonialismo e a acumulação

originária do capital — ambos não situados apenas num passado distante — foram também aqui muito eficientes, seja para dividir povos nativos muito diversos, fragmentá-los para enfraquecê-los, seja para administrar a sangria desta parte da América associando convenientemente escravismo de nativos e negros, expropriação agrário-exportadora e produção voltada às zonas economicamente dominantes.

Da mesma forma, as conquistas, limitadas, mas operacionais, alcançadas pelo movimento operário em suas lutas durante grande parte do século XX, exigiram a política implacável das ditaduras militares, que não hesitaram em impor o programa neoliberal por meio da violência explícita. A contrarreforma dos anos 1980 e 1990 nunca poderia ter sido imposta sem antes dizimar o movimento operário.

Este capítulo tentou mostrar que a persistência em resgatar e reeditar a repressão e a morte, que a necropolítica que parece configurar uma forma macabra de retorno eterno, não podem ser confundidas como o destino inevitável de nossa América. Cada momento em que a repressão selvagem ao movimento popular aconteceu em nossa história, encontrou um movimento social cada vez mais maduro com a capacidade de recuperar sua tradição como uma experiência inestimável.

O atual império da necropolítica que busca se impor contra as importantes — ainda que limitadas — conquistas alcançadas pelos governos progressistas, está enfrentando um movimento capaz de unificar todas as lutas. A luta pela igualdade étnico-racial vem ao encontro dos movimentos de gênero que se articulam com a luta de classes, enriquecidas pela sua unidade. Hoje essa luta pode ser vista intensamente nas ruas do Brasil, do Chile e da Colômbia (dinamizadas pelas particularidades destas nações), bem como ficaram visíveis na Argentina, que foi governada por Mauricio Macri, e na Bolívia, até recentemente comandada pelo governo golpista de Jeanine Áñez, espalhando-se por toda a América Latina. Uma América Latina que hoje parece não estar satisfeita com miragens reformistas e se organiza para lutar por um continente definitivamente liberado. Não se trata, aqui, de estimular ilusões, mas de reafirmar possibilidades históricas concretas.

Referências

AMARANTE, V.; JIMÉNEZ, J. Desigualdad, concentración y rentas altas en América Latina. *In*: Jiménez, J. (Editor). *Desigualdad, concentración del ingreso y tributación sobre las altas rentas en América Latina.* Santiago, Chile: CEPAL, 2015. p. 13-47.

ANDERSON, P. (org.). *Pós-neoliberalismo: as políticas sociais e o Estado democrático.* São Paulo: Paz e Terra, 1995.

ANTUNES, R. *Os sentidos do trabalho:* ensaios sobre a afirmação e a negação do trabalho. São Paulo: Boitempo,1999.

ANTUNES, R. *Crise e pandemia.* Transformações no trabalho e desafios profissionais. Aula inaugural — Pós-graduação Serviço Social PUC-SP em 19 abr. 2021.

ANTUNES, R. *O privilégio da servidão.* São Paulo: Boitempo, 2018.

BARCENA, A. *Impacto económico y social del covid-19 y desafíos futuros para Centroamérica y República Dominicana.* Santiago, Chile: CEPAL, 2020.

BENZA, G.; KESSLER, G. ¿Impactará la crisis del covid-19 en la Agenda social de América Latina? *Revista Nueva Sociedad*, 2020. Disponível em: https://nuso.org/articulo/impactara-la-crisis-de-covid-19-en-la-agenda-social-de-america-latina/. Acesso em: 20 jan. 2022.

BUSSO, M.; MESSINA, J. La crisis de la desigualdad: América Latina y el Caribe en la encrucijada. *Banco Interamericano de Desarrollo.* 2020. Disponível em: https://publications.iadb.org/es/publications/spanish/document/La-crisis-de-la-desigualdad-America-Latina-y-el-Caribe-en-la-encrucijada.pdf. Acesso em: 27 jan. 2022.

BENTATA, C.; PRAT, J.; RIPANI, L. *Informalidad laboral y coronavirus:* una combinación desafiante. 2020. Factor trabajo. Disponível em: https://blogs.iadb.org/trabajo/es/informalidad-laboral-y-coronavirus-una-combinacion-desafiante/. Acesso em: 20 jan. 2022.

BENTURA, J. P. Los Programas de Transferencia de Renta Condicionadas como gestión neoliberal de la cuestión social. *Serv. Soc. Soc.*, São Paulo, n. 117, p. 94-121, jan./mar. 2014.

CASTEL, R. *Las metamorfosis de la Cuestión Social.* Una crónica del salariado. Buenos Aires, Paidós. 1996.

COUTINHO, C. N. *Contra a corrente.* Ensaios sobre democracia e socialismo. São Paulo: Cortez, 2000.

CEPAL. Enfrentar los efectos cada vez mayores del covid-19 para una reactivación con igualdad: nuevas proyecciones. *Informe Especial covid-19*, n. 5. Santiago, Chile: Organización de Naciones Unidas, 2020.

CEPAL. *Construir un nuevo futuro.* Una recuperación transformadora con igualdad y sostenibilidad. Santiago, Chile: Organización de Naciones Unidas, 2020a.

CEPAL/OIT. El trabajo en tiempos de pandemia: desafíos frente a la enfermedad por coronavirus (covid-19). *Coyuntura Laboral en América Latina y el Caribe*, Santiago, n. 22, mayo 2020.

CORDERO, M. *Covid-19 desnudó incapacidad de los sistemas de salud centroamericanos.* Semanario Universidad. 1º jul. 2020. Disponível em: https://semanariouniversidad.com/pais/covid-19-desnudo-incapacidad-de-los-sistemas-de-salud-centroamericanos/. Acesso em: 17 jan. 2022.

DARDOT, P.; (CEPAL, 2020a, p. 31) LAVAL, C. *A nova razão do mundo.* Ensaio sobre a sociedade neoliberal. São Paulo: Boitempo, 2016.

DELGADO, G. ¿Cuáles son las condiciones de Centroamérica para enfrentar la pandemia? *El mundo* CR. 22/04/2020. Disponível em: https://www.elmundo.cr/mundo/cuales-son-las-condiciones-de-centroamerica-para-enfrentar-la-pandemia-del-coronavirus/. Acesso em: 21 jan. 2022.

DÍAZ ARIAS, D.; VIALES, HURTADO, R. Centroamérica: neoliberalismo y Covid19. Geopolítica(s). *Revista de estudios sobre espacio y poder*, n. 11 (Especial), p. 39-45, 2020. Disponível em: https://www.google.com/url?sa=t&rct=j&q=&esrc=s&source=web&cd=&ved=2ahUKEwium-7L5pTtAhWKQjABHeHKDbwQFjAAegQIBxAC&url=https%3A%2F%2Frevistas.ucm.es%2Findex.php%2FGEOP%2Farticle%2Fdownload%2F69017%2F4564456553381%2F&usg=AOvVaw3VxfRpCW6BK8O2yEjT2RIY. Acesso em: 20 jan. 2022.

DOWBOR, L. *A era do capital improdutivo.* A nova arquitetura do poder: dominação financeira, sequestro da democracia e destruição do planeta. São Paulo: Autonomia Literária, 2017.

ESPING-ANDERSEN, G. *The three worlds of welfare capitalism.* Cambridge: Polity Press, 1990.

FERNANDES, F. *Capitalismo dependente e classes sociais na América Latina.* São Paulo: Global, 2009.

FILGUEIRA, F. El nuevo modelo de prestaciones sociales en América Latina, eficiencia, residualismo y ciudadanía estratificada. *In*: Roberts, B. (Editor). *Ciudadanía y Política social.* Costa Rica: Ed. Flecos, 1998.

GASPARINI, L.; CICOWIEZ, M.; SOSA, W. *Pobreza y desigualdad en América Latina.* Conceptos, herramientas y aplicaciones. Buenos Aires, Argentina: Temas Grupo Editorial, 2012.

CHESNAIS, F. *A mundialização do capital.* São Paulo: Xamã, 1996.

CHESNAIS, F. *A finança mundializada.* São Paulo: Boitempo, 2011.

GRASSI, E. *et al. Políticas Sociales.* Crisis y ajuste estructural. Buenos Aires: Espacio Editorial, 1994.

HAYEK, F. *Camino de servidumbre.* Madrid: Alianza Editorial, 2006.

HENAO, L. El concepto de pandemia: debate e implicaciones a propósito de la pandemia de influenza de 2009. *Revista Gerencia, Política y Salud*, v. 9, n. 19, p. 53-68, julio-diciembre, 2010. Disponível em: https://www.google.com/url?sa=t&rct=j&q=&esrc=s&source=web&cd=&ved=2ahUKEwiM7P7MutvsAhVjxFkKHYz1D88QFjAAegQIAhAC&url=http%3A%2F%2Fwww.scielo.org.co%2Fpdf%2Frgps%2Fv9n19%2Fv9n19a05.pdf&usg=AOvVaw0uBrstj9Gh9i_gJRFhGAzn. Acesso em: 20 jan. 2022.

HOBSBAWM, E. *Era dos extremos o breve século XX 1914-1991.* São Paulo: Companhia das Letras, 1995.

IAMAMOTO, M. V. Questão social e trabalho em tempo de capital fetiche. *In*: RAICHELIS, R.; VICENTE, D.; ALBUQUERQUE, V. *A nova morfologia do trabalho no Serviço Social.* São Paulo: Cortez, 2018.

IAMAMOTO, M. V.; CARVALHO, R. *Relações Sociais e Serviço Social no Brasil.* Esboço de uma interpretação histórico metodológica. São Paulo: Cortez, 2018.

IANNI, O. *A ditadura do grande capital.* São Paulo: Expressão Popular, 2019.

IGLESIAS, E. La búsqueda de un nuevo consenso económico en América Latina. *El legado de Raul Prebish.* Banco Interamericano de Desarrollo, Washington, D.C., 1993.

INFORME CEPAL/OIT, 2019.

KESLER, G. *Controversias sobre la desigualdad:* Argentina, 2003-2013. Buenos Aires: Fondo de Cultura Económica, 2014.

LAVINAS, L. Na contramão dos Direitos Universais. Notas para reflexão. *Plataforma Social. Cadernos Temáticos 1. Política Social e Desenvolvimento: o Brasil entre dois projetos.* Instituto de Economia. Unicamp, outubro, 2012.

LÓPEZ, A.; RUÍZ, M. *ALC post covid-19:* Retos y oportunidades para países de Centroamérica, Haití, México, Panamá, y República Dominicana. 31/05/2020. Reliefweb Disponível em: https://reliefweb.int/report/costa-rica/alc-post-covid-19-retos-y-oportunidades-para-pa-ses-de-centroam-rica-hait-m-xico. Acesso em: 20 jan. 2022.

MENDENHALL, E.; KOHRT, B.; NORRIS, S.; NDETEI, D.; PRABHAKARAN, D. *Sindemia:* una nueva categoría que reúne lo social y lo biológico. 07/05/2017. Intra Med. Disponível em: https://www.intramed.net/contenidover.asp?contenidoid=90525. Acesso em: 20 jan. 2022.

MARQUES, R. M. O capitalismo financeiro e as políticas sociais: a nova face da contemporaneidade. *In*: RAICHELIS, R. *et al. A nova morfologia do trabalho no Serviço Social.* São Paulo: Cortez, 2018.

MARX, K. *El capital.* El proceso de producción del capital. Tomo I, Volumen 1, Libro primero. Buenos Aires: Siglo XXI, 2002.

MEDINA, F. *Consideraciones sobre el índice de Gini para medir la concentración del ingreso.* Santiago, Chile: CEPAL, 2001.

MÉSZÁROS, I. *Para além do capital.* Rumo a uma teoria da transição. São Paulo: Boitempo, 2002.

MELLO, D. As reflexões de Gramsci sobre o fascismo e o estudo da direita contemporânea: notas de pesquisa. *In*: Colóquio Internacional Marx e o Marxismo, Niterói, 2017.

MIDAGLIA, C.; ANTIA, F. La izquierda en el gobierno: ¿cambio o continuidad en las políticas de bienestar social? *Rev. Urug. Cienc. Polít.*, Montevideo, v. 16, n. 1, p. 131-157, 2007.

NETTO, J. P. A ordem social contemporânea é o desafio central. *In*: 33ª Conferência Mundial de Escolas de Serviço Social. Santiago do Chile, 28/31 de agosto de 2006.

NETTO, J. P. A questão social na América Latina. *In*: GARCIA, M. L.; RAIZER, E. C. (org.). *A questão social e as políticas sociais no contexto latino-americano.* Vitória: Edufes, 2012.

NUN, J. *Marginalidad y exclusión social.* Buenos Aires: Fondo de Cultura Económica, 2001.

NUÑEZ, M. Covid-19 el doble verdugo para trabajadores informales de Centroamérica. *Semanario Universidad.* 22/07/2020. Disponível em: https://semanariouniversidad.com/pais/covid-19-el-doble-verdugo-para-trabajadores-informales-en-centroamerica/. Acesso em: 18 jan. 2022.

NUÑEZ, M. Centroamérica podría alcanzar indicadores de desempleo cercanos al 25%. *Semanario Universidad*, 09/09/2020. Disponível em: https://semanariouniversidad.com/pais/centroamerica-podria-alcanzar-indicadores-de-desempleo-cercanos-al-25/. Acesso em: 20 jan. 2022.

OLIVEIRA, F. *Brasil:* uma autobiografia não autorizada. São Paulo: Boitempo, 2018.

PAULANI, L. *Neoliberalismo, fascismo cultural e pandemia sem controle, em síntese trágica, devastam o país,* 2021. Disponível em: https://boitempoeditorial.files.wordpress.com/2021/01/ledapaulani.jpg. Acesso em: 15 jan. 2022.

POCHMANN, M. *et al. Trabalho na América Latina e a pandemia.* Campinas: Cesit, Instituto de Economia da Unicamp (Cesit/Unicamp), 2020.

POCHMANN, M.; OLIVEIRA, D. (org.) *A devastação do trabalho. A classe do labor na crise da pandemia.* Brasília: Positiva, 2020.

PRZEWORSKI, A. *Capitalismo e social-democracia.* São Paulo: Companhia das Letras, 1995.

REDCAM. (2014). *Agenda de los derechos laborales de las mujeres trabajadoras de la industria maquiladora en Centroamérica.* Managua, Nicaragua: Red Centroamericana de Mujeres en Solidaridad con las Trabajadoras de la Maquila.

ROLNIK, S. *A nova modalidade de golpe de Estado:* um seriado em três temporadas, 2018. Blog. Outras Palavras, 2018.

SARAVI, G. Miradas recíprocas: representaciones de la desigualdad en México. *Revista Mexicana de Sociología*, México, D.F. Universidad Nacional Autónoma de México-Instituto de Investigaciones Sociales, v. 78, n. 3, p. 409-436, 2016.

SILVA, J. F. S. da. América Latina: capital e devastação social. *Revista Katálysis*, Florianópolis, v. 24, p. 7-19, 2021.

TORRES, K. *La precariedad del servicio de salud público de Nicaragua y Centroamérica. Confidencial.* 12/07/2020. Disponível em: https://confidencial.com.ni/la-precariedad-del-sistema-de-salud-publico-de-nicaragua-y-centroamerica. Acesso em: 12 jan. 2022./

WANDERLEY, L. E. A questão social no contexto da globalização: o caso latino-americano e caribenho. *In*: CASTEL, R. *et al. Desigualdade e a questão social.* São Paulo: EDUC, 2013.

WILLIAMSON, J. Una estrategia de desarrollo para América Latina en la década de 1990. *El legado de Raul Prebish.* Banco Interamericano de Desarrollo, Washington, D.C., 1993.

Serviço Social e tendências teóricas: o sentido da crítica

José Fernando Siqueira da Silva

1. Observações iniciais

O estudo sobre as tendências teóricas hoje atuantes no Serviço Social na América Latina exige que essa análise seja feita a partir do atual estágio de acumulação capitalista — sumariado no capítulo anterior — e de suas expressões particulares nesta parte do continente americano. Isso requisita esforços para decifrar velhas-novas questões reavivadas/reatualizadas com força a partir do final do século XX e início do século XXI, em um intenso processo de luta de classes travado num contexto de hegemonia liberal-burguesa radicalizada e de seu conservadorismo-reacionário. Nesse contexto, "nem todos os gatos são pardos", ou seja, embora possam existir orientações teóricas próximas, que se componham em determinados momentos históricos, politicamente associadas a tradições progressistas, mais ou menos comprometidas com níveis crescentes de emancipação social (política e humana), seu oposto também tem se imposto objetivamente: a histórica persistência de um conjunto heterogêneo de tendências subservientes ou, pelo mesmo, resignadas à ordem em curso. Importante ressaltar que, em qualquer um desses casos, se constituem orientações heterogêneas que frequentemente desembocam em soluções diversas, por vezes antagônicas, ainda que possam dialogar dentro de um amplo campo que transita de alternativas comprometidas com o conservadorismo-reacionário a propostas que forcejam na direção da "intenção de ruptura" (Netto, 1991) com o capital e a com a sociedade que permite sua reprodução: o capitalismo.

A profunda crise do capitalismo mundial já objetivada na primeira metade dos anos 1970, conhecida como o esgotamento dos 30 anos gloriosos de crescimento capitalista ininterrupto (Mandel, 1985; Harvey, 2011; Antunes, 1999 e 2018), sustentou todo processo de reestruturação produtiva sentida drasticamente na América Latina, em tempos e medidas diferentes, a partir da década de 1990 (cujo modelo implantado no Chile de Pinochet foi exemplo clássico)[1]. O objetivo sempre foi certeiro: alterar a composição orgânica do capital, ou seja, reajustar a dinâmica estabelecida entre capital constante (em geral destinado a incrementar a acumulação por meio de tecnologia e de instrumentos de produção) e capital variável (parte da mais-valia destinada à reprodução da força de trabalho). Em outras palavras, promover a boa gestão da "Lei Geral da Acumulação Capitalista" (Marx, 1984a, p. 187), isto é, a busca por padrões excelentes e possíveis nas condições historicamente dadas, capazes de promoverem a retomada da acumulação. *Não há dúvidas sobre o resultado: forte investida junto aos trabalhadores e trabalhadoras, seus direitos laborais, sua subjetividade, sua capacidade de organização e de pressão representada pelos sindicatos, além da intensa privatização dos estados e dos fundos públicos, desmonte e estímulo a políticas sociais não universais, processo esse combinado, articulado e viabilizado simultaneamente como projeto societário do grande capital.* É nesse contexto que a financeirização se intensifica (Marx, 1984c e 1985), mas

1. As movimentações no Chile em outubro de 2019, embora originalmente desencadeadas com o objetivo de questionar o aumento das passagens dos trens urbanos, tiveram no seu cerne a política econômica desenvolvida pela ditadura liderada por Augusto Pinochet (mesmo que seus opositores nem sempre tenham consciência disso). Esta política foi vendida como paradigma neoliberal por toda América Latina. O plebiscito de outubro de 2020, após importante mobilização popular, reafirmou, por amplíssima maioria, a revisão constitucional. A eleição de Gabriel Boric para presidência do país abre possibilidades e impõe novos desafios.

não sem deixar de incorporar os objetivos traçados pela dependência contida na função histórica desempenhada pela América Latina (Silva, 2021), reposicionando e reatualizando o sentido do imperialismo na era monopólica do capital (Lenin, 2008; Borón, 2014)[2].

Não por acaso, governos progressistas se constituíram a partir do final da década de 1990-início dos anos 2000, como alternativas diversas nascidas em um complexo processo potenciado pela incapacidade de a sociedade do capital impor-se plenamente por toda América Latina[3]. Ainda que tais projetos tenham sido tecidos a partir de um pacto social sustentado na conciliação de classes, tenham respeitado e reafirmado os parâmetros da macroeconomia que se expressaram na tríade maldita "neoliberal" — qual seja, superávit primário, câmbio flutuante e juros altos —, bem como tenham reproduzido prioritariamente políticas focais de enfrentamento à pobreza fiéis aos organismos internacionais, tais propostas não representaram alternativas genuinamente constituídas e originalmente pretendidas pela hegemonia burguesa. É na esteira deste legado e da crise estrutural (adensada em 2008 — Silva, 2021) que esses mesmos governos foram paulatinamente desarmados, pondo fim à política de conciliação de classes que sustentou a América Latina — sobretudo a América do Sul — nos primeiros anos do século XXI (Braz, 2017).

O que interessa dizer aqui é que esse contexto impactou a materialidade do Serviço Social, as condições de trabalho do assistente

---

2. Necessário destacar, ainda que pontualmente, o desmonte da URSS e suas consequências altamente favoráveis à ofensiva "neoliberal". Com suas conquistas e mazelas, a União Soviética foi um contraponto possível ao projeto do capital a partir de 1917.

3. Na América do Sul esse processo foi explícito: Hugo Chaves-Nicolás Maduro, Venezuela (1998-atual); Evo Morales, Bolívia (2006-2019), deposto por um golpe de Estado em novembro de 2019 liderado pela ampla direita boliviana, golpe esse revertido por meio de importante resistência popular que reconduziu o Movimento ao Socialismo (MAS), na pessoa de Luis Arce, ao executivo federal do país; Rafael Correa, Equador (2007-2017); Lula e Dilma, no Brasil (2003-2016), seguidos pela tragédia anunciada pelos governos de Michel Temer e de Jair Bolsonaro; Nestor e Cristina Kirchner (2003-2015 — projeto ausente entre 2016-2019 — com Mauricio Macri, mas retomado, sob outras condições, em 2020, por Alberto Fernandes); Lagos e Bachelet, no Chile (2000-março de 2010 — com mais 4 anos entre 2014-2018); Fernando Lugo, no Paraguai (2008-2012); e a Frente Ampla no Uruguai com Vázquez e Mujica (2005-2019). Trata-se de processo absolutamente aberto, em movimento, repleto de contradições.

social, suas bases objetivas e subjetivas. Ao mesmo tempo, desumanizou os segmentos atendidos pela profissão, precarizou suas vidas, eliminou ou pelo menos fragilizou significativamente seus direitos, sejam aqueles relacionados à gestão da pobreza extrema, sejam as condições para a sua reprodução como força de trabalho em geral na sociedade de classes com seus requintes hipertardios e dependentes (suas bases trabalhistas, previdenciárias e organizativas, por exemplo). Trata-se de um projeto tecido desde a crise capitalista adensada após os 30 anos gloriosos de crescimento, seu fiel caudatário, portanto, nada recente (ainda que reorganizado sob múltiplas mediações). O fim dos governos de conciliação seguramente agravou as condições da heterogênea classe trabalhadora. Todavia, isso não significa que essa ofensiva neoliberal seja recente ou que não tenha contado com estes próprios governos para sua afirmação (ainda que com ritmos e características diferentes).

Para o Serviço Social brasileiro, esse cenário impactou fortemente a direção social estratégica tecida no final dos anos 1990 (conhecida como "Projeto Ético-Político Profissional"), não no sentido de desqualificar suas teses centrais, mas na direção de exigir a reorganização das estratégias e das táticas tecidas a partir das condições materiais adversas já anunciadas no início dos anos 2000 e adensadas mais recentemente após o fim dos governos petistas. Por toda América Latina, em diferentes medidas, a profissão tem sido significativamente afetada por um contexto altamente regressivo que tem imposto ao Serviço Social cenários de barbárie que afeta as condições objetivas e subjetivas dos(as) assistentes sociais. Se por um lado isto não deve expressar-se na paralisia profissional, por outro não pode reeditar ações idealistas, sem concretude histórica.

2. Tendências teóricas: de que se trata?

Vale destacar, inicialmente, na perspectiva aqui adotada, que o termo "tendências teóricas" diz respeito aos fundamentos que auxiliam o exame da realidade. Este processo se dá, no geral, por caminhos diversos que tendem a extrair da própria realidade sua lógica ou, ao contrário, atribuir a ela uma lógica que lhe é estranha. Nota-se, portanto, que as tendências teóricas, ainda que considerem a realidade objetivamente posta (e não poderiam simplesmente ignorá-la), lidam com ela de diferentes maneiras: ou adotam o ponto de vista ontológico como base fundante de qualquer produção do conhecimento, ou — em diferentes medidas e por diferentes caminhos — consideram a realidade sem tê-la, necessariamente, *como ponto de partida que possui lógica própria (como verdade dela mesma)*, manipulando-a a partir de certas variáveis externas a ela, presente no que é caracterizado genericamente como teoria do conhecimento.

As tendências teóricas também não são neutras, embora não necessariamente reconheçam isso. Inclinam-se a certos fins que tendem a justificar articuladamente determinadas posições sociais. Estão, por isso, permeadas por ideias que expressam visões de mundo que não se separam das classes sociais e de suas frações objetivamente postas, seus interesses objetivos em dado contexto sócio-histórico (Löwy, 1988). Estas tendências não nascem na cabeça de quem se propõe a conhecer a realidade por meio da "teoria do conhecimento" ou de bases essencialmente doutrinárias, em suas diversas denominações (neste segundo caso, não teóricas). *As tendências são estruturalmente políticas, contaminadas pela vida real objetivamente posta (mesmo que não afirmem formalmente isso), tecidas — com o auxílio do pensamento — no processo de produção e reprodução material do ser social sob dadas condições históricas (contaminadas pela economia política).* Sendo assim, elas fazem parte dos fundamentos do Serviço Social como profissão, expressam culturas profissionais diversas, intencionalidades políticas (não obrigatoriamente partidárias), impactam a visão de homem-mundo no processo de formação profissional desejado e no trabalho profissional realizado. Portanto, as tendências se constituem e interagem com a profissão, suas diversas denominações, a partir de condições objetivamente dadas (o legado histórico deixado e o momento histórico vivido). Sendo assim, lidam de diferentes formas com a realidade objetivamente posta, suas contradições e lutas travadas para manter, reformar ou superar a ordem materialmente constituída, assumindo ou não isso. Destacam Marx e Engels (2007, p. 86):

> Os pressupostos de que partimos não são pressupostos arbitrários, dogmas, mas pressupostos reais, de que só se pode abstrair na imaginação. São os indivíduos reais, sua ação e suas condições materiais de vida, tanto aquelas por eles já encontradas como as produzidas por sua própria ação. Esses pressupostos são, portanto, constatáveis por via puramente empírica.

As "tendências" não se identificam, em hipótese alguma, com noções fechadas e estáticas ou com "tipos puros". Ao contrário, elas são necessariamente dinâmicas, formadas por orientações que reproduzem perspectivas heterogêneas, ecléticas ou não[4]. Sendo assim, elas são edificadas a partir da realidade objetiva, lidam com "determinações de existência" (Marx, 1989, p. 410), espelham-se racionalmente de diferentes formas, sem deixarem de reproduzir equívocos e deturpações permeadas por posições sociais e interesses de classe (portanto, não são neutras, nem exatas). Movimentam-se e expressam-se materialmente podendo ou não articular, simultaneamente, certa tradição racional-teórica, irracional (estruturalistas ou não), comporem-se com traços doutrinários, originalmente não teóricos, bem como com um conjunto de interesses objetivos que estruturam as forças sociais em jogo em dada sociabilidade. O sentido do teórico diz respeito a diversas tradições do conhecimento caudatárias, de alguma maneira, das teses postas e desenvolvidas pela modernidade, como matrizes do conhecimento marcadas por metanarrativas, críticas ou puramente descritivas. Mas podem, também, lançar mão de traços pré-modernos, doutrinários ou não, críticos à ordem em curso ou subservientes a ela, ou outras formas irracionalistas marcadas pela razão miserável niilista, destruidora da razão, o que não significa que não se proponham a

4. Esse debate será retomado na sequência.

articular estas dimensões ou alguns elementos que as compõem. Aliás, é bastante comum no Serviço Social que autores e autoras reforcem traços que se situam em uma ou outra tradição teórica. Portanto, embora seja necessário afirmar que as tendências possuam um marco teórico que estabelece os pressupostos básicos que as demarcam, isso *não significa que se imponham como campos estáticos* em que pensadores(as) encaixam-se mecanicamente. Trata-se, então, de reconhecer a complexa dinâmica que constitui este processo.

No campo da modernidade, as diversas tendências se inspiram em construções teóricas atreladas a diversas tradições. São exemplos clássicos: o positivismo-funcionalismo e suas abordagens atuais e ou inseridas na mesma tradição (entre elas as de perfil sistêmico), o historicismo, o existencialismo, a fenomenologia, o marxismo, considerando a grande diversidade que compõe cada uma destas tradições teóricas[5]. Algumas destas leituras — independentemente de sua tradição — expressam o que Lukács (Netto, J. P. 1981, p. 109-131) denominou de "decadência ideológica", seja pela formalização da ciência ao estrito campo da "teoria do conhecimento" que reduz a nada a ciência ontológica (o que se viu intensamente a partir de Augusto Comte ainda na primeira metade do século XIX), seja por editarem a "miséria da razão" reforçando não apenas o formalismo estruturalista em diferentes tradições teóricas, mas também formas irracionalistas de lidar com a própria realidade (Coutinho, 2010). Ambas, por caminhos não idênticos, destroem as possibilidades da ciência dialética e ontológica, ou seja, reivindicam certo tipo de razão reduzida a procedimentos formais para obter o conhecimento pautadas em regras elaboradas e comandadas por certo tipo de ciência que manipula dados, burocratiza e formaliza a ciência, anula a categoria da totalidade e sua legalidade objetiva (adotando a racionalidade formal-abstrata), ou negam a existência do real e de seu movimento como ponto de partida do conhecimento valorizando discursos construtores de verdades (típico de tradições pós-modernas). Podem,

5. Com orientações, apropriações, projetos e impactos heterogêneos na vida social.

também, simplesmente afirmar a impossibilidade de a razão conhecer a lógica do realmente posto, reduzindo a ciência ao "olhar possível" de quem investiga e às diversas "verdades" (como na fenomenologia e na própria tradição pós-moderna). Ou, ainda, eliminar a dialética como componente da teoria social de Marx (como no caso dos "marxismos positivos"), bem como, ao contrário, valorizá-la e reivindicá-la desconectada do conjunto da obra marxiana (no estreito caminho da "aplicação científica" do método). É nesse sentido que a razão "deixa de ser a imagem da legalidade objetiva da totalidade real" (Coutinho, 2010, p. 51). Lukács (2012) corretamente valoriza o papel do sujeito no processo de produção do conhecimento. Todavia, não situa nele e na razão formal a gênese do real, o verdadeiro ponto de partida.

> É indubitável que a participação do sujeito cognoscente no espelhamento do universal no pensamento é considerável: de fato, o universal não aparece na realidade existente em si de maneira imediata ou isolada, independentemente dos objetos e das relações singulares, sendo portanto necessário obtê-lo mediante análise de tais objetos, relações etc. Isso, porém, de modo algum suprime o seu ser-em-si ontológico, mas apenas lhe confere características específicas. Não obstante, é dessas circunstâncias que surge a ilusão de que o universal nada mais é que um produto da consciência cognoscente, e não uma categoria objetiva da realidade existente em si. Tal ilusão induz o neopositivismo a classificar o universal como "elemento" da manipulação subjetivista e ignorar, como metafísica, sua objetividade existente em si (Lukács, 2012, p. 60).

O irracionalismo se expressa por meio da destruição da razão, da ênfase na intuição e no isolamento da subjetividade capaz de invalidar a análise da realidade objetiva. As consequências não poderiam ser outras: a negação das mediações e a exaltação do encontro imediato, subjetivo e intuitivo com a divindade em Kierkgaard (como "ateísmo religioso" — Coutinho, 2010, p. 47), processo este capaz de revelar a autenticidade humana como real; o super-homem de Nietzsche que exalta seus atributos, sem qualquer tipo de limite ético e racional. Outras tradições incorporam fragmentos do legado irracionalista sempre na perspectiva de destruir a razão ontológica: Heidegger e seu "ser no mundo", adensando as noções de "consciência intencional" de Husserl, enfatizando um método fenomenológico que coloca o mundo "entre parênteses", dissolvendo as mediações reais-objetivas como procedimento necessário para alcançar a essência (o eidos); bem como o discurso pós-moderno clássico sistematizado por François Lyotard (previamente sumariado por Foucault), caudatário desta tradição irracionalista, do cenário do Pós-Segunda Guerra Mundial, da crise da acumulação capitalista já anunciada no início dos anos 1970, do fim do bloco soviético e da ascensão "neoliberal". A pós-modernidade nasce da modernidade, de determinada crítica feita a ela, negando as metanarrativas, acentuando os discursos e linguagens dos sujeitos e as "verdades", como "lances" no jogo da vida cotidiana-presente. Em todas essas situações a razão dialética, ontológica, da "lógica da coisa" (Marx, 2005), é destruída. Nisto, afirma-se um ponto de encontro entre tradições heterogêneas.

> [...] a base filosófica para uma teoria da liberdade concebida como fuga ou evasão. Não é casual, pois, que as filosofias da subjetividade terminem por cair no mais profundo pessimismo, numa conformista sensação de impotência. [...] a destruição da razão, o abandono da ontologia humanista e da concepção dialética da história, não poderiam conduzir a outro resultado (Coutinho, 2010, p. 50).

Há de se destacar, ainda, o recrudescimento de abordagens doutrinárias, de base pré-moderna, que destroem qualquer orientação teórica ou, no mínimo, submete-a aos dogmas da doutrina. Nesse caso, as fontes originais, seus fundamentos, não estão nas diversas apropriações da chamada teoria do conhecimento, muito menos nas orientações cuja fundamentação é predominantemente ontológica. Isso, por outro lado, não significa que tais tendências não possam se compor com traços extraídos da teoria do conhecimento moderna (e muito frequentemente o fazem). *Significa, tão somente, que sua base é estruturalmente pré-moderna, ora sustentada em formas idílicas de um passado historicamente superado, ora marcada por formas de irracionalidade religiosa e ou mística que articula, por conveniência e necessidade, "ciência" e doutrina.* A primeira (a ciência), lógico, é submetida à segunda (a doutrina), como arranjo "teórico-doutrinário"[6]. Importante destacar o adensamento destas tendências atualmente, nas suas diversas denominações: anticapitalistas românticas saudosistas do passado historicamente superado, de base neotomista, ou seguramente capitalistas e defensoras da prosperidade como dote e concessão divina (sobretudo seitas diversas de origem luterana-calvinista)[7]. Suas frações mais conservadoras possuem perfil explicitamente reacionário (inclusive como crítica anticapitalista romântica), normalmente centrado em orientações irracionalistas religiosas diversas, justapondo o momento presente e as possiblidades futuras a um dogma situado no passado (a comunidade, os saberes primitivos, os valores, a família, o direito das elites, o divino, por exemplo). Há de se destacar diferenças nada desprezíveis nesta "colheita diversa": por um lado, segmentos ultraconservadores, de forte base fundamentalista, contrários aos ideais de liberdade, fraternidade e igualdade anunciados pela Revolução Francesa (ou preocupados em administrá-los), reprodutores de posições preconceituosas, que estabelecem maior ou menor tensão com ordem do capital e tentam lidar com o perigo causado pelo pauperismo[8]; por outro, setores pertencentes a outra tradição doutrinária que, no seu limite mais fecundo, aproximou teses marxistas e doutrina social da igreja com explícita crítica anticapitalista romântica, como no caso da teologia da libertação[9]. Ou, também, tradição e cultura latino-americana, valores e princípios pertencentes aos povos originários, com

6. O tomismo é um excelente exemplo que dialogou — e dialoga — com o Serviço Social.

7. E existe, aqui, diferenças substanciais na forma de capturar a doutrina, lê-la e utilizá-la para explicar a realidade. Mas o comando é doutrinário.

8. São exemplos clássicos deste debate: Edmund Burke (2012) e Joseph Marie de Maistre, críticos aos ideais da Revolução Francesa e de seus desdobramentos. Ou ainda, no século XIX, a "democracia administrada" de Tocqueville (2014, 2011 e 2003) e o papel da família em Le Play (1941). Ótimo debate encontra-se registrado em Escorsim (2011).

9. Importante ressaltar que boa parte do Serviço Social mais progressista da América Latina recebeu a influência desta tradição na sua renovação, inclusive mais crítica.

rejeição ao capitalismo e à invasão europeia. As duas últimas oferecem — ainda que por caminhos reatualizados e heterogêneos — importante experiência que tem enriquecido a diversa resistência anticapitalista na América Latina.

Mas esse debate alça outros patamares e se particulariza quando se considera o contexto da América Latina. Seria um grave equívoco desconsiderar a diversidade e as características desta parte do continente americano no contexto de "ditadura do grande capital" (Ianni, 2019), ainda que existam determinações universais/gerais absolutamente relevantes. Aqui alguns aspectos se impõem: *a tradição colonial subsidiária da assim chamada acumulação primitiva do capital*[10], *a via hipertardia que marca o perfil da revolução burguesa, a sua base econômica dependente* (Chasin, 2000 Marini, 2008; Fernandes, 2009), ainda que geradores de outro tipo de desenvolvimento-dependente ("desigual e combinado" — Oliveira, 2003), como modernização conservadora, elementos estes que tradicionalmente geraram forte instabilidade política e imprimiram requintes particulares à "questão social" e suas múltiplas refrações. Isso obviamente impactou a gênese, o desenvolvimento, a renovação/reconceituação do Serviço Social na América Latina e suas determinações mais recentes, criou as bases para seus fundamentos como profissão e balizou o debate sobre as tendências nele nascentes sob tais condições. No campo das tendências que alimentam o debate profissional na atualidade, três grandes eixos não estanques são relevantes:

a) a base pré-moderna, de perfil essencialmente doutrinário reatualizado, compondo diversas formas de irracionalismo no seu sentido estrito ou que podem se ajustar a traços doutrinários-racionalistas (conservadores ou progressistas). Essa base movimenta-se a partir de tradições muito heterogêneas: tomistas, neotomistas (adeptos da associação entre fé e razão), a ampla tradição protestante no geral mais afeita ao capitalismo, entre outras. Não se trata,

10. Certamente racistas (Moura, 1983 e 1988), fortemente patriarcais (Saffioti, 1976; Federici, 2019 e 2021), seguramente genocidas com os povos originários e fomentadora de diferentes formas de opressão. Marx, 1984a (tomo II).

necessariamente, de uma visão que nega a ciência (embora o faça nas suas expressões mais fundamentalistas), mas que a submete — em diferentes medidas — a racionalidade à força divina, sua doutrina (em diferentes medidas);

b) uma ampla diversidade moderna, revolucionária ou conservadora, de fundamentação ontológica ou não, racionalista, racionalista formal ou irracionalista;

c) e um diverso e heterogêneo discurso pós-moderno ou pelo menos reprodutor de certo tipo de arranjo antimoderno.

Não existem, aqui, "gavetinhas" fechadas, ou seja, estas orientações podem ter pontos de intersecção (e frequentemente os têm), seja para defender posições sociais, de classe, à direita ou à esquerda. De qualquer forma, é o cenário particular latino-americano que estabelece a base material por onde se constroem projetos, alternativas, posições sociais, suas teses centrais, disputas como expressão direta da luta de classes (reconhecidas como tais por seus atores/sujeitos ou não).

São esses os patamares gerais para que se possa debater o sentido das atuais tendências teóricas, sua base diversamente teórica (racionalista ou não) e ou suas conexões que se articulam com teses doutrinárias-irracionalistas. Nisto o adensamento sobre a relação entre o pluralismo, o sincretismo e o ecletismo.

3. Pluralismo, sincretismo e ecletismo

Analisar o sentido do pluralismo, do sincretismo e do ecletismo no atual debate sobre os fundamentos do Serviço Social é uma necessidade. Embora não seja um assunto novo na profissão, ele é essencial para situar este tema que subsidia o pensar e o fazer dos(as) profissionais na atualidade. O primeiro aprofundamento cuidadoso do tema no âmbito do Serviço Social brasileiro e daquele desenvolvido por toda a América Latina, ocorreu na segunda metade dos anos 1980 e início dos anos 1990, particularmente nos estudos de Carlos Nelson Coutinho (1991) acerca do pluralismo e de José Paulo Netto sobre a relação entre sincretismo e ecletismo no Serviço Social (1992)[11]. Todavia, desde esta época muito pouco se acrescentou de substancial a esse debate no sentido de retomá-lo e atualizá-lo nas condições atuais e objetivamente dadas[12]. Pior, comumente as noções sobre o pluralismo são reduzidas ao estrito caminho da "convivência respeitosa" dos diferentes, sendo que frequentemente o sincretismo e o ecletismo aparecem como sinônimos ou simplesmente são vistos como irrelevantes para o debate dos fundamentos do Serviço Social. Ora, apanhar a gênese desse debate e submetê-la à crítica a partir das condições atuais é um procedimento absolutamente necessário para situar o que se entende por tendências e perspectivas que orientam a profissão nos dias de hoje.

Sumariamente, Coutinho (1991, p. 5-17) formula sua noção de pluralismo pautada nas contribuições gramscianas e no debate objetivo sobre o sentido amplo da democracia (política, participação, direta ou de base) com nítida preocupação de construir hegemonia como direção social e cultural tecida no cenário da coerção/consenso (como vontade coletiva que se move na realidade social). Nisto, alimentar um projeto progressista e de esquerda. Trata-se de preocupação legítima, prenha de determinações que alimentavam a particularidade do debate brasileiro e latino-americano nos anos 1980 e 1990[13]. Carlos Nelson destaca dois níveis em que o pluralismo atua: a) aquele que se objetiva na esfera da vida política, pública, mais flexível, pragmático e tolerante; b) e outro reivindicado no âmbito da ciência, da produção de conhecimentos (esse, segundo o autor, mais complexo

---

11. A tese central apresentada por José Paulo Netto no início dos anos 1990 é aquela caracterizada pelo autor como "sincretismo da prática indiferenciada" quando se refere ao Serviço Social, sua constituição material/objetiva e suas expressões doutrinárias e ou teóricas (Netto, 1992, p. 94).

12. Uma exceção certamente encontra-se nas observações tecidas por Iamamoto (2007, p. 209-333).

13. Coutinho faz esse debate diretamente conectado às contribuições da teoria política (Maquiavel, Hobbes e Rousseau, principalmente), seguindo os passos de Gramsci.

e com exigências teóricas)[14]. Nesse segundo nível, o autor destaca a importância de *não tratar o pluralismo como sinônimo de ecletismo*, este último entendido como síntese de diferentes tradições teóricas, com fundamentos diversos e até antagônicos, que passam a conviver sob a insígnia do "respeito" e das "verdades" que se limitam ao ponto de vista dos sujeitos e ou dos coletivos que representam[15]. O pluralismo, segundo Coutinho (1991, p. 14), é

> [...] sinônimo de abertura para o diferente, de respeito pela posição alheia, considerando que essa posição, ao nos advertir para os nossos erros e limites, e ao fornecer sugestões, é necessária ao próprio desenvolvimento da nossa posição e, de modo geral, da ciência. Veja bem: não é apenas tolerância de quem tem a verdade no bolso e tolera a existência do diferente. Não. É uma posição de abertura de quem julga fundamental a tolerância para o progresso da ciência, para o enriquecimento da própria posição. [...] a hegemonia se funda, portanto, numa unidade na diversidade. Mas tampouco aqui se trata de ecletismo; não devemos aceitar o que eu chamaria de relativismo moral. [...] Tudo aquilo, porém, que vai contra a universalidade, que discrimina *a priori* uma parte do gênero humano, é intolerável para uma consciência democrática socialista. Não podemos tolerar, por exemplo, o racismo; não podemos tolerar, por exemplo, o machismo. (...).

Portanto, para Coutinho, o pluralismo não se identifica com a justaposição de posições diferentes, mostra-se aberto ao diferente (para o conhecimento e o diálogo crítico com suas teses centrais) — embora não tolere qualquer tipo de afronta ao gênero humano —, bem como exige a construção da hegemonia como direção social (não eclética), mesmo que composta por sujeitos e posicionamentos

14. Na esfera da vida política (partidária ou não), as alianças tendem a ser mais amplas e teoricamente menos exigentes. Todavia, isso não deve ser entendido como "sem limites".

15. O debate crítico aqui é igual a zero. Carlos Nelson Coutinho destaca que, como marxista, é totalmente legítimo reconhecer as contribuições de Freud para o conhecimento humano. Todavia, não é possível conciliar, exceto sob as bases do ecletismo, Marx e Freud.

diversos. Posto isto, algumas complexas indagações — precisam ser feitas: a) ainda que representem diferentes esferas com exigências não idênticas, seria possível separar o pluralismo da vida política-pública daquele exigido no âmbito científico? Existem relações entre eles? Posições e alianças mais pragmáticas e tolerantes da vida política--pública, reverberam na ciência e influem naquilo que é produzido cientificamente? Embora Carlos Nelson não defenda essa separação (muito pelo contrário), caberia explorar melhor, hoje, essa dimensão; b) seria possível construir hegemonia, nos termos há pouco detalhados, em um momento histórico em que as classes dirigentes, no atual estágio de acumulação capitalista, adotam como regra a coerção — por diferentes caminhos — em detrimento do consenso?; c) as hegemonias anteriormente constituídas foram produtivas para o avanço de valores civilizatórios? Se sim ou não, ou em parte, em que sentido? Existiram conquistas? De que espécie? Elas se sustentaram? Ou foram produto das políticas de conciliação de classes que costurou interesses antagônicos e incompatíveis? Estaríamos em um momento histórico em que os dissensos deveriam ser mais bem explicitados para a composição de projetos sociais mais bem definidos e nítidos? Qual a relação deste debate com a economia política nas condições atuais da América Latina? Qual o impacto disso no campo da ciência e da produção de conhecimentos?

No âmbito da convivência entre tendências teóricas diversas e ou expressões doutrinárias que dialogam ou determinam a atuação profissional, a questão da pluralidade exige alguns limites essenciais. Embora se deva reconhecer que tradições diversas podem oferecer contribuições igualmente diferentes para o conhecimento da realidade, que as teses que as fundamentam precisam se conhecidas, elucidadas e debatidas (criticadas — nunca articuladas ecleticamente), esse processo não pode prescindir de alguns parâmetros elementares:

a) a radicalidade da crítica no sentido de elucidar potencialidades e limitações entre as tendências em debate;
b) não pode existir, sob o manto da pluralidade, o reconhecimento de valores e princípios regressivos marcados por dogmatismos

e fundamentalismos de qualquer espécie que anulam o gênero humano, a sua livre escolha (para além do direito de ter direitos — burguês), ou seja, anula *a sua opção consciente entre alternativas e, o que é fundamental, a existência das condições materiais reais para realizá-las e desenvolvê-las (aspecto também destacado por Coutinho, 1991, p. 16).* Não existe liberdade apenas como anúncio de um valor logicista, sem base material para objetivá-la;

c) sendo assim, valores anti-humanos (o racismo, a homofobia, o machismo, a discriminação e os preconceitos em geral), bem como formas de organização societária que acentuam a desigualdade de classes, justificam e naturalizam sua existência, impedem que níveis crescentes de emancipação (política e humana — Marx, 2009) humanizem o ser social, *não podem ser tolerados pelo que aqui se entende por pluralidade.* O motivo é relativamente simples: eles impedem que o ser social se realize plenamente com base em parâmetros e princípios coletivos que não se limitem à liberdade individual centrada no sucesso individual a todo custo e na simples eliminação do diferente visto como fraco e incapaz. No limite, valorizam o indivíduo individualista e direitos naturais abstratos, ora centrados no formalismo logicista ou nos irracionalismos, ora em fundamentalismos doutrinários altamente regressivos. Nesse sentido, a ordem do capital não é plural e cada vez mais *reafirma objetivamente essa direção* ao naturalizar a desigualdade social, maximizar a acumulação a qualquer custo e eternizar a exploração da força de trabalho. Por isso, precisa ser criticada nos seus fundamentos e ações. Ainda assim, existem posições sociais, de classe, que reconhecem a desigualdade, os limites da ordem do capital, mas acreditam na sua reforma;

d) é necessário conhecer todos os pressupostos que sustentam as diversas posições sociais — de classe — que atuam na realidade em curso, suas teses centrais, por mais regressivas que sejam, estando ou não de acordo com elas. *E o motivo é simples: equivocadas ou não, interferem na vida real.* Todavia, esse conhecimento não é apenas um esforço logicista-racional: exige a disputa por alternativas políticas reais que se objetivam em projetos sociais que atuam para mudar o mundo, interferem objetivamente nele. Tais posições sociais devem ser: 1) radicalmente criticadas e combatidas se representarem regressões civilizatórias, ou seja, se elas defenderem e colocarem em prática, a todo custo, valores e práticas desiguais e desumanas como inevitáveis e naturais, seja com requintes reacionários ou fundamentalistas-conservadores (o que deve ser frontalmente rejeitado). Não existe a possibilidade de qualquer tipo de tolerância com tais grupos, também porque o que os movimenta é a eliminação do oponente; 2) devem ser criticadas, com maior ou menor intensidade, dialogando com suas limitações e potencialidades, aquelas concepções que acreditam ser possível reformar os desacertos contidos na ordem societária na perspectiva não propriamente de eliminar desigualdades, mas amenizá-las, colocá-las em patamares suportáveis ou mesmo realizar a "democracia possível". Nesse segundo caso, o debate plural tensiona no sentido de averiguar se a sociedade objetivamente posta (a burguesa com suas expressões particulares) é aquela que possui as melhores condições para que o ser social se realize como ser, se ela pode ser humanizada, domada, se sua relação com as desigualdades, a democracia e os direitos pode ser civilizada, razoavelmente equacionada[16];

e) a pluralidade deve expressar uma direção social, ainda que estratégica, que expresse a posição social, de classe, a ser defendida e explicitada. Resumidamente: *não existe pluralidade e ou alianças políticas com orientações que impedem o desenvolvimento livre, pleno e coletivo da espécie humana (no sentido emancipatório aqui detalhado)*; ou seja, a liberdade aqui não é determinada pelo direito individual puro que estimula a sobrevivência dos "mais fortes" e "preparados", *mas pelo desenvolvimento e pela consciente associação de livres produtores que têm na felicidade coletiva a referência do bem comum.* Mas

16. Na perspectiva aqui defendida isso é inviável, o que vem sendo reafirmado objetivamente nesse início de século.

o debate plural pode e deve ser exercitado com aqueles setores que creem que pelo menos uma maior justiça social é importante e que ela pode e deve ser alcançada ainda no interior da sociedade do capital (o que não significa estar de acordo com isso). Há uma fronteira a ser explicitamente demarcada aqui: *a impossibilidade da convivência plural com indivíduos e organizações que justificam e defendem propostas de regressão civilizatória em vários níveis (com estes não existe pluralismo); o debate plural, radicalmente crítico, com alianças políticas pontuais, com aqueles segmentos que creem na convivência produtiva entre capital, capitalismo, democracia, liberdade e direitos.* Obviamente que essa afirmação vale para aqueles(as) que atuam na direção de níveis crescentes de emancipação política e humana (Marx, 2005), no campo de valores civilizatórios de convivência. Esse deve ser o exato sentido da crítica e da práxis social;

f) por último, embora o pluralismo lide com leituras diferenciadas sobre a dinâmica da realidade, ele não relativiza a verdade sobre a realidade objetivamente posta (a "lógica da coisa" no sentido marxiano). Em outras palavras, reconhecer a existência de diferentes interpretações sobre o real e seu movimento, bem como sua pertinência na luta de classes, como posição social que se materializada em projetos sociais, não significa relativizar a verdade como "verdades" produzidas pelos diferentes, reduzi-la à razão miserável subjetiva e dos discursos (na esteira da razão subjetiva de Kant). *Não existe, portanto, identidade entre a verdade objetivamente posta, expressão do realmente existente, e as diversas interpretações ideológicas que se constroem sobre a vida real, ainda que estas últimas interfiram na dinâmica da vida e fundamentem posições sociais e tendências profissionais, teóricas ou doutrinárias.* Esse é um passo essencial na direção da razão ontológica.

Em relação ao sincretismo e ao ecletismo e suas expressões no Serviço Social, Netto (1992) registra pistas importantes. Há de se destacar, como já registrado, que eles não são sinônimos. O sincretismo é aqui entendido como *fusão que tenta harmonizar/acomodar interesses sociais, atores e demandas diversas que interagiram na base material-objetiva que sustentou a gênese, o desenvolvimento e a consolidação do Serviço Social como profissão*, processo esse que possui particularidades objetivamente dadas de acordo com as realidades consideradas. Há, portanto, a partir de *uma base objetiva*, a reunião de perspectivas disparatadas, uma confusa composição de demandas e orientações socioculturais heterogêneas e até antagônicas que armam certa unidade que na sua origem são marcadas por diversidades reais. Esse sincretismo esteve presente na gênese do Serviço Social como profissão, bem como impactou decisivamente seu desenvolvimento e sua consolidação, envolvendo as diversas forças sociais objetivas que atuaram nesse processo e estabeleceram demandas relacionadas à gestão das refrações da questão social[17]. Criam-se, aqui, as bases objetivas do ecletismo: ele é entendido como a *expressão teórica do sincretismo*, formado por diferentes traços recolhidos de diferentes fontes teóricas consideradas mais adequadas para o entendimento de certa realidade, certo objeto, tendências estas *justapostas sem limite rígido capaz de demarcar suas diferenças*. Nota-se que o pluralismo não comporta qualquer espécie de ecletismo já que: a) demarca nitidamente as linhas que estabelecem as diferenças entre teses diversas, ainda que exija o debate rigoroso de suas teses; b) salienta a necessidade primordial da crítica entre teses diversas e, mais do que isso, a construção de uma posição hegemônica tecida nesse embate teórico-prático, sociopolítico e ideocultural, sempre explícito. Destaca Netto (1991, p. 88):

> O sincretismo nos parece ser o fio condutor da afirmação e do desenvolvimento do Serviço Social como profissão, seu núcleo organizativo e sua norma de atuação. Expressa-se em todas as manifestações da

---

17. Note-se que as determinações materiais do Serviço Social no Brasil em sua gênese (nisto suas protoformas), no seu desenvolvimento e na sua consolidação, não são as mesmas na Argentina, no Paraguai, no Uruguai, no Chile, na Costa Rica, em Cuba, entre outros países, ainda que todas elas tenham sido tecidas sob as condições objetivas do capitalismo monopolista mundialmente hegemônico, do imperialismo e da dependência. Ou seja, as mediações devem ser aqui reveladas. As forças sociais atuantes não são idênticas, as resistências são distintas, os projetos construídos são igualmente heterogêneos, os atores(as) e protagonistas diversos(as).

> prática profissional e revela-se em todas as intervenções do(a) gente profissional como tal. O sincretismo foi um princípio constitutivo do Serviço Social.[18]

Sobre a rica abordagem de José Paulo Netto acerca do sincretismo do Serviço Social, algumas observações deveriam ser, hoje, reanalisadas. Embora sejam pertinentes as observações do autor sobre o sincretismo como "fio condutor" na gênese, "no desenvolvimento do Serviço Social como profissão", com reflexos decisivos "em todas as expressões da prática profissional", isto é, o sincretismo como *"um princípio constitutivo do Serviço Social"*, a sua tese sobre o *"sincretismo da prática indiferenciada"* (Netto, 1992, p. 94), mereceria ser reexaminada nos dias atuais. Na esteira das reflexões inauguradas por Iamamoto (2007, p. 264), o sincretismo que marcou a gênese, o desenvolvimento e a consolidação do Serviço Social como profissão atuou para que "[...] a prática profissional, *nas suas resultantes*[19]*", não fosse capaz de obter um "coeficiente de eficácia capaz de diferenciá-la de outras práticas, profissionais ou não, incidentes sobre a mesma problemática" (Netto, 1992, p. 96)? Ou seja, Paulo Netto defendeu a tese (nos anos 1990) de que o sincretismo da profissão (o que é fato) acabou por determinar uma natureza imprecisa do Serviço Social,* seja em relação às inúmeras e diversas inserções e demandas profissionais a ela atribuídas (demasiadamente amplas e pouco diferenciadas) ou, o que tem a ver com isso, uma dificuldade para delimitar o espaço objetivo de atuação dos assistentes sociais. Se por um lado o início da abordagem de Netto é pertinente (o sincretismo intrínseco à gênese da profissão), a sua sequência (a "prática indiferenciada") mereceria um reexame nas condições atuais. Não seria essa prática, hoje, suficientemente diferenciada mesmo considerando a extrema pulverização de demandas a ela atribuída? *Não seria necessário descortinar a trama que articula essa origem certamente sincrética, com*

---

18. Grifos do autor. Nesse mesmo ponto há a seguinte nota de rodapé: "Justamente desta estrutura sincrética do Serviço Social derivam, *objetivamente*, e para além da diversa angulação dos analistas, as possibilidades tão amplas de enfoques diferentes sobre a profissão.

19. Grifos do autor.

fortes tentações ecléticas, considerando o desenvolvimento da profissão, suas lutas e tensões, suas contradições tecidas a partir da luta de classes no atual estágio de acumulação do capital na América Latina? É absolutamente necessário e urgente — como insiste Iamamoto (2007) — analisar o que vem acontecendo na complexa relação entre, acumulação capitalista, mundo do trabalho, mercado de trabalho do assistente social (nas condições particulares da América Latina), nisto as condições objetivas para travar lutas no campo profissional (mobilizando as organizações da categoria) e fora dele, repensar criticamente o que vem ocorrendo com a profissão na atualidade e as condições formativas aí presentes. Neste sentido, o ponto de chegada apontado brilhantemente por José Paulo Netto deveria ser objeto de um cuidadoso exame, como crítica-crítica, como crítica da crítica.

Outra observação também mereceria análise cuidadosa. De fato, o sincretismo no Serviço Social tem desembocado em certo tipo de ecletismo que pode resultar não apenas no ecletismo teórico, mas também na associação de traços doutrinários-fundamentalistas com fragmentos teóricos[20]. Posto isso, o caminho inverso poderia ser analisado: toda abordagem eclética (dentro e fora da profissão) se sustenta e reivindica o sincretismo? O que se defende aqui é que diferentes sincretismos estão *objetivamente postos* na base de qualquer forma de ecletismo teórico. Todavia, isso não significa que abordagens ecléticas estimulem ou reconheçam essa relação. Os discursos pós-modernos mereceriam especial atenção neste quesito, uma vez que o foco central de sua abordagem forceja na direção do ecletismo teórico, ou seja, o uso e o manejo — sem limites e fronteiras teóricas e políticas bem definidas — de tradições diversas e até antagônicas. O fazem, todavia, não com o intuito de reafirmar a fusão ou harmonizar estas diversas tendências e assumir o sincretismo aí objetivamente existente, mas

20. O chamado "Serviço Social libertário", que de libertário não possui nada, é um exemplo atual na realidade brasileira. Sustenta-se em um arranjo doutrinário-teórico que articula cristãos-fundamentalistas, neotomismo, modernização conservadora, empreendedorismo, visão sistêmica e culto de princípios neoliberais. Seguramente sincrético-eclético. Uma crítica rigorosa desta orientação ainda não foi feita.

sim por uma opção teórico-eclética que pretende manejar "livremente" tradições ou fragmentos teóricos considerados úteis para lidar e responder a demandas objetivamente postas ao Serviço Social. Em poucas palavras, nem todas as formas de ecletismo teórico assumem a sua base sincrética, ainda que esta última seja, em medidas diferentes, uma realidade material, objetiva, para qualquer forma de ecletismo.

4. Sumariando as tendências teóricas no Serviço Social na América Latina

José Paulo Netto, na segunda metade dos anos 1990, referindo-se ao Serviço Social brasileiro, registrou um desafio atual: "manter, consolidar e aprofundar a atual direção estratégica ou contê-la, modificá-la e revertê-la" (Netto, 1996, p. 117). As preocupações registradas pelo autor passaram de ameaças à realidade, em especial para a tradição mais crítica do Serviço Social no Brasil, em um contexto de adensamento da pauta neoliberal que se manteve a partir de então e tem recrudescido nos últimos anos (não sem resistências).

> No âmbito da formação profissional, o golpe inicial foi certeiro: a ampliação da rede formativa privada e o estímulo generalizado ao ensino a distância. No campo dos programas e dos projetos sociais, tendeu-se a centralizar e identificar o Serviço Social com a assistência social (fortemente praticada durante os governos do Partidos dos Trabalhadores), afirmação essa que não invalida a importância dessa política para a reprodução da vida das camadas vinculadas prioritariamente aos setores mais fragilizados dos(as) trabalhadores(as). O contexto torna-se ainda mais complexo e intensifica-se após os desdobramentos que culminaram com o golpe no governo de Dilma Rousseff, o fim do pacto social que balizou os governos petistas (Braz, 2017) e o processo que elegeu o atual mandatário que ocupa o cargo de presidente da república no Brasil (Silva, 2019, p. 118).

Para além da realidade brasileira, objeto da análise de José Paulo Netto na segunda metade dos anos 1990, *o Serviço Social como um todo tem sido posto à prova, de forma especial sua fração mais crítica na América Latina*. Tradição esta, importante demarcar, oriunda do contraditório processo de reconceituação a partir da segunda metade dos anos 1960, sua fração mais crítica, nascida e tecida na luta anti-imperialista, comprometida com a crítica à dependência latino-americana, articulada a movimentos sociais diversos e progressistas, com vocação ontológica, vinculada com o estudo da profissão para além dela mesma e a recuperação — ainda que diversa — de fontes teóricas progressistas. Impactaram, aqui, influências muito diversas: a tradição inspirada nas contribuições de Paulo Freire, da Teologia da Libertação, orientações comprometidas com a luta contra diversas formas de opressão, diferentes grupos de esquerda (armados ou não) e movimentos sociais progressistas (pertencentes ou não à tradição marxista).

Debatendo com a "notas prospectivas" de José Paulo Netto (1996) formuladas nas condições objetivas do final dos anos 1990, destacam-se, hoje, na América Latina, sete tendências teóricas que serão aqui sumariadas[21]. Cinco delas já haviam sido apontadas pelo autor no texto publicado em 1996 — portanto, nas condições objetivas impostas pela segunda metade dos anos 1990 — e duas outras merecem destaque. Essas tendências, como dito anteriormente, se movimentam a partir de dois elementos básicos: a) inspirações teóricas e ou doutrinárias diversas (ou o arranjo entre elas) que podem ou não manter um núcleo inspirador hegemônico, se associarem ecleticamente ou não e estabelecerem ou não fronteiras teóricas bem definidas; b) possuem, sempre, uma base material, sociopolítica, uma visão social de mundo sustentada em posições sociais (de classe) e projetos societários que

21. Não é objetivo deste capítulo identificar autoras e autores em uma ou outra tendência, mesmo porque muitos(as) deles(as) se movimentam para além de uma ou outra orientação. A proposta, aqui, é oferecer uma visão geral e atual das principais perspectivas que têm inspirado o Serviço Social na América Latina. Os capítulos seguintes fazem, em maior ou menor medida, nos países estudados, análises que permitem uma maior identificação de determinados(as) autores(as) com certas tradições teóricas (sempre dinamicamente).

superam as profissões, assumindo formalmente ou não essa vinculação. É nesse cenário que se confrontam os dois "paradigmas" de profissionais indicados por José Paulo Netto: o *técnico bem adestrado* que opera instrumentalmente as demandas do mercado imediatamente apresentadas, e *o intelectual* aqui entendido como aquele que articula qualificação operativa para intervir nas demandas apresentadas e base teórico-metodológica e ético-política para analisá-las (Netto, 1996).

Importante recuperar, aqui, alguns elementos que estruturam estas tendências nas condições atuais. Igualmente relevante, ao mesmo tempo, apanhá-las na sua dinâmica sem qualquer procedimento que *imponha "modelos" ou "caixinhas" teóricas onde autores(as) ou grupos hoje atuantes na profissão se enquadrem.* Trata-se, somente, de afirmar que as tendências aqui sumariadas se sustentam em um núcleo essencial que as identifica (e isso é importante), espaço por onde se constitui um dinamismo teórico muito diverso, não poucas vezes eclético, seguramente vinculado a posições sociais que afiançam projetos sociais que se expressam em movimentos, partidos e organizações de diferentes orientações.

A primeira delas foi originalmente denominada por José Paulo Netto como "modernização conservadora" (1991, p. 164). Sua atualidade é inegável, embora seja necessário situá-la a partir das determinações atualmente postas. Hoje essa tendência se sustenta predominantemente em orientações de *perfil sistêmico* não homogêneo (Bertalanffy, 1980; Luhmann, 2010) como método que orienta a acumulação capitalista, como paradigma metanarrativo que subsidia o neoliberalismo como expressão direta do atual estágio de acumulação capitalista tardio, fiel depositaria do legado monopolista, imperialista, financeiro que marca a dependência latino-americana. Recupera e reatualiza princípios da orientação positivista que reivindicam o "todo articulado", as "disfunções sociais" e o "equilíbrio do corpo social" (Durkheim, 1987). Revalidam e reatualizam, ainda, as teses funcionalistas empenhadas em elucidar as funções e os papéis das partes constitutivas (Parsons, 2010a e b; Merton, 1970). Todavia, a ênfase, a sua originalidade, está em "princípios de *organização, de interação, de comunicação de articulação, de transação* dos subsistemas" (Moljo; Silva, 2018, p. 137). O segredo está justamente na noção de estabilidade dinâmica empenhada em lidar e acumular forças com as tensões e conflitos, ao invés de simplesmente salientar os aspectos negativos deles visando a "saúde social" (como o fez o positivismo mais clássico). Não por acaso terminologias criativas são racionalmente manipuladas pelas abordagens sistêmicas: "oscilações", "ondulações" ou "flutuações". Apela-se, então, à adaptação criativa, dinâmica, de indivíduos, grupos e comunidades, na participação controlada que permite o conflito desde que submetido às fronteiras organizacionais, sua disciplina, suas metas, seus objetivos, seus paradigmas, sua meritocracia, no jogo jogado no livre mercado com "times de colaboradores". A referência ao padrão de acumulação toyotista é, aqui, absolutamente inegável. Aliás, sistêmicos, neoliberais e toyotistas não são iguais, mas compõem a mesma equipe. Sob essa concepção as políticas sociais são vistas como sistemas e subsistemas em um todo articulado e dinâmico, sujeito naturalmente a "oscilações". Trata-se da expressão máxima da *racionalidade manipulatória formal-abstrata*, fiel seguidora das regras institucionais, do equilíbrio social dinâmico e criativo, absolutamente comprometidas com a reprodução do capital e sua ordem societária.

Os(as) assistentes sociais inevitavelmente convivem com essa tradição quando vendem sua força de trabalho às instituições/organizações, lidam com a racionalidade delas, com o aparato legal que dialoga com a profissão, informando práticas terapêuticas com indivíduos e grupos (com forte centralidade nos núcleos familiares), gestão de políticas sociais, ações e procedimentos institucionais e as próprias condições subjetivas das profissionais. Sob outras condições e com um discurso atualizado, retoma-se e reatualiza-se a "contribuição positiva ao desenvolvimento" (CBCISS, 1986, p. 41), reeditando determinado tipo de trabalho e de formação profissional afinado com a integração social de indivíduos, de grupos e de comunidades no projeto de modernização conservadora do início do século XXI, sua racionalidade meritocrática, produtivista, subserviente à acumulação capitalista, às inúmeras desigualdades sociais dela derivadas, reeditando forte preocupação com o que se entende por "essência da profissão": "o fazer profissional" e seu destaque técnico-operativo, que se sobrepõem às dimensões teórico-metodológica e ético-política, reduz — no limite — a análise ao imediatamente posto, substituindo-a pela "gestão responsável formalista" das deficiências pessoais, grupais e comunitárias.

Nesta esteira, articuladas a essa primeira tendência (mas não igual a ela), têm sido reeditadas abordagens de perfil doutrinário, fundamentalista, religioso, de cariz reacionário e defensoras da prosperidade social dos indivíduos. Essa segunda tendência aproxima-se da base ideopolítica da anterior considerando a sua funcionalidade à ordem do capital no atual estágio de acumulação. Por outro lado, não se confunde com a visão sistêmica. Sua particularidade está exatamente em valorizar certo tipo de *arranjo doutrinário-teórico, em diferentes medidas e doses, que submete o segundo ao primeiro em nome de um "Serviço Social verdadeiro", apaixonadamente "não ideológico"(como se não o fosse), explicitamente antimarxista, valorizador da prosperidade social e de ideais de cunho conservador-reacionário que doutrinam a ação profissional com valores ditos "cristãos", defensores da família nuclear, patriarcal, heterossexual e de um conjunto de outros valores inclusive já superados por setores burgueses mais modernos.* Retoma, reorganiza e reatualiza o que Netto (1992, p. 117-164) originalmente caracterizou como "Serviço Social tradicional" (de perfil empirista, reiterativo, paliativo e burocrático, fortemente funcionalista, por vezes doutrinário, essencialmente defensor da ordem burguesa) e "Serviço Social Clássico" (igualmente funcional à ordem, mas dedicado a mínima sistematização teórica), pré-reconceituados. Reeditam um leque heterogêneo de orientações doutrinárias-religiosas-científicas que, ao contrário do que se pensa, não se limitam aos fundamentalismos das igrejas pentecostais e ou seitas de origem protestante-calvinista (embora se objetive fortemente nelas). Vai além delas e de suas frações mais conservadoras: retoma um complexo caldo cultural fundamentalista-reacionário que rejeita e condena leituras doutrinário-progressistas tais como a teologia da libertação no interior da doutrina social da Igreja Católica. A questão aqui não está em apenas adotar e reeditar certo tipo de arranjo tomista que situa a essência aristotélica em um nível exterior ao humano, como dimensão divina, *mas de recrudescer conclusões nitidamente reacionárias* que determinam procedimentos e comportamentos cotidianos preconceituosos por parte de seus súditos em nome de uma "dimensão divina", "genuinamente cristã" e defensora dos bons costumes, dos crentes tementes a Deus e dos mais fortes (algo absolutamente velho na profissão). Ora, a reedição disto impacta a subjetividade dos profissionais e o próprio Serviço Social como profissão. Afeta elementos básicos que balizam o respeito humano. Reconfigura profundamente a forma de pensar a profissão, seus fundamentos e influi nas condições objetivas para a sua reprodução. Desconfigura o sentido do pluralismo na medida em que impõe barreiras objetivas (doutrinárias e profissionais) que ferem valores humanos básicos e reafirma, acriticamente, a realidade em curso e suas teses mercantis. O irracionalismo fundamentalista atualiza a submissão racional a certo tipo de doutrinação religiosa, moralista, messianicamente defensora da sociedade mercantil, "livre", centrada nas "verdadeiras necessidades dos indivíduos" e no "verdadeiro objeto da profissão": *a pessoa e sua família (tradicional e nuclear), seu sucesso na ordem em curso como "livres empreendedores emancipados"*.

Uma terceira perspectiva deve ser aqui sumariada: a de inspiração hermenêutica-fenomenológica. Como indicado por José Paulo Netto (1996), sua influência é de menor intensidade embora se faça presente no Serviço Social na América Latina. Sua base é conhecida: se inspira nas noções estabelecidas por Husserl acerca da consciência intencional, articulando-a com a concepção do "ser no mundo" de Martin Heidegger. Ou seja, o ser no mundo é formado por uma consciência que intencionalmente busca um objeto e a ele interpreta (consciência de algo objetivamente posto). Embora situado na realidade, a essência ("eidos"), só se apresenta como objeto-problema quando é captado por essa consciência. Nesse sentido, *determinado fenômeno se caracteriza como tal quando é apreendido conscientemente pelo ser no mundo. De outra forma não pode ser um fenômeno.* Nota-se que o mundo e suas determinações ontológicas são postos entre parênteses, já que não dependem propriamente de sua existência real em si "como lógica da coisa" (no sentido marxiano), *mas da apreensão das consciências acerca da existência delas. Em outras palavras, algo existe porque existe para aquela consciência. Caso contrário, não existe.* Poder-se-ia indagar: a exploração e a desigualdade social existem independentemente da interpretação dos indivíduos? A resposta fenomenológica seria certeira: *elas não existem se a consciência não as capta conscientemente.* Ora, diriam aqueles inspirados na razão ontológica-materialista: *"existem independentemente de a capacidade das pessoas captarem essa complexidade ou não".* Sendo assim, a verdade é relativizada na medida em que a base ontológica é relativizada pela consciência responsável em captá-la ou não. O que pode ser verdade para uma consciência não o é para outra. Isso porque a consciência deve decodificar intencionalmente o existente. Sem esse movimento o objeto não existe porque não existe para aquela consciência.

Mas a leitura feita pelo Serviço Social acerca desta tradição vai além: tende a simplificar a complexidade da abordagem hermenêutica-fenomenológica a determinados tipos de interpretações que reduzem a consciência intencional e o ser no mundo à esfera subjetiva/personalista (como já apontado por Netto, 1992), o que tem gerado sérios problemas de interpretação seja em relação à própria fenomenologia ou em relação à retomada de uma abordagem centrada na dinâmica individual contaminada por outros traços teóricos e doutrinários que compõem a sua base sincrética e eclética[22]. Nesse sentido, essa orientação seguramente possui variações que se articulam com outras tradições teóricas, ainda que mantenha como base essencial os pressupostos aqui sumariados.

Uma quarta tendência que se adensou no âmbito do Serviço Social na estreita relação com o avanço do projeto neoliberal — cujas bases iniciais foram esboçadas nos anos 1970 e aprofundadas nos anos 1990 por toda América Latina —, é aquela que deriva e se inspira na

22. No caso brasileiro mesclou-se com o personalismo de Emmanuel Mounier, por exemplo.

diversa orientação pós-moderna. Em sua ampla heterogeneidade esta tradição se movimenta entre a absoluta capitulação à ordem em curso à sua crítica e oposição (e essa crítica possui perfil diverso). Aqui se destacam 2 elementos: a) o neoconservadorismo possui determinações diversas das orientações sumariadas anteriormente nas outras tendências. O que identifica esse heterogêneo grupo como subserviente, mais comportado ou mais rebelde em relação aos genuínos problemas humanos vividos na ordem do capital, é essencialmente a crítica feroz à abordagem classista (como luta coletiva e horizonte socialista) e à categoria da totalidade vista como inexistente e identificada como totalitarismo; b) o vínculo entre essa tradição e a ordem tardia da acumulação capitalista (MANDEL, 1985) é estrutural, refratando-se em perspectivas ecléticas, frequentemente — mas não unicamente — irracionais (no sentido há pouco enfatizado como "decadência ideológica" e "miséria da razão"). A razão moderna, suas metanarrativas, são fortemente criticadas, objetivando uma "metralhadora giratória" que atinge a verdade, a totalidade, os processos históricos entendidos como continuidade-ruptura para explicar o presente e pautar possibilidades futuras; a ênfase nas lutas locais e fragmentadas centradas pragmaticamente — no limite — no momento presente, põem em questão projetos coletivos futuros (de classe) como perigosamente ilusórios. *O culto logicista do momento presente*, então, adquire forma: o fim de transformações universais coletivas/classistas, a ênfase em lutas por segmento, a defesa do peculiar e do único como valorização da subjetividade e da esfera individual, o privilégio dos discursos e das linguagens de sujeitos individuais e ou coletivos unificados pelas identidades múltiplas detentoras de verdades, de posturas ecléticas, enfatizando a liberdade do uso indiscriminado de orientações teórico-políticas diversas, sem fronteiras bem definidas, unificadas pelo "pluralismo", como conciliação e convivência dos irreconciliáveis (o que não significa que assuma o sincretismo existente na sua base).

A descrição do momento presente está exatamente na liberdade para descrevê-lo lançando mão de um "balcão de ideias" e orientações diversas que sustentam discursos que "dão lances" no jogo da vida

(Lyotard, 2000), desde o contexto de onde falam. A proposta aqui é escapar dos modelos, dos paradigmas considerados universais, gerais, totalitários, transitórios e insuficientes. O efêmero, o fugaz, no trato imediato da "era pós-industrial", subsidia a liberdade para pensar em um contexto inevitável que mercantiliza culturas. A fração mais conservadora desta tendência frequentemente desemboca em certo tipo de niilismo que cultua, no limite, certa ação coletiva centrada nos interesses individuais. A modernidade, então, é tomada sem a devida explicação de sua diversidade, reeditando formas de irracionalismo, priorizando a dimensão instrumental da vida social, desqualificando como ilusórias as tendências críticas que fazem parte da diversa modernidade. O culto ao momento presente reduz a história real a eventos desconexos e desarticulados; a busca pelas possibilidades futuras — sobretudo projetos coletivos e classistas — são considerados impossíveis, idealistas e perigosamente totalitários. Essa ênfase no presente e no imediatamente posto, dinamizada por lances que são dados no "jogo da vida", se sustenta nos discursos sobre a realidade criadores de "verdades", o que esvazia por completo o reconhecimento e busca da verdade contida na realidade objetivamente posta, sua racionalidade e lógica próprias. Sendo assim, sobre essa perspectiva a realidade não possui verdade, apresenta-se caoticamente e é construída por discursos que atribuem a ela "verdades".

Também se situa, aqui, no amplo campo de *inspiração* pós-moderna mais crítica, muitas vezes sem uma completa adesão aos pressupostos desta perspectiva, parte daqueles grupos libertários que recursam a "globalização capitalista", denunciam as opressões por seguimento (mulheres, negros e comunidade LGBTI+), fazem a defesa da cultura e da tradição dos povos originários, enfatizam a luta identitária, criticam a destruição ambiental e a extração das riquezas nacionais e continentais, entre outras demandas absolutamente legítimas e parte de um projeto emancipatório. Grupos decoloniais, descoloniais e pós-coloniais compõem um amplo espectro de abordagens — ainda em construção — que mantêm maior ou menor tensão com a tradição moderna e cultivam um antimarxismo significativo sem, contudo, analisar essa tradição na sua ampla densidade e diversidade. Com presença importante na América Latina, particularmente na Argentina e no Chile, essas orientações ainda se reconhecem como em processo de constituição na busca por alternativas ao neoliberalismo, ao fascismo, ao patriarcalismo e à colonização. Todavia, é notório o antimarxismo aqui cultivado (como crítica à teoria social — método dialético, teoria valor-trabalho e perspectiva da revolução — nisto a luta de classes), como luta pela liberação latino-americana que tenta articular a centralidade das resistências por segmento, a valorização da produção teórico-prática desta parte do continente americano (totalmente ou parcialmente avessas ao que comumente se caracteriza como eurocentrismo) e a negação do neoliberalismo (não propriamente do capital e do capitalismo)[23].

Importante destacar que as pautas antirracistas, feministas, contra qualquer tipo de discriminação, contra a destruição ambiental, em defesa dos povos originários, da cultura e da produção teórico-prática latino-americanas, também são trabalhadas por orientações marxistas-classistas conforme será indicado mais adiante. Todavia, é nítida a marca desta diversa abordagem que incorpora e/ou pelo menos reproduz certos traços da ampla tradição pós-moderna: o esvaziamento da luta de classes por meio de um nítido privilégio do cultural-identitário que relativiza o conhecimento e suas "verdades" na esteira dos discursos produzidos, como um "lugar da fala" em si, desclassicizado, circunscrito — no seu limite mais progressista — a uma crítica ao neoliberalismo e não ao capitalismo e ao capital.

Uma quinta perspectiva, igualmente diversa, tem se consolidado naquilo que José Paulo Netto (1996, p. 126) caracterizou como *"linhas aparentemente radicais valorizadoras de experiências que brotam da realidade sem a necessidade da teorização e da pesquisa rigorosa e sistemática"*. Há de destacar o eixo estruturante desta orientação: o vínculo

---

23. No geral, o que tem se caracterizado como descolonial mantém uma relação tensa com a modernidade e com as contribuições não latino-americanas, sem, entretanto, abandoná-las totalmente. O decolonial, por sua vez, acentua e radicaliza esse distanciamento.

com a realidade desemboca em certo tipo de relação direta com ela, sem estabelecer as mediações devidas e a crítica fundamentada. A consequência é imediata: as propostas e "alternativas" aparecem com alto grau de espontaneidade salientando um traço essencial: *a teoria parece brotar da realidade, ou seja, a teoria é essencialmente a prática sistematizada e não sua reconstrução crítico-ontológica que exige, igualmente, repercussões práticas (como práxis).* A teoria aparece ora como desnecessária (nesse sentido prolixa, pesada e pouco operativa), ora como pragmaticamente utilizada para contextos pontuais (na esteira do "balcão de supermercado" pós-moderno). Essas linhas possuem frequentemente um caráter contestatório inegável sustentado em demandas absolutamente legítimas: violências cometidas contra diferentes grupos sociais, opressões diversas, demandas populares e profissionais legítimas, entre outros temas. No entanto, fazem este resgate por meio de um espontaneísmo profissional e ou militante-militantista. Importante destacar que tais grupos reivindicam para si uma tradição "genuinamente crítica", seja por um viés que recupera traços pós-modernos combativos, seja por caminhos identificados como "marxistas revolucionários". Mas o alcance de sua efetividade é discutível: frequentemente as consequências práticas são pouco efetivas, ou seja, há um distanciamento nada desprezível entre o pretendido e o obtido. Isso ocorre principalmente porque o espontaneísmo domina a ação e seu pragmatismo imobiliza a análise objetiva da realidade, as possibilidades nela objetivamente contidas. Engessa, portanto, qualquer tipo de práxis.

Uma sexta e não menos importante perspectiva deve aqui ser sumariada. Ela não se confunde com as anteriores, bem como se distancia das orientações marxistas propriamente ditas. Situa-se objetivamente num heterogêneo campo caracterizado como "pluralismo metodológico" (Tonet, 2010) que pode ou não desembocar no sincretismo teórico (no ecletismo, em maior ou menor medida). Sustenta-se na argumentação de que a crise mundial atual gerou uma "nova questão social" (Castel, 1998; Rosanvallon, 1995), causando a desorganização da sociedade salarial, do Estado de Bem-Estar clássico e das formas específicas de Estados sociais latino-americanos, impondo à ciência e à profissão a necessidade de novos paradigmas analíticos. A crítica aqui não é feita propriamente contra ou a favor da modernidade, da pós-modernidade, dos estruturalistas, pós-estruturalistas ou outra tradição analítica, mas em favor do uso de referências clássicas ou não, mais ou menos recentes ou consideradas novas, desde que capazes de analiticamente dar conta da complexidade atual. É nesse contexto que as "novas injustiças e desigualdades sociais" são destacadas, ressaltando as potencialidades e os limites dos arsenais teóricos existentes para a análise da realidade. Nisto, o Serviço Social é uma profissão que carece de base científica e que deve estabelecer um campo de atuação preciso e específico (retomando o velho debate operativo e científico sobre a especificidade da profissão), sem o qual ele perde a sua efetividade diante da realidade. O privilégio da dimensão epistemológica sobre a ontológica é ressaltado não no sentido de desprezar a realidade objetivamente posta, mas por crer que é possível *organizá-la e construí-la cientificamente*, racionalmente, *estabelecendo os problemas com os quais deverá lidar, tendo por base abordagens plurais que dialogam com a profissão.* Nota-se que o processo aqui é de organização e construção de problemas a serem enfrentados (por isso essencialmente epistemológico) e não de reconstrução deles (como "concreto pensado", nos termos de Marx). O ponto de partida não é explicitamente reconhecido como orgânico à própria realidade, sua dinâmica, mas obtido na relação com a razão científica propiciada pelo "pluralismo metodológico".

Politicamente vincula-se, no geral, ao heterogêneo campo caracterizado como nacional-popular latino-americano que valoriza a centralidade do Estado nos processos de redistribuição da riqueza, a importância dos movimentos que lutam em favor da cidadania, contra a devastação neoliberal, o que exige a construção de um novo pacto social (de classes) para enfrentar o neoliberalismo e suas expressões. A centralidade do político é nítida, ou seja, não se trata propriamente de uma crítica feita no âmbito da economia política. Isso não significa que a crítica empreendida neste âmbito não tenha seu valor, mas que existe o privilégio explícito do político sobre as determinações econômicas que se expressa como uma rejeição explícita ao neoliberalismo e não propriamente contra o capitalismo e o capital.

Por fim, uma sétima e ampla tendência, inserida na tradição marxista, não passa sem críticas. Trata-se de uma orientação que agrega diferentes orientações e grupos libertários no interior do Serviço Social na América Latina, identificados com níveis crescentes de emancipação social. Não deixa de reproduzir, até os dias atuais, "marxismos positivistas", pouco ou nada dinâmicos, antidialéticos, estruturalistas, maoistas, althusserianos, centrados nas "militâncias doutrinário-revolucionárias" ou na crítica aos "aparelhos ideológicos do Estado". Todavia, em diferentes medidas, a "Lei Geral da Acumulação Capitalista" (Marx, 1984a, p. 187) é retomada como base para explicar o capital como relação social de acumulação contínua e, nisso, fonte para detalhar as razões objetivas do pauperismo. A fração mais refinada desta tradição investe na formação crítica e ampla de intelectuais empenhados em resgatar as produções marxianas no seu contexto histórico particular. No âmbito do Serviço Social latino-americano, dois autores marxistas têm prevalecido como referência atual constante para um rico debate: Gramsci e Lukács, ainda que as contribuições do estruturalista Louis Althusser também alimentem setores da profissão. Mais ainda, autores(as) marxistas (também latino-americanos/as) ou de inspiração marxista, têm sido retomados(as) nesse debate no âmbito de Serviço Social. São alguns exemplos pontuais: Lenin, Rosa Luxemburgo, Mandel, Mészáros, Mariátegui, a diversa tradição castrista e guevarista, os representantes da teoria da dependência (Ruy Mauro Marini, Theotonio do Santos, Vania Bambirra e André Gunder Frank), Florestan Fernandes, Caio Prado Jr., Heleieth Saffioti, Claudio Katz, Enrique Düssel, Angela Davis, Clóvis Moura, Frantz Fanon, Octavio Ianni, Carlos Nelson Coutinho, José Paulo Netto, Marilda Iamamoto, entre outros(as)[24].

---

24. Igualmente importante destacar que tradições teóricas não marxistas latino-americanas também reivindicam parte de estes autores em suas abordagens.

A contribuição gramsciana tem sido apropriada pelo Serviço Social na América Latina por meio de importantes categorias desenvolvidas pelo fundador do partido comunista italiano: relação entre sociedade civil e sociedade política, coerção e consenso, direção cultural, hegemonia, estado ampliado, intelectuais, processos educativos, bloco histórico, entre outras. A influência do autor, direta ou indiretamente, com maior ou menor intensidade, é significativa no âmbito das Ciências Humanas e Sociais e nos diferentes projetos sociais de centro-esquerda que têm aparecido na América Latina[25]. Ainda que se possa indagar sobre a qualidade da apropriação do Serviço Social acerca da rica obra de Gramsci e ou as polêmicas desta abordagem (Simionatto, 1995), é inegável o adensamento deste debate também na profissão. A noção sobre a direção sociocultural hegemônica edificada no processo de luta de classes, se expressa na relação entre a sociedade civil e determina a ocupação da máquina estatal (sociedade política) por determinado governo vinculado a determinado projeto social (Gramsci, 2007a). É nesse processo que os intelectuais, no sentido mais geral (e todos podem sê-los), os caracterizados como "orgânicos" (aqueles que militam e organizam as ideias da classe) e os "tradicionais" (estruturalmente vinculados a instituições com o peso da tradição, igrejas, universidades e organizações tradicionais em geral), revelam seus valores morais e suas posições sociais, no embate e na luta concretos, seja para manter, reformar ou lutar pela superação da ordem social. É por isso que a cultura possui sentido importante em Gramsci (2000 e 2007b) como componente individual e coletivo da luta, referências para estimular, viabilizar e consolidar a hegemonia, alavancar a práxis social.

25. No Brasil, a tradição gramsciana — não sem polêmicas — influenciou setores do Partido dos Trabalhadores, as esquerdas em geral e o debate sobre a direção social estratégica do Serviço Social dos anos 1990 (conhecido como Projeto Ético-Político Profissional). Na Bolívia, por exemplo, a composição partidária que elegeu Evo Morales contou com um intelectual gramsciano importante: o sociólogo Álvaro Linera (vice-presidente do país). Na Argentina e no Uruguai, a influência do pensador italiano é nítida nas Ciências Sociais e nos setores progressistas do Serviço Social nestes países.

A vasta contribuição de Lukács, igualmente marcada por apropriações diversas e de diferentes níveis no âmbito do Serviço Social na América Latina (seguramente mais tímida se comparada com a de Gramsci), sustenta-se em uma leitura da obra marxiana como teoria social crítica ao capitalismo e ao próprio capital, como relação de unidade-diversa entre método dialético, teoria valor-trabalho e possibilidade histórica da revolução. É a partir desta referência que a categoria da totalidade é abordada no movimento concreto da história, como determinação de existência (embora também seja uma categoria intelectiva), como unidade-diversa entre singular (a dimensão imediatamente posta), o universal (suas determinações gerais, como complexos não isolados) e o particular, campo rico em mediações (dimensão mediata em que o universal se objetiva e o singular se revela) (Lukács, 2012, p. 181-422). Nisto, um conjunto de temas que identificam a natureza e a originalidade da abordagem lukacsiana: a centralidade da categoria trabalho (útil-concreto como dimensão teleológica causalidade-finalidade) gerador de saltos ontológicos essenciais à sociabilidade humana; a redução contínua das barreiras naturais sem separar/identificar ser social e natureza; as críticas ao trabalho abstrato-estranhado (como determinada forma histórica); as contribuições sobre estética, estranhamento social e ideologia; temas-categorias enfatizados sob o ponto de vista ontológico, como ontologia do ser social, como reprodução mental do materialmente posto ("concreto pensado", no sentido marxiano) (Lukács, 2013). A cultura, então, é tecida a partir da realidade objetivamente posta, suas determinações ontológicas, tendo o trabalho como práxis primeira fincada nas lutas reais da existência humana, como autoatividade do ser social[26].

De maneira geral essa tradição, de forma diversa, empenha-se em explicar a particularidade histórica da América Latina, incorporando

26. No âmbito da América Latina, Lukács é bem menos conhecido do que Gramsci. No Serviço Social, sua influência é importante no Brasil, sobretudo em expoentes da profissão tais como José Paulo Netto, Sergio Lessa e Maria Lúcia Silva Barroco (por exemplo). Na América Latina, o debate é ainda incipiente, com expressões isoladas em parte da esquerda argentina, sobretudo por meio das influências dos brasileiros Netto e Lessa.

ampla literatura marxista na perspectiva classista, anticapitalista progressista e anticolonial (portanto, não apenas contra o neoliberalismo)[27]. A prioridade ontológica das determinações materiais no campo da produção e reprodução do ser (nisto a economia política), subsidia a formação teórico-prática de intelectuais qualificados, culturalmente densos e praticamente militantes, que se expressam na particularidade profissional (como práxis profissional). A teoria entendida como a expressão intelectual do movimento da realidade objetivamente posta, absolutamente avessa a modelos aplicativos para a intervenção, crítico radical do profissional estritamente comandado pela prioridade técnico-operativa. A intervenção que compõe o trabalho profissional não renuncia à densidade analítica do movimento do real para a formulação de alternativas prático-interventivas, seja sob as fronteiras das profissões ou para além delas (partidos, sindicatos combativos, os movimentos sociais libertários, entre outras instâncias). Não há espaço, então, para descrições endógenas do Serviço Social, unicamente interventivas, messiânicas ou fatalistas (Iamamoto, 1994, p. 113-118), ou a reedição de diferentes formas de idealismo.

De maneira geral, no campo político, essa tradição abarca um leque bastante heterogêneo de orientações de inspiração marxista e abordagens de esquerda. Envolvem defensores radicais de direitos (ainda que não neles centrados), da participação estratégica dos Estados como instâncias a serem disputadas por trabalhadores(as), anticapitalistas com diferentes orientações (ou, pelo menos, antineoliberais), socialistas democráticos e comunistas. No âmbito do Serviço Social, por toda América Latina, essa tendência é composta por grupos que valorizam o espaço da profissão (com todos seus limites e determinações), mas também por setores que a consideram uma dimensão plenamente submetida à ordem do capital, sua reprodução (nesse sentido, pouco ou nada útil a processos emancipatórios). Nesse último caso, esse heterogêneo grupo assim considera o Serviço

27. Diga-se de passagem, nada identificado com o que há pouco foi caracterizado como decolonial, descolonial ou pós-colonial.

Social por avaliar negativamente as condições objetivamente postas à profissão no campo da regulação do pauperismo (frequentemente a pobreza extrema) e as funções por ela desempenhada na divisão social do trabalho. Por isso, circunscreve a profissão no espaço restrito da regulação e da dominação e, portanto, não dedica qualquer esforço para decodificá-la como parte de um campo contraditório. No geral, situam-se aqui orientações de inspiração althusseriana (ainda que não toda ela), alguns segmentos de inspiração lukacsiana e ou grupos que concentram suas atenções no estudo do livro I de "O Capital" (como defendido, por exemplo, por Lessa, 2007).

Parte importante desta ampla perspectiva no Serviço Social — inspirada em Marx e em sua diversa tradição — tem estimulado e adensado os estudos antirracistas, antipatriarcais, anticoloniais, contra qualquer tipo de discriminação e opressão, em defesa de uma relação construtiva, respeitosa e saudável com a natureza, sintonizados com a luta de classes e o horizonte anticapitalista progressista. O distanciamento em relação às orientações decoloniais, descoloniais, pós-coloniais e "plurais-metodológicos" é nítido: *a luta contra o capitalismo e o capital não é apenas uma luta neoliberal; a luta de classes é componente insuprimível deste processo e o horizonte situa-se "para além do capital"* (MÉSZÁROS, 2002). O esforço está em apanhar o sentido da diversa classe trabalhadora nas condições atuais de devastação sociolaboral intrínseca à sociedade do capital, destacando as condições particulares da América Latina e as diversas opressões que constituem a dominação de classe. Isso, lógico, orientado pela dialética marxiana, sua teoria social, portanto comprometidas com a perseguição da lógica da própria realidade inspirada na categoria da totalidade (não somente reveladora dos discursos formulados sobre ela). Com outras palavras: é preciso continuar o trabalho iniciado por Marx não como dogma, mas como orientação para explicar a realidade atual, perquiri-la nas suas entranhas e orientar a práxis social.

A profissão, então, para aqueles(as) que a consideram um espaço a ser ocupado, é uma determinação histórica, um complexo social particular que compõe a totalidade social que sustenta a produção/

reprodução da ordem do capital, seu metabolismo, em um determinado estágio da acumulação capitalista, nas condições objetivas da América Latina, repleta de contradições e limites, materializada — ao mesmo tempo — na dialética luta/resistência/dominação, necessariamente articulada a outros complexos sociais. Isso não permite atribuir a ela tarefas que estão muito além de suas possibilidades, embora seja importante tensioná-la, mediá-la e qualificá-la, sem ilusões idealistas ou mecanicismos que engessam as possibilidades da intervenção profissional. Seus fundamentos técnico-operativos, ético-políticos e teórico-metodológicos aqui se situam, no processo de formação e do trabalho profissional, conectados à dinâmica da vida material estabelecida pela ordem burguesa latino-americana plenamente madura, por ela determinados, embora nela possam atuar relativamente desde que orientados pela crítica permanente. Nisso importante ressaltar: a reconstrução teórico-crítica e concreta sobre a profissão, a análise impenitente de suas potencialidades e limitações (absolutamente essencial), não estabelece uma relação direta com o ritmo e a temporalidade do trabalho profissional. Esse descompasso é intrínseco a esta relação teórico-prática travada no âmbito profissional.

Vale destacar, novamente, que não existe aqui um purismo que estabelece as fronteiras fixas de uma ou outra tendência. Elas se compõem ou não ecleticamente com maior ou menor intensidade. Isto é visível quando são considerados autores(as) que também dialogam com o Serviço Social na América Latina, sejam eles(as) fiéis a determinada tradição, transitem entre tendências sem identificarem-se explicitamente como uma ou outra, ou ainda se associem por opção a tradições teóricas distintas.

5. Considerações finais

A complexidade da realidade social e suas determinações têm imposto ao Serviço Social tensões objetivas e inevitáveis. Mais do que anunciar a crítica, é preciso exercitá-la como crítica-crítica, ou seja, *as teses historicamente reconstruídas precisam ser retomadas, analisadas nas atuais condições históricas, bem como devem fomentar alternativas anticapitalistas progressistas.* Isso não será possível sem dois elementos centrais:

a) o estudo radical das diferentes tendências teóricas ora em curso, suas teses centrais, sua face teórico-prática e ético-política — com suas consequências técnico-operativas no âmbito do trabalho profissional, na sua ampla diversidade. Todavia, esse processo teórico-prático-político e ontológico-científico, de acordo com os argumentos apresentados e defendidos nesse texto, não se confunde com o caminho fácil do "pluralismo" eclético e "respeitoso";
b) é preciso valorizar e incrementar a militância dentro e fora da profissão adensando o debate entre estas instâncias, sem desconsiderar o Serviço Social e, igualmente, sem reeditar formas endógenas para explicá-lo. Importante dizer, ainda, que este rigoroso exercício não estremece os sólidos vínculos objetivos do Serviço Social com a ordem do capital e sua reprodução. Todavia, facilita algo importante: o desvelamento do significado social da profissão e das condições dos(as) assistentes sociais como profissionais na atualidade, sua natureza e seu sentido, sem qualquer idealismo, processo este orientado pela crítica propositiva e permanente que alimenta a práxis profissional e social (Silva, 2013).

Se, por um lado, a aliança entre grupos progressistas é uma necessidade no campo objetivo da resistência contra as diferentes formas de barbárie (aspecto absolutamente importante para a sobrevivência de projetos efetivamente libertários), por outro lado isso deve ocorrer dentro de limites orientados pela grande política, ou seja, *pela capacidade de articulação política centrada em pautas emancipatórias, amplo debate plural (no seu sentido pleno), rigor teórico orientado pela crítica e formulações de alternativas práticas civilizatórias-emancipatórias.* Ao mesmo tempo, é essencial reconstruir as mediações com a profissão Serviço Social apontando as tensões e potencialidades aí contidas, sem idealismos ou imobilismos. Seguramente este é um aspecto importante para que o novo não seja simplesmente o "mais do mesmo", isto é, o velho com retoques. Desnecessário reafirmar, aqui, na perspectiva desenvolvida neste texto, a importância de Marx e de sua diversa tradição para o estudo da América Latina, ainda que isso não possa ser um anúncio vazio, descontextualizado e desconectado do debate crítico com outras tradições teóricas. Nisto, importantes contribuições construídas nesta parte do continente americano ou fora dele.

Referências

ANTUNES, Ricardo. *Adeus ao trabalho?* Ensaios sobre as metamorfoses e a centralidade do mundo do trabalho. 6. ed. São Paulo: Cortez; Campinas: Unicamp, 1999.

ANTUNES, Ricardo. *O privilégio da servidão.* São Paulo: Boitempo, 2018.

BERTALANFFY, L. Von. *Teoría general de los sistemas.* México: Fondo de Cultura Económica, 1980.

BORÓN, Atilio. *América Latina en la geopolítica del imperialismo.* 2. ed. Ciudad Autónoma de Buenos Aires: Luxemburgo, 2014.

BURKE, Edmund. *Reflexões sobre a revolução na França.* Rio de Janeiro: Topbooks, 2012. (Col. Liberty Classics)

BRAZ, Marcelo. O golpe nas ilusões democráticas e a ascensão do conservadorismo reacionário. *Revista Serviço Social & Sociedade*, São Paulo, n. 128, p. 85-103, abr. 2017.

CASTEL, Robert. *As metamorfoses da questão social:* uma crônica do salário. Petrópolis: Vozes, 1998.

CBCISS. *Teorização do Serviço Social, documentos de Araxá, Teresópolis e Sumaré.* Rio de Janeiro: Agir, 1986.

CHASIN, José. A via colonial de entificação do capitalismo. A miséria brasileira — 1964-1994: do golpe militar à crise social. Santo André (SP): Estudos e Edições AD Hominem, 2000.

COUTINHO, Carlos Nelson. *O estruturalismo e a miséria da razão.* São Paulo: Expressão Popular, 2010.

COUTINHO, Carlos Nelson. Pluralismo: dimensões teóricas e políticas. *Cadernos ABEPPS.* São Paulo, n. 5-17, maio de 1991.

DURKHEIM, Émile. *As regras do método sociológico.* 3. ed. Lisboa: Editorial Presença, 1987.

ESCORSIM, L. *O conservadorismo clássico.* São Paulo: Cortez Editora. 2011.

FEDERICI, Silvia. *O ponto zero* — trabalho doméstico, reprodução e luta feminista. Tradução do Coletivo Sycorax. São Paulo: Elefante, 2019.

FEDERICI, Silvia. *O patriarcado do salário.* Tradução Patriarchy of the wage: notes on Marx, gender, and feminism. São Paulo: Boitempo, 2021.

FERNANDES, Florestan. *Capitalismo dependente e classes sociais na América Latina.* São Paulo: Global, 2009.

GRAMSCI, Antonio. *Cadernos do cárcere. Os intelectuais. O princípio educativo. Jornalismo.* Rio de Janeiro: Civilização Brasileira, 2000. v. 2.

GRAMSCI, Antonio. *Cadernos do cárcere. Maquiavel. Notas sobre Estado e a Política.* Rio de Janeiro: Civilização Brasileira 2007a. v. 3.

GRAMSCI, Antonio. *Cadernos do cárcere. Temas de cultura. Ação católica. Americanismo. Fordismo.* Rio de Janeiro: Civilização Brasileira 2007b. v. 4.

HARVEY, David. *O enigma do capital e as crises do capitalismo.* São Paulo: Boitempo, 2011.

SAFFIOTI, Heleieth. *A mulher na sociedade de classes:* mito e realidade. Prefácio de Antonio Candido de Mello e Souza. Petrópolis: Vozes, 1976.

IAMAMOTO, Marilda Villela. *Renovação e conservadorismo no Serviço Social* — ensaios críticos. 2. ed. São Paulo: Cortez, 1994.

IAMAMOTO, Marilda Villela. *Serviço Social em tempo de capital fetiche* — capital financeiro, trabalho e questão social. São Paulo: Cortez, 2007.

IANNI, Octavio. *A ditadura do grande capital.* São Paulo: Expressão Popular, 2019.

LE PLAY, F. *Oeuvres*. Paris: Plon, 1941.

LENIN. V. I. *O imperialismo:* fase superior do capitalismo. 4. ed. São Paulo: Centauro, 2008.

LESSA, Sérgio. *Trabalho e proletariado no capitalismo contemporâneo.* São Paulo: Cortez Editora, 2007.

LÖWY, Michael. *As aventuras de Karl Marx contra o Barão de Münchhausen* — marxismo e positivismo na sociologia do conhecimento. 2. ed. São Paulo: Editora Busca Vida, 1988.

LUHMANN, Niklas. *Introdução à teoria dos sistemas.* Petrópolis: Vozes, 2010.

LUKÁCS, György. *Para uma ontologia do ser social I.* São Paulo: Boitempo, 2012.

LUKÁCS, György. *Para uma ontologia do ser social II.* São Paulo: Boitempo, 2013.

LYOTARD, François. *A condição pós-moderna.* Rio de Janeiro: José Olympio, 2000.

MANDEL, Ernest. *O capitalismo tardio.* São Paulo: Nova Cultural, 1985.

MARINI, Ruy Mauro. *América Latina, dependencia y globalización.* Bogotá: CLACSO y Siglo del Hombre Editores, 2008.

MARX, Karl. O método da economia política. *In*: FERNANDES, Florestan (org.). *Marx e Engels:* história. 3. ed. São Paulo: Ática, 1989.

MARX, Karl. *Crítica da filosofia do direito de Hegel.* São Paulo: Boitempo, 2005.

MARX, Karl. *O capital:* crítica da economia política. São Paulo: Abril Cultural, 1984a. v.1, t. 2.

MARX, Karl. *O capital:* crítica da economia política. São Paulo: Abril Cultural, 1984c. v.3, t. 1.

MARX, Karl. *O capital:* crítica da economia política. São Paulo: Abril Cultural, 1985. v. 3, t. 2.

MARX, Karl. *O capital:* crítica da economia política. São Paulo: Abril Cultural, 1984b. v. 2.

MARX, Karl. *Para a questão judaica.* São Paulo: Expressão Popular, 2009.

MARX, Karl.; ENGELS, Friedrich. *A ideologia alemã.* São Paulo: Boitempo, 2007.

MERTON, Robert K. *Sociologia:* teoria e estrutura. São Paulo: Mestre Jou, 1970.

MÉSZÁROS. István. *Para além do capital.* São Paulo: Boitempo, 2002.

MOLJO, Carina; SILVA, José Fernando Siqueira da. Cultura profissional e tendências teóricas atuais: o Serviço Social brasileiro em debate. *In*: GUERRA, Yolanda; LEWGOY, Alzira; MOLJO, Carina; SERPA, Moema; SILVA, José Fernando Siqueira da. *Serviço Social e seus fundamentos:* conhecimento e crítica. Campinas: Papel Social, 2018. p. 115-148.

MOURA, Clóvis. *Brasil: raízes do protesto negro.* São Paulo: Global, 1983.

MOURA, Clóvis. *Sociologia do negro brasileiro.* São Paulo: Ática, 1988.

NETTO, J. P. *Capitalismo monopolista e Serviço Social.* São Paulo: Cortez, 1992.

NETTO, J. P. *Ditadura e Serviço Social:* uma análise do Serviço Social no Brasil pós-64. São Paulo: Cortez, 1991.

NETTO, J. P. *Lukács.* São Paulo: Ática, 1981.

NETTO, J. P. Transformações societárias e Serviço Social: notas para uma análise prospectiva da profissão no Brasil. *Serviço Social & Sociedade*, São Paulo, n. 50, p. 87-132, abr. 1996.

OLIVEIRA, Francisco de. *Crítica à razão dualista:* o ornitorrinco. São Paulo: Boitempo, 2003.

PARSONS, Talcott. *A estrutura da ação social:* um estudo de teoria social com especial referência a um grupo de autores europeus recentes. Tradução Vera Josceliyne. Petrópolis: Vozes, 2010a. (Col. Sociologia, v. 1)

PARSONS, Talcott. *A estrutura da ação social:* um estudo de teoria social com especial referência a um grupo de autores europeus recentes. Tradução Raquel Weiss. Rio de Janeiro: Vozes, 2010b. (Col. Sociologia, v. 2)

ROSANVALLON, Pierre. *La nueva cuestión social:* repensando el estado providencia. Buenos Aires: Manantial, 1995.

SILVA, José Fernando Siqueira da. América Latina: capital e devastação social. *Revista Katálysis*, Florianópolis, p. 7-19, 2021. Disponível em: https://doi.org/10.1590/1982-0259.2021.e74788. Acesso em: 20 jan. 2022.

SILVA, José Fernando Siqueira da. O debate crítico do Serviço Social na América Latina: gênese e desenvolvimento no Brasil. *In*: Lourenço, Edvânia Ângela de Sousa; Silva, Maria Liduína de Oliveira e. (org.). *Trabalho, questão social e Serviço Social:* a autofagia do capital. 1. ed. São Paulo: Cortez, 2019. p. 103-124.

SILVA, José Fernando Siqueira da. *Serviço Social:* resistência e emancipação? São Paulo: Cortez, 2013.

SIMIONATTO, I. *Gramsci:* sua teoria, incidência no Brasil, influência no Serviço Social. São Paulo: Cortez; Florianópolis: UFSC, 1995.

TONET, Ivo. Pluralismo metodológico: un falso camino. *Revista Plaza Pública*, Tandil, año 3, n. 3, p. 1-27, 2010. Disponível em: https://revistaplazapublica.files.wordpress.com/2014/06/tonet-i.pdf. Acesso em: 15 jan. 2022.

TOCQUEVILLE, A. de. *A democracia na América.* Volumes 1 e 2. São Paulo: Martins Editora, 2014.

TOCQUEVILLE, A. de. *Democracia y pobreza (memorias sobre el pauperismo).* Madrid: Editora Trotta, 2003.

TOCQUEVILLE, A. de. *Lembranças de 1848 — as jornadas revolucionárias em Paris.* São Paulo: Penguin Companhia, 2011.

Tendências teóricas no debate contemporâneo do Serviço Social argentino

Laura Massa
José Fernando Siqueira da Silva
Sergio Gianna
Camila Caroline de O. Ferreira
Aila Fernanda dos Santos
Beatriz Paes

1. Introdução

O presente capítulo descreve e analisa a produção escrita mais recente — particularmente condensada em livros — de seis autores(as) argentinos(as), a saber: Susana Cazzaniga, Alfredo Carballeda, Mónica Chadi, María Eugenia Hermida, Margarita Rozas Pagaza e Andrea Oliva. Tais pesquisadores(as) foram escolhidos(as) por serem representativos(as) das tendências teóricas em curso na América Latina, bem como pela relevância deles(as) no debate profissional do Serviço Social na Argentina. A abordagem destes trabalhos supõe um duplo exercício: por um lado, a descrição de tais tendências considerando que parte do público leitor pode não estar necessariamente familiarizado com as principais propostas e argumentações sustentadas pelos(as) autores(as); por outro, é realizada uma reconstrução analítica de tais produções com o objetivo de situá-las no marco dos debates travados na América Latina, resgatando, ao mesmo tempo, certas particularidades que podem assumir em relação a outros países do continente.

Sem dúvida, este debate contemporâneo no Serviço Social argentino não pode ser reduzido a este punhado de autores(as). Entretanto, considera-se que este grupo expressa as diferentes tendências teóricas na profissão, como também espaços socioinstitucionais diversos: centros de formação profissional, projetos ligados aos conselhos profissionais ou revistas e publicações da categoria profissional.

Assim, nas últimas três décadas estão sendo aprofundados debates que unem espaços acadêmicos e profissionais a partir de um traço que os caracteriza: *um profundo diálogo da profissão com a teoria social e as distintas perspectivas teóricas das ciências sociais*. Nesse sentido, o debate atual não se resume unicamente a uma questão de ordem teorética, mas envolve um conjunto de contribuições sobre os horizontes socioprofissionais, a constituição de projetos profissionais que, a partir de um conjunto de mediações que não se reduzem à teoria, propõem uma disputa em torno da direção e da orientação social da profissão.

Considerando a multiplicidade de determinações que atravessam o objeto de estudo deste capítulo, este texto se lançará a um estudo mais exaustivo em torno das proposições teóricas sustentadas em torno do debate contemporâneo do Serviço Social na Argentina, isto é, à análise de um conjunto de categorias mais gerais e particulares que foram sistematizadas a partir da leitura dos(as) autores(as) propostos (as). A finalidade é indicar a inscrição predominante deles(as), seus acentos teóricos-políticos, considerando as matrizes teóricas do conhecimento existentes na região. Isto, certamente, não dispensará a necessária indicação de algumas considerações gerais sobre a sua conexão com os projetos profissionais existentes atualmente na Argentina, considerando que existem um conjunto de mediações que não conectam diretamente as proposições teóricas aos projetos profissionais.

Desse modo, o estudo das produções teóricas dos(as) pensadores(as) propostos(as) se organizou a partir de dois eixos analíticos:

a) o modo como se categoriza a realidade, ou seja, a forma como se recupera dimensões a serem ressaltadas e as principais categorias utilizadas pelos(as) autores(as); o papel da teoria na formação profissional e a intervenção profissional; a função da ciência, da teoria e da dimensão metodológica; a concepção de indivíduo/sujeito/pessoa/; e a forma como os(as) autores(as) fazem a referência a estas dimensões. Tais dimensões sustentam aspectos analíticos que expressam elementos irrefutáveis sobre a tendência teórica vigente na produção analisada, portanto, sua inscrição, de forma predominante, em uma delas, supondo as particularidades que lhes são próprias;

b) a concepção sobre o Serviço Social, isto é, a forma como cada autor(a) concebe a profissão ou seja, o modo como cada pensador(a) reflete sobre a função social da profissão; os vínculos entre sociedade, Estado e Serviço Social; a condição profissional; sobre que e com quem intervém a profissão e as proposições apresentadas em torno da autonomia relativa que se constitui na trama estabelecida na relação entre condições objetivas para a intervenção e posicionamento político dos(as) profissionais.

Sem dúvida, a análise proposta não pode ser separada da análise geral e das proposições presentes nesse livro. Trata-se de um pontapé inicial para caracterizar as tendências teóricas do Serviço Social argentino tentando não reproduzir, como indica Silva no capítulo anterior, uma simples colocação de autores(as) em "caixas" que etiquetem mecanicamente, estaticamente, tais tendências.

Por fim, a organização do capítulo possui três grandes partes. Na primeira são tratados alguns elementos gerais que sustentam o debate atual do Serviço Social na Argentina. Na segunda parte apresentam-se, de forma articulada, a descrição e a análise das obras dos(as) estudiosos(as) com a finalidade de revelar ao(à) leitor(a) os elementos nevrálgicos de estas produções e reflexões a partir das dimensões antes indicadas. Ao mesmo tempo, são apresentadas as argumentações que sustentam a inscrição do(a) autor(a) em uma matriz teórica predominante, dando conta de como se concretiza a produção teórica no debate contemporâneo. As reflexões finais fazem um balanço sobre o debate atual do Serviço Social argentino, bem como indicam novas indagações sobre ele.

2. Sobre o debate contemporâneo na Argentina[1]

As referências do debate contemporâneo do Serviço Social na Argentina fazem parte de um movimento histórico mais amplo que atravessou a profissão no seu conjunto ao longo do seu desenvolvimento, bem como envolve o intercâmbio de ideias entre posições teóricas divergentes. Todavia, este debate atual assume uma característica particular que o diferencia: *um certo grau de maturidade que expressa uma reflexão teórica sobre a profissão inspirada em tendências teóricas existentes em distintas vertentes das ciências sociais ou da teoria social de base marxista.*

Sem o desejo de qualquer tipo de exaustividade histórica, um precedente deste debate deve ser localizado no Movimento de Reconceituação do Serviço Social argentino, que ocupou um lugar de destaque nos níveis nacional e continental. A necessidade de voltar a conceituar a profissão e, ao fazê-lo, indagar sobre a função política que exerce na sociedade capitalista, foi um divisor de águas. Isso se constituiu articulado a um momento de ascensão da luta de classes e de formação de uma força social revolucionária (com tendência heteróclitas), processo esse abruptamente detido com o avanço da direita peronista em 1975 e a posterior ditadura cívico-militar-eclesiástica que

1. Este tópico recupera sinteticamente subsídios apresentados nos seguintes artigos: Gianna (2016) e Massa (2018).

deixou um legado tenebroso: *a aniquilação da citada força revolucionária, com 30 mil detidos-desaparecidos, além dos exílios internos/externos e a instalação dos pilares fundamentais do neoliberalismo.*

Somente após o retorno da democracia política em 1983 e a luta pela memória social dos acontecimentos ocorridos durante a ditadura, abriram-se alguns espaços profissionais no âmbito do Serviço Social. Isso ocorreu por meio da consolidação de instâncias organizativas da profissão (órgãos de defesa da categoria), pela repatriação de colegas exilados e a reintegração dos demitidos desde 1975, como também por meio da participação ativa por memória, verdade e justiça, luta esta empreendida pelos órgãos de defesa dos direitos humanos. Não há dúvida de que esse debate profissional, que foi interrompido em 1975, hoje passa por outro momento, ainda que seja necessário considerar a atual conjuntura absolutamente diversa (a reestruturação produtiva e a financeirização da economia).

Jameson (1996), ao abordar os anos 1960, refere-se à utilização de categorias periodizadoras que permitem sintetizar um conjunto de determinações que expressam transformações de diferentes ordens da vida social. Entretanto, essa referência ao debate contemporâneo do Serviço Social caracteriza um momento histórico muito particular marcado pela contrarreforma neoliberal que se aprofunda nos anos 1990 na Argentina: a consolidação de processos de resistência e a aparição de novas formas de organização da classe que vive do trabalho (Antunes, 2002). Nesse contexto, entre os espaços que não foram possíveis de privatizar no país, encontra-se a educação superior, que hoje segue sendo pública, laica, sem custos adicionais (neste sentido, gratuita) e de qualidade[2]. Necessário destacar que isso foi resultado de forte mobilização do movimento estudantil, do sindicato de

---

2. É importante destacar que na agenda formativa do Serviço Social coexistem na Argentina centros de formação universitários públicos (sem custos adicionais, além dos impostos socialmente arrecadados) e privados. Existem, também, Institutos de Formação Superior que oferecem o título não universitário, centros estes de formação laica ou religiosa. Esta heterogeneidade se soma à presença da educação presencial e a distância. Tal diversidade marca o desafio da qualificação profissional.

professores e de diversas outras formas de resistência organizadas pela sociedade em geral.

Nesse marco, a barbárie da vida e os desafios impostos ao Serviço Social como profissão não têm sido poucos: junto com a flexibilização da força de trabalho, o crescimento exponencial do desemprego, o trabalho precário e o pluriemprego, produziu-se o "achincalhamento do Estado". Como destaca Anderson (2003), trata-se de um Estado mínimo para a classe trabalhadora e máximo para o capital. Assim, novas questões, novos desafios e problemáticas passaram a refletir na profissão, particularmente com o desdobramento e a reconfiguração da realidade no campo da seguridade social e das políticas sociais.

Sem dúvida, as respostas iniciais do Serviço Social na Argentina seguiram as "receitas neoliberais": a defesa do campo profissional e dos postos de trabalho no campo funcional-laboral das políticas sociais. Não por acaso, até meados dos anos 1990, as discussões profissionais concentravam-se em torno da necessidade de estabelecer aquilo que a diferenciaria, que fosse único dela, que a permitisse distinguir-se das outras profissões. Com isso, referimo-nos à questão da especificidade profissional, debate este que ocorre juntamente com uma forma de profissão que deve adequar-se à proposta neoliberal: um Trabalho Social administrador da pobreza, com capacidade técnica e aparência apolítica. Ou seja, a questão da gestão social.

É em contrapartida a estas discussões profissionais ocorridas no início dos anos 1990 que começa a se estabelecer o debate mais contemporâneo do Serviço Social na Argentina. Entre 1994 e 1995, foi criada a primeira pós-graduação em Serviço Social do país, fato que permitiu a expansão do debate profissional e, ao mesmo tempo, a diminuição de produções teóricas centradas na gerência social e na especificidade profissional. Estabeleceu-se, então, um cenário para a produção de conhecimentos científicos que impulsionou progressivamente um conjunto de discussões teóricas e um espaço editorial do Serviço Social no país. Foram publicadas as primeiras teses de pós-graduação na forma de livros — muitas delas analisadas neste capítulo —, momento em que se desenvolveram distintas revistas e cadernos vinculados à profissão. Seguramente esta expansão das produções teóricas revelou um maior diálogo entre a atividade profissionais e as distintas tendências teóricas existentes nas ciências sociais e na teoria social (Gianna, 2016).

Desta forma, é preciso explicar o debate contemporâneo do Serviço Social a partir da inter-relação concreta entre as transformações societárias que se produziram desde meados da década de 1970 com a ditadura cívico-militar-eclesiástica — consolidadas nos anos 1990 e reforçadas sob novas formas e expressões nas décadas transitadas do século XXI —, e as respostas profissionais que a profissão estabeleceu nesse cenário, a partir do acúmulo de suas forças (Netto, 1992).

A referência plural às respostas profissionais não é casual, na medida em que não existe uma resposta única por parte do Serviço Social, uma vez que elas se objetivam a partir de uma variedade de proposições. As distintas tendências teóricas se colocam "em jogo" e cristalizam formas de entender o Serviço Social: sua função social, o sentido da intervenção profissional, a forma de conceituar os sujeitos/indivíduos/pessoas com as quais se trabalha, o espaço funcional-laboral que se ocupa na divisão social e técnica do trabalho, a realidade, a "questão social" ou "o social" e como a profissão é pensada e conceituada.

Com outras palavras, e como já foi referenciado na Introdução, o debate contemporâneo no Serviço Social expressa, por um lado, uma disputa teórica, no plano do conhecimento, acerca do lugar da profissão no modo de produção capitalista, indicando os atributos e as determinações que assumem a intervenção profissional. Por outro lado, denota um posicionamento ético-político, ou seja, um conjunto de valores éticos que sustentam a profissão como ator coletivo e, singularmente, na intervenção profissional, a direção política que a profissão assume frente ao Estado e à população usuária (Gianna, 2016).

Por isso, as respostas da profissão se objetivaram no desenho e nas propostas de formação profissional, como também na direção dada às instâncias organizativas da categoria profissional, os quais permanentemente estão atravessadas por essa determinação dialética que vai das determinações macroestruturais à profissão. Ademais, envolve as respostas profissionais aos desafios, problemáticas e elementos conjunturais e estruturais que marcam cada momento histórico.

Esta breve referência ao debate contemporâneo do Serviço Social na Argentina é o marco mais geral no qual se desenvolve as produções escritas dos(as) pensadores(as) que serão objeto da reflexão apresentada a seguir. Tais referências deverão ser entendidas como diferentes modos de conceituar os desafios da profissão no cenário contemporâneo, expressando uma forma de disputar a direção dela, bem como um corpo teórico de reflexões analíticas acerca da profissão, os processos de intervenção profissional e o lugar que a profissão ocupa nesse cenário contemporâneo determinado pela reestruturação produtiva, pela financeirização da economia e pela hegemonia do ideário neoliberal. Na Argentina — e não só nela — combinam-se governos com perfiz conservadores e progressistas, aspecto que também compõe o debate e os posicionamentos a respeito dos projetos profissionais.

3. Tendências teóricas no debate contemporâneo do Serviço Social argentino

3.1 Entre a modernização e a revalorização da experiência profissional

Como indicou Silva no capítulo anterior, a "modernização conservadora" é uma tendência teórica que acompanha o próprio desenvolvimento histórico da profissão desde as suas origens até a atualidade. Ela está fortemente atravessada pelas proposições positivistas, funcionalistas e funcional-estruturalistas com forte ênfase na necessidade de promover o equilíbrio social do organismo ou dos sistemas, com a finalidade de separar os "corpos anômicos" e resolver as "disfuncionalidades sociais" aí existentes.

Estes postulados aparecem nitidamente na obra de Mónica Rosa Chadi de Yorio. A autora é assistente social e se formou na Faculdade de Serviço Social do Museu Argentino, especializando-se como Terapeuta Sistêmica de Famílias e Casais. Também recebeu formação como Mediadora Familiar interdisciplinar pela Escola de Terapeutas Familiares do Instituto da Família. Chadi oferece, em sua obra *Familias y tratamiento familiar: un desarrollo técnico-práctico* (2005), elementos técnicos e experiências sobre tratamentos familiares. Em *Redes Sociales en el trabajo social* (2007), discute sobre o trabalho em rede, tendo como principal objetivo oferecer suporte teórico-técnico à intervenção profissional.

Por meio da teoria sistêmica, explica a realidade tendo como unidade social mínima a família. Em seus escritos, o ser individual é apresentado como uma falácia: "todo ser humano é a integração de suas relações" [3] (Chadi, 2007, p. 24 — tradução nossa) e o indivíduo é um "sistema biopsicossocial que interage com uma rede de indivíduos e sistemas sociais" (Chadi, 2005, p. 40 — tradução nossa)[4]. Dessa maneira, propõe que a causa e a solução dos problemas sociais estariam, primeiramente, dentro das relações familiares. Para a autora, é no interior da família que ocorre, habitualmente, a "disfuncionalidade". As redes sociais — formadas por um "tecido de relações" que acompanha o indivíduo em toda sua vida — funcionam como uma ponte que possibilita a comunicação, a vinculação, o intercâmbio e a interconexão entre as pessoas. Classificando-se de acordo com o grau de proximidade e complexidade, as redes sociais são divididas em: primárias (membros família nuclear ou extensa, grupo de amigos, vizinhos etc.); secundárias (grupos recreativos, relações impessoais, relações comunitárias e religiosas, relações de estudo e de trabalho); e institucionais (escola, sistema de saúde e sistema judicial). Dessa forma, quanto maior a "disfuncionalidade" da rede primária, maior será a incidência das redes secundárias e institucionais dentro das

3. No original: "todo ser humano es la integración de sus relaciones".

4. No original: "sistema biopsicosocial que interactúa con una red de individuos y sistemas sociales".

relações sociais. Entretanto, o que se observa é a culpabilização da família pelos problemas sociais existentes. Princípios de orientação positivista são resgatados e os indivíduos passam a ser vistos como "desajustados", que precisam ser "reabilitados" para o bom funcionamento do "tecido social".

Para apreender essa perspectiva, Chadi defende o uso do Tratamento Familiar e do Trabalho em Rede, tendo como base o Serviço Social Clínico e o Enfoque Sistêmico que, segundo a autora, permitem uma maior compreensão da conduta humana ao fundirem identidades assistenciais e terapêuticas, criando um modelo de intervenção definido como "psico-relacional-social". O tratamento familiar se define como

> [...] a jornada de coparticipação de famílias e profissionais, em uma revinculação socioterapêutica transitória, que leva o sistema familiar ao seu autofortalecimento social para alcançar a resolução dos problemas sobre os quais se consulta (Chadi, 2005, p. 45 — tradução nossa).[5]

A intervenção em rede,

> [...] constitui, não apenas um modelo eficaz no que diz respeito à instrumentação, mas ao mecanismo com o mais alto grau de imunidade e, portanto, de proteção (uma vez que aumenta as defesas emocionais) para o sistema profissional contra o sofrimento humano (Chadi, 2007, p. 71-72 — tradução nossa).[6]

Para a autora, a partir do enfoque sistêmico, é possível desenvolver a Terapia Familiar Sistêmica definida como "[...] um conjunto de técnicas e estratégias que produzem uma modalidade de intervenção,

---

5. No original: "[...] el recorrido coparticipativo de familia y profesionales, en una revinculación socioterapéutica transitoria, que conduce al sistema familiar a su autofortalecimiento social para alcanzar la resolución de las problemáticas sobre las cuales consulta".

6. No original: "[...] constituye, no solo un modelo eficaz respecto de la instrumentación, sino el mecanismo con mayor grado de inmunidad y por ende de protección (dado que acrecienta las defensas emocionales) para el sistema profesional frente el sufrimiento humano".

a partir da leitura da realidade da abordagem sistêmica." (Chadi, 2005, p. 38 — tradução nossa)[7]. Diante disso, a ciência aparece como sendo uma variedade de conhecimentos e a teoria, sempre de perfil generalista, envolve a descrição da metodologia a ser aplicada na prática.

> [...] é necessário ter em mente que a teoria é sempre 'generalista' e à teoria nos referimos à descrição da 'metodologia' a ser aplicada a cada caso é 'particular e singular' [...] Quando falamos na prática, que reúne técnicas e ferramentas que são implementadas em cada caso. 'São procedimentos que visam entender, explicar ou transformar algo' (Chadi, 2005, p. 46 — tradução nossa).[8]

Nessa lógica, os(as) assistentes sociais são "agentes multiplicadores e de promoção da oferta que a profissão significa como modelos de consulta" (Chadi, 2005, p. 26 — tradução nossa)[9], que respeitam e promovem os laços "preexistentes". Estimulam e ampliam as redes relacionais de indivíduos e grupos, "motivando mudanças por meio da reformulação das interações produtivas, que são aprimoradas em uma ação coerente que gera organizações mais saudáveis." (Chadi, 2005, p. 26 — tradução nossa)[10]. Afinal, para Chadi, o Serviço Social não pode ser "limitado" a apenas intervir nos níveis sociais ditos mais marginalizados. A formação em Serviço Social é ampla, vinculada a normas de respeito e valorização da condição humana, podendo ser direcionada a qualquer pessoa que tenha problemas de ordem social (Chadi, 2005, p. 24).

---

7. No original: "[...] un conjunto de técnicas y estrategias que producen una modalidad de intervención, basada en la lectura de la realidad del enfoque sistémico".

8. No original: "[...] es necesario tener presente que la teoría es siempre 'generalista' y 'teoría' nos referimos a la descripción de la 'metodología' a aplicar que cada caso es 'particular y singular' [...] Cuando hablamos de en la práctica, que reúne técnicas y herramientas que se instrumentan en cada caso. 'Son procedimientos orientados a entender, explicar o transformar algo".'

9. No original: "agentes multiplicadores y de promoción de la oferta que la profesión significa como modelos de consulta".

10. No original: "motivando cambios a través de la reformulación de interacciones productivas, que se potencian en un accionar coherente generador de organizaciones más saludables."

O que acaba ocorrendo, no entanto, é a responsabilização do indivíduo que deve resolver os problemas sociais por meio de recursos próprios, sendo o Serviço Social responsável apenas por potencializar uma suposta capacidade individual/relacional. Os problemas sociais, que deveriam possuir uma dimensão coletiva, passam a ter um viés individual e psicologizante. As dimensões "teórico-metodológica" e "ético-política" do Serviço Social recebem pouca — ou quase nenhuma — atenção, ganhando destaque somente a dimensão "técnico-operativa" do fazer profissional, em uma tentativa frustrante de se alcançar determinada "estabilidade" e "equilíbrio" dentro das relações sociais.

Ainda sobre a autonomia relativa da profissão, Chadi defende um Serviço Social desligado da dependência trabalhista institucional e da sociedade civil ("independente"), com base em "consultórios", onde usuários devem pagar pelos serviços ofertados. Uma modalidade que, segundo a autora, coloca os(as) assistentes sociais "em igualdade de oportunidades, hierarquias e possibilidades de ação do que outros profissionais de saúde" (Chadi, 2005, p. 23 — tradução nossa)[11]. Por outro lado, as principais dificuldades estariam em "fixar-se em pagamentos, que muitas vezes são mais baixos do que as de psiquiatras, psicólogos e sociólogos" (Chadi, 2005 p. 23 — tradução nossa)[12]. A "identidade profissional independente" passa, aqui, a ser vista como um "pensamento progressista" que desenvolve novas soluções para novos problemas. Portanto, segundo a autora, não se impõe como "aquele que freia o impulso emancipatório, apostando nas mesmas respostas para diferentes demandas"(Chadi, 2005, p. 29 — tradução nossa)[13].

De fato, o Serviço Social de raiz sistêmica atua na rede primária (a família e as relações familiares), já que "é o âmbito por excelência

11. No original: "en igualdad de oportunidades, jerarquías y posibilidades de acción que otros profesionales de la salud".

12. No original: "establecerse en los aranceles, que con frecuencia son más bajos que los de psiquiatras, psicólogos y sociólogos".

13. No original "aquel que frena el impulso emancipador, apostando a las mismas respuestas para contingencias diferentes".

dos vínculos, pois é o primeiro elo da cadeia que forma a 'rede social total'" (Chadi, 2005, p. 36 — tradução nossa)[14]. Isto explica o porquê esta tendência prioriza a intervenção profissional com famílias, já que elas produzem as disfuncionalidades que se estendem para outras redes.

Por fim, é preciso registrar que a perspectiva da modernização conservadora de Chadi articula-se com uma orientação que visa revalorizar a experiência profissional a partir desta base. A proposta da autora envolve a *experiência profissional e a sistematização delas*, particularmente em relação às propostas de exercício de treinamento profissional com famílias e indivíduos. Isso situa a teoria no campo estrito da generalização científica que se aplica e se adapta a situações concretas da prática profissional.

3.2 A tendência pós-moderna

A tendência pós-moderna tem por natureza própria um caráter heteróclito. Dentro dela convivem posições teóricas diversas que, mesmo com divergências e confrontos, coincidem com um "diálogo da época": a crise dos metarelatos, a identificação da totalidade com totalitarismo e a necessidade de reivindicar a pluralidade de vozes e de subjetividades, como "jogos de linguagem", que devem negar a modernidade que, longe de realizar seu ideário emancipatório, propiciou instâncias de sujeição e de dominação. Como parte desta tendência teórica se encontra Alfredo Juan Manuel Carballeda, licenciado em Serviço Social pela Universidade de Buenos Aires (UBA, 1980), mestre em Serviço Social (UNLP / PUC-SP, 1999), doutor em Serviço Social pela PUC-SP (2005) e atualmente professor e pesquisador da Universidade Nacional de La Plata (UNLP). Em que pese sua vasta produção, sua tese de doutorado apresenta o substrato principal de

14. No original: "es el ámbito por excelencia de lo vincular, ya que es el primer eslabón de la cadena que forma la 'red social total'".

seus pensamentos, evidenciando a sua nítida vinculação com o campo da pós-modernidade. Neste trabalho, o autor propõe-se a apresentar o desenvolvimento do Serviço Social na Argentina, com enfoque na atuação no campo da saúde, a partir de um percurso histórico que vai desde o final do século XIX até o momento contemporâneo.

Sob forte influência da perspectiva da arqueologia e da genealogia do saber de Michel Foucault (um precursor da pós-modernidade), sem deixar de incorporar em suas reflexões autores como Gilles Deleuze, Pierre Bourdieu, Cornelius Castoriadis, Franz Fanon e Boaventura de Sousa Santos, o autor busca reconstruir a gênese do que se entende por "intervenção no social". Apresenta, então, modelos de intervenção que precedem, fundam e influenciam o Serviço Social na Argentina e que apresentam como ponto de partida o modelo médico, higienista, da biopolítica que se estrutura no país com o processo de colonização/modernidade.

> A intervenção é um procedimento que age e faz você agir, que produz expectativas e consequências. Assim, a intervenção implica uma inscrição naquele "outro" com o qual se atua, o que, por sua vez, gera uma "marca" na instituição e desencadeia uma série de dispositivos e instrumentos nela. (CARBALLEDA, 2005, p. 3 — tradução nossa)[15].

O autor inicia a tese recuperando, portanto, a construção do discurso médico higienista na Argentina e sua íntima relação com a fundação do Estado Moderno nos primeiros anos do século XX. Em seguida, o estudo se orienta para a análise da legitimidade do Serviço Social como prática profissional, com enfoque na sua relação com o campo da saúde e com os primeiros anos do que foi denominado como Estado de Bem-Estar Social.

15. No original: "La intervención es un procedimiento que actúa y hace actuar, que produce expectativas y consecuencias. Así, la intervención implica una inscripción en ese 'otro' sobre el cual se interviene, quien a su vez genera una 'marca' en la institución y desencadena una serie de dispositivos e instrumentos en ésta".

A tese se apoia no pressuposto básico de que as práticas profissionais que intervêm no social atuam como uma forma de ratificação da existência de um "outro" que é construído como sujeito de conhecimento, abordado a partir de uma relação intersubjetiva ancorada numa perspectiva de alteridade, *que pressupõe a existência de um sujeito diferente de mim*. Para o autor, esse sujeito de conhecimento, construído por essa lógica de saber, constituirá parte do que se denomina de "problema social", sobre o qual se fundam as estratégias de intervenção no social.

A análise de Carballeda pressupõe, ao que parece, compreender o Serviço Social como uma disciplina, um campo de saber que se especializa a partir da complexificação da realidade, marcada pelo processo de urbanização, cujas demandas passaram a exigir determinadas habilidades que extrapolavam as competências médicas.

Situar o surgimento da profissão nesse espaço permite ao autor, dentre outras coisas, analisar a intervenção profissional como parte da lógica de coerção e controle, tributária do modelo médico-higienista. Assim, para ele, a intervenção profissional implicava nesse contexto — e em sua perspectiva pode implicar ainda em certa medida — a construção de uma "verdade sobre o outro", contribuindo para o disciplinamento dos corpos. Para explicitar essa ideia, o autor utiliza como exemplo a forma como os trabalhadores sociais se relacionam com as pessoas atendidas por meio do registro da realidade, evidenciando explicitamente sua vinculação com a perspectiva do pós-estruturalismo representado pelo pensamento de Michel Foucault. O autor indaga: "O registro é apenas uma descrição, ou é um construtor da verdade?" (Carballeda, 2005, p.20)[16]. Nesta mesma passagem, acrescenta:

> Por sua vez, no âmbito da intervenção social, o registro envolve algumas questões que precisariam ser detalhadas. Em primeiro lugar, a pessoa que é atendida, sabe que ele será registrado, sabe que o que ele expressa

16. No original: "¿El registro es solo una descripción?, o es un constructor de verdades?".

terá alguma inscrição, mas dentro desse jogo, o que acontecer com ele será em grande parte resultado do que é registrado. A partir dessa aparição, o registro contém uma forte inscrição subjetiva atravessada pela instituição onde está sendo realizada. Por outro lado, o registro implica uma "estrutura narrativa", mas não qualquer estrutura narrativa, o que se escreva <registre> vincula-se à observação e à entrevista, e essas questões inevitavelmente se referem a diferentes estruturas explicativas abrangentes que estão intimamente entrelaçadas com o contexto (CARBALLEDA, 2005, p. 20 — tradução nossa)[17].

Outro elemento destacado pelo autor, no que tange ao processo de constituição da profissão na Argentina, refere-se à institucionalização das políticas sociais no âmbito do Estado. Embora o autor não explicite com nitidez o que impulsiona a criação das políticas sociais, é possível apanhar do texto a defesa de que esse processo foi de suma importância para a consolidação do Serviço Social no país, notadamente em um período reconhecido como Estado de Bem-Estar Social, vinculado à ideia de direitos sociais e de justiça social que estará presente na realidade da Argentina e no Serviço Social como profissão.

Mas é nos marcos dos anos 1960 que o autor situa uma importante virada no campo das ciências sociais e humanas, com forte influência no Serviço Social. Os conflitos sociais gerados na crise mundial que se alastrou pelo mundo nesse período teriam passado a exigir, segundo o autor, a busca por novos quadros conceituais capazes de explicar a realidade. De acordo com Carballeda, esse é um período

17. No original: "A su vez, dentro del marco de la Intervención del Trabajo Social, el registro implica algunas cuestiones que sería necesario detallar. En primer lugar, la persona que es atendida, sabe que será registrada, sabe que lo que exprese tendrá alguna inscripción, pero dentro de ese juego, lo que ocurra con ella será en gran parte resultado de lo que se registre. Desde esta apariencia el registro encierra una fuerte inscripción subjetiva atravesada por la institución donde se está llevando adelante. Por otra parte el registro, implica una 'estructura narrativa', pero no cualquier estructura de narración, lo que se escriba <registre> va de la mano de la observación y de la entrevista, y estas cuestiones remiten irremediablemente a diferentes marcos comprensivo explicativos que se imbrican estrechamente con el contexto".

em que a própria concepção de homem fundada na modernidade é colocada em xeque.

Nessa perspectiva, a noção de verdade passa a ser questionada, sobretudo, pelos intelectuais do chamado "terceiro mundo". Na Argentina, esse processo estaria vinculado ao fracasso da estratégia desenvolvimentista presente nos governos Perón, que impulsionou um cenário de efervescência da luta política tendo, por um lado, sucessivos golpes de Estado e, de outro, a organização de greves, movimentos sociais, organização estudantil e movimentos de luta armada, no qual o autor situa o movimento de Reconceituação do Serviço Social. Mas, apesar de reconhecer a importância dessas transformações sociais, o autor defende que esse contexto de crise dos anos 1960/1970 trouxe em seu bojo um processo que representa o anúncio do fim de uma era e que se expressa por meio de uma série de fraturas sociais. A sensação de insegurança invade todas as esferas da vida cotidiana, ao passo que aumenta a desigualdade, o desemprego e o empobrecimento na Argentina.

Carballeda está falando, evidentemente, do que entende por crise da modernidade que

> [...] trouxe o fim das metarrelatos, estes seriam substituídos por uma enorme diversidade de histórias e relatos (...), com o fim das grandes ideologias, da verdade, da ciência, de Deus, do homem, da cultura e do significado. Nessa perspectiva, espaços multiculturais estouram desde uma pluralidade de possibilidades (CARBALLEDA, 2005, p. 180 — tradução nossa)[18].

Esse contexto inaugura, segundo Carballeda, uma "nova questão social", mais complexa e com formas de desigualdade ainda mais

---

18. No original: "[...] ha traído el fin de los meta relatos, estos serían sustituidos por una enorme diversidad de historias y relatos (...), con el fin de las grandes ideologías, de la verdad, de la ciencia, de Dios, del hombre, de la cultura, y del sentido. Desde esta perspectiva, los espacios multiculturales, irrumpen desde una pluralidad de posibilidades".

evidentes[19]. Essa "nova questão social" seria típica, portanto, de um período que o autor denomina de fragmentação social.

> [...] a sensação de não pertencer a um todo social e a crise de representação daqueles que governam. A fragmentação social mostra corpos divididos, às vezes montados na forma de quebra-cabeças, por artifícios tecnológicos. A cultura da imagem mostra a "perfeição" corporal construída com fragmentos de outros corpos anônimos, invisíveis, talvez, produto de uma disputa, restos de um campo de batalha onde a palavra triunfante é desigualdade. Além disso, o corpo neste presente implica uma espécie de colagem ordenada de elementos repetidos e reiterados, enunciados por uma estética que é definida por ostentar a falta de sentido, onde surgem corpos; todos muito semelhantes, que se repetem na imagem espelhada na academia ou do disco que toca, semelhante ao *zapping* televisivo (CARBALLEDA, 2005, p. 216 — tradução nossa)[20].

No que se refere ao Serviço Social, Carballeda argumenta que esses processos de fragilidade nas relações sociais, de empobrecimento e vulnerabilidade, começam a aparecer de forma mais heterogênea, contrapondo-se frontalmente ao conhecimento acumulado pelo Serviço Social a partir de uma forma de intervenção centrada em uma visão de populações homogêneas e na preocupação com a anomia social. Isso exige, para ele, a construção de novos parâmetros de atuação, o que

---

19. Importante destacar que a definição de "questão social" de Carballeda segue a referência de Robert Castel, que define como "uma aporia fundamental na qual uma sociedade experimenta o enigma de sua coesão e tenta evitar o risco de sua fratura..." (Carballeda, 2005, p. 35).

20. No original: "(...) la sensación de no pertenecer a un todo social y la crisis de representación de quienes gobiernan. La fragmentación social muestra cuerpos divididos, a veces armados en forma de rompecabezas, por artificios tecnológicos. La cultura de la imagen muestra la 'perfección' corporal construida con fragmentos de otros cuerpos anónimos, invisibles, tal vez, producto de una disputa, restos de un campo de batalla donde la palabra triunfante es desigualdad. También, el cuerpo en este presente implica una especie de collage ordenado de elementos repetidos y reiterados, enunciados por una estética que se define haciendo alarde de la falta de sentido, allí emergen cuerpos; todos muy parecidos, que se repiten en la imagen espejada del gimnasio o de la disco, al igual que en el zapping televisivo".

entende ser efetivo considerando a inserção dos(as) trabalhadores(as) sociais na esfera do microssocial, na singularidade do cotidiano dos sujeitos que atende.

O papel do Serviço Social, nesse contexto, seria o de diminuir, mitigar a condição de quem atende, principalmente com base na recuperação de seus laços e de seu vínculo social e histórico com os outros. Para isso, o autor aposta em três dimensões que, segundo ele, foram desenvolvidas com grande profundidade pelo Serviço Social e que podem ser instrumentos fundamentais para construir novas formas de intervenção frente à "nova questão" social do tempo presente: "a palavra, o olhar e a escuta" (Carballeda, 2005, p. 229)[21].

É preciso destacar que as publicações mais recentes do autor expressam uma espécie de "virada descolonial", ao passo que suas análises antes centradas na genealogia e arqueologia do saber, do poder, das instituições, adquirem como foco a crítica aos processos de colonização da América Latina e o combate ao eurocentrismo, situados como consequências desastrosas da era da modernidade. Isto se expressa nitidamente em torno da compreensão do autor sobre a realidade social. Em um artigo recente, Carballeda argumenta que:

> A partir da conquista da América surge a modernidade, seu sustento é o colonialismo que atua há mais de quinhentos anos na forma de construção de diferentes formas de dominação que passam pelo econômico, pelo cultural e pelo subjetivo. O colonialismo também permitiu e facilitou a universalização das relações mercantis, a geração de sociedades que justificavam os tipos de individualização que eram e são funcionais a ela. Também gerou os fatores condicionantes de diferentes formas de construção da subjetividade, tentando elaborar e estabelecer ontologias que se destinam a ser universais. Graças à subjugação colonial da América, a universalização do saque proposto pelas formas atuais do capitalismo foi constituída e continua a ser construída, onde, talvez, as maiores vitórias foram alcançadas nos tempos em que os escravos

21. No original: "la palabra, la mirada y la escucha".

> queriam se assemelhar aos mestres. (Carballeda, 2019, p. 24-25 — tradução nossa)[22].

Com uma vasta produção intelectual e ampla participação em eventos, congressos e espaços de formação do Serviço Social, este autor é, talvez, o representante mais importante da tendência pós-moderna do país. Esta tendência se manifesta no modo como o autor concebe as desigualdades que assolam o continente americano e que são objeto de intervenção do Serviço Social. Para ele, elas derivam das consequências da colonização e de sua íntima relação com o projeto da modernidade. Assim, a chamada "crise da modernidade" possui uma centralidade no pensamento do autor, entendida como um marco que representa uma profunda reconfiguração da realidade social e da construção do conhecimento pelas Ciências Sociais, demandando novas requisições ao Serviço Social. É a crise da modernidade que, para ele, instaura uma era de fragmentação social fundada sob as bases da insegurança e do desencanto, aprofundada pelos avanços do neoliberalismo, responsável pela total retração do Estado, pela restrição das políticas sociais, pela destruição dos direitos e pela exacerbação da lógica de mercado em todas as esferas da vida cotidiana.

Carballeda circunscreve a profissão como um dispositivo de saber-poder, autorizada a *"elaborar verdades sobre o outro"*, orientada para a vigilância e para o disciplinamento dos corpos. Daí a importância que tem para o autor a necessidade de reconstruir as subjetividades no marco da fragmentação, de "deixar ver" e "deixar falar" aquilo que

---

22. No original: "A partir de la conquista de América surge la modernidad, su sustento es el colonialismo que viene operando desde hace más de quinientos años en la forma de construcción de diferentes formas de dominación que pasan por lo económico, lo cultural y lo subjetivo. El colonialismo también permitió y facilitó la universalización de las relaciones mercantiles, la generación de sociedades que justificaron los tipos de individualización que fueron y le son funcionales. También generó los condicionantes de distintas formas de construcción de subjetividad intentando elaborar y establecer ontologías que se pretenden universales. Gracias al sometimiento colonial de América se constituyó y se sigue construyendo la universalización del saqueo que proponen las formas actuales del capitalismo, donde tal vez, las mayores victorias fueron conseguidas en los momentos en que los esclavos quisieron parecerse a los amos".

o outro diz, superando as "populações homogêneas" propostas pela modernidade e reinstaurando processos de intervenção profissional baseados na "palavra", no olhar", "na escuta", que geram narrativas e subjetividades dos segmentos populacionais com os quais o(a) assistente social trabalha.

3.3 A tendência do culturalismo descolonial

Tanto a tendência pós-moderna como a do pensamento decolonial, descolonial ou pós-colonial têm um elemento em comum: a constituição de um campo de discussão analítica plural e diversa de abordagens teóricas que possuem maior ou menor grau de diálogo e recuperação da tradição moderna, bem como maior ou menor proximidade com determinadas tendências pós-modernas. Como foi indicado por Silva no capítulo anterior deste livro, o ponto de partida que os nucleia é a recuperação das formas de resistência e de luta do povo latino-americano, assim como sua produção teórico-prática que revaloriza os saberes ancestrais e tensiona com o acervo não somente europerizante, mas europeu em geral. Nesse sentido, assume uma mirada localista sem compreender o colonialismo no marco das relações entre colonizadores e colonizados também estabelecidas no contexto da economia política mundial.

Como parte desta tendência, encontramos as produções de María Eugenia Hermida, que é licenciada em Serviço Social pela Universidade Nacional de Mar del Plata (UNMDP), Especialista em Docência pelo mesmo centro de formação e doutora em Serviço Social pela Universidade Nacional de Rosario (UNR). Atualmente é professora da Faculdade de Ciências de Saúde e Trabalho Social da Universidade Nacional de Mar del Plata.

A perspectiva teórica em que se inscreve o pensamento de Hermida, sobretudo em sua compreensão de realidade, está centrada na

Epistemologia Del Sur, com aproximações com a orientação descolonial[23]. Um ponto em comum entre ambas as perspectivas é que se assentam na dimensão cultural do modo de organização e a maneira de ver a realidade de povos colonizados, como povos originários e latino-americanos. Por meio dessas abordagens, a autora realiza críticas à colonialidade e à modernidade com tom de denúncia sobre as ausências e os silenciamentos de experiências e realidades que, segundo ela, possuem potencialidades emancipadoras na formação em Serviço Social. Hermida empreende duras críticas ao tecnicismo na profissão, dando o foco para o debate sobre o "currículo nulo", o "giro descolonial" e a "produção de ausências", como uma crítica ao campo marxista na compreensão da "questão social" que, segundo ela, é reduzida e influenciada por um binarismo que a compreende hegemonicamente como a relação entre capital *versus* trabalho. É necessário evidenciar que a análise da autora desconsidera outras orientações dentro desse campo, restringindo-se a uma orientação marxista positivista expressamente antidialética, cuja visão economicista e determinista do marxismo ainda se encontra presente, contudo, muito mais superada pelo campo hegemônico do marxismo, também no Serviço Social.

Segundo Hermida, embora as perspectivas críticas à colonialidade tenham pontos em comum, evidenciam-se diferenças entre si. Um exemplo é *a perspectiva pós-colonial, em que, segundo a autora, não há um abandono das categorias que a modernidade coloca*, pois elas estão imbricadas em uma sociedade pós-colonial[24]. Recuperando as palavras de Castro-Gomez, ela observa:

23. Nessa perspectiva, é realizada a crítica ao projeto de modernidade dentro das ciências sociais devido a sua relação com o colonialismo e a reprodução de ausências e invisibilização de experiências no âmbito da produção de conhecimento e o reforço da necessidade de lutar por uma "Epistemologia do Sul", conforme defendido também por Boaventura Sousa Santos.

24. Hermida aponta uma série de dissensos e polêmicas em torno da perspectiva pós-colonial, sobretudo pelo pensamento latino-americano que realiza uma crítica ao projeto de modernidade. Autores tais como Mariátegui, Zea, Kush, Düssel, Lander, entre outros, são alguns exemplos. Um dos pontos centrais das propostas dos subalternistas para as teorias pós-coloniais foi a

> Os estudos pós-coloniais, então, não buscam o resgate de uma memória cultural intocada, mas partem da premissa de que é inútil abandonar as categorias que a Modernidade impôs, pois já estão imbricadas na evolução das sociedades pós-coloniais. Não se trata, então, de "limpar" o acervo categórico, mas de recuperá-lo. A noção de performatividade, o efeito da verdade que essas categorias produzem, uma vez que o dizer/fazer que o discurso implica é sempre um dizer situado, e é essa posicionalidade que deve ser repensada. (Castro-Gomez, Mendieta, 1998, s/d apud Hermida, 2017, p. 170 — tradução nossa)[25]

Sobre a *perspectiva descolonial*, é importante ressaltar que, segundo a autora (2017), existe um debate ainda em aberto na sua relação com a perspectiva decolonial. Em sua obra, a autora opta pela categoria descolonial e descolonialidade, tomando como referência a proposta de autores como Fernández Moujan (2014) e Verdesio (2013). Indica que essas categorias apresentam um processo e "prática de resistência e construção social cultural e acadêmica, que transborda as contribuições do grupo modernidade/colonialidade/decolonialidade." (Hermida, 2017, p. 163 — tradução nossa)[26]. Nesse sentido, Hermida destaca que a descolonialidade não desconsidera as contribuições do pensamento europeu, mas as assume criticamente. Por isso,

> [...] Desde uma perspectiva descolonial, entendemos que o descolonial também se vincula a outras genealogias, não radicaliza sua crítica às

---

problematização sobre a denominada "segunda onda do colonialismo" que traz a compreensão do imperialismo britânico, francês na Ásia, Índia e África, referindo-se a uma ausência na abordagem da "primeira onda" que se refere à colonização da América

25. No original: "Los estudios poscoloniales, entonces, no buscan el rescate de una memoria cultural impoluta, sino que se mueven partiendo de la premisa de que de nada vale abandonar las categorías que la Modernidad impuso, porque ya están imbricadas en el devenir de las sociedades poscoloniales. No se trata entonces de 'limpiar' el acervo categorial, sino de recuperar. La noción de performatividad, el efecto de verdad que estas categorías producen, dado que el decir/hacer que implica el discurso es siempre un decir situado, y es esa posicionalidad la que debe ser repensada."

26. No original: "práctica de resistencia y construcción social cultural y académica, que desborda los aportes del grupo modernidad/colonialidad/decolonialidad."

contribuições da teoria social devido ao seu caráter europeu, mas assume criticamente muitos de seus elementos, se cruza com a tradição do pensamento nacional (Hermida, 2017, p. 163)[27]

Todavia, a autora também utiliza o termo decolonial e decolonialidade em suas citações e faz o uso do termo descolonial e descolonialidade quando quer se referir a um posicionamento epistêmico. Portanto, podemos notar que existe um entrecruzamento entre a perspectiva decolonial e descolonial, pois ambas as perspectivas apontam uma crítica ao pensamento moderno e a defesa da "descolonização do saber". Para ela, a colonialidade se perpetua por meio da linguagem e do pensamento eurocêntrico. Assim, "[...] quanto ao caráter crítico da abordagem descolonial, compreender que a categoria descolonial é o equivalente ao conceito de crítico para o pensamento moderno." (Hermida, 2017, p. 178 — tradução nossa)[28].

Nota-se que a categoria de colonialidade é central para a autora no que tange à relação entre as formas modernas de exploração e dominação e o impacto da colonização nas experiências de vida e da linguagem. Portanto, a partir desse pensamento central vai debater sobre a colonialidade do saber, que é entendida como a manifestação de um rol de epistemologias e a produção de conhecimento pela reprodução do pensamento do regime colonial nas ciências humanas e sociais, localizando, também, o Serviço Social na reprodução dessa colonialidade do saber.

A autora ressalta que a colonialidade impôs discursos e práticas, formas materiais e simbólicas de nos relacionarmos uns com os outros e com a "Madre Tierra". Portanto, tanto as relações sociais como os sujeitos individuais e coletivos são constituídos pela colonialidade,

27. No original: "[...] Desde una perspectiva descolonial, entendemos que lo descolonial adscribe también a otras genealogías, no radicaliza su crítica a los aportes de la teoría social por su carácter europeo, sino que asume críticamente muchos de sus elementos, se entrecruza con la tradición del pensamiento nacional".

28. No original: "[...] respecto al carácter crítico del enfoque descolonial, entendiendo que la categoría descolonial es el equivalente al concepto de crítico para el pensamiento moderno."

onde existe uma dominação do colonizador e o "outro" — o colonizado —, que é condicionado por formas hegemônicas de poder que ditam modos de ser e de saber.

Assim, o papel da teoria na formação profissional, segundo o pensamento de Hermida, seria o de promover o conhecimento de outras experiências e outras teorias que permitissem compreender a complexidade dos processos sociais de maneira mais adequada. Ou seja, a necessidade de novos conteúdos disciplinares no processo de formação do Serviço Social para que possa haver a transformação das realidades.

Outra categoria que a autora retoma de autores como Eisner (1979) e Santos (2006) é a de "currículo nulo", apontando que o Serviço Social precisa superar essa lógica em seus planos de estudo. Refere que esse pensamento norteia e decide o que é científico e o que não é, promovendo uma "produção de ausências" que correspondem a determinados saberes, dispositivos e formas de ensinar que estão excluídas da formação acadêmica em Serviço Social, tais quais como "os temas do Estado, o Poder e a Política". (Hermida, 2017, p. 158 — tradução nossa)[29]

A autora realiza ainda alguns apontamentos críticos no pensamento hegemônico das teorias do Serviço Social, debatendo a ausência de uma crítica ao eurocentrismo, ao positivismo, ao determinismo econômico do marxismo, ressaltando a necessidade de superar a dicotomia entre teoria e prática que limita o Serviço Social apenas como uma tecnologia, focando as intervenções na aplicação de uma metodologia na prática, invisibilizando ou estando ausente a teoria.

Na mesma direção, ela afirma que a modernidade reconhece um valor dominante e universal entendendo como residual aquilo que é específico. Assim, destaca a necessidade de conhecer e dialogar sobre os territórios, de reconhecer a didática das ausências no Serviço Social e a necessidade de compreender a temporalidade e

29. No original: "los temas del Estado, el Poder y la Política."

não o tempo linear. Isso significa também que o processo pedagógico deve levar em consideração que o tempo do ensino pode ser distinto do tempo de aprendizagem. Portanto, a autora defende uma necessidade de superar o caráter técnico do conhecimento, ampliando para as dimensões que se entrecruzam: a subjetivação, os sentidos, as práticas e representações que enriquecem a investigação, a fim de conhecer outras experiências emancipatórias de grupos não hegemônicos e invisibilizados.

A este respeito, e sobre a profissão, sustenta que é necessário realizar um *giro descolonial*, que consiste na análise da realidade sob a perspectiva descolonial — considerando nossas particularidades, nossos modos de viver, sentir e os saberes ancestrais — para que possamos realizar propostas de intervenção. Nesse sentido, para Hermida, a questão social é uma expressão do colonialismo. Portanto, os problemas sociais não possuem uma só explicação em termos de adaptação e não adaptação dos sujeitos, nem compreende a permanência, segundo ela, de apenas uma contradição — *capital e trabalho* — que, para ela, desconsidera experiências e outras contradições, negando, invisibilizando a particularidade.

Compreende, ainda, que o Serviço Social se vincula à defesa dos direitos humanos (enfoque de direitos que se assentam em determinada construção histórica de luta contra a ditadura na Argentina) e também está relacionado a propostas garantistas em contraposição ao Estado mínimo neoliberal. Nesse sentido, o Estado é o único garantidor de direitos humanos, desconsiderando a análise crítica a respeito do Estado capitalista como um aparato para garantir a estrutura de classe.

> Isso implica que os sujeitos da intervenção do Serviço Social têm em seus corpos, em suas práticas, em suas formas únicas de ser e fazer, a marca do Estado, de seus discursos e práticas, dos dispositivos que o constituem como tal, e de sua própria ausência [...] Dessa forma, os temas que o Trabalho Social encontra não são apenas sujeitos que têm necessidades ou problemas. São sujeitos que têm seus direitos

vulnerados. E o único que pode violar um direito humano é o Estado (Hermida, 2017, p. 162 — tradução nossa).[30]

Assim, defende a necessidade de repensar as particularidades da prática social que intervém na ordem social, sugerindo uma intervenção que considere essa particularidade para encontrar ferramentas e formas de ver e atuar sobre essa realidade. Nesse sentido, ela aponta enquanto projeto para a profissão a descolonização do ensino e a crítica da lógica empirista. Para ela, a justiça social só é possível pela "justiça cognitiva" e, nesse sentido, é preciso considerar as vivências, as subjetividades e os saberes da América Latina na produção e consumo do conhecimento.

É importante destacar que o pensamento da autora evidencia um anticapitalismo romântico, como se, ao realizar os "giros" na consciência e na produção de conhecimento, a realidade material se transformaria. Assim, Hermida desconsidera a luta de classes e a crítica ao Estado capitalista enquanto categorias importantes para a análise da realidade. Ressalta, também, um ecletismo teórico ao realizar o diálogo e sobreposição de campos opostos do pensamento. Nota-se ainda que sua crítica ao projeto de modernidade é tomada do mesmo modo que a crítica ao marxismo, ou seja, de maneira generalista. As diferentes perspectivas no campo da modernidade não são suficientemente visibilizadas, inclusive aquelas que a compõem e que realizam uma crítica à herança conservadora-opressora do projeto moderno. Nesse sentido, a autora apresenta um antimarxismo com um notório abandono da categoria da totalidade ao negar categorias marxistas centrais e priorizar a análise das subjetividades e das identidades, dimensões não subestimadas por toda tradição

30. No original: "Esto implica que los sujetos de la intervención del Trabajo Social tienen en sus cuerpos, en sus prácticas, en sus singulares formas de ser y hacer, la marca del Estado, de sus discursos y prácticas, de los dispositivos que lo constituyen como tal, y de su misma ausencia [...] De esta forma, los sujetos con los que el Trabajo Social se encuentra no solo son sujetos que tienen necesidades o problemas. Son sujetos que tienen vulnerados derechos. Y el único que puede vulnerar un derecho humano es el Estado" (Hermida, 2017, p. 162).

marxista, particularmente, por exemplo, aquela que analisa a totalidade na relação entre singular, universal e particular. É necessário realizar o caminho no "concreto-pensado" ao fazer a análise sobre a América Latina e as formas de superexploração do trabalho, que impacta a vida da classe trabalhadora (que tem raça/etnia, gênero e sexualidades), expressando-se de diferentes maneiras para grupos tais como mulheres, pessoas racializadas, povos originários, entre outros grupos[31].

Portanto, nessa perspectiva defendida pela autora, há um esvaziamento da luta de classes e um privilégio cultural-identitário, marcados por uma forte individualização que forceja o debate das identidades na direção do identitarismo[32].

3.4 Perspectiva histórico-crítica de raiz marxista

Como observa Netto (2001), a tradição marxista caracteriza-se por ser uma teoria social que se sustenta na teoria valor-trabalho e na consideração de que o trabalho é a única categoria transicional entre o ser social e a natureza orgânica, produtora de valores de uso — como trabalho concreto — que satisfazem necessidades humanas. Sustenta-se, ainda, na possibilidade objetiva e histórica da revolução, baseada na superação da "pré-história humana", ou seja, nas formas históricas de sociabilidade de classe que se baseiam na exploração e na dominação, bem como possui como método a dialética-materialista

31. Os densos estudos de Lukács (2010, 2012 e 2013) e de Gramsci (1991, 2000 e 2007 a e b), por exemplo, como parte da diversa tradição marxista, não podem ser descritos como estudos economicistas que simplificam mecanicamente a vida social à relação capital x trabalho (vista na sua imediatez, invisibilizada na sua complexidade rica em determinações), ainda que, em última instância, somente neste nível, essa relação seja determinante, embora não *mecanicamente determinante*.

32. Denominam-se, dessa forma, as chamadas "identidades ideológicas", que são construções conceituais ou tipificações, desconectadas das condições materiais de vida e das desigualdades que as geram.

que concebe a realidade como uma totalidade enquanto determinação do ser, de existência, a qual a razão, mediante sucessivas aproximações, pode reconstruir analiticamente o movimento da realidade, suas contradições e seu devenir sócio-histórico.

Boa parte desses elementos aparecerão na obra de Andrea Oliva, licenciada em Serviço Social pela Universidade Nacional de Buenos Aires (UBA), mestra e doutora em Serviço Social pela Pontifícia Universidade Católica de São Paulo, professora do curso de Serviço Social da Universidade Nacional do Centro (UNICEN), província de Buenos Aires, bem como membra do Conselho de Assistentes Sociais nesta mesma província. Entre suas obras se encontram textos como *Trabajo Social y lucha de clases* e *Los recursos en la intervención del Trabajo Social*.

A autora toma como ponto de partida a totalidade contraditória e, nesse plano, sustenta que a luta de classes é o motor da história, apresentando-a como nodal para compreender a configuração da intervenção do Estado e, nisso, o Serviço Social.

> Se serviu para algo foi para fazer um rastreio histórico sobre as origens do Trabalho Social na Argentina, foi para reafirmar que as lutas da classe trabalhadora têm sido um polo fundamental para compreender a dinâmica contraditória do Trabalho Social, bem como para demarcar a perspectiva da luta de classes como motor da história. (Oliva, 2018, p. 13 — tradução nossa).[33]

Por outro lado, retoma de Netto as categorias sincretismo e vida cotidiana como determinações analíticas necessárias para compreender o Serviço Social. Estes elementos levam a autora a considerar que o desenvolvimento das relações sociais e suas múltiplas expressões produzem uma dinâmica societária baseada na produção da desigualdade

33. No original: "Si de algo ha servido hacer un rastreo histórico de los orígenes del Trabajo Social en Argentina, es para reafirmar que las luchas de la clase trabajadora han sido y son un polo fundamental para comprender la dinámica contradictoria del Trabajo Social, así como, dejar planteada la perspectiva de la lucha de clases como el motor de la historia".

social junto à população, ao mesmo tempo em que gera resistência. Com essa chave analítica, sustenta que

> [...] as demandas coletivas que foram apresentadas no âmbito da urbanização capitalista, são uma determinação fundamental do surgimento do Serviço Social na Argentina — na década de 1920 — e devem estar ligadas às expressões particulares da chamada 'questão social'" (Oliva, 2015, p. 225 — tradução nossa).[34]

Com isso, a autora se distancia de posturas que assumem que a profissão se explica de forma endógena ou exógena (que surge devido a demandas individuais, pedidos de esmola ou respostas pontuais de caridade e benevolência). Sustenta a perspectiva de que *"historicamente, a profissão é constituída quando são apresentadas organizações que exigem a melhoria das condições de vida da classe trabalhadora."* (idem)[35]. Isto já revela seu posicionamento a respeito do Serviço Social ao compreender que são categorias que pertencem à dinâmica societária (luta de classes, Estado, exploração, entre outras) — não apenas à dimensão teórico-metodológica —, que orientam as intervenções profissionais e/ou os processos de formação.

Frente a isso, propõe a necessidade de "introduzir a dimensão política, consequentemente a formação deve ser entendida como um conjunto de conhecimentos fundamentados em uma visão específica da sociedade, que contém elementos centrais para a ação" (Oliva, 2003, p. 171) - tradução nossa[36], porque a estrutura teórica não se cristaliza

---

34. No original: "[...] las demandas colectivas que se presentaron en el marco de la urbanización capitalista, son una determinación fundamental del surgimiento del Trabajo Social en Argentina — en la década de 1920 — y deben ser vinculadas a las particulares expresiones de la llamada 'cuestión social'".

35. No original: "históricamente se constituye la profesión cuando se presentan organizaciones que reclaman el mejoramiento de las condiciones de vida de la clase trabajadora".

36. No original: "introducir la dimensión política, en consecuencia la capacitación debe ser entendida como un conjunto de conocimientos que se fundamentan en una visión de sociedad determinada, que contiene elementos centrales para la acción".

de forma direta na ação profissional. Nesse aspecto, é relevante ressaltar que a autora recupera as observações de Netto (1997) sobre a estrutura sincrética da profissão, já que nela se encontram elementos diversos e heterogêneos tanto na sua produção teórica quanto na prática que a sustenta. Ademais, nasce influenciada por concepções diversas e atividades heterogêneas.

Este sincretismo se configura em função de três fundamentos objetivos: a) o universo problemático original que foi apresentado à profissão como eixo de demandas histórico-sociais; b) o horizonte de seu exercício profissional; c) e a sua modalidade específica de intervenção. É por isso que, adiantando sua postura em torno da relação entre ciência, teoria e método, Oliva afirma que

> [...] não basta aprender métodos a serem aplicados, é necessário analisar as mediações que atuam no cotidiano de usuários específicos, no trabalho profissional e nos serviços das instituições em determinada conjuntura socioeconômica e política. É evidente que há muitas limitações do estatuto teórico, em relação à dimensão intervencionista do Trabalho Social. (Oliva, 2015, p. 237 — tradução nossa).[37]

Este é um elemento nodal para a reflexão sobre seus aportes para repensar a função da ciência, da teoria e do metodológico, uma vez que sustenta que o conhecimento se diferencia da intervenção profissional já que esta última implica em ação e

> A forma como o profissional se apropria do concreto é uma determinação na constituição de recursos profissionais para intervir, mas outras determinações e mediações entram em cena. Existe um conhecimento

37. No original: "[...] no basta con el aprendizaje de métodos para ser aplicados, es necesario analizar las mediaciones que operan en la vida cotidiana de los usuarios concretos, en el trabajo profesional y en los servicios de las instituciones en una coyuntura socio-económica y política determinada. Es evidente que existen muchas limitaciones del estatuto teórico, en relación a la dimensión interventiva del Trabajo Social."

> mais vinculado às mediações da prática. Esse conhecer para a ação é a habilidade para intervir, e esse conhecimento é a mediação onde estão inseridas determinações que não se limitam apenas à apreensão do conhecimento teórico (Oliva, 2003, p. 66 — tradução nossa).[38]

Isso está ligado ao fato de que, na intervenção profissional, o conhecimento é sempre "determinado" e "em relação" a situações específicas, o que não significa cortar ou isolar os problemas, mas compreendê-los como um todo que permita identificar as condições e alternativas de intervenção, gestão de recursos, instrumentos utilizáveis e recursos disponíveis no desenvolvimento da intervenção. Nesse sentido, para a autora, a coleção teórico-metodológica está vinculada à visão da sociedade que se possui e se coloca em função da re-significância da situação a ser abordada, das relações de forças, dos instrumentos/meios de trabalho e dos recursos disponíveis para que os elementos operacionais da intervenção sejam definidos:

> [...] a articulação desse conjunto de recursos é o que eu chamo de arsenal operacional, onde estão contidas as forças que se desdobram na intervenção, que têm um caráter contraditório que emerge da sociedade em que vivemos. (Oliva, 2003, p. 9 — tradução nossa).[39]

A questão acima referida é de extrema importância na reflexão da autora, argumentando que não existem habilidades ou ações neutras, ou seja, elas estão relacionadas à formação e ao posicionamento político. É nesse sentido que Oliva (2003, p. 71 — tradução nossa)

---

38. No original: "La forma como el profesional se apropia del concreto es una determinación en la constitución de recursos profesionales para intervenir, pero entran en escena otras determinaciones y mediaciones. Hay un conocimiento más vinculado a las mediaciones de la práctica. Ese conocer para la acción es la habilidad para intervenir, y ese conocimiento es la mediación donde se insertan determinaciones que no son sólo aprehensión de conocimientos teóricos."

39. No original: "[...] la articulación de este conjunto de recursos es lo que denomino arsenal operativo, donde están contenidas las fuerzas que se despliegan en la intervención, que tienen un carácter contradictorio que se desprende de la sociedad en que vivimos."

argumenta que "[...] o pragmatismo predominante não é neutro, mas serve explicitamente à reprodução da ordem atual, portanto é um instrumento de reprodução da sociedade dividida em classes."[40]

Esse elemento centraliza e sintetiza sua concepção de indivíduo, de sujeito, ao compreendê-los — no âmbito de seu cotidiano — de acordo com os limites e possibilidades de garantir sua reprodução social, aspecto que se refere à objetividade social. Por sua vez, essa existência de pessoas configuradas por seus membros de classe, as molda em assuntos políticos, como "trabalhadores que lograram organizar e colocar de pé uma classe [...] conseguindo que reivindicações fossem instaladas e/ou estabelecidas como direitos" (Oliva, 2018, p. 18 — tradução nossa)[41], no marco das intervenções do Estado.

Em relação ao Serviço Social, a autora entende que a profissão faz parte do conjunto de estratégias do Estado voltadas à atenção para com o social, como garantidor da reprodução da ordem do capital, das manifestações da "questão social", decorrentes das contradições fundamentais da ordem burguesa que se expressa no campo do trabalho. Trata-se de ações voltadas para todo o cotidiano das classes trabalhadoras que organizam demandas coletivas. Assim, "[...] o universo problemático, que é apresentado à profissão, é uma multiplicidade problemática engendrada pela 'questão social'" (Oliva, 2015, p. 218 — tradução nossa).[42]

Nesse contexto, configura-se a tensão entre as instituições que contratam o(a) assistente social e as demandas da população, onde as funções atribuídas à profissão são objetificadas, caracterizadas como assistência, gestão e educação, que, na divisão social e técnica do trabalho, permitem "identificar as atribuições que se foram configurando

40. No original: "[...] el pragmatismo imperante no es neutro, sino que 'sirve claramente a la reproducción del actual orden, por lo tanto es un instrumento de la reproducción de la sociedad dividida en clases".

41. No original: "[...] trabajadores/as que lograron organizarse y poner de pie a una clase [...] logrando que se instalaran como reivindicaciones y/o se establecieran como derechos."

42. No original: "[...] el universo problemático, que se le presenta a la profesión, es una multiplicidad problemática engendrada por la 'cuestión social'".

no espaço sócio-ocupacional do Serviço Social" (Oliva, 2015, p. 238 — tradução nossa)[43]. Nesse cenário, "a intervenção é a razão de ser da profissão" (Oliva, 2018, p. 5 — tradução nossa)[44] e é por isso que os recursos da intervenção profissional como meio de ação vinculados às funções supracitadas se tornarão relevantes. Sua seleção baseia-se em aspectos objetivos, impostos pela própria dinâmica da sociedade em geral e da intervenção em particular, bem como por aspectos subjetivos que se referem aos cargos dos profissionais.

Por isso, a autora considera a condição profissional a partir do Serviço Social como profissão que faz parte da divisão social e sexual do trabalho, cujos profissionais estabelecem relação salarial com as instituições que as(os) empregam. Assim, na medida em que as funções do Estado se tornam mais complexas, também o mesmo acontece em torno da assistência, da educação e da gestão de recursos, que estabelecem um campo de trabalho com suas respectivas atividades (visitas domiciliares; coleta, registro e sistematização de informações; prevenção; transmissão de padrões de conduta etc.), organizadas por "campos de intervenção" que explicam a necessidade de ter pessoal qualificado para realizá-los, que serão contratados para isso.

Em resumo, *"[...] o espaço sócio-ocupacional do Trabalho Social nasce desse corte abstrato, através da criação de instituições, que vão tratando segmentadamente a 'questão social'"* (Oliva, 2015, p. 219 — tradução nossa)[45] que, de forma contraditória, garantem o acúmulo de capital e as necessidades de reprodução da força de trabalho. O Estado assume a redistribuição de uma parte do produto social, dependendo das respostas que precisa oferecer às demandas sociais, torna mais complexa suas formas de intervir e, diante disso, solicita pessoal especializado em áreas que estão sendo definidas. É por isso que

43. No original: "identificar las atribuciones que se fueron configurando en el espacio socio-ocupacional del Trabajo Social."

44. No original: "la intervención es la razón de ser de la profesión".

45. No original: "[...] El espacio socio-ocupacional del Trabajo Social nace de ese recorte abstracto, mediante la creación de instituciones, que van tomando segmentadamente la 'cuestión social'".

Oliva afirma que não é possível desconectar "[...] a situação dos(as) trabalhadores(as) e as modalidades de intervenção do Serviço Social" (2018, p. 12 — tradução nossa)[46].

Ao recuperar o "sobre o que intervém" a profissão e como se entende isso, Oliva (2018, p. 12) sustenta que é "sobre a situação dos trabalhadores", mas a partir de sua fragmentação, na média em que são criadas, pelo Estado, "[...] áreas, organismos, leis, etc. de todo o espectro de diversas instituições e agências, sendo que as necessidades estão sempre vinculadas" (Oliva, 2018, p. 62)[47]. Ou seja, trata-se de áreas parciais que tomam alguns dos múltiplos aspectos dos problemas frente aos quais se organizam ações profissionais que afirmam a assistência (de recursos em dinheiro ou espécie), o gerenciamento de recursos e a educação (como tarefa moralizadora que coloca o eixo nas mudanças de comportamento, atitude da população). Esses diversos aspectos das necessidades não resolvidas, decorrentes da dinâmica da sociedade do capital, são concretizados no cotidiano ao qual a assistência social lida com demandas cotidianas da classe trabalhadora por meio de campos diferentes, fragmentados. Por isto, os "[...] chamados campos de atuação do Serviço Social vêm das refrações da "questão social", tomando em forma abstrata fragmentos da vida cotidiana" (Oliva, 2015, p. 236 — tradução nossa)[48] de pessoas pertencentes à classe trabalhadora, sejam empregadas ou parte do exército industrial da reserva. De fato, expressa a contradição em uma escala singular de intervenção profissional: entre a demanda da população e a da instituição patronal. Nas palavras de Oliva (2003, p. 9 — tradução nossa),

> [...] o desenvolvimento de estratégias de intervenção não é determinado apenas pelo posicionamento do Assistente Social, nem pela direção

---

46. No original: "[...] la situación obrera y las modalidades de intervención del Servicio Social".

47. No original: "[...] áreas, organismos, leyes, etc. desde todo el espectro de instituciones y organismos diversos, mientras que las necesidades aparecen siempre vinculadas".

48. No original: "[..] llamados campos de actuación del Trabajo Social devienen de las refracciones de la 'cuestión social', tomando en forma abstracta fragmentos de la vida cotidiana".

> política da instituição, nem pelos usuários, mas por uma relação complexa e dinâmica que é determinada por diversos recursos, mediada por uma articulação condensada no arsenal operacional em um dado momento histórico.[49]

Isso é de vital importância para contabilizar os processos de autonomia relativa que se constituem a partir da complexa trama que sustenta e relaciona/tensiona as condições objetivas da intervenção e o posicionamento político das(os) profissionais. A autora afirma que as funções atribuídas não se constituem apenas como elementos de controle, moralização e despolitização, mas também possibilitam o desenvolvimento de processos de emancipação e demandas.

A produção da autora compõe, em sentido amplo, uma perspectiva emancipatória (Silva, 2013), de explícita inspiração marxista, na qual se propõe buscar uma sociedade sem exploração de classe, sem apropriação privada do trabalho ou dos produtos que gera. E, concomitantemente, faz parte de um projeto profissional que, focado em uma perspectiva de classe — que parte do reconhecimento dos próprios profissionais como empregados, como trabalhadores(as) —, é orientado a superar a desigualdade causada pela sociedade capitalista.

Sua concepção sobre a realidade e a profissão se inspira na tradição marxista, baseada em uma crítica radical às expressões das desigualdades produzidas a partir da exploração de uma classe social por outra. Por sua vez, em termos dos postulados da teoria social, a autora concebe a realidade como uma totalidade e, nesse sentido, reconstrói diferentes questões — particularmente nos estudos considerados, focando na consolidação da formação histórica da profissão —, entendendo-a como parte das relações sociais mais amplas, das quais faz parte.

---

49. No original: "[...] el desarrollo de estrategias de intervención no está determinado únicamente por el posicionamiento del Trabajador Social, ni por la dirección política de la institución, ni por los usuarios, sino por una compleja y dinámica relación que está determinada por diversos recursos, mediados por una articulación que se condensa en el arsenal operativo en un momento histórico determinado".

Nesse sentido, sua grande contribuição é a de superar a análise do Serviço Social a partir de uma lógica evolutiva das formas de ajuda social. Todavia, ao mesmo tempo, coexiste certo tipo de compreensão estática e unilinear do Estado, enquanto órgão que sempre "responde" às demandas da classe trabalhadora, sem recuperar as relações contraditórias e dinâmicas entre as classes sociais. Ou seja, sua análise foca mais na dimensão política da "questão social" (Pimentel, 2016), tornando invisíveis as orientações estratégicas das intervenções estatais. A atenção às necessidades a partir de demandas coletivas questiona a mistificação contida na atenção individual delas e afeta o Serviço Social e a atuação profissional das(os) assistentes sociais. Isso permite inscrever a dimensão ético-política nos cargos assumidos pelas(os) profissionais, na orientação de suas intervenções na direção da dominação ou da emancipação, ainda que isso se objetive a partir de funções atribuídas (assistência, educação ou gestão).

Dessa forma, a perspectiva marxista é válida, pois nega a existência de uma metodologia *a priori* que determine métodos ou técnicas de intervenção preestabelecidos. Ou seja, discute e questiona fortemente a ideia de que os agentes profissionais têm uma "caixa de ferramentas" que deve ser usada em qualquer situação. Esta perspectiva afirma que o propósito estabelecido no processo de intervenção profissional é configurado, ao mesmo tempo, pela posição teórico-política do profissional, pelas relações entre forças existentes na situação em que intervém e pelas condições objetivas — incluindo os recursos disponíveis — em que a prática profissional é desenvolvida. Somente neste nível é possível estabelecer os objetivos, as estratégias e as ações que serão desenvolvidas.

3.5 O pluralismo metodológico

Ivo Tonet (2010) propõe a categoria de "pluralismo metodológico" para dar conta de algumas das proposições contemporâneas nas

Ciências Sociais. Para isso, faz uma distinção oportuna entre o debate fraterno e aberto de ideias, mesmo entre tendências teóricas divergentes, e a aceitação de um relativismo metodológico e de verdade, como se este último fosse apenas a síntese de várias proposições e a fusão de várias perspectivas teóricas. Essa tendência, quando declarada antipós-modernista, caracteriza-se por querer evitar todo o dogmatismo, ecletismo e relativismo, apelando ao tema que ele conhece para estabelecer critérios de "relatividade dos métodos", propondo colocar como foco de sua análise "o diálogo, a articulação, o entrecruzamento de diferentes paradigmas" (2007, p. 2 — tradução nossa).[50]

Essa proposta de "pluralismo metodológico" viria de uma determinada análise do cenário social atual, no século XXI, quando a homogeneidade eclodiu definitivamente e fragmentada, prevaleceu a diversidade, o mundo atual seria um "caleidoscópio de mil faces", como um mundo em mudança e oscilação permanente. Isso, com a "crise paradigmática", impossibilitaria o privilégio de um método de conhecimento sobre os outros, sendo fundamental sua combinação e articulação, pois é a melhor maneira de alcançar um conhecimento que dê conta de tamanha heterogeneidade e diversidade.

Tanto Susana Cazzaniga quanto Margarita Rozas Pagaza poderiam ser consideradas como representantes desse "pluralismo metodológico". Ambas são pensadoras consolidadas no Serviço Social argentino, com uma ampla trajetória. Cazzaniga é pós-graduada em Serviço Social e doutora em Ciências Sociais, atualmente professora do curso de mestrado em Serviço Social pela Universidade Nacional de Entre Rios (UNER). Por sua vez, Rozas Pagaza doutorou-se em Serviço Social pela Pontifícia Universidade Católica de São Paulo, foi diretora da Faculdade de Serviço Social da Universidade Nacional de La Plata (UNLP) e coordenadora do doutorado em Serviço Social na mesma universidade. Um fio condutor pode ser encontrado entre as duas docentes-pesquisadoras: a preocupação de, teoricamente, basear a

50. No original: "el diálogo, la articulación, el entrecruzamiento de diferentes paradigmas."

profissão e a disciplina do Serviço Social, a fim de, com ela, contribuir para o desenvolvimento de melhores formas de atuação profissional.

O livro de Susana Cazzaniga, *Hilos y nudos*, compila um conjunto de intervenções e obras feitas pela autora de 1993 a 2007. Esse caráter que assume sua produção teórica permite acompanhar o processo de desenvolvimento do pensamento da autora e, sobretudo, identificar os elementos de continuidade nele, sem perder a diversidade e a riqueza de suas análises.

Em relação às determinações contemporâneas da sociabilidade, ela afirma que estamos vivendo "um momento extremamente complexo", que pode ser descrito como uma "crise"; cenário caótico"; "naturalização" da exclusão e da marginalidade; de perplexidade. Em outras palavras, há uma situação atual em que "manifestações inéditas" que se recusam a ser nomeadas em chaves conceituais e que são o produto da "evidente desestruturação do mundo simbólico e material, onde bem ou mal temos conseguido inscrever nossas subjetividades e projetos comuns (...)" (Cazzaniga, 2007, p. 35 — tradução nossa).[51]

Efetivamente aponta que a ruptura de significado existente resulta da crise na sociedade salarial. A sociedade salarial teria sido caracterizada como uma forma de "inclusão através do trabalho", o que permitiu, por meio da venda da força de trabalho, "acesso às satisfações necessárias para o desenvolvimento de uma vida digna" desenvolvendo, sobretudo, "uma mobilidade social ascendente". Isso constituiu certa "homogeneidade" na sociedade, mesmo para a pobreza, pois possui "características particulares" dadas pela "exclusão do mercado de trabalho formal", mas que está incluída, de alguma forma, desde a "informalidade" (Cazzaniga, 2007, p. 115).

No entanto, a "crise da sociedade salarial" produz uma mudança de estruturação do "eixo" da sociedade: a passagem do Estado para o mercado, deixando no primeiro um mero lugar subsidiário do

---

51. No original: "[...] evidente desestructuración del mundo simbólico y material, donde bien o mal hemos podido inscribir nuestras subjetividades y proyectos comunes (...)".

segundo, a fim de "garantir serviços básicos e uma rede compensatória dos desequilíbrios" gerados pelo mercado. Mas, com essa crise, o que se produz é uma ruptura com a homogeneidade predominante na sociedade, enquanto "os processos de exclusão estavam devastando as condições de vida dos "pobres de sempre" e levaram ao empobrecimento os setores médios" (Cazzaniga, 2007, p. 118-119 — tradução nossa)[52]. Não coincidentemente, Cazzaniga se referirá ao aparecimento de "novos pobres" neste cenário.

Duas características marcam a análise da autora: a) a explicação sobre a pobreza possui "sua causa substantiva na desigualdade na distribuição da riqueza" (Cazzaniga, 2007, p. 175 — tradução nossa)[53], ou seja, assume que é a distribuição, e não a produção/reprodução de riqueza, que molda as situações de pobreza e de exclusão, tanto atuais quanto de anos passados; b) isso dá origem à "questão social", que deve ser explicada "em termos de "problemas sociais" entendidos como déficit de integração, déficit, por outro lado, identificados tanto como dificuldades da sociedade integrar, quanto dos próprios indivíduos para integrar-se" (Cazzaniga, 2007, p. 179 — tradução nossa)[54]. Em outras palavras, a "questão social" está relacionada à abordagem de Castel (1995) e Rosanvallon (1995), que categorizam em torno dela a partir do núcleo "exclusão-inclusão", que estabelece "obstáculos tanto materiais como simbólicos à produção e reprodução social da população que não consegue integrar-se ao próprio sistema, uma impossibilidade que está nas próprias condições do capitalismo" (Cazzaniga, 2007, p. 90 — tradução nossa)[55].

---

52. No original: "los procesos de exclusión fueron devastando las condiciones de vida de los 'pobres de siempre' y propiciaron el empobrecimiento de los sectores medios".

53. No original: "su causa sustantiva en la desigualdad en la distribución de la riqueza".

54. No original: "[...] en términos de 'problemas sociales' entendidos como déficit de integración, déficit por otra parte identificados tanto como dificultades de la sociedad para integrar, como de los propios individuos para integrarse".

55. No original: "[...] obstáculos tanto materiales como simbólicos para la producción y reproducción social de la población que no logra integrar el propio sistema, imposibilidad que se encuentra en las condiciones mismas del capitalismo".

E se o risco de "coesão social" na sociedade salarial parecia ligado à "possibilidade de transformar radicalmente as condições da integração social"[56] (Ibidem), que para Cazzaniga nada mais é do que o "cenário público" de "projetos políticos antagônicos, com sua crise, as manifestações da atual questão social estão ligadas a [...] o que está começando a ser chamado de "a nova questão social" [57](Ibidem). Essa heterogeneidade predominante com a "nova questão social" exigirá novos arsenais teóricos que contribuam para a compreensão do cenário contemporâneo, que ao mesmo tempo coloca a profissão no âmbito da interdisciplinaridade, diante de uma era de "perplexidade".

Por sua vez, Margarita Rozas Pagaza tem um ponto de partida semelhante ao de Susana Cazzaniga: a crise do Estado de Bem-Estar Social, a reestruturação produtiva iniciada nos anos 1970 e o processo de metamorfose do social, o que leva à constituição de uma "nova questão social" e às expressões dela, na esfera profissional, denominada "*campo problemático*". Ao debater as necessidades individuais-sociais, a questão social como "nova questão social" e suas expressões no campo problemático do trabalho social, propõe a reorganização de outro modelo de sociedade inspirado no bem-estar social.

> Esse modelo terminou nesta fase chamada pós-industrialização. A grande questão social hoje é perguntar quais são as bases que podem garantir direitos sociais e níveis de proteção na sociedade pós-industrial. Autores franceses como Castel, Rosanvallon, Fitoussi consideraram que é preciso pensar em um novo pacto social de acordo com as condições atuais de transformação que o mundo do trabalho mostra hoje como cenário. Mas, acima de tudo, as novas desigualdades geradas na sociedade atual. (Rozas Pagaza, 1998, p. 51 — tradução nossa)[58]

56. No original: "posibilidad de transformar radicalmente las condiciones de la integración social".

57. No original: "proyectos políticos antagónicos, con su crisis, las manifestaciones de la cuestión social actuales se vinculan a [...] lo que se comienza a denominar 'la nueva cuestión social'".

58. No original: "Este modelo ha llegado a su fin en esta etapa denominada postindustrialización. La gran cuestión social hoy pasa por preguntarse cuáles son las bases que pueden

Rozas Pagaza reconhece a realidade como conflituosa no sentido de que existem tensões sociais decorrentes da crise da acumulação capitalista oriunda do esgotamento dos 30 anos gloriosos, a ascensão do neoliberalismo, do Estado neoliberal, sua expressão na Argentina e nisto o essencial: a "nova questão social" pensada a partir da "transformação do trabalho, da pobreza, do desemprego, da vulnerabilidade social e da exclusão. Essas dimensões afirmam uma nova rede de relações sociais e políticas" (Rozas Pagaza, 2001 p. 195 — tradução nossa)[59]. A autora reconhece que a crise não é somente produto da política de ajuste imposta particularmente na Argentina dos anos 1990, mas deriva de "mecanismos deliberadamente projetados para transitar a crise da acumulação capitalista" (Ibidem, p. 196)[60]. É nesse sentido que a particularidade da questão social, nos termos aqui entendidos pela autora como crise, "nos permitirá demonstrar suas dimensões para retomar as modificações da intervenção, entendidas como um campo problemático" (Ibidem, p. 196)[61].

Como se pode ver, ambas as autoras tomam como ponto de partida os processos de reestruturação produtiva e as transformações que ocorreram no mundo do trabalho, especialmente com a flexibilização da compra e da manutenção da força de trabalho (como crise da sociedade salarial), mas não como uma crise estrutural do capital. Enfatizam, então, a necessidade de um novo pacto integrador para os indivíduos.

---

garantizar los derechos sociales y los niveles de protección y la sociedad postindustrial. Autores franceses como Castel, Rosanvallon, Fitoussi han considerado que es necesario pensar en un nuevo pacto social concordante con las actuales condiciones de transformación que el mundo del trabajo muestra hoy como escenario. Pero, sobre todo, las nuevas desigualdades generadas en la sociedad actual.

59. No original: "transformación del trabajo, la pobreza, el desempleo, la vulnerabilidad social y la exclusión. Estas dimensiones que afirman un nuevo entramado de relaciones sociales y políticas".

60. No original: "mecanismos deliberadamente pensados para transitar la crisis de acumulación capitalista".

61. No original: "nos permitirá el despliegue de sus dimensiones para retomar las modificaciones de la intervención, entendida como campo problemático".

Dessa forma, as transformações ocorridas com a "nova questão social" implicariam a necessidade de reconfigurar o "campo problemático" no qual a Serviço Social atua como profissão, especialmente com indivíduos, grupos e comunidades. Assim, a disciplina Serviço Social deve considerar as demandas apresentadas, que se expressam em um "campo problemático", o que não é imediatamente dado: é construído por profissionais a partir da relação que estabelecem com a realidade com a qual atuam.

Assim, o campo das necessidades requer superar a dimensão individual das necessidades, estabelecendo-se um "campo problemático" que se articula com a questão social (como uma "nova questão social"). A sociedade de bem-estar social a ser reconstruída com base em um novo pacto social, deve agir para que os indivíduos tenham suas necessidades atendidas com base em uma política social estatal. Sujeitos lutam por direitos para consolidar a sociedade civil, *"fragmentada e enfraquecida"* (Rozas Pagaza, 1998, p. 55). São indivíduos e seres sociais por estabelecerem relações sociais como cidadãos.

Nesse sentido, a abordagem mantida por Rozas Pagaza reconhece a desigualdade social gerada pela sociedade capitalista, mas não a trata como crítica radical ao capital, ou seja, como crítica baseada na economia política e na teoria do valor-trabalho. A ênfase é na gestão da crise do capitalismo a partir da política, levando em conta a possibilidade histórica e a necessidade de bem-estar social coletivo e cidadão, além do indivíduo, reavaliando os princípios comunitários e solidários. Portanto, a contradição central não está decisivamente orientada pela relação capital-trabalho, como uma relação de exploração que é objetificada em um determinado momento de acumulação capitalista (embora a autora reconheça explicitamente a influência desse fato), mas é guiada pela oposição entre o individualismo capitalista e os direitos como necessidades coletivas-cidadãs. Sobre isso, ela acrescenta:

> [...] as possibilidades de satisfazer as necessidades são condicionadas pelas lógicas de valorização do capital, nas quais o lugar dos sujeitos é

> diferenciado pela distribuição injusta de recursos e falta de oportunidades. Reduzir as necessidades a um problema individual é esconder sua verdadeira natureza, uma vez que é um produto social que responde a determinantes de natureza econômica, política, cultural e valores éticos. Sem dúvida haverá necessidades que correspondem à ordem da subjetividade e que se traduzem como desejos, mas também estão fortemente entrelaçadas com as possibilidades que os indivíduos têm para satisfazê-los. (Rozas Pagaza, 1998, p. 25 — tradução nossa).[62]

Portanto, ambas as autoras compartilham em si um núcleo categorial em torno da configuração de uma "nova questão social", o que as leva a propor que os problemas sociais são causados por um "déficit" de integração, do problema predominantemente distributivo — e não da produção — da riqueza social e das formas políticas de resolução desses problemas, especialmente exigindo um novo pacto social ou a incorporação do bem-estar ao capitalismo.

No mesmo sentido, observa-se que há uma proximidade na caracterização que ambas as autoras possuem sobre o lugar da teoria no Serviço Social. Cazzaniga afirma que um campo disciplinar, como o Serviço Social, não pode ser reduzido ao seu desempenho prático, à intervenção profissional, mas deve ser inerentemente constituído por pesquisas. Segundo a autora, "ambas as práticas são articuladas e se *retroalimentam*", enquanto uma abre novas questões e problemas (que vão da intervenção à pesquisa) e outra fornece argumentos e fundamentos profissionais (que vão da pesquisa à intervenção). Embora articulados, ambos têm uma "relação necessária" que não pode ser "homologada", pois possuem uma dinâmica e lógica inerentes

62. No original: "[...] las posibilidades de satisfacción de necesidades están condicionadas por las lógicas de valorización del capital, en la cual el lugar de los sujetos está diferenciado por la inequitativa distribución de los recursos y falta de oportunidades. Reducir las necesidades a un problema individual es ocultar su verdadera naturaleza, en tanto ella es un producto social que responde a determinantes de carácter económico, político, cultural y valores éticos. Sin duda habrá necesidades que corresponden al orden de la subjetividad y que se traducen como deseos, pero ellos también están fuertemente imbricados con las posibilidades que los individuos tienen para satisfacerlas".

e próprias. Mesmo quando a autora avança em suas reflexões sobre a formação profissional, ela respeita a necessidade de proporcionar aos(às) profissionais do Serviço Social "ferramentas teóricas" que contribuam para a consolidação de sua "legitimidade como prática particular" (Cazzaniga, 2007, p. 14).

Para além de abrir uma mirada teoricista, que coloca nos fundamentos teóricos a legitimidade em um "dizer, fazer e produzir sobre o social" (Cazzaniga, 2007, p. 14), propõe-se assumir uma terceira via na relação entre teoria e prática, enquanto estas não podem ser separadas: ao "ser teorizada" as "*práticas encontram significado*" e através da prática "*teorias têm importância social, histórica e material*" (Cazzaniga, 2007, p. 18).

O que é significativo, no entanto, é como a autora entende o papel desempenhado pela teoria na relação com a prática, na medida em que

> (...) estaríamos em posição de dizer que um objeto não é dado na realidade, além disso, ele é construído teoricamente e ao seu redor explicações são articuladas sobre uma dimensão da realidade (...) Rosana Guber diz que não há objetos soltos, mas que adquirem significado em relação a assuntos e práticas, e eu pessoalmente acrescento, em contextos histórico-sociais particulares. (Cazzaniga, 2007, p. 40-41 — tradução nossa)[63]

Ou seja, a prioridade é dada aqui ao sujeito que constrói o objeto do conhecimento e isso parece não existir independentemente da subjetividade que o coloca. Não por coincidência definirá a teoria como uma "caixa de ferramentas", em que a "produção de conhecimento ocorre no diálogo do mesmo com a empiria" (Cazzaniga, 2007, p. 28 — tradução nossa)[64].

---

63. No original: "[...] estaríamos en condiciones de decir que un objeto no está dado en la realidad, más aún, se construye teóricamente y en torno a él se articulan explicaciones acerca de una dimensión de la realidad [...] Rosana Guber dice que no existen objetos sueltos, sino que adquieren significación en relación con sujetos y prácticas, y personalmente agrego, en contextos histórico-sociales particulares".

64. No original: "producción de conocimiento se da en el diálogo de la misma con la empiria".

Próxima à abordagem de Cazzaniga, Rozas Pagaza reivindica o papel da teoria e da pesquisa no Serviço Social. Nega, no entanto, ao mesmo tempo, teorias totalizantes e proposições ecléticas, sem explicitar a diferença entre o que é caracterizado como "totalizante" e a categoria da "totalidade". Refere-se a procedimentos dialéticos sem que isso seja explicitamente ancorado em Marx e em sua tradição, incorporando diferentes autores e tradições teórica sem adensar os limites, as tensões e a fronteiras entre eles[65]. Assim, Rozas Pagaza afirma que Marx analisou o capitalismo industrial, mas hoje — na "sociedade pós-industrial" — essa análise perdeu sua consistência. Nesse contexto, aparecem outros autores de diferentes tradições que oferecem melhores condições para explicar a contemporaneidade ou a nova fase de uma sociedade pós-salarial. Para Rozas Pagaza, Marx não deve ser necessariamente descartado, embora reconheça que o cenário atual exige "níveis de pesquisa" que, diante da "crise de paradigmas", é necessário a "interconexão entre perspectivas teórico-metodológicas", para vincular "estrutura e sujeito", como "estrutura e ação". Em outras palavras, as observações iniciais sobre o "pluralismo metodológico" estão aqui registradas.

> Em termos gerais, pode-se dizer que o debate consiste em propor que não haja teorias totalizadoras que expliquem a complexidade da realidade histórico-social de nossos tempos; no entanto, não se pode cair no relativismo eclético que não contribui para a complexidade do problema social atual. O peso da crítica especialmente para o marxismo, é colocado em generalizações que nos dão um relato dos comportamentos concretos dos atores sociais. Da mesma forma, o determinismo e a ortodoxia de seus princípios são criticados, especialmente no marxismo depois de Marx. A análise desses críticos deve ser retomada pelo trabalho social devido à influência que ela tem na profissão. Para retomar os níveis de pesquisa anteriormente propostos diante das crises dos paradigmas,

65. Não se trata, aqui, de desconsiderar a importância de conhecer as teses dos(as) diferentes (iniciativa absolutamente necessária), mas de assinalar suas diferenças e limites situando-se neste debate.

compartilhamos as propostas que propõem uma interconexão entre perspectivas teórico-metodológicas que explicam a realidade social e que apontam para uma síntese entre estrutura e sujeito, estrutura e ação e integração entre processos estruturais e processos sociais. (Rozas Pagaza, 1998, p. 103 — tradução nossa)[66]

Ao mesmo tempo, a autora defende uma ciência que transcenda a descrição empírica da realidade. Define, então, certo tipo de ciência útil à profissão: um processo científico-racional que critica explicitamente a razão descritiva e reivindica certa atitude — chamada pela autora de dialética — que constrói um conhecimento e um objeto específico do Serviço Social a partir da própria realidade. Destaca, para isso, a necessidade de que o(a) profissional construa um "*campo problemático*" que guiará a intervenção profissional. Deve-se ressaltar que Rozas Pagaza não concebe esse processo sem a realidade, embora não reconheça explicitamente o verdadeiro ponto de partida do conhecimento: *a própria realidade e a lógica que a constitui*. É a partir disso que ela acredita em um tipo de racionalidade científico-profissional preocupada em examinar a vida social, o cotidiano, as necessidades sociais e subjetivas (não entendidas como simples desejos), como o bem-estar que se impõe como política social de Estado.

Cazzaniga, por sua vez, introduz alguns elementos para pensar a ligação entre teoria e Serviço Social. O primeiro deles se refere à

66. No original: "En términos generales, se puede decir que el debate consiste en plantear que no hay teorías totalizadoras que expliquen la complejidad de la realidad histórico-social de nuestros tiempos; sin embargo, no se puede caer en el relativismo ecléctico que no aporte a la complejidad de la actual problemática social. En peso de la crítica sobre todo para el marxismo, está puesto en generalizaciones que nos dan cuenta de los comportamientos concretos de los actores sociales. Del mismo modo se critica el determinismo y la ortodoxia de sus principios, especialmente en los marxismos después de Marx. El análisis de estos críticos debe ser retomado por el trabajo social debido a la influencia que tiene en la profesión. Para retomar los niveles de investigación anteriormente planteados frente a las crisis de los paradigmas, nosotros compartimos las propuestas que plantean una interconexión entre perspectivas teórico-metodológicas que explican la realidad social y que apuntan a una síntesis entre estructura y sujeto, estructura y acción y de integración entre procesos estructurales y procesos sociales".

profissão como disciplina em que se deve reconhecer a "especificidade" ou, em outras palavras, *"as chaves que estruturam nosso campo disciplinar, tanto quanto as contribuições de outras disciplinas"* (Cazzaniga, 2007, p. 27 — tradução nossa)[67]. Ou seja, a profissão é uma disciplina estruturada a partir da "relação com a intervenção profissional e a produção de conhecimento em diálogo"[68]. É nessa relação que se processam "suas especificidades" (2007, p. 43 — tradução nossa). Em um trecho posterior, a autora argumenta que o Serviço Social aspira "a construção de um corpus categorial que lhe permite manter seu próprio olhar" (2007, p. 45)[69]. Mas isso revela um segundo elemento na argumentação da autora: essa necessidade da especificidade não exclui o "diálogo com outras disciplinas sobre o social", ou seja, seguindo Habermas, assume a necessidade de uma "unidade de razão dentro da pluralidade das vozes", o que inclui multiplicidade, diferenças, de modo a "colocar em jogo" os diálogos com outros saberes e o *"significado que os atores dão às suas condições concretas de existência"* (2007, p. 100). Portanto, a especificidade não exclui a necessidade de interdisciplinaridade, como "estratégia necessária de intervenção e resistência"[70].

A autora localiza o surgimento e o desenvolvimento do Serviço Social a partir de determinadas "demandas sociais", que sofrem mutações históricas e, necessariamente, pressupõem que o corpus teórico

---

67. No original: "las claves que estructuran nuestro campo disciplinar — tanto como los aportes de otras disciplinas".

68. No original: "relación con la intervención profesional y la producción de conocimiento en diálogo".

69. No original: "la construcción de un corpus categorial que le permita sostener una mirada propia".

70. Isso deve compor o que Cazzaniga denomina de campo disciplinar que "[...] se constrói em torno de um conjunto de problemas e indagações sobre certos aspectos da realidade sobre os quais há uma pretensão de compreensão-explicação-denominação-transformação. Em seu processo histórico de configuração, são tecidos fios de continuidades e rupturas, que se expressam particularmente na forma como são compreendidos, questionados, conceituados esses problemas e perguntas, e nas alternativas que surgem para sua superação. Essa construção, como prática social, está sujeita, embora não mecanicamente reduzida, a processos sócio-históricos, reproduzindo e ressignificando as condições que vão promovendo". (Cazzaniga, 2007, p. 55-56 — tradução nossa).

e metodológico deve igualmente ressignificar-se. A autora afirma que o Serviço Social

> [...] intervém nos obstáculos (materiais e simbólicos) que os sujeitos presentes para a produção e reprodução individual e social e que se expressam nos "chamados problemas sociais", o entendimento deve ser direcionado para o porquê da existência dele, em qualquer caso é a compreensão do social em seu processo histórico e em sua configuração contemporânea. A construção do campo problemático de intervenção tenderá a colocar em tensão os componentes teóricos com os componentes empíricos na linha de construção de mediações conceituais que permitem compreender, agora a partir de cortes específicos, como o social se expressa nos obstáculos particulares e nas possíveis respostas para sua superação. (Cazzaniga, 2007, p. 44 — tradução nossa)[71]

Ou seja, o Serviço Social atua sobre os problemas sociais gerados pela sociedade capitalista, pois são obstáculos materiais e/ou simbólicos na vida de indivíduos e grupos sociais, que condicionam seu processo de reprodução individual e social. O que é significativo é que aqui aparece um elo com a abordagem de Rozas Pagaza sobre o "campo problemático", que sintetiza elementos empíricos e teóricos. Vale a pena, então, um adensamento sobre esse aspecto.

Rozas Pagaza reconhece que a atuação profissional dos assistentes sociais no "campo problemático" é, ao mesmo tempo, importante e limitada pelas condições de trabalho determinadas pela política social e pelo Estado que a organiza. O Estado é central no processo

---

71. No original: "[...] interviene en los obstáculos (materiales y simbólicos) que presentan los sujetos para la producción y reproducción individual y social y que se expresa en los "llamados problemas sociales", la comprensión deberá estar dirigida hacia el "por qué de la existencia de los mismos, en todo caso se trata de la comprensión de lo social en su proceso histórico y en su configuración contemporánea. La construcción del campo problemático de intervención tenderá a poner en tensión los componentes teóricos con los componentes empíricos en la línea de la construcción de mediaciones conceptuales que permitan comprender, ahora desde recortes específicos, cómo se expresa lo social en los obstáculos particulares y las respuestas posibles para su superación".

de gestão das políticas sociais e a profissão é uma disciplina que proporciona a abordagem do "social", que estabelece as bases para o estabelecimento de um "campo problemático" que será objeto da intervenção profissional. Portanto, a profissão está estruturalmente ligada à intervenção do Estado no processo de construção de uma nova sociedade de bem-estar social. Os(as) assistentes sociais são profissionais que estabelecem uma relação profissional consciente, orgânica e científica com a realidade. Atuam no campo das políticas sociais e da afirmação dos direitos sociais.

Por isso, é importante que o Serviço Social tenha uma metodologia de intervenção que permita abordar o objeto de intervenção, o campo problemático, a partir do "processo metodológico" que se organiza com base em três níveis que compõem uma unidade: inserção, diagnóstico e planejamento. A partir disso, Rozas Pagaza estabelece — como dito anteriormente — um processo científico-racional crítico à razão descritiva e reivindica certa atitude que constrói um conhecimento e um objeto específico do Serviço Social tendo por base a realidade. A autora estabelece três níveis de pesquisa com diferentes metodologias:

a) um primeiro nível entendido como um campo teórico que subsidia a intervenção e constrói argumentos sobre a realidade;
b) um segundo nível dedicado ao aprofundamento dos "campos problemáticos" estabelecidos pelos profissionais na relação com os objetos da intervenção;
c) um terceiro nível mais ligado a uma atitude investigativa permanente da(o) profissional.

No campo profissional, é importante questionar o "sobre o que", "para quê, "como" e "com quem" os(as) assistentes sociais vão intervir. Essas questões compõem a abordagem teórica inicial que atua no sentido de conhecer o objeto da intervenção (que constitui o "campo problemático") e o significado das práticas. A autora salienta que "[...] a metodologia de intervenção entendida como um processo, constrói e reconstrói o desenvolvimento da prática (Rozas Pagaza,

1998, p. 70 — tradução nossa)[72], não como um elo formal com os fatos que compõem a realidade. É, para ela, um conjunto de procedimentos científicos que organizam e dão sentido à intervenção profissional de forma flexível, constituindo "[...] uma reflexão dialética e crítica sobre as situações problemáticas sobre as quais se estabelece a intervenção profissional" (Ibidem)[73].

Tendo esse procedimento científico como referência para estabelecer a relação com a realidade, o Serviço Social atua com direitos e contribui para o bem-estar social.

> Isso requer da formação profissional um novo perfil caracterizado pela competência teórica, a fim de analisar as implicações dessa "nova questão social". [...] Entendemos que a intervenção profissional deve incorporar a preocupação com o campo problemático do trabalho social, direcionado à necessidade de cumprir e explicar os fatos empíricos que problematizam a vida dos sujeitos como expressão da "nova questão social" em um problema fundamental, tendo três dimensões: proteção social, solidariedade social e luta pelos direitos sociais. (Rozas Pagaza, 1998, p. 111 — tradução nossa)[74]

De sua parte, Cazzaniga vincula a profissão às respostas socialmente construídas às "manifestações da questão social", bem como considera o(a) profissional como especialista do sócio-assistencial, ao destacar saberes fundados e argumentados que o(a) autorizam a compreender,

---

72. No original: "[...] la metodología de intervención entendida como proceso, construye y reconstruye el desarrollo de la práctica".

73. No original: "[...] una reflexión dialéctica y crítica sobre las situaciones problemáticas sobre las cuales se establece la intervención profesional".

74. No original: "Esto exige a la formación profesional un nuevo perfil caracterizado por la competencia teórica para poder analizar las implicancias de esa 'nueva cuestión social'. [...] Entendemos que la intervención profesional debe incorporar la preocupación por el campo problemático en el trabajo social, direccionado a la necesidad de cumplir y explicar los hechos empíricos que problematizan la vida de los sujetos como expresión de la 'nueva cuestión social' en una problemática clave, tomando tres dimensiones: protección social solidaridad social y lucha por los derechos sociales".

decidir e atuar nos espaços públicos-sociais (Cazzaniga, 2007, p. 37). Ou seja, a profissão é constituída a partir "[...] das bordas da mesma dinâmica que se expressa no movimento de exclusão-inclusão", que gera "dispositivos de proteção social" e, portanto, atividades de "assistência e promoção" (2007, p. 111 — tradução nossa)[75]. Isso implica que a profissão tem uma marca de origem, uma "relação ambígua" entre "disciplina e controle social" e "[...] o conhecimento direto das condições de vida dos setores populares" (2007, p. 166 — tradução nossa).[76]

Para a autora, a profissão possui um "componente estrutural da dependência de dispositivos hegemônicos", sendo que é a sua análise que permitirá adquirir consciência da autonomia relativa disponível, o que permite afirmar que o Serviço Social é uma disciplina das ciências sociais na qual o "conhecimento e a ação" se cruzam. Essa é a sua especificidade, que supera a validade das divergências receptualizadas e aceita o "pretexto de transformação da ordem instituída" sem negar o trabalho das instituições.

Neste ponto, a autora denota que é necessário superar uma "concepção de engenharia" da profissão, que somente coloca a ênfase no "como fazer" e desconhece o "para que" e o "até onde". Por isso, defende um "olhar arquitetônico", capaz de estabelecer os fundamentos e as bases profissionais, as mediações conceituais capazes de darem conta das intervenções profissionais e de seus sentidos éticos e políticos. Por isso, deve-se deixar de considerar os sujeitos como "tutelados", valorizá-los como "sujeitos de direitos", enfatizando o papel da ética aqui entendida como "reconstrução ética", que supõe "recuperar convicções e responsabilidades, por indignação diante da injustiça", que se combina com uma "dimensão política" que constitui a profissão. Isso deve superar o unicamente individual na sua dimensão coletiva e servir como orientação institucional para a profissão.

---

75. No original: "[...] los bordes de la misma dinámica que se expresa en el movimiento exclusión-inclusión".

76. No original: "[...] el conocimiento directo de las condiciones de vida de los sectores populares".

Como se pode ver, ambas as autoras se colocam no desenvolvimento de um "campo problemático" que permita caracterizar o objeto de intervenção e o desenvolvimento de uma especificidade profissional, que não ignora os diálogos interdisciplinares, alguns dos elementos centrais para pensar sobre o Serviço Social no contexto de uma "nova questão social". Não há dúvidas sobre a ênfase colocada na atuação profissional com fundamentos científicos, ainda que eles assumam, nas autoras, um olhar essencial e prioritariamente epistemológico, construindo os objetos de intervenção e não reproduzindo a dinâmica realmente existente deles. Ademais, ressaltam a conjugação de tendências teóricas diversas e plurais, denotando sua proximidade ao "pluralismo metodológico".

4 Reflexões finais

Os elementos apresentados até agora explicam algumas das determinações fundamentais do debate contemporâneo no Serviço Social na Argentina. Um primeiro componente a destacar, especialmente se contrastado com as contribuições de Silva feitas no capítulo anterior, é a ausência no debate argentino contemporâneo do que ele chama de "tendências doutrinárias", ou seja, daquela orientação profissional que sustenta seus postulados em fragmentos doutrinário-religiosos.

A partir daí, e como segundo aspecto, pode-se dizer que o debate profissional do Serviço Social na Argentina manifesta certo grau de maturidade no desenvolvimento de um corpus teórico na profissão, a partir da pluralidade de posições teóricas como as previamente explicadas. Mesmo que este trabalho não aborde todas as perspectivas e orientações teóricas, como a existência de um marxismo estruturalista ou a influência de Bourdieu na profissão, a característica comum que todas elas manifestam é a seguinte: *um influxo que vai dos postulados teóricos dessas tendências teóricas ao Serviço Social, que expressa um esforço profissional para manter posições teóricas apoiadas cientificamente e em coerência com seus postulados, ao mesmo tempo em que a profissão lança um conjunto de reflexões que enriquecem as mesmas tendências teóricas que as fundamentam e ao Serviço Social.* Ademais, desenvolvem indagações sobre a profissão, sobre os processos de intervenção profissional e sobre as determinações que a atravessam macroscopicamente.

Nesse sentido, nas últimas décadas têm sido consolidadas diferentes tendências teóricas que se manifestam, em si mesmas, uma diversidade de formas de conceber a realidade social, de compreender o surgimento, o desenvolvimento e o significado social do Serviço Social, bem como os desafios, as problemáticas que a profissão enfrenta no quadro das transformações sociais atuais.

Uma característica que escapa desse trabalho, mas que é essencial para entender projetos profissionais de forma particularizada, é a presença do peronismo e do kirchnerismo na Argentina. Em termos gerais, o primeiro pode ser considerado historicamente como um movimento político, no qual convergiram diversos agrupamentos, posições que podem até ser contraditórias e antagônicas entre si. Essa natureza do peronismo é continuada e reivindicada pelo próprio kirchnerismo. Com base na justiça social, afirma a necessidade de uma distribuição equitativa da riqueza social, esquecendo que uma das classes sociais é aquela que produz riqueza social e a outra só se apropria dos produtos do trabalho dos outros. Por isso, a ideia do "pacto social" entre "trabalhadores e empregadores" é fundamental. Nesse sentido, quatro das(os) seis autoras(es) analisadas(os) expressaram algum grau de abordagem — seja organicamente ou como simpatizantes — a esse movimento político e, não coincidentemente, pensam a partir de uma ideologia distribucionista. Com outras palavras, a forma de resolver as situações problemáticas abordadas pelo Serviço Social pode ser resolvida por meio de uma forma mais "racional" e/ou "humana" de distribuir os recursos disponíveis. Ao mesmo tempo, fortalecem a instância política e estatal como a única forma de resolvê-lo. Isso mostra uma nítida tendência de aderir a projetos corporativos de natureza reformista.

Chadi, por sua vez, devido à sua postura mais tecnocrática e voltada a um tipo de Serviço Social independente, não propõe uma posição explícita em relação ao papel político do Serviço Social e sua ligação com projetos corporativos, traduzindo certas ideias relacionadas às origens da profissão, mais assépticas e neutras (embora, seguramente, não o sejam). Apenas o trabalho de Oliva situa-se dentro de um projeto profissional e corporativo ligado à emancipação humana e à superação da exploração.

Isso coloca a tendência teórica histórico-crítica do caráter marxista em um lugar de forte resistência por parte desses setores profissionais, que, simultaneamente, representam uma crítica ao marxismo como se fosse uma *"ideologia ou paradigma do século XIX"*, um *"mero fatorialismo ou economicismo"*, acertando contas com um marxismo registrado em manuais existentes nos anos 1960 ou 1970, influência teórica que Consuelo Quiroga chamou de *"invasão positivista no marxismo"*. Este conteúdo tem sido objeto de autocrítica dentro da profissão, a partir de um balanço crítico envolvendo a abordagem do marxismo na reconceptualização e a superação de certos reducionismos que se desenvolveram durante esse tempo. É em função disso que existem resistências à perspectiva de totalidade, contradição e unidade dos opostos, o que se expressa de forma diferente nos pensadores referenciados neste trabalho.

Um elemento que atravessa as diferentes tendências teóricas analisadas é o tratamento e a relevância dada ao indivíduo e à subjetividade. Em vários casos, a questão da subjetividade tende a ser pensada sem base objetiva e sem as determinações materiais que contém. Ou seja, a tendência pós-moderna assume a pluralidade de "alteridades" que ficaram de fora da modernidade, sendo que o foco é colocado na "ressemiotização" dos discursos hegemônicos ou mesmo na tendência culturalista decolonial e/ou descolonial, que defende uma reafirmação de identidades e conhecimentos que foram oprimidos pela europeização ou tendências ocidentais. Outra variante, que manifesta o pluralismo metodológico, tende a colocar a questão do indivíduo como cidadão, reduzido à sua dimensão jurídica e à necessidade de reivindicar seus direitos sociais, além dos direitos políticos e civis, ou seja, o indivíduo aparece como uma personificação jurídica e como titular dos direitos.

Por sua vez, a tendência da modernização conservadora postula a necessidade de produzir um deslocamento do sujeito para as relações sociais, mas seu substrato continua sendo o de encontrar as situações anêmicas da sociedade na rede primária, na constituição do indivíduo e seus laços familiares. Mesmo na perspectiva histórico-crítica há evidências de priorização de elementos subjetivos, embora em um sentido diferente dos outros autores. Revaloriza uma subjetividade coletiva, da classe trabalhadora, ao elevar com força a relevância da dimensão política no enfrentamento das manifestações da "questão social". Isso, por vezes, parece fazer com que ela recue sobre a contradição não dialética analisada por Pastorini (1997) de concessão-conquista, enquanto a centralidade dada ao político estabelece como secundárias as condições materiais de existência e as contribuições elaboradas por Marx em sua crítica à economia política.

Como se pode ver, essa recuperação do papel da subjetividade, do indivíduo e da individualidade humana, abordada desde vertentes diversas, não é casual, uma vez que faz parte das discussões contemporâneas da ciência, que começaram a ser estabelecidas no final dos anos 1960 e 1970, especialmente com o que ficou conhecido como "crises paradigmáticas" e a necessidade de revalorizar o papel dos indivíduos, da subjetividade e da "alteridade".

Um elemento a ser destacado é que quase todas as tendências teóricas estudadas surgem com a data de periodização referenciada no debate contemporâneo no Serviço Social, com exceção da tendência decolonial/descolonial que tem conquistado espaço na categoria profissional nos últimos anos. Há, no Serviço Social argentino, uma aproximação entre a tendência pós-moderna e a decolonial/descolonial, a ponto de, por exemplo, a autora destacada neste debate se considerar como "descolonial", embora os fundamentos do pós-estruturalismo e da pós-modernidade não desapareçam de suas fundações. No entanto, no trabalho de Hermida a tendência decolonial/descolonial (guardadas as particularidades deles) não é pós-moderna, embora contenha alguns elementos marginais dele. Sua orientação é principalmente "culturalista".

A partir de sua produção, algumas questões se destacam para o debate e evidenciam um sinuoso campo de disputa entre orientações, uma vez que a perspectiva decolonial/descolonial tem se imposto como um campo em disputa. Por um lado, parte do pensamento crítico, sobretudo latino-americano, compreende as particularidades da exploração capitalista e passa a debater categorias tais como a classe social situada histórica e concretamente, superando a dimensão da abstração e compreendendo suas estruturas de exploração de gênero, de raça e de etnia. Por outro lado, um debate que se desvincula da dimensão da classe social e do próprio sistema capitalista, aspecto que também aparece em outros(as) autores(as).

No mesmo sentido, não é coincidência que o trabalho de Hermida faça referência a alguns elementos dos atuais "feminismos" em disputa, enquanto a socialização e proliferação do feminismo foi menos socializada nos tempos em que as produções teóricas dos(as) outros(as) autores(as) foram elaboradas. É por isso que cinco dos seis autores analisados não particularizam a desigualdade de gênero em suas obras, nem de forma entrelaçada com a exploração, nem como mecanismo de opressão particular. Essa observação exige futuras investigações sobre a incidência de "feminismos" no debate profissional, bem como a discussão do tipo de incorporação que ocorre como se seu caráter fosse transversal ou uma tendência teórica com seu próprio espírito.

Nessa diversidade de tendências é fundamental reconhecer que a presença dos "feminismos" como parte dos debates na profissão novamente expressa a forma como se recupera, se configura e se constrói respostas à dinâmica da situação social. Nesse sentido, o movimento das mulheres tem permeado as lutas na América Latina e, em particular, na Argentina com o movimento #NiUnaMenos. A campanha para a legalização da interrupção voluntária da gravidez, aprovada em dezembro de 2020, tem estimulado e orientado os debates em torno do desenvolvimento de processos de intervenção com uma perspectiva de gênero. Essas reflexões representam um importante desafio no debate contemporâneo, o que indica a necessidade de assumir uma perspectiva de gênero nos processos de intervenção profissional, tendo em vista que a maioria do coletivo profissional é composto por mulheres, assim como o grupo da população usuária que transita pelos serviços sociais onde o Serviço Social desenvolve sua intervenção.

De tudo o que se desenvolveu até agora, explicita-se a diversidade de posições teóricas, a partir da pluralidade de posições teóricas como as descritas acima, mas isso não significa que esse "pluralismo teórico" seja totalmente desenvolvido (Netto,1996). Isso é dito para expressar que o processo de consolidação das tendências teóricas não tem se traduzido em um debate aberto entre eles no país. O que se tem constatado é um desenvolvimento paralelo delas, que encontra poucos espaços de confluência para expor suas próprias posições e os elementos de crítica das outras tendências teóricas. Esse elemento dialógico continua sendo um desafio pendente dentro do coletivo profissional do Serviço Social na Argentina, especialmente no sentido de superar certo preceito que coloca o debate das ideias como um ataque pessoal a suas referências. Isso leva à falta de pluralismo teórico que se traduz em uma tensão inerente ao pluralismo político: a disputa pela direcionalidade profissional, pois a hegemonia da profissão é muitas vezes traduzida em um hegemonismo, ou seja, *na impossibilidade de construção política a partir do reconhecimento de posições teóricas e políticas divergentes*, o que gera como consequência que pisos mínimos e essenciais de consenso em torno da categoria profissional não sejam alcançados

Em suma, no âmbito da riqueza da produção teórica argentina, o debate profissional contemporâneo implica o desafio de avançar no pluralismo teórico e político como parte da consolidação de uma estratégia de autonomia profissional.

Referências

ANDERSON, Perry. *Neoliberalismo:* un balance provisorio, en la trama del Neoliberalismo. Mercado, Crisis y exclusión social. Buenos Aires: Clacso, 2003.

CARBALLEDA, Alfredo Juan Manuel. Ensayo sobre la cuestión social. *Prospectiva. Revista de Trabajo Social e intervención social*, n. 27, p. 13-28, enero-junio 2019. Disponível em: http://www.scielo.org.co/pdf/prsp/n27/2389-993X-prsp-27-00013.pdf. Acesso em: 11 dez. 2020.

CARBALLEDA, Alfredo Juan Manuel. *Del orden de los cuerpos a la fragmentación de la sociedad.* 2005. 247 f. Tese (Doutorado em Serviço Social) — Pontifícia Universidade Católica de São Paulo, São Paulo, 2005. Disponível em: https://tede2.pucsp.br/bitstream/handle/17651/1/AlfredoCarballeda.pdf. Acesso em: 11 dez. 2020.

CARBALLEDA, Alfredo Juan Manuel. El pensamiento des colonial en diálogo con el trabajo social. *Revista Escenarios*, Facultad de Trabajo Social e Ciencias Sociales, ano 20. n. 31, abril 2020. Disponível em: https://revistas.unlp.edu.ar/escenarios/article/view/10036/8774. Acesso em: 14 jan. 2021.

CASTEL, Robert *Las metamorfosis de la cuestión social. Una crónica del salariado.* Buenos Aires: Paidós, 1995.

CAZZANIGA, Susana. *Hilos y nudos. La formación, la intervención y lo político en Trabajo Social.* Buenos Aires: Espacio Editorial, 2007.

CHADI, Mónica Rosa. *Familias y tratamiento familiar:* un desarrollo técnico-práctico. Buenos Aires: Espacio Editorial, 2005.

CHADI, Mónica Rosa. *Redes sociales en el trabajo social.* Buenos Aires: Espacio Editorial, 2007.

COUTINHO, Carlos Nelson. *El estructuralismo y la miseria de la razón.* México: Editorial Era, 1973

GIANNA, Sergio. El debate contemporáneo del trabajo social argentino: diferentes conceptualizaciones y miradas en torno a la intervención profesional. *Revista Perspectivas Sociales/Social Perspectives*. México, v. 18, n. 2, p. 37-54, julio-diciembre 2016.

GRAMSCI, A. *Cadernos do cárcere. Os intelectuais. O princípio educativo. Jornalismo.* Rio de Janeiro: Civilização Brasileira, 2000. v. 2

GRAMSCI, Antonio. *Cadernos do cárcere. Maquiavel. Notas sobre Estado e a Política.* Rio de Janeiro: Civilização Brasileira, 2007a. v. 3.

GRAMSCI, Antonio. *Cadernos do cárcere. Temas de cultura. Ação católica. Americanismo. Fordismo.* Rio de Janeiro: Civilização Brasileira, 2007b. v. 4.

GRAMSCI, Antonio. *Concepção dialética da história.* Rio de Janeiro: Civilização Brasileira, 1991.

HARVEY, David. *La condición de la posmodernidad.* Argentina: Amorrortu Editores, 2004.

HERMIDA, María Eugenia. El curriculum que prescribe y que proscribe. Por una didáctica de las ausencias en Trabajo Social. *Revista de Educación,* año 5, n. 7, p. 327-346, 2014.

HERMIDA, María Eugenia. Colonialismo y producción de ausencias: una crítica desde el Trabajo Social para visibilizar los presentes subalternos. *Revista Debate Público. Reflexión de Trabajo Social* — Artículos centrales, año 5, n. 10, p. 67-85, 2015.

HERMIDA, María Eugenia. La tercera interrupción en Trabajo Social: descolonizar y despatriarcalizar. *Revista Libertas*, Juiz de Fora, v. 20, n. 1, p. 94-119, jan. 2020.

HERMIDA, María Eugenia; MESCHINI, Paula (org.). *Trabajo Social y Descolonialidad:* epistemologías insurgentes para la intervención en lo social. Mar del Plata: Editorial de la Universidad Nacional de Mar del Plata, 2017.

JAMESON, Fredric. *Periodizar los 60.* Argentina: Alcion Editora.

LUKÁCS, György. *La crisis de la filosofía burguesa.* Argentina: La Pléyade, 1975.

LUKÁCS, György. *Para uma ontologia do ser social I.* São Paulo: Boitempo, 2012.

LUKÁCS, György. *Para uma ontologia do ser social II.* São Paulo: Boitempo, 2013.

LUKÁCS, György. *Prolegômenos para uma ontologia do ser social.* Tradução de Carlos Nelson Coutinho. São Paulo: Boitempo, 2010.

MASSA, Laura. De agendas y desafíos en la enseñanza del Trabajo Social. *In*: VI Jornada de la Carrera "Procesos de formación profesional en Trabajo Social: debates centrales en torno a su enseñanza-aprendizaje y desafíos en la actual coyuntura". UNLu, Argentina, 30 de noviembre de 2018.

OLIVA, Andrea. *Los recursos en la intervención profesional del Trabajo Social*. Tandil: GIyAS, 2003.

OLIVA, Andrea. *Trabajo social y lucha de clases en Argentina:* demandas colectivas, modalidades de intervención y origen de los servicios sociales. Tandil: Puka Editora, 2018.

OLIVA, Andrea. *Trabajo social y lucha de clases:* análisis histórico de las modalidades de intervención en Argentina. La Plata: Dynamis, 2015.

PASTORINI, Alejandra ¿Quién mueve los hilos de las políticas sociales? Avances y límites en la categoría "concesión-conquista". *Serviço Social & Sociedad*, São Paulo, n. 53, 1997.

ROSANVALLON, Pierre *La nueva cuestión social:* repensar el Estado providencia. Buenos Aires: Editorial Manantial, 1995.

ROZAS PAGAZA, Margarita. *Una perspectiva metodológica de la intervención en Trabajo Social*. Buenos Aires: Espacio Editorial, 1998.

ROZAS PAGAZA, Margarita. *La intervención profesional en relación con la cuestión social* — El caso del Trabajo Social. Buenos Aires: Espacio Editorial, 2001.

SILVA, José Fernando Siqueira da. *Serviço Social:* resistência e emancipação? São Paulo: Cortez, 2013.

TONET, Ivo. La crisis de las ciencias sociales. *In*: Cañizares, Brian; GIANNA, Sergio; MALLARDI, Manuel (org.). *Trabajo, ontología y praxis:* aportes necesarios en la batalla de ideas contemporáneas. La Plata: Dynamis, 2015.

TONET, Ivo Pluralismo metodológico: un falso camino. *Revista Plaza Pública*, Tandil, año 3, n. 3, p. 1-27, 2010. Disponível em: https://revistaplazapublica.files.wordpress.com/2014/06/tonet-i.pdf. Acesso em: 20 jan. 2022.

Serviço Social no Chile: marcos sócio-históricos, contemporaneidade e as principais influências teóricas em curso

Mariléia Goin
Paula Vidal
Nathaly Díaz
Alfredo Vielma

1. Notas para contextualizar a temática

No contexto de efervescência dos movimentos chilenos, sintonizar a profissão é tarefa improtelável, na medida em que produto e produtor da história, o Serviço Social chileno possui características muito particulares em relação aos outros países, porque não só carrega "[...] o título pioneiro do Serviço Social e/ou Trabalho Social na América Latina e no Caribe e [o protagonismo] no Movimento de Reconceituação" (Goin, 2019a, p.122), mas traça caminhos distintos dos demais países desta região.

Situado na região ocidental da América Latina, com o mais alto PIB da América Latina, o Chile destaca-se na região latino-americana em face do pioneirismo neoliberal, que deu curso a "ferro e fogo" à liberalização econômica sem precedentes, com a entrada de capitais e financiamentos internacionais que, por vias distintas, não só sufocou um dos regimes democráticos mais duradouros da América Latina, como estabeleceu as bases de um dos golpes militares mais extensivos, sob os auspícios estadunidenses.

Ademais de sufocar o projeto allendista e sucumbir os pressupostos societários que a sociedade experimentava, o golpe de Pinochet institui a tradição livre-cambista mais adensada do período republicano. Referendado na Escola de Chicago, o projeto neoliberal não só altera a geografia política mundial, como impacta de modo expressivo e contundente os países dependentes e periféricos, pelos quais o Chile, seu berço, não fica ileso. A dramática ruptura histórica com a *via chilena ao neoliberalismo*, que foi introduzida militarmente em 1973, referendada constitucionalmente em 1980, economicamente em 1984 e politicamente em 1990 (Salazar, 2014), impactou a política, a economia, a relação Estado e sociedade e, obviamente, não deixou intacto o Serviço Social.

É nesta ótica introdutória que busca-se analisar os caminhos traçados pela profissão no Chile, de modo especial considerando seus principais marcos sócio-históricos, as particularidades expressas no cenário contemporâneo e as principais influências teóricas em curso — estas que têm sido pouco abordadas pelo Serviço Social chileno — a partir das abordagens de Tereza Matus e Rodrigo Cortés, autores expoentes que apresentam produções teóricas anuentes a influências teóricas ecléticas em âmbito profissional. Trata-se, pois, de um primeiro esforço de análise.

2 Marcos sócio-históricos, reconceituação e reinstituição democrática

O crescimento exacerbado da pobreza, das precárias condições laborais e das enfermidades oriundas desse processo, do êxodo rural e do desenfreado crescimento urbano, bem como das insuficientes e até inexistentes condições habitacionais, emersas da crescente industrialização (ainda débil, considerando a base produtiva e a dependência ao mercado externo), adensou a luta de classes uma vez que os movimentos operários e populares conquistam proeminência na sociedade chilena. Foram influenciados por ideais socialistas e anarcossindicalistas, na busca da institucionalização de suas demandas e da derrocada do sistema (pseudo)parlamentar[1] do país, na defesa da democratização chilena.

É em meio a exacerbação das refrações da "questão social", a organização da classe trabalhadora, a combatividade operária e ao seu progressivo tensionamento com as classes dominantes, que o Estado se compromete com a regulação de alguns direitos trabalhistas e da proteção social, os quais, com a promulgação da Constituição de 1925, vai materializando um tipo de sociedade e intervenções estatais que se estende até o golpe cívico-militar de 1973. Sob as bases desse cenário e sob influência da saúde pública é que se geram os alicerces germinativos da profissão no país andino.

Nessa via, a gênese profissional tem suas marcas nas respostas estatais às aspirações populares, na medida em que "[...] gerou uma legislação que obrigava, a partir — mas não exclusivamente — do Estado, à busca de respostas aos angustiantes problemas de previdência social, habitação, condições de trabalho, saúde pública, salariais, etc., todos objetos de reivindicações da classe operária" (Castro, 2008, p. 70). Assim, a constituição da primeira escola chilena — e por sua via, da América Latina e do Caribe — tem suas balizas germinativas institucionalizadas no âmbito do Ministério de Higiene, Assistência e Previdência, o qual era responsável pelas demandas relativas ao trabalho e à saúde operária.

1. Concorda-se com o uso do termo pseudoparlamentar, utilizado por Delgado (1980), porque embora a Constituição de 1891 torne o regime político parlamentar, mantém o caráter presidencial da Constituição de 1833, uma vez que mantém o Presidente como chefe de Estado.

A demanda pela constituição da primeira escola laica de formação das então denominadas Visitadoras Sociais[2] e, consecutivamente, da institucionalização da profissão, deu-se a partir da demanda estatal no atendimento à educação familiar e sanitária, complementares ao trabalho médico-social, ao passo que a higiene pessoal e as condições habitacionais eram entendidas como condicionantes elementares à salubridade pública — cujo viés sanitarista ganhava destaque (Illanes, 2007; Castro, 2008).

"Nesse prisma, a emergência da profissão deve ser entendida a partir do desenvolvimento das relações de produção capitalistas e, não obstante a isso, as demandas sociais e a implementação das incipientes políticas sociais pelo Estado" (Goin, 2019a, p.78), o que inaugura a institucionalização do então Serviço Social no patamar das profissões e da divisão social e técnica do trabalho.

Todavia, embora a primeira Escola denominada Alejandro Del Río fosse declaradamente laica e legitimada pelo Estado, historicamente a Igreja esteve presente no bojo das obras sociais, a qual as mantinha como instrumento de difusão do pensamento social da Igreja e das Doutrinas Sociais. A escola profana não só refutava a presença católica como assumia o caráter profissional e assalariado das visitadoras, desvinculado da "moça boazinha" e da caridade cristã.

Ao assistir à expansão do mercado de um lado, e à ampliação das legislações sociais e trabalhistas oriundas das tensões proletárias de outro, o pensamento conservador observa o eminente enfraquecimento de sua influência, poder e privilégio mantidos no feudalismo na Europa. No bojo da acirrada luta de classes, constitui estratégias de recuperação ideológica, via constituição de centros de estudos, universidades e movimentos de jovens, com vistas à restauração dos costumes cristãos, à reforma moral e social e, consecutivamente, à reconquista de suas prerrogativas e poderes historicamente legitimados.

2. Em 1940, o título se altera para assistente social e, por volta dos anos 1970, no auge do movimento reconceitualizador, para trabalhador(a) social.

É nesse berço que a constituição da segunda escola de formação chilena — primeira católica — se consolida. Atrelada não por acaso à Universidade Católica do Chile, a Escola Elvira Matte de Cruchaga (1929) pressupõe a formação espiritual de suas alunas para o desenvolvimento da caridade cristã.

> [...] a Escola Elvira Matte de Cruchaga inscreve-se no contexto dos interesses globais da Igreja Católica, que procurava colocar-se à frente do conjunto do movimento intelectual para recuperar o seu papel de condutora moral da sociedade. Comprimida entre o pragmatismo burguês e o "ateísmo" socialista, a Igreja redobrava a sua ação nos terrenos mais diversos, renovando os seus intelectuais orgânicos e dotando-os dos instrumentos de intervenção requeridos pelo momento (Castro, 2008, p. 73).

A formação católica ganha estímulo com a instauração da sede da União Católica Internacional de Serviço Social (UCISS) no Chile, que além de nutrir o laicato católico, torna-se fulcral para a difusão da profissão (de aparato católico) pela região latino-americana cuja base de inspiração está na escola católica chilena.

O deslocamento da hegemonia formativa católica alicerça seus traços apenas no pós-Segunda Guerra Mundial, quando os Estados Unidos criam estratégias de espraiamento ideológico mundial que, no âmbito do Serviço Social na América Latina, se traduziu na concessão de bolsas de estudos para o adensamento técnico-operativo inspirado na tecnificação do Serviço Social norte-americano. Os vetores histórico-sociais que culminam na convivência entre os aparatos formativos católicos e a tecnificação norte-americana são os mesmos que esgotam a incidência em meados dos anos 1960, quando se iniciam os esforços para ruptura com as bases que ancoram o tradicionalismo profissional — o conhecido Movimento de Reconceituação.

Há o consenso, na literatura, de que o Movimento de Reconceituação, ocorrido a partir da articulação profissional latino-americana, constituiu-se num amplo e heteróclito

> [...] movimento de denúncia e contestação do Serviço Social tradicional [...] Longe de se revelar num conjunto monolítico, o processo então iniciado canalizou esforços para (re)pensar a profissão no âmbito das mudanças da sociedade latino-americana, em face de os pressupostos doutrinários e as técnicas elaboradas em outras latitudes demonstrarem inoperância diante das reais demandas do "homem concreto" (Goin, 2019a, p. 89).

Distante de se constituir em um movimento homogêneo, a Reconceituação figurou-se como um movimento ideológico, teórico, metodológico e operativo que pretendia sintonizar a profissão frente as transformações na realidade concreta latino-americana e, por isso, não se deu isolada e endogenamente, mas organicamente articulada às tendências críticas emergentes no âmbito das ciências sociais e dos movimentos estudantis[3] e sindicais, os quais, "[...] foram colocando o Serviço Social como profissão numa posição de a-contemporaneidade com o seu tempo, prestando favores, em vez de serviço, na base do consenso religioso da colaboração de classes" (Faleiros, 2011, p. 114). É na esteira desses condutos

> [...] que a problemática própria de contestação social dos anos sessenta se internaliza no Serviço Social, metamorfoseando-se em problemática profissional. É inconteste a universalidade do processo, expressando-se diversamente [...] nos diferentes países e regiões. É indiscutível que, apreciada a profissão em escala mundial, ela experimentou então uma profunda inflexão, cujo conteúdo basilar se constituiu justamente na erosão da legitimidade do Serviço Social "tradicional"[4] (Netto, 2007, p. 145).

---

3. No Chile, por exemplo, as Federações de Estudantes questionam o caráter elitista das universidades, ao passo que apenas 1,5% dos/as filhos/as de trabalhadores/as acessavam a universidade. As caracterizavam como "[...] instituições com estruturas acadêmicas anquilosadas e que operavam como fábricas de profissionais e técnicos insensíveis à realidade nacional e aos setores empobrecidos" (Ruz, 2016, p. 99, tradução nossa). No Serviço Social, os/as discentes ingressam nos partidos e movimentos sociais de esquerda, o que rebate diretamente na constituição diretiva dos Centros Estudantis, a partir de 1968.

4. José Paulo Netto (2005, p. 6) designa como "Serviço Social Tradicional" a "[...] prática empirista, reiterativa, paliativa e burocratizada, orientada por uma ética liberal-burguesa, que,

Permeado por disputas internas e pela ebulição de tendências teóricas inconciliáveis entre si, é inegável que o Movimento de Reconceituação trouxe à tona o rechaço à subalternidade profissional — de mero/a agente executivo/a, reprodutor/a de atividades repetitivas, miméticas e procedimentalistas — e a recusa à neutralidade profissional, uma vez que se reconhece que todo e qualquer processo interventivo está embebido por dimensão política, seja ela conservadora, seja ela emancipatória.

De modo particular ao Chile, os vetores expressos pela corrente progressista do Movimento[5] tiveram sua concreção na articulação orgânica com a mobilização da classe trabalhadora e de movimentos populares no governo de Salvador Allende, no âmbito da Unidade Popular. É nítida a relação dessa articulação como um dos produtos do IV Seminário Regional Latino-Americano, realizado em Concepción, em 1969, no qual as discussões permearam o que se denominou de marco conceitual do Serviço Social e reverberaram de um lado, nos fundamentos teórico-metodológicos que inspiravam a produção do conhecimento e a formação profissional, via mudanças curriculares, e de outro, nas aspirações interventivas profissionais.

Ademais, é do Seminário realizado pela Universidade de Concepción em parceria com o "Colegio de Asistentes Sociales" que se definiu o termo "Reconceituação" em nível latino-americano e, de modo particular, em demarcações geográficas chilenas, a "reorientação profissional" — denominação utilizada nas Universidades do Chile e de Concepción — e a "conceptualização" ou "reteorização" — predominantes nas Universidades Católica de Santiago e Valparaíso, que incitaram a mudança de nomenclatura de Serviço Social para Trabalho Social. Em termos de formação, é elementar lembrar que

de um ponto de vista claramente funcionalista, visava enfrentar as incidências psicossociais da 'questão social' sobre indivíduos e grupos, sempre pressuposta a ordenação capitalista da vida social como um dado factual ineliminável".

5. Há que se destacar, nessa via, as disputas teóricas imersas no Movimento de Reconceituação, dos quais derivam a matriz modernizadora (esteada no estrutural-funcionalismo) e a matriz crítica (sustentada nos marxismos e suas fontes indiretas).

até 1967 existiam apenas onze (11) escolas de Serviço Social no Chile, das quais, sete (7) correspondiam à sede da Universidade do Chile[6].

Nesse cenário, a denominada Reorientação/Conceptualização do Trabalho Social Chileno, produto da articulação latino-americana e do legado inconcluso do Movimento de Reconceituação, centrou-se na reflexão crítica da profissão a partir das mudanças estruturais que fervilhavam no país andino — e na região latino-americana — e na elaboração de perspectivas profissionais a partir do reconhecimento da luta de classes e da relação orgânica da profissão com a organização da classe trabalhadora. Suas consequências e resultados,

> [...] implicam uma ruptura epistemológica, teórica, metodológica e operativa, constituem o intento de estabelecer compromisso com as massas populares e com uma conceptualização que pactue com o referido compromisso, que cristalize o movimento com vida própria e as vivências que se dão nas outras esferas da vida social (Ruz, 2016, p.101, tradução nossa).[7]

Torna-se necessário apontar, nessa via argumentativa, que antes do triunfo da Unidade Popular, crescentes críticas e mobilizações sociais sobre o desempenho da universidade a permearam. Esse movimento de questionamento resultou no processo conhecido como Reforma Universitária, na metade da década de 1960, e se articulou à necessidade de reorientar a profissão, reduzida a dimensão assistencial, paternalista e metodologista.

---

6. A escola de Trabalho Social da Universidade do Chile tinha sede em Arica, Antofagasta, Valparaíso, La Serena, Santiago (Escola Dr. Lucio Córdova), Talca e Temuco. Somadas a essas, registra-se a Escola Elvira Matte, da Pontifícia Universidade Católica do Chile, em Santiago; a escola da Pontifícia Universidade Católica de Valparaíso; a escola da Universidade de Concepción; e a escola "Dr. Alejandro del Río" (dependente do que hoje se conhece como Ministério da Saúde), que se fundiu, em 1969, com a escola "Dr. Lucio Córdova", da Universidade do Chile (Vidal, 2016).

7. No original: "[...] implican una ruptura epistemológica, teórica, metodológica y operativa, constituyen un intento por crear un compromiso con las masas populares y una conceptualización que acorde a dicho compromiso, lo que cristaliza un movimiento con vida propia y que se nutre de las vivencias que se dan en otras esferas de la vida social".

> Os postuladores da Reforma foram apoiados por estudantes e alguns docentes, porque conceberam a existência de relação dos problemas gerais da universidade com a situação particular do Trabalho Social, em relação a orientar a profissão com o que chamavam de "compromisso real com o povo e suas lutas" [...]. A profissão assumiu como prioridade metodológica o "caso, grupo e comunidade" e, com isso, os profissionais trabalhavam com problemas em nível local, cujas análises sobre as causas estavam longe das considerações de ordem macrossocial (Vidal, 2016, p. 39, tradução nossa).[8]

Importante lembrar também que a situação chilena, desde meados de 1950, evidenciava concentração econômica e esgotamento do modelo industrial que operava pela substituição das importações, para os quais o governo de Eduardo Frei (1964-1970) tentou realizar algumas reformas[9] para evitar descontentamento. Tais reformas, entretanto, não foram suficientes para impedir as críticas e, assim, os movimentos sociais cristalizaram a aliança política em torno da Unidade Popular, com a liderança de Allende. As análises que esses movimentos tinham eram contundentes e exigiam transformações estruturais, uma vez que a economia chilena era "[...] *monopólica, dependente, oligárquica e capitalista. A dependência se observava na natureza monoexportadora [...]. A desigualdade de renda e riqueza estava estagnada. Constatou-se que os frutos do desenvolvimento econômico estavam concentrados em uma pequena elite*" (Vidal, 2016, p. 51, tradução nossa)[10].

---

8. No original: "Los postulados de la Reforma fueron apoyados por los estudiantes y algunos docentes, porque concibieron la existencia de una relación entre estos, con los problemas generales de la universidad, y con la situación particular del Servicio Social, respecto de reorientar la profesión hacia lo que llamaban 'un compromiso real con el pueblo y sus luchas' [...]. La profesión asumió como prioridad metodológica el 'caso, grupo y comunidad', y con esto, los profesionales trabajaban con problemas a nivel local, cuyos análisis sobre las causas, estaban lejos de consideraciones de orden macrosocial".

9. Reforma agrária, reforma educacional, lei dos conselhos de bairro e sindicalização sob promoção popular (Vidal, 2016).

10. No original: "[...] "monopólica, dependiente, oligárquica y capitalista. [...] La dependencia se observaba en la naturaleza monoexportadora La desigualdad del ingreso y la riqueza se encontraban estancadas. Se ratificaba que los frutos del desarrollo económico se concentraban en una pequeña elite".

A "via chilena ao socialismo", proposta pelo presidente democraticamente eleito, Salvador Allende, pressupunha, dentre outras medidas, a nacionalização do cobre, carvão, salitre, ferro e aço, expansão da área de propriedade social, intensificação da reforma agrária, nacionalização do sistema bancário, controle estatal das principais empresas atacadistas e distribuidoras e a estatização de empresas privadas; a expropriação de terra e a reforma agrária; e a ampliação do gasto público com políticas sociais (Vidal, 2016; Duriguetto; Marro *et al.*, 2019). Todavia, embora os fatores que levaram à instituição do golpe sejam insuficientemente conhecidos, Duriguetto e Marro *et al.* (2019) delineiam as determinações que aceleram a erosão das bases conservadoras da profissão entre 1970 e 1973: uma primeira fase que se estende entre a posse de Allende e outubro de 1972, marcada pela identificação com a UP e sua base social, em que o governo lança seu programa de reformas e as mobilizações da classe trabalhadora se difundem; uma segunda que se estende de outubro de 1972 e junho de 1973, em que se põe em questão os limites da política da UP e a necessidade do aprofundamento do processo político inicialmente proposto; e a terceira fase, que se dá entre junho de 1973 (com a tentativa do golpe) e setembro de 1973, período marcado pela marcha acelerada da contrarrevolução.

Os alicerces que solidificam a condição política de ruptura com os construtos teóricos e técnico-operativos que sintonizam a profissão no bojo do conservadorismo profissional são emanados das ações implementadas pelo governo da UP, ao passo que o conhecimento da realidade e dos sujeitos coletivos "[...] *é produto de uma inserção real da profissão no cotidiano de vida e organização destes sujeitos — é, na expressão empregada na época, fruto do 'trabalho de base' junto aos 'setores populares'*" (Duriguetto; Marro *et al.*, 2019, p. 317). É importante assinalar que o processo de inserção de discentes e profissionais — inspirados em bases reconceituadas — nos setores populares esteve vinculado à crescente militância nos partidos de esquerda chilena, nos quais se alimentavam de fontes teóricas e ideológicas da época (teóricos da teoria da dependência, das leituras que se davam no Partido

Comunista Chileno, no Movimento de Esquerda Revolucionária, no Partido Socialista, em Paulo Freire etc.) (Vidal, 2016).

Todavia, o golpe liderado por Augusto Pinochet, em setembro de 1973, não suspende apenas uma das democracias mais duradouras da América Latina, mas o universo organizativo da classe trabalhadora e a construção de um projeto societário assentado em bases antagônicas ao do capital, e institui uma das ditaduras mais perduráveis, com extensivos 17 anos, e a tradição livre-cambista mais adensada do período republicano.

A *via chilena ao neoliberalismo* (Goin, 2019a) — em analogia allendista à via chilena ao socialismo — impactou externa e internamente a profissão: (1) externamente, focalizou as políticas sociais na extrema pobreza, conferiu preponderância à propriedade privada e ao livre mercado, assim como retirou direitos da classe trabalhadora, permitiu a entrada e a concentração de capital estrangeiro, debilitou a organização sindical, flexibilizou o mercado laboral, dentre outros, que, definitivamente, mudaram as bases da sociedade chilena (Ruiz; Boccardo, 2014; Garretón, 2012; Vidal; Oliveira, 2021); e (2) internamente, a profissão perdeu a exclusividade do caráter universitário — conforme será explicitado —; registrou a mudança curricular dos cursos que se mantiveram abertos, com retomada da lógica assistencialista, administrativa e tecnocrática da profissão; teve afetada a liderança política exercida pelo Colégio de Assistentes Sociais[11], ao cessar a obrigatoriedade de registro profissional para o exercício da profissão; registrou a perseguição e exílio de profissionais com notável protagonismo político; e, ademais, emergiu a oferta nas primeiras universidades privadas no âmbito do Serviço Social.

> Redesenham-se os currículos, incluindo redefinições de objetivos, objeto e metodologias profissionais, com o intuito de uma formação tecnológica, cuja característica central é a desideologização da prática social, resgatando como valor a neutralidade nos processos de intervenção.

11. Que corresponde ao Conselho Federal de Serviço Social, no Brasil.

> No trabalho profissional, adota-se uma ênfase paternalista e assistencialista, priorizando a atenção individual em detrimento da atenção grupal e comunitária (Salamé Coulon; Castañeda Meneses, 2009, p. 3, tradução nossa).[12]

A contrarrevolução instituída com o golpe cívico-militar de Pinochet relegou à sociedade chilena não só a derrocada de um projeto antagônico ao do capital, mas o acirramento da luta de classes ao (1) implementar uma política de extermínio e perseguição, que tinha como consequência a violação dos direitos humanos; e (2) instituir poderio à burguesia chilena em detrimento da manutenção organizativa da classe trabalhadora no âmbito do Estado, agora autocrático. Os "Chicago Boys", formados nos Estados Unidos na década de 1960, orientaram as diretrizes econômicas e, nessa via, *el Ladrillo* foi a base que deu origem à política de neoliberalização da vida no país, cujo objetivo principal foi ampliar a acumulação capitalista por meio da progressiva precarização da vida e da mercantilização dos direitos sociais — como moradia, pensão, cobertura de saúde e educação — em bens de consumo (EMOL, 2011).

Nesse período, os/as profissionais não só mantiveram seu vínculo de trabalho com o Estado na implementação de políticas sociais de cunho neoliberal, mas também se vincularam a espaços sociocupacionais de defesa dos direitos humanos, de educação popular — por meio de vínculos com setores da Igreja Católica como o Vicariato — e/ou de organizações não governamentais.

Em termos de formação, a profissão é duramente afetada pelo Decreto com Força de Lei nº 2, de 1981, que retira sua exclusividade universitária (Vivero, 2017) e a relega um estatuto de agente técnico-assistencial, no âmbito da operacionalização de políticas sociais

---

12. No original: "Se rediseñan los curriculum, incluyendo redefiniciones de los objetivos, objeto y metodologías profesionales, planteando una formación tecnológica, cuya característica central es la desideologización de la práctica social, rescatando la neutralidad en la práctica. En el ejercicio profesional, se asigna un énfasis paternalista y asistencialista, priorizando la atención individual en desmedro de la atención grupal y comunitaria".

focalizadas, com ênfase na intervenção de casos individuais e de família, as quais estão em fina sintonia com as amarras autocráticas e com as contradições em curso. A promulgação do Decreto[13] não só abriu caminho à fragmentação das universidades estatais ao criar universidades nas diferentes regiões do país, mas também permitiu a criação de universidades privadas, que até 1989 totalizavam apenas 11 escolas (Biblioteca do Congresso Nacional, s.d.).

Logo, na década de 1990, com a promulgação da Lei Orgânica Constitucional da Educação, em março do mesmo ano, essas universidades foram massificadas ao serem criadas outras 19 — importante referir que apesar de privadas, essas instituições recebem contribuições indiretas do Estado —, conforme se verifica na Tabela 1.

Tabela 1. Fundação das universidades privadas no Chile

Ano de fundação	Nome
1982	Diego Portales
1982	Gabriela Mistral
1982	Central do Chile
1988	Mayor
1988	Finis Terrae
1988	La República
1988	Bolivariana
1989	Andrés Bello
1989	Adolfo Ibáñez
1989	ARCIS
1989	Las Américas

Continua ▶

13. Até 1981 havia apenas oito universidades no Chile, sendo duas estatais, três pertencentes à Igreja Católica e três sem fins lucrativos, de propriedade privada (Parada, 2010): Universidade do Chile (1842); Pontifícia Universidade Católica do Chile (1888); Universidade de Concepción (1919); Pontifícia Universidade Católica de Valparaíso (1928); Universidade Técnica Federico Santa Maria (1931); Universidade Técnica do Estado — FUSACH (1947); Universidade Austral do Chile (1954); Universidade Católica do Norte (1956) (Cruz-Coke, 2004).

Tabela 1. Continuação

Ano de fundação	Nome
1990	Adventista, Autónoma del Sur, Bernardo, O'Higgins, Blas Cañas, Los Andes, Viña del Mar, Del Desarrollo, Del Pacífico, SEK, Mariano Egaña, Marítima, San Sebastián (Concepción) e Santo Tomás
1991	UNIACC
1992	Vicente Perez Rosales
1993	Del Mar José S. Ossa
1994	Iberoamericana
1997	Alberto Hurtado Cervantes

Fonte: Cruz-Coke (2004).

Mesmo após a reinstituição democrática, com a chegada dos governos da "Concertación de Partidos por la Democracia" e com as marcas históricas que denunciavam violações aos direitos humanos e um modelo de desenvolvimento econômico estritamente neoliberal de coalização, a profissão ficou relegada à hegemonia conservadora — com evidente dicotomia entre teoria e prática e à implementação focalizada das políticas sociais — em fina sintonia com o desenvolvimento econômico chileno.

Nem mesmo a revogação da Lei Geral Orgânica da Educação (1990) e a aprovação da Lei Geral da Educação (2009) incidiram significativamente na formação — seja na qualidade, seja no aparato conservador — e na configuração do mercado de trabalho profissional. Ao contrário, os vícios foram mantidos (Iturrieta, 2014) e a privatização do ensino ainda mais expressiva. Sob este panorama, é importante lembrar que não existem universidades públicas e gratuitas no Chile. O acesso às universidades, pública ou privada, é feito através do mercado, onde, sob certos requisitos, o Estado concede bolsas de estudo e créditos que pagam parte das taxas impostas ao ensino superior — a maioria das vezes, não em sua totalidade[14]. Além

14. Porém, para isso, as universidades — e as instituições de ensino superior em geral — devem ser credenciadas pelo Conselho Nacional de Credenciamento (CNA), obrigatoriamente

disso, o ingresso universitário é regulado pelo Sistema de Admissão Única (SUA), que seleciona quem obteve os melhores resultados ou pontuações para ingressar em "[...] uma das 29 universidades do Conselho de Reitores das Universidades Chilenas ou a uma das 12 universidades privadas vinculado ao SUA" (Ministério da Educação, 2019, s.p. — tradução nossa)[15], o que o caracteriza como um modelo nitidamente segregador e classista.

Em relação ao Serviço Social, esta é uma das profissões mais difundidas nas ciências sociais, ao contabilizar 391 cursos de Serviço Social e técnico em Trabalho Social, em Centros de Treinamento Técnico, Institutos Profissionais e universidades, em diferentes partes dos pais, com oferta diurna, noturna e a distância (Consejo Nacional de Educación, 2020). Deste total, 39 universidades ofertam a graduação na área, entre as credenciadas no Conselho de Reitores das Universidades Chilenas (CRUCH), as Universidades vinculadas ao Sistema Único de Admissão de Universidades e as Universidades particulares credenciadas e não creditadas (que não pertencem à CRUCH), conforme se encontra sistematizado no Quadro 1, a seguir.

Quadro 1. Universidades chilenas que ofertam Serviço Social, em 2020

Universidades públicas e privadas do CRUCH	
Universidad de Chile	Pontificia Universidad Católica de Chile
Universidad de Concepción	Pontificia Universidad Católica de Valparaíso
Universidad de Valparaíso	Universidad Tecnológica Metropolitana
Universidad Austral	Universidad de Antofagasta
Universidad de Atacama	Universidad del Bío Bío

Continua ▶

submetidas a um processo de avaliação externa que atesta a qualidade dos processos internos e dos resultados alcançados — daí há a identificação entre instituições credenciadas e não credenciadas.

15. No original: "[...] una de las 29 universidades del Consejo de Rectores de Universidades Chilenas o una de las 12 universidades privadas vinculadas a la SUA" (MINISTERIO DE EDUCACIÓN, 2019, s.p.).

Quadro 1. Continuação

Universidades públicas e privadas do CRUCH	
Universidad de la Frontera	Universidad de Magallanes
Universidad Católica del Maule	Universidad Católica de la Santísima Concepción
Universidad Católica de Temuco	Universidad de Aysén
Universidad de los Lagos	Universidad Alberto Hurtado
Universidad de Tarapacá	Universidad Arturo Prat
Universidades privadas inscritas no Sistema Único de Admissão de Universidades	
Universidad Academia de Humanismo Cristiano	Universidad Católica Cardenal Raúl Silva Henríquez
Universidad San Sebastián	Universidad Andrés Bello
Universidad Central	Universidad Autónoma de Chile
Universidad Bernardo O'Higgins	
Universidades privadas credenciadas e não creditadas	
Universidad Santo Tomás	Universidad Adventista de Chile
Universidad de Aconcagua	Universidad Miguel de Cervantes
Universidad Tecnológica de Chile (INACAP)	Universidad de las Américas
Universidad Gabriela Mistral	Universidad SEK
Universidad Bolivariana	Universidad de Viña del Mar
Universidad Los Leones	Universidad Uniacc

Fonte: Elaboração própria com base nos dados obtidos na base de dados do Conselho Nacional de Educação Chileno e nas páginas eletrônicas das universidades.

O número total de discentes matriculados/as no primeiro ano de Serviço Social nestas instituições de ensino superior, segundo a base de dados do Conselho Nacional de Educação (2020), foi de 13.703[16], em 2020, dos quais 5.654 correspondem a matrículas em universidades pertencentes ao CRUCH e 8.049 em universidades privadas. Se a esses valores forem acrescidos o número de matriculados/as no primeiro

16. Nesse total, não está incluída a Universidade Gabriela Mistral, uma vez que suas informações não se encontram disponíveis na base de dados do Conselho Nacional de Educação.

ano em Institutos Profissionais (credenciados e não credenciados) que oferecem o curso (sem titulação), tem-se 24.363 discentes matriculados/as, no primeiro ano, em Serviço Social[17], em sua maioria em universidades privadas.

Diante deste cenário de mercantilização da formação, em 2020 formou-se um grupo denominado "Movimento pela Regulação do Trabalho Social" (MRTS), com o objetivo de defender os interesses coletivos da profissão "[...] *nas suas dimensões laboral, profissional e disciplinar, que atualmente vem sendo afetadas pelos processos de mercantilização*" (MRTS, 2020a, s.p. — tradução nossa)[18]. Assim, denunciou, na Controladoria-Geral da República, *"[...] as graves deficiências do Ministério da Educação no controle dos processos de concessão de títulos de Trabalhadores/as Sociais e Assistentes Sociais, por Institutos Profissionais que não estariam autorizados a fazê-lo"* (MRTS, 2020b, s.p. — tradução nossa)[19] — se a denúncia proceder, 9.238 profissionais formados/as por esses institutos profissionais de 2007 até hoje serão afetados/as. Em face disso é que desde o Movimento de Reconceituação apela-se à preferência pela formação universitária na área, a fim de garantir a validade da formação profissional.

Tendo em vista a referida tensão — e seus rebatimentos no âmbito da profissão, com impactos no trabalho profissional e no mercado de trabalho —, não se pode deixar de mencionar que a formação universitária não está ilesa. Ao contrário, nela também existem nós, principalmente ao observar os currículos do Serviço Social, uma vez que ainda prevalece a hegemonia conservadora sobre os fundamentos teóricos e metodológicos da profissão (Matus, 2019) e, portanto, sobre seus fundamentos políticos, conforme será analisado no item que segue.

---

17. Sem contar os/as discentes matriculados/as nos Centros de Formação Técnica.

18. No original: "[...] en sus dimensiones laboral, profesional y disciplinaria, que actualmente se ha visto afectada por procesos de mercantilización".

19. No original: "[...] las graves deficiencias del Ministerio de Educación en el control de los procesos de otorgamiento de títulos de Trabajadores Sociales y Asistentes Sociales, por parte de Institutos Profesionales que no estarían autorizados para hacerlo".

3. O século XXI e as particularidades profissionais chilenas: esforços para sintonizar as principais influências teóricas em âmbito profissional

Na esteira do elucidado, não restam dúvidas de que o golpe civil-militar afetou estruturalmente a sociedade chilena e, com ele, o Serviço Social, sua formação e seu mercado de trabalho[20] — ou seja, seus fundamentos[21]. Não obstante, tais mudanças denotam a interface orgânica entre profissão e o movimento da realidade, ao passo que é entendida no processo de reprodução das relações sociais, no âmbito da totalidade da vida social — que envolve tanto a reprodução material, como os modos de vida, valores e práticas políticas na trama das relações em sociedade.

Em face disso, sintonizar a profissão nesse bojo particular da reprodução social lhe atribui significado sócio-histórico e ideopolítico no âmbito da sua particularidade como trabalho coletivo, inscrito na divisão social e técnica do trabalho (Goin, 2019b) e, ao mesmo tempo, institui a proeminência de um "[...] debate teórico-metodológico que permita pensar a profissão no seu processo de constituição e desenvolvimento, as exigências frente às transformações sócio-históricas, bem como a vinculação do projeto profissional aos diferentes projetos societários em disputa" (Simionatto, 2004, p. 33).

É nessa via que o debate das principais influências teóricas da profissão no Chile é improtelável, na medida que refletem a filiação

20. Apenas como exemplo, os estudos sobre as condições de trabalho dos/as assistentes sociais no Chile mostram uma tendência à precarização do trabalho, que se traduz em baixos salários, contratos por tempo determinado, sem direitos trabalhistas (aposentadoria e saúde) e múltiplos vínculos (Vidal, 2009).

21. Goin (2019a, p. 31) entende por Fundamentos "[...] os elementos que (a) alicerçam e assentam as bases da formação e do trabalho profissional ao longo de sua trajetória sócio-histórica e (b) conferem configuração particular à profissão em face da processual e orgânica relação com a realidade, interpondo-lhes a necessária apropriação das matrizes de conhecimento do social e do movimento da sociedade para prover de direção social e política o trabalho profissional, seja por viés conservador, seja emancipatório".

a tendências teóricas que não só se constroem no contexto da acumulação capitalista, como também permitem o sintonizar no tempo presente e no âmbito das forças em curso. Silva, no segundo capítulo deste livro, destaca que

> [...] as tendências são estruturalmente políticas, contaminadas pela vida real objetivamente posta (mesmo que não afirmem formalmente isso), tecidas — com o auxílio do pensamento — no processo de produção e reprodução material do ser social sob dadas condições históricas (contaminadas pela economia política). Sendo assim, elas fazem parte dos fundamentos do Serviço Social como profissão, expressam culturas profissionais diversas, intencionalidades políticas (não obrigatoriamente partidárias), impactam a visão de homem-mundo no processo de formação profissional desejado e no trabalho profissional realizado.

É nessa via de análise — e considerando os marcos sócio-históricos evidenciados — que o Serviço Social no Chile adentra o século XXI imerso pela ausência de uma nítida projeção teleológica e, por conseguinte, de direcionamento social e político, uma vez que não dispõe de uma hegemonia teórica, mas de uma diversidade epistemológica, de vieses teóricos e metodológicos inclusive opostos. Inexoravelmente, os processos sociais atrelados à dinâmica conjuntural chilena distanciaram a profissão daquelas tendências teórico-críticas emanadas do Movimento de Reconceituação, bem como estimularam um sustentáculo teórico-metodológico eclético a partir de presença de tendências teóricas marxistas, fenomenológicas e pós-modernas.

É baseado nisso que se analisa, na sequência, a influência teórica de dois expoentes — Teresa Matus, que tem incidência nacional e internacional em termos profissionais, desde a década de 1990, mas especialmente no século XXI, e Rodrigo Cortés, cuja produção é recente (haja vista o término do doutorado em Trabalho Social, em 2020) —, dadas as implicações e o alcance de ambos no Serviço Social, no Chile.

3.1 Teresa Matus Sepúlveda

A trajetória teórica de Teresa Matus[22], assim como de sua produção, é diversa e incide na profissão de forma distinta. Na primeira fase, a autora tem como preocupação mudar a forma de conceber o Serviço Social, de nítida inspiração habermasiana, ao propor perspectivas epistemológicas à profissão. Todavia,

> [...] fez publicamente sua autocrítica, no XX Seminário Latino-Americano de Córdoba em 2012, apresentando uma virada em sua elaboração teórica, apontando os limites das contribuições habermasianas que deram suporte à sua produção conceitual sobre Trabalho Social, e cunhando seus aportes teóricos principalmente em Benjamin e Axel Honneth, que se inscrevem na tradição marxista (Vidal, 2016, p. 9, tradução nossa).[23]

Com isso, inicia-se seu segundo momento com a publicação, em formato de livro, de sua tese de doutorado em Serviço Social, defendida em 2014, que reflete sobre "o crítico" na profissão, ao abordar a pluralidade de concepções da crítica, segundo a perspectiva epistemológica que a sustenta.

Sua análise resgata as ideias de Walter Benjamin, que lhe dão as bases para constituir sua interpretação da crítica frente às configurações

---

22. Teresa Matus é doutora em Serviço Social pela Universidade Federal do Rio de Janeiro (UFRJ) e doutora em Sociologia pelo Instituto Universitário de Pesquisas do Rio de Janeiro (IUPERJ). Atualmente trabalha como pesquisadora e docente na Universidade do Chile. Dentre seus últimos trabalhos estão: *Ponto de Fuga: imagens dialéticas da crítica no Serviço Social Contemporâneo* (2019), *Uma crítica travestida para enfrentar o capital* (2017) e *Contribuições do conceito de interpenetração aos debates sobre políticas públicas na América Latina* (2015). Seus pressupostos epistemológicos repousam, principalmente, em Walter Benjamin, Axel Honneth, Jürgen Habermas, Nancy Fraser, Theodor Adorno, Foucault, Derrida, Deleuze e Luhmann.

23. No original: "[...] realizó públicamente su propia autocrítica, en el XX Seminario Latinoamericano de Córdoba el año 2012, presentando un giro en su elaboración teórica, señalando los límites de las contribuciones habermasianas que le dieron sustento a su producción conceptual acerca del Trabajo Social, y acuñando las contribuciones teóricas principalmente de Benjamin y Axel Honneth, que inscribe en la tradición marxista".

do Serviço Social contemporâneo. Uma delas é que o presente é abordado a partir de um horizonte de expectativas não realizadas do passado e que há uma espécie de dimensão crítica em jogo, pois trabalhar no presente considerando essas expectativas não cumpridas pode "[...] provocar nelas um despertar do futuro" (Matus, 2019, p. 20, tradução nossa)[24], na medida em que o domínio não é somente a exploração, mas o esquecimento, que se acumula nas ruínas da história com o progresso (Matus, 2019).

Da mesma forma, defende que não há um caminho único para retornar a Marx, nem se pode reduzi-lo à interpretação do marxismo estrutural. E neste retorno a Marx, aponta que o lugar da Escola de Frankfurt indica inúmeras possibilidades de interpretação de suas próprias contribuições. Por fim, se desdobra na ideia de constelação crítica e na de imagens dialéticas, tomando-as de Adorno e ao mesmo tempo de Axel Honneth, como expoente da terceira geração da Escola de Frankfurt, que busca em Lukács o conceito de reificação para não abandonar as lutas pelo reconhecimento e pela dinâmica social do desprezo, visto que "[...] as formas estruturais do desprezo representam um fato pré-científico no qual uma crítica às relações de reconhecimento pode verificar sua própria perspectiva teórica em termos sociais" (Matus, 2019, p. 95, tradução nossa)[25]. Nessa via, é importante notar que Matus coloca Honneth como um superador de Habermas e, por isso, esse gesto permite que se distancie de seu próprio passado — porém, vários intérpretes da obra de Honneth o citam como um destacado discípulo Habermas.

A premissa central da autora é que o Serviço Social tem um paradoxo contemporâneo e que a crítica não pode ser exercida sem desmontar, sem desconstruir, sem fazer ruínas e cristalizar os dogmatismos existentes. Portanto, fortalecer a crítica exige um acerto de

24. No original: "[...] provocar desde ellas un despertar de futuro".

25. No original: "[...] las formas estructurales del desprecio representan un hecho precientífico en el que una crítica de las relaciones de reconocimiento puede verificar en términos sociales su propia perspectiva teórica".

contas com a própria profissão. Inspirar-se em Benjamin significa ir em direção ao não dito e dar som a essa dissonância. Assim, para Matus, a profissão precisa mudar sua lógica, fazer emergir as tensões da contradição, sem esquemas binários, que gerem antíteses simples, como "[...] a teoria-prática, o exógeno-endógeno, o todo e a parte, a ideologia e a verdade, o universal e o fragmento" (Matus, 2019, p. 320, tradução nossa)[26].

A autora busca demonstrar que o estatuto da crítica no Serviço Social teve um giro, por exemplo, sobre como se concebiam as historiografias, que na sua concepção foram dominadas pelo bom ou pelo mau ou pela binaridade. Nesse sentido, o Serviço Social na contemporaneidade teria superado esse reducionismo, uma vez que a profissão (contemporânea) possui imagens dialéticas, pois todas as suas abordagens se autoapropriam da categoria de crítica (Matus, 2019). No entanto, chama a atenção para a forma de fazer a crítica, no sentido de verificar a partir de quais bases os(as) assistentes sociais a fazem, muitas vezes sem considerar as demais críticas existentes.

Nessa esteira, concebe que "[...] uma predominância crítica não deve ser tomada como certa" (Matus, 2019, p. 209, tradução nossa)[27], já que não se trata de uma disputa sobre a verdade ou o verdadeiro Serviço Social, mas sobre as várias posições e seu peso para apreender a crítica, o que abre a possibilidade da divergência, de um debate significativo que envolve cada um dos/as profissionais e os motivos pelos quais selecionam esta ou aquela possibilidade crítica dentro daquelas existentes no conjunto de possibilidades do Serviço Social contemporâneo. Nesse momento de seu trabalho intelectual, a autora dialoga com a perspectiva marxista, mas de um lugar que apela a olhar para a tradição marxista no Serviço Social para expandi-la e encontrar o que ela chama de dissonância ou as possibilidades críticas de dissonância. Isso lhe permitiria superar sua própria proposta teórica — exposta em

26. No original: "[...] la teoría-la práctica, lo exógeno-endógeno, el todo y la parte, la ideología y la verdad, lo universal y el fragmento".

27. No original: "[...] no se debe dar por sentado un predominio crítico".

sua fase anterior — das interpretações polifônicas, ao encontrar nela uma ideia ilusória de unidade plural nas múltiplas vozes.

Portanto, partindo da ideia de dissonância total de Adorno, Matus afirma que esta seria uma forma fecunda de trazer à tona as divergências que permitem estabelecer caminhos de diálogo na crítica "como um universo dissonante que debate" (Matus, 2019). Em suma, ela ressalta que existem várias imagens dialéticas existentes no Serviço Social contemporâneo, de onde se nutre a crítica, as quais se configuram como parte do pensamento moderno, renunciando perspectivas que se declaram capazes de abranger a totalidade (Matus, 2019). Além disso, Matus expõe alguns dos movimentos epistêmicos condizentes com o exposto, sendo um deles as contribuições de José Paulo Netto e Marilda Iamamoto.

Por outro lado, também reconhece as análises pós-estruturais de Karen Healy por constituir uma crítica radical à desmontagem dos dispositivos, pois não caem na ideia de fragmentação ou universalismo total. Em consonância com isso, assinala que as propostas críticas contemporâneas não podem se acomodar na dualização. Mantém, portanto, a ideia original sobre a superação das lógicas binárias. Também encontra um potencial crítico no radicalismo inglês, com figuras como Lena Dominelli, que entende que as práticas antiopressivas de gênero, etnia e sexualidade não são apenas resultado da divisão de classes. Por outro lado, localiza o que chama de trágica hermenêutica francesa no Serviço Social de Michell Autes e Karz, pois remetem à ideia de que a natureza da profissão é uma prática simbólica, assim como sua eficácia. Por fim, reconhece que na prática social baseada em evidências há uma imagem dialética, pois, a partir de sua perspectiva, o positivismo não é imóvel, uma vez que traz seu próprio debate crítico sobre as demandas de evidências, seu significado e os limites de sua prática.

Em suma, a autora convida os/as profissionais a "tomar partido" e a argumentar, ao passo que suas escolhas constroem o que é crítico e abrem possibilidades para pensar de forma diversa sobre o

Serviço Social contemporâneo, como uma forma não tradicional ou monolítica, direta, pressupondo que o capitalismo captura a crítica e a transforma e é a crítica que tem que travestir as faces do capitalismo para impactá-lo (Matus, 2019). Da mesma forma, esta virada exige uma nova lógica, de uma crítica que conheça seus limites e que saiba alcançá-los, ao mesmo tempo que olhe para seu próprio abismo e se configure a partir dele. Pensar a crítica como uma força que corrói não só as formas de pensar, mas também as formas de pensá-la.

Sem dúvida, a proposta de Matus, nesta fase, expressa um elementar contributo à reflexão da profissão. No entanto, indaga-se, com isso, se a partir deste posicionamento é possível construir uma agenda e um projeto profissional que articule formação e trabalho profissional a partir de uma dimensão teórico-política, que enfrente a barbárie contemporânea e não fique incapacitada — a crítica travestida — porque "esqueceu" das forças materiais (historicamente situadas e não em abstrato). Nesse sentido, mesmo reconhecendo a diversidade de formas que a crítica assume, incluindo o marxismo, Matus menciona a diversidade e a heterogeneidade do Trabalho Social no mundo, sem privilegiar certas categorias fundamentais, como a luta de classes, a teoria do valor do trabalho, a dialética materialista e seu posicionamento de classe.

Por fim e como terceiro momento de Matus, pode-se destacar o compartilhamento da autoria de alguns artigos com pesquisadores/as vinculados/as a abordagens epistemológicas distintas da teoria crítica de inspiração marxista, como o funcionalismo sistêmico proposto por Luhmann, o qual utiliza para propor caminhos de intervenção social e às políticas públicas. Observa-se uma explícita guinada da autora em relação à fase anterior — com diálogo com as fontes da teoria social e do debate profissional — na direção ao campo mais específico das políticas públicas e da gestão-modernização.

Matus sustenta, nesse momento teórico, que a observação de segunda ordem, nas políticas públicas, abre possibilidades para sua inovação a partir do fracasso. Nesse sentido, a observação de segunda ordem pode ser selecionada a fim de dotar as políticas públicas de maior coordenação e eficácia (Matus *et al.*, 2018). Por fim, chama a atenção que a partir do conceito de interpenetração utilizado em outro de seus artigos, a autora se propõe a fazer pontes entre as tradições do pensamento sistêmico e crítico para a abordagem das políticas públicas, abrindo espaço para um novo enfoque que a autora não deixa de reconhecer problemas práticos.

No cenário aludido, as contribuições feitas por Matus nos últimos anos vão da teoria crítica de Frankfurt à teoria sistêmica luhmanniana, caminhando para contribuições profissionais mais ecléticas do que plurais — no sentido indicado por Silva neste livro —, característica que se torna peculiar à autora e que indica seu traço distinto em relação a Rodrigo Cortés, como se verá na sequência.

3.2. Rodrigo Cortés Mancilla

Nos últimos anos, Rodrigo Cortés[28] tem concentrado suas pesquisas tanto nas políticas públicas quanto na epistemologia do Serviço Social, posicionando-se a partir de tendências pós-estruturais, com suporte no pensamento de Jacques Derrida — com o conceito de desconstrução —, de Gilles Deleuze e Félix Guattari — com o conceito de rizoma.

A obra de Cortés caracteriza-se por utilizar alguns conceitos que, anteriormente, não foram aprofundados. Na tentativa de instalar um discurso no cenário epistemológico do Serviço Social chileno, Cortés

28. Rodrigo Cortés é doutor em Trabalho Social pela Universidade Nacional de Rosário (Argentina) e mestre em Políticas Sociais pela Universidade ARCIS (Chile). Atualmente, faz parte da gestão da escola de Trabalho Social da Universidade Andrés Bello (sede Viña Del Mar), universidade privada que tem sede, também, em Santiago e Concepción. Suas principais contribuições encontram-se em "Herança, acontecimento e corpos políticos na intervenção social: uma desconstrução do Trabalho Social" (2017); "Dispositivo de intervenção e governamentalidade do sistema de proteção infantil" (2018); "Por uma desconstrução derridiana do Trabalho Social contemporâneo: traços críticos" (2018); e "Uma teoria-prática rizomática desterritorializada: intervenção em colaboração com o acampamento Felipe Camiroaga".

busca contribuir para um "[...] debate que gere discussão, tensão e conflito em torno da profissão" (CORTÉS, 2018b, p. 189, tradução nossa)[29]. O autor assume, ao longo de sua produção, posicionamento político e epistemológico em torno de uma proposta crítica de profissão, que visa confrontar as formas prático-discursivas que atualmente a permeiam, convidando a pensá-la como projeto de reivindicação, reconhecendo a existência de uma subjetividade crítica por parte dos/as assistentes sociais. A definição de "subjetividade crítica" provém da negatividade ou, como o próprio autor se refere em uma espécie de jogo de linguagem, "por ausência".

Para elaborar sua proposta de Serviço Social crítico, o autor — seguindo a influência da perspectiva pós-moderna — propõe a desconstrução como estratégia de abordagem da profissão. O exercício da desconstrução é, então, "[...] uma crítica da metafísica ocidental, uma discussão de pressupostos, de conceitos logofono-etnocêntricos" (CORTÉS, 2018b, p. 191, tradução nossa)[30]. Cortés parte do pressuposto de que a profissão se insere no conflito entre a institucionalidade e a linguagem e assume que tem que fazer a investigação-intervenção. É a partir daí que propõe a urgência e a necessidade de analisar, em profundidade, a escuridão, o desconhecido, em detrimento das luzes, do que é conhecido (Cortés, 2018b), uma vez que, para ser contemporâneo, é preciso ser disruptivo e alimentar a tensão dentre as perspectivas consolidadas e predominantes no bojo da sua existência — o positivismo, o cientificismo, a tendência ao objetivismo nas suas abordagens teóricas e os seus dispositivos clássicos de intervenção, como a construção de caso, grupo e comunidade. Assim, sua proposta é questionar qualquer posição que reivindique para si a razão ou a verdade.

É sob o aparato teórico desconstrutivista[31] que Rodrigo Cortés estabelece a crítica ao que denomina de "herança" — aquilo que deve

29. No original: "[...] debate que genere discusión, tensión y conflicto en torno a la disciplina".

30. No original: "[...] una crítica a la metafísica occidental, una discusión de los presupuestos, de los conceptos logo-fono-etnocéntricos".

31. O conceito de desconstrução ocupa um lugar central no método do filósofo francês Jacques Derrida (1978), cuja proposta visa desmontar as narrativas hegemônicas para observar

ser estudado, observado, criticado, mas sobretudo assumido — do Serviço Social no Chile, a qual se encontra manchada com o conservadorismo daqueles que, agarrados ao controle do aparelho institucional, mobilizaram as visitadoras sociais para propagar a moralidade e o controle sobre a população — entendida como corpo político —, em detrimento da conjuntura política: as propostas anti-hegemônicas, o feminismo radical do início do século, as organizações anarquistas de solidariedade de classe, entre outras (Cortés, 2018). Isso posiciona o autor em uma disputa teórica, política e histórica não menos importante na profissão, dentre aqueles/as que defendem uma perspectiva crítica de sua constituição ou aqueles que lhe atribuem um papel neutralizante e hegemonizante em um contexto de crescente monilização social.

Sobre a intervenção social, Cortés se propõe a revisar a ideia de "estrangeiro" desenvolvida por Jacques Derrida (1997), para confrontar os mecanismos utilizados pelo Serviço Social contemporâneo. Ao considerar a ideia de tolerância como noção fundante da normatividade neoliberal e, portanto, do Serviço Social acrítico, inclui as noções de hospitalidade e incondicionalidade (Derrida, 1997) para sugerir que os sujeitos têm vontade e identidade e, por isso, seu contato com o(a) profissional pode não ser harmônico como o *status quo* procura demonstrar. Nesse sentido, sugere que se pode desconstruir a "[...] intervenção social, como um processo epistemológico, genealógico, político, ético e ideológico, configurado em uma formação econômico-social, e que significa ou reestrutura a matéria-prima para a transformação de a situação-problema" (Cortés, 2018a, p. 22, tradução nossa)[32].

---

os discursos ocultos, ofuscados pelas ideias triunfantes. Derrida confirma a existência de uma narrativa de dominação construída sobre a dos/as dominados/as e o método de identificação desses múltiplos vetores é a desconstrução, que está em relação direta com a "destruição", proposta como método reflexivo de Martin Heidegger (2002) e com o estruturalismo linguístico de Saussure (1965), que buscou criar uma espécie de "tratado linguístico" de aspirações científicas, que acabou dando origem a uma das vertentes do estruturalismo.

32. No original: "[...] la intervención social, como un proceso epistemológico, genealógico, político, ético e ideológico, configurado en una formación económico-social, y que significa o reestructura la materia prima para la transformación de la situación-problema".

A intervenção passa a ser o espaço no qual a ação política transformadora do Serviço Social pode se dar, sugerindo que ela tem diferentes formas, modos e enunciados, embora todos busquem gerar mudança e, portanto, perseguem um resultado de base ideológica, ou seja, orientado para a produção ou reprodução de uma ordem social. "A intervenção como prática política não acontece no plano do possível, mas a proposta é entendê-la "como deslocamento gerado no campo da incerteza" (Cortés, 2017, p. 23, tradução nossa)[33], ao mesmo tempo que se reflete e reconhece como categoria do possível-impossível, como aquele que oferece a possibilidade transformadora.

Outra ideia norteadora da obra de Cortés e polêmica nas discussões profissionais é a proposta de desenvolver um projeto ético-político ou um projeto reivindicatório para o Serviço Social. Esta noção é transversal na obra do autor e tem acompanhado sincronicamente o desenvolvimento das suas ideias, designando-a, por exemplo, como "[...] o Serviço Social do impossível" (Cortés, 2018b, p. 210, tradução nossa)[34], uma acepção de ampla radicalidade, pois se propõe a construir a tensão crítica entre o possível e o impossível. O Serviço Social do possível é aquele que supõe a reprodução social, enquanto o do impossível se propõe a contribuir com esse projeto de protesto necessário à profissão. Apenas o Serviço Social radical permite que algo inesperado aconteça. A questão do impossível é essencial para abrir um novo projeto político que não responda às condições simples propostas pela política tradicional. Para que isso aconteça "[...] é necessário revisitar o Serviço Social e é preciso rever desde a perspectiva tradicional, a reconceitualização e o momento pós-reconceitualização, como herança" (Cortés, 2018b, p. 211, tradução nossa)[35]. O Serviço Social é

33. No original: "La intervención como práctica política no acontece en el plano de lo posible, por lo que la propuesta es revisarla 'como dislocación generada en el terreno de la incertidumbre".

34. No original: "[...] el Trabajo Social de lo imposible".

35. No original: "[...] es necesario revisitar el asedio al trabajo social, ese asedio frecuente que es necesario revisar desde la perspectiva tradicional, la reconceptualización y el momento post-reconceptualizador, como una herencia".

uma profissão que possui história — o que ele denomina de herança — e, por essa razão, Cortés se propõe a observar a reconceituação e, como Derrida, propõe que é necessário visitar o marxismo, seja pela força de seu patrimônio crítico, seja por sua insuficiência estrutural (Derrida, 1998 *apud* Cortés, 2018b).

Para este projeto é fundamental abandonar as categorias investidas pela ideologia dominante e, por isso, exige a aliança com os sujeitos da intervenção social. O trabalho de geração de novas histórias em torno da profissão é responsabilidade coletiva. Aqueles que ocupam posições de subalternidade são submetidos a essa condição por causa de gramáticas construídas pelo dominante. É responsabilidade política e profissional acompanhar os sujeitos no processo emancipatório. O projeto reivindicatório do Serviço Social coloca a intervenção no centro como seu campo de ação política e revela a importância da pesquisa radical e da crítica à norma, ao direito e ao conjunto de esquemas que determinam os quadros de intervenção. Cortés torna a proposta desse projeto explícita, ao sugerir que se forme

> [...] um novo bloco ou coletivo de um Serviço Social radical a partir da proposta de elaboração de instrumentos críticos, de uma nova linguagem, de uma nova gramática contra as formas de gestão e produção dos corpos regidos pela normalização política, que perduram a partir da sacralização de uma tradição conservadora, e contra as visões do cientista positivista da modernidade (Cortés, 2017, p. 25, tradução nossa).[36]

O autor estabelece, também, uma espécie de "política de alianças" que dá sustentação ao campo político. Nas palavras de Cortés (2017, p. 25, tradução nossa), "[...] devemos produzir e continuar

36. No original: "[...] un nuevo bloque o colectivo de un Trabajo Social Radical y del acontecimiento, desde la propuesta de elaborar instrumentos críticos, un nuevo lenguaje, una nueva gramática, contra las formas de gestión y producción de cuerpos gobernados por la normalización política, que perduran desde la sacralización de una tradición conservadora, y contra las visiones de la científica positivista de la modernidad".

trabalhando coletivamente, com novas alianças, a partir de práticas subalternas, lutas anticoloniais, feminismos, novas masculinidades, novas parentalidades, iniciativas transgênero, entre outras"[37], que se dariam na micropolítica.

> A luta e o antagonismo estão no micro, porque é onde a lógica e os mecanismos biopolíticos mais se reproduzem. Poderíamos determiná-los como uma política de pequena escala que tende a diminuir a importância da macropolítica e das estruturas políticas tradicionais (Cortés, 2017, p. 26, tradução nossa)[38].

Como se pode observar, a obra de Rodrigo Cortés busca dialogar com uma perspectiva pós-estruturalista e pós-moderna, especialmente influenciada pela escola francesa, com outras tradições, tensionando debates que atualmente tem vigência em âmbito profissional — localizado a partir do que ele próprio define como "Serviço Social desconstrutivo". É interessante observar como sua argumentação estabelece como ponto de partida a crítica à profissão, aos discursos hegemônicos, ao mesmo tempo em que enfatiza a necessidade de desenvolver um projeto político para o Serviço Social, o qual deve estabelecer alianças com sujeitos mobilizados/organizados da sociedade, dentre os quais estão os sujeitos da intervenção. Nesse sentido, destaca a importância aos sujeitos organizados e coletivos, questão fundamental quando se trata de promover processos de mudança, porém, na sua análise, esvaziados da dimensão de classe, o que o deixa articulado ao mero contingente e ao corporativismo da organização coletiva.

---

37. No original: "[...] hay que producir y seguir trabajando colectivamente, con nuevas alianzas, desde prácticas subalternas, luchas anticoloniales, movimientos hospitalarios e intolerantes, feminismos, nuevas masculinidades, nuevas parentalidades, iniciativas transgénero, entre otros".

38. No original: "[...] la pugna y el antagonismo está en lo micro, porque es donde más se reproducen las lógicas y mecanismos biopolíticos. Podríamos determinarlos como política a pequeña escala que tiende a disminuir la importancia de lo macropolítico, y de las estructuras políticas tradicionales".

Nessa via, a abordagem de Rodrigo Cortés facilmente captura trabalhadores/as sociais no Chile, pela influência que esta perspectiva tem na academia, principalmente após a crise da teoria social clássica e contemporânea. Nesse sentido, nota-se que a proposta e alguns dos elementos expostos por Cortés estão vinculados ao que apontou Silva, no segundo capítulo de este livro, a respeito da perspectiva pós-moderna — ou pós-estruturalista no campo da filosofia — e sua crítica à razão moderna, às metanarrativas e ao

> [...] esvaziamento da luta de classes por meio de um nítido privilégio do cultural-identitário que relativiza o conhecimento e suas "verdades" na esteira dos discursos produzidos, como um "lugar da fala" em si, desclassicizado, circunscrito — no seu limite mais progressista — a uma crítica ao neoliberalismo e não ao capitalismo e ao capital.

Assim, se a proposta é a de questionar qualquer história que reivindique para si a razão ou a verdade total, pode-se dizer que a proposta de Cortés se torna contraditória, uma vez que postula implicitamente a verdade de suas próprias posições ao propor uma validade própria que nega as outras posições e, ao mesmo tempo, promove entendimentos sobre a profissão que caem no que refuta epistemologicamente.

No âmbito da produção teórica do Serviço Social no Chile, a seleção dos/as autores/as apresentados/as (Teresa Matus e Rodrigo Cortés) representa parcela significativa das influências teóricas contemporâneas. Embora apresentem posicionamentos teóricos distintos — o que reverberam os alicerces profissionais ecléticos —, existem alguns pontos semelhantes entre eles: para situar a profissão no âmbito da realidade social ambas as posições *abandonam o antagonismo de classe, a luta de classes e os(as) trabalhadores(as) como sujeitos revolucionários. Ademais, obscurecem a necessidade de fazer a crítica à sociedade capitalista e à lógica do capital, que não se reduz à crítica neoliberal.*

Para finalizar, apesar dos pontos convergentes, é elementar evidenciar as divergências entre os dois autores, ao passo que destoam em relação aos problemas levantados e expressos pelos sujeitos e movimentos sociais. Enquanto Matus lhes dá pouco espaço, Cortés reconhece as demandas, mas a partir de uma perspectiva que prioriza a particularidade e um certo individualismo, ausente de caráter universalista.

Reverberadamente, a trajetória teórica dos(as) autores(as) indica o modo particular como cada um/a analisa os marcos conjunturais e orgânicos ao capital, e a forma como ecoam no Serviço Social chileno. Além de demonstrar que a produção teórica da profissão foi mantida — ao contrário do que se pensa — refletindo sobre si mesma e sobre suas influências, sintonizam a influência de bases teórico-metodológicas de cariz eclético.

4. A modo conclusivo: muitos são os desafios

Nos termos aludidos, nota-se que o desenvolvimento do Serviço Social chileno reflete o movimento da realidade, uma vez que seus marcos sócio-históricos revelam transformações em fina sintonia com os distintos contextos conjunturais, haja vista a relação entre as incipientes políticas sociais estatais e a gênese da profissão: a) a interface da ditadura militar e a perda do *status* universitário da profissão, no decorrer de uma década em que pulsavam perspectivas de caráter crítico no bojo do Movimento de Reconceituação; b) a substituição da Lei da Educação e o aprofundamento da mercantilização do ensino da profissão em meio às iniciativas de neoliberalização da vida, ao ter sua oferta multiplicada em centros de treinamento técnico, institutos profissionais — sem qualquer rigor —, universidades e, mais recentemente, em modalidades à distância, que fragilizam e degradam a formação profissional.

Não é casual que a profissão no Chile não detenha uma hegemonia teórica, mesmo que não seja a marxista. Aliás, essa última perspectiva teórica é quase inexistente se comparada às demais, pois se reduz a pouquíssimos docentes e pesquisadores(as). A escassa e inexpressiva abordagem da totalidade, a partir da crítica da economia política e da perspectiva de luta de classes, torna nítida a acepção eclética da profissão, na medida em que perspectivas hermenêuticas/fenomenológicas e pós-modernas/pós-estruturalistas se somam no sufocamento da primeira.

As influências teóricas exercidas no Serviço Social chileno transcendem os(as) autores(as) apontados do corpo do texto cuja eleição se deu para representar o tipo de debate que está em curso no interior da profissão no país e se definem "críticos", bem como expressam a articulação "sem pretensões" de correntes teóricas. Com isso, sem dúvida, abre-se um caminho promissor para seguir adensando a leitura atenta de outros(as) autores(as), a fim de desvendar as matrizes teóricas nas quais se inspiram para suas elaborações e, ao mesmo tempo, as tensões, contradições e consequências políticas dessas opções no nível do desenvolvimento disciplinar e na compreensão da sociedade contemporânea, que, em nenhum caso, é asséptico.

Quanto à produção teórica do Serviço Social no Chile — onde circulam tendências teóricas e influências contemporâneas na profissão —, pode-se dizer que a maioria está concentrada nas universidades, com ênfase nas universidades CRUCH, embora as universidades privadas — no geral — tenham aumentado seus esforços para atrair acadêmicos com doutorado e pós-doutorado, que podem "concorrer" à concessão de projetos de pesquisa financiados por órgãos externos. Paralelamente ao exposto, podemos ressaltar que a pós-graduação em Serviço Social no Chile, como área do conhecimento, embora ainda seja muito incipiente (possui apenas 01 doutorado no país), tem sido desenvolvida principalmente no nível de mestrado nas universidades do CRUCH, o que mostra uma valorização crescente da produção teórica no Serviço Social no campo das Ciências Humanas e Sociais como área do conhecimento.

Nesse sentido, e a partir do que foi anteriormente exposto, acredita-se que intensificar e aprofundar o debate e as análises acerca da produção teórica e de como incidem na profissão é um desafio improtelável, uma vez que há a necessidade de ampliar as reflexões sobre as implicações contemporâneas na profissão. Ademais, colocá-las como ponto de pauta não as torna refutáveis, mas partícipes de um processo em constante disputa, seja teórica, seja política.

Aliás, o tempo presente ressoa o pulsar das disputas no coração da sociedade chilena, como denúncia do Estado classista e da tentativa onipresente de aprofundar a neoliberalização da vida social, em suas variadas esferas. O momento é histórico e a profissão não pode "perder a carruagem", pois nela está assegurada a tentativa de sintonizar a profissão teórica, ética e politicamente nesses tempos sombrios.

Referências

BIBLIOTECA DEL CONGRESO NACIONAL (BCN). *DFL 2 Fija Normas sobre universidades. Ministerio de Educación Pública.* [s.d]. Disponível em: http://bcn.cl/2fmb3. Acesso em: 28 nov. 2020.

BIBLIOTECA DEL CONGRESO NACIONAL (BCN). *Ley Orgánica Constitucional de Enseñanza. Ministerio de Educación Pública.* [s.d.]. Disponível em: http://bcn.cl/2f7ir. Acesso em: 28 nov. 2020.

CASTRO, Manuel Manrique. *História do Serviço Social na América Latina.* 9. ed. Tradução de José Paulo Netto e Balkys Villalobos. São Paulo: Cortez, 2008.

CONSEJO NACIONAL DE EDUCACIÓN [CNED]. *Índices base de datos matrícula.* Base de datos de pregrado (2005-2020) y posgrado (2005-2019) por programa. Ministerio de Educación. 2020. Disponible en: https://www.cned.cl/bases-de-datos. Acesso em: 12 jan. 2021.

CORTÉS, R. Herencia, acontecimiento y cuerpos políticos en la intervención social: una deconstrucción derrideana del trabajo social. *Intervenciones*, Universidad Alberto Hurtado, p.19-26, 2017.

CORTÉS, R. Dispositivo de intervención y gubernamentalidad del sistema proteccional de la infancia". *Revista Perspectivas*, n. 32, 2018a.

CORTÉS, R. Hacia una deconstrucción derrideana del trabajo social contemporaneo: Trazos Críticos. *In*: FLOTTS, M.; CASTRO-SERRANO, B. *Imaginarios de transformación*: El trabajo social revisitado. Santiago de Chile: RIL Editores, 2018b. p. 189-216.

CRUZ-COKE, R. Evolución de las universidades chilenas 1981-2004. *Revista médica de Chile, 132*, n. 12, 1543-1549, 2004. Disponível em: https://dx.doi.org/10.4067/S0034-98872004001200001. Acesso em: 10 dez. 2020.

EMOL. *Presidente Piñera afirma que la educación "es un bien de consumo"*. Santiago de Chile, [s.p.]. Disponível em: https://www.emol.com/noticias/nacional/2011/07/19/493428/presidente-pinera-afirma-que-la-educacion-es-un-bien-de-consumo.html. Acesso em: 8 jane. 2021.

DELGADO, S. C. *Génesis y vigencia de los textos constitucionales chilenos*. Santiago de Chile: Editorial Jurídica de Chile, 1980.

DERRIDA, J. *De la gramatología*. Ciudad de México: Siglo XXI, 1978.

DERRIDA, J. *El tiempo de una tésis:* deconstrucción e implicaciones conceptuales. Barcelona: Anthropos Editorial, 1997.

DURIGUETTO, Maria Lucia; MARRO, Katia *et al*. Considerações sobre a trajetória história do Serviço Social no Chile: da Reconceituação ao tempo presente. *In*: YAZBEK, Maria Carmelita; IAMAMOTO, Marilda Villela (org.). *Serviço Social na história*: América Latina, África e Europa. São Paulo: Cortez, 2019. p. 310-337.

FALEIROS, Vicente de Paula. *Metodologia e ideologia do Trabalho Social*. 12. ed. São Paulo: Cortez, 2011.

GARRETÓN, M. A. *Neoliberalismo corregido y progresismo limitado*: los gobiernos de la Concertación en Chile 1990-2010. Santiago: Editorial Arces, Clacso, 2012.

GOIN, M. *Fundamentos do Serviço Social na América Latina e no Caribe*: conceituação, condicionantes sócio-históricos e particularidades profissionais. São Paulo: Papel Social, 2019a.

GOIN, M. Tendências atuais no ensino dos Fundamentos do Serviço Social. *Textos & Contextos,* Porto Alegre, v. 18, n. 2, p. 1-12, jul./dez. 2019b.

HEIDEGGER, M. *Interpretaciones fenomenológicas sobre Aristóteles*: indicación de la situación hermenéutica. Madrid: Trotta, 2002.

ILLANES. M. *Cuerpo y sangre de la política*: la construcción histórica de las visitadoras sociales. Chile 1887-1940. Santiago: LOM ediciones, 2007.

ITURRIETA, S. Educación superior: su masificación y efectos en la satisfacción profesional y la cohesión social. *Argumentos*, México, v. 27, n. 76, p. 57-78, 2014.

MATUS, T. *Punto de fuga*. Ciudad Autónoma de Buenos Aires: Espacio Editorial, 2019. Tomo I y II.

MATUS, T.; KAULINO, A.; URQUIETA, A.; CORTEZ-MONROY, F.; MARIÑEZ, C. Lógicas de auto observación de la falla para una innovación efectiva. *Revista Mad*, n. 38, p. 01-21, 2018.

MINISTERIO DE EDUCACIÓN. *¿Qué sabemos sobre admisión a la educación superior?* Una revisión para la implementación del nuevo Sistema de Acceso en Chile. Santiago, Chile, 2019. Disponível em: https://centroestudios.mineduc.cl/wp-content/uploads/sites/100/2019/06/Libro-Ed.Superior_FINAL.pdf. Acesso em: 14 dez. 2020.

MOVIMIENTO POR LA REGULACIÓN DEL TRABAJO SOCIAL [MRTS]. ¿Quiénes Somos?. 2020a. Disponível em: https://www.leytschile.com/quienes-somos. Acesso em: 14 dez. 2020.

MOVIMIENTO POR LA REGULACIÓN DEL TRABAJO SOCIAL [MRTS]. *Denuncia en CGR por ilegalidades en IPs que afectaría a más de 9.238 profesionales*. 2020b. Disponível em: https://www.leytschile.com/post/denuncia-en-cgr-por-ilegalidades-en--ips-que-afectar%C3%ADa-a-mas-de-9-238-profesionales. Acesso em: 14 dez. 2020.

NETTO, J. P. O movimento de reconceituação 40 anos depois. *Serviço Social & Sociedade*, ano XXVI, n. 84, p. 5-20, nov. 2005.

NETTO, J. P. *Ditadura e Serviço Social:* uma análise do Serviço Social no Brasil pós-64. 11. ed. São Paulo: Cortez, 2007.

PARADA, J. Universidades públicas y privadas: un enfoque tridimensional. *Estudios Públicos*, n.120, p. 183-205, 2010.

RUZ, O. Reorientación y reconceptualización del Trabajo Social em Chile. *In*: VIDAL MOLINA, Paula. *Trabajo Social em Chile*: um siglo de trayectoria. Santiago: RIL Editores, 2016. p. 95-118.

RUIZ, C.; BOCCARDO, G. *Los chilenos bajo el neoliberalismo*: clases y conflicto social. Santiago de Chile: Nodo XXI/El Desconcierto, 2014.

SALAMÉ COULON, Ana María; CASTAÑEDA MENESES, Patricia. Evolución de la formación profesional en Trabajo Social en Chile. *In*: Seminário Latinoamericano de Escuelas de Trabajo Social, XIX, 2009, Guayaquil, *Anais*...Guayaquil, Ecuador: ALAEITS, 2009. Disponível em: http://www.ts.ucr.ac.cr/binarios/congresos/reg/slets/slets-019-315.pdf. Acesso em: 5 dez. 2020.

SALAZAR, Gabriel. Neoliberalismo: fase dictatorial (1973-1987). *In*: ACEITUNO, Roberto; VALENZUELA, René. *Golpe: 1973-2013*. Santiago do Chile: elDesconcierto.cl/LaPSoS, 2014, p. 25-71.

SAUSSURE, F. D. *Curso de linguística general*. Buenos Aires: Losada, 1965

SIMIONATTO, Ivete. Fundamentos históricos e teórico-metodológicos do Serviço Social. *Temporalis*, Brasília, ano IV, n. 8, p. 31-42, jul./dez. 2004.

VIDAL, P. Condiciones laborales de la profesión: ¿Precariedad laboral o conditio sine qua non?. *Revista Emancipação*, Universidade Estadual de Ponta Grossa, v. 9, n. 1, p. 79-94. 2009.

VIDAL, P. Conservación y renovación del Trabajo Social chileno 1960-1973: la escuela Dr. Lucio Córdova. *In*: VIDAL MOLINA, Paula. *Trabajo Social em Chile*: um siglo de trayectoria. Santiago: RIL Editores, 2016. p. 29-60.

VIDAL, P. Definiciones, condiciones laborales y lo crítico. Consideraciones para remirar los proyectos académicos institucionales del Trabajo Social. *Boletín electrónico Sura*, Escuela de Trabajo Social, Universidad de Costa Rica, n. 238, mayo 2016. Disponível em: http://www.ts.ucr.ac.cr/binarios/sura/sura-0238.pdf. Acesso em: 16 jan. 2021.

VIDAL, P.; OLIVEIRA, E. Las reformas laborales en Brasil y Chile: consolidación de la superexplotación. Un campo para el trabajo social latinoamericano. *Revista Eleuthera*, n. 23, 2021.

VIVERO, L. Desafíos de una práctica ético-política. El trabajo social chileno post-dictadura. *Revista Katálysis*, v. 20, n. 3, p. 344-352, 2017.

Tendências teóricas do Serviço Social/Trabalho Social em Cuba*: uma avaliação desde a contemporaneidade

Teresa del Pilar Muñoz Gutiérrez
Mirtha Yordi García
Enrique Gómez Cabezas
Gabriela Abrahão Masson

1. Notas introdutórias

O Serviço Social/Trabalho Social em Cuba tem a particularidade de estar inserido em um contexto de desenvolvimento de políticas sociais relevantes que expressam um compromisso com a equidade e com a justiça social. A prática profissional tem mantido seu caráter instrumental intervencionista e possui forte carga de politização e ativismo social com base teórica escassa que gerou um estilo burocrático-assistencialista de resposta às demandas sociais. Prevalece, ainda,

* Como registrado na apresentação deste livro, na nota de rodapé número 20, optou-se por adotar a palavra Serviço Social como tradução ao português de "Trabajo Social". No caso cubano, a expressão Serviço Social/Trabalho Social foi mantida, uma vez que o "Trabajo Social" em Cuba tem sentido amplo: profissão e ou algum tipo de ação militante que impacta o social.

o trabalho prático para atender a demandas urgentes com pouco reconhecimento e produção teórica escassa — com predominância de uma abordagem de inspiração marxista na análise da realidade social —, bem como a setorialização na organização da profissão a partir do Estado e a ausência de uma formação contínua que marca a trajetória do Serviço Social/Trabalho Social na Ilha. Revitalizar o diálogo sobre as funções, os valores e os significados dessa prática entre acadêmicos e formuladores de políticas, além de fortalecer as bases teóricas nas quais a profissão se baseia, é uma demanda urgente para alcançar seu redimensionamento científico e crítico no país.

Com base nessa realidade, esse ensaio segue a análise das tendências teóricas que têm presença na formação da profissão de Serviço Social/Trabalho Social em Cuba. Para isso, são identificadas as diretrizes teóricas, metodológicas e práticas que acompanharam os debates em torno dos processos de profissionalização e institucionalização da profissão no país, assim como o significado que estes têm para a sociedade e as formas como os(as) profissionais atuam na realidade. Ademais, debate as posições que têm sido formadas na profissão a partir da academia e da prática profissional, no contexto da construção socialista cubana. A intenção de analisar as tendências teóricas do Serviço Social/Trabalho Social em Cuba nos obriga a considerar as limitações presentes na forma como a teoria tem sido incorporada às práticas. Tradicionalmente, houve um divórcio entre teoria e empiria, o que longe de ajudar seu desenvolvimento a enfraqueceu, levando alguns a considerá-la algo subordinado (Muñoz; Urrutia, 2004).

O Serviço Social/Trabalho Social em Cuba, como no mundo, é alimentado pelo vasto fluxo teórico oferecido pelas Ciências Sociais. A fragilidade da sistematização e da construção da teoria, a partir das demandas de suas práticas profissionais históricas e da especificidade de sua intervenção, não exclui que se mantenha um vínculo com a produção teórica das ciências sociais. Todavia, embora não sejam reconhecidas pela maioria de seus profissionais, as visões de mundo que os acompanham vinculam-se — direta ou diretamente — ao conhecimento sobre a sociedade e a posições éticas derivadas, basicamente, de perspectivas oferecidas pelas ciências médicas, psicológicas e sociológicas[1].

Os(as) autores(as) deste ensaio defendem a necessidade de encontrar um equilíbrio entre teoria e empiria na formação de assistentes sociais/trabalhadores(as) sociais. Uma preparação teórica é necessária para que o trabalho chegue a uma projeção transformadora. A teoria é necessária como base da ação e da práxis social, particularmente quando está comprometida com um desenvolvimento socialista, que trabalha para a conquista da justiça e da equidade social e defende o princípio martiano "com tudo e para o bem de todos"[2]. O risco de reprodução de desigualdades sociais, relações de dependência e alienação humana ainda está presente no país. Superar o assistencialismo no Serviço Social/Trabalho Social tradicional requer novos horizontes para a intervenção social. Sem teoria, a profissão pode ficar presa às fronteiras que a vida cotidiana estabelece, sem a possibilidade de transcendê-la e sem a capacidade de se projetar na direção da transformação social. São necessários profissionais preparados(as), proativos(as), capazes de atuarem criticamente com os problemas que enfrentam.

A produção de conhecimento teórico apresenta características que diferenciam a experiência cubana da latino-americana. Este argumento deve ser levado em consideração para a redação deste ensaio. O projeto de orientação socialista defendido pelo Estado e pelas massas populares tem promovido e disseminado, após 1959, uma posição ético-humanista, sendo que o social tem tido prioridade. Isso marcou os caminhos do movimento teórico no país.

Publicações de diversos autores da Ilha fazem reflexões sobre a profissão e destacam momentos significativos no processo de

---

1. Para maior aprofundamento, consultar o relatório que registrou os diálogos realizados com assistentes sociais/trabalhadores sociais cubanos(as) na província de Camagüey e Havana, Cuba, 2020. Projeto Fapesp: Serviço Social e América Latina: tendências teóricas atuais.

2. Martiano: referente a José Martí. Poeta, jornalista, filósofo e político cubano. Importante líder da resistência cubana contra a invasão espanhola na segunda metade do século XIX.

profissionalização e institucionalização do Serviço Social/Trabalho Social. Sem essas contribuições, não se pode compreender as tendências teóricas que nela se movem. Os debates teóricos produzidos, ainda escassos, estão vinculados a espaços acadêmicos específicos, nos quais certas demandas objetivas e tradições de pesquisa os demandavam.

Vale ressaltar, introdutoriamente, que existe certo consenso no sentido de que a constituição da profissão em Cuba — considerando o vínculo entre formação e prática (a partir de 1959) — é marcada por alguns momentos importantes que devem ser aqui sumariados:

a) os primeiros cinco anos dos anos 1960, com a criação e o desaparecimento precoce do Ministério da Assistência Social;
b) o surgimento e desenvolvimento do voluntariado da Federação de Mulheres Cubanas e a interrupção — após a Reforma Universitária de 1962 — da formação profissional universitária;
c) a partir da década de 1970, o surgimento da formação de técnicos médios no Trabalho Social para a área de saúde, que mais tarde — nas décadas de 1980 e 1990 — seriam ocupados em outros setores de atuação no âmbito das políticas sociais tais como trabalho, educação, moradia, prisões, entre outros;
d) final dos anos 1990 (1998), surgimento, pela primeira vez, após o triunfo revolucionário, dos estudos universitários em Sociologia com especialização em Serviço Social/Trabalho Social, que tinham por objetivo dar continuidade aos estudos dos(as) egressos(as) de institutos tecnológicos, formação essa que permanece até seu encerramento em 2015;
e) em relação à pós-graduação, em 1995 foi criado o Mestrado em Serviço Social/Trabalho Social na Universidade de Camagüey e, posteriormente, o Curso de Trabalho Comunitário na Universidade Central de Las Villas;
f) na década de 2000, foi criado por Fidel Castro e dirigido pela União dos Jovens Comunistas o Programa Nacional de Formação Emergente em Serviço Social/Trabalho Social, que ofereceu

impulso e deu visibilidade à profissão. As tensões sociais acumuladas no final dos anos 1990, após uma década de profunda crise econômica, deram origem a novas projeções da política social da Revolução. A proposta incluiu o desenvolvimento da experiência do Programa de Assistentes Sociais/Trabalhadores Sociais, valorizada como a mais avançada práxis do exercício profissional em Cuba (Munõz; Urrutia, 2013). Esse programa durou até 2011, quando a atividade de Serviço Social/Trabalho Social foi integrada ao Ministério do Trabalho e Previdência Social. Surgiu, assim, nos anos 2000, como um componente da resposta projetada pela política a uma situação de crise. Para isso, contribuiu para o amadurecimento da consciência na liderança política da Revolução sobre a desintegração das realidades sociais estabelecidas no cotidiano da nação e os riscos que isso acarretou para o projeto social cubano (Gomez, 2015);

g) por fim, ainda na área de saúde, a formação de assistentes sociais/trabalhadores(as) sociais para o setor continuou de diferentes formas e por diferentes caminhos. Nas universidades, a educação universitária é ampliada na forma de Universalização da Educação Superior em várias universidades do país. No final de 2010, um processo denominado "reinstitucionalização da profissão" iniciou-se sob a direção do Ministério do Trabalho e Previdência Social, processo que hoje apresenta certa inércia e lentidão. Todavia, em 2015 se realizou um plano de estudo para Técnico Médio no Serviço Social/Trabalho Social, que responde a demandas de várias províncias do país[3]; e, nos últimos três anos, foi organizado o plano de estudos de Técnico Superior Universitário na área que terá início em abril de 2022.

Isto posto, é necessário detalhar esse processo na história cubana para, na sequência, situar o debate sobre as tendências teóricas na área.

3. Consultar os trabalhos de autores(as) cubanos(as) citados na bibliografia desde 2003 aos dias de hoje.

2. Serviço Social/Trabalho Social em Cuba: demandas e expressões históricas

O triunfo revolucionário em 1959 produziu profundas mudanças estruturais que demoliram o sistema de opressão e exclusão das grandes maiorias em Cuba. O governo revolucionário promulgou importantes medidas de benefício popular: as leis de reforma agrária para a eliminação do latifúndio e a entrega da terra àqueles que nela trabalharam; a campanha de alfabetização que abre uma revolução na própria cultura; reforma urbana; a nacionalização das grandes empresas estrangeiras e a eliminação da propriedade privada nacional; redução do preço dos medicamentos; o desenvolvimento da medicina rural; a nacionalização da educação, entre outros. Em pouco tempo, a revolução democrático-popular e a libertação nacional foram radicalizadas diante da agressividade do imperialismo americano e assumiram um caráter socialista (PCC, 1976).

As políticas sociais universais e amplamente acessíveis implementadas pela jovem Revolução promoveram a mobilidade social ascendente das grandes maiorias historicamente negligenciadas. Fenômenos tão comuns na fase neocolonial da primeira metade do século XX, como mendicância, prostituição, despejo de camponeses de suas terras, crianças sem escolas, desemprego, foram radicalmente transformados. No entanto, a história da construção do socialismo em Cuba tem sido marcada por contradições, avanços e retrocessos, derivados das condições de seu subdesenvolvimento, das necessidades de avançar sob os limites estabelecidos pelo sistema capitalista mundial, das condições particulares da política imperialista da Guerra Fria e do bloqueio criminoso imposto pelos Estados Unidos da América contra a Ilha. Todas essas condições estabeleceram barreiras inevitáveis ao avanço do projeto socialista cubano. Por outro lado, a cooperação da União Soviética tornou-se um apoio decisivo para a sobrevivência da Revolução. Isso explica a influência soviética no processo de construção socialista em Cuba. Essa ancestralidade se manifestou com maior ou menor força e deixou sua marca na compreensão da natureza e do escopo das ciências sociais no país, sendo que o Serviço Social/ Trabalho Social não é exceção.

Nessas condições, o país conquistou importantes objetivos sociais, principalmente nas áreas de emprego, saúde, educação, cultura e esporte, bem como elevou a dignidade humana do povo cubano. Ao mesmo tempo, deu e continua a mostrar sinais paradigmáticos de internacionalismo em solidariedade aos povos do terceiro mundo e aos movimentos populares de libertação nacional.

Desde a década de 1970, o processo de institucionalização do Estado cubano tem sido fortalecido. O setor de saúde, alguns programas de desenvolvimento de assentamentos rurais e as atividades de prevenção social, são reconhecidos como áreas que exigem assistentes sociais/trabalhadores(as) sociais. O Ministério da Saúde Pública inaugurou as primeiras escolas para a formação de Técnicos Médios em Serviço Social/Trabalho Social em saúde. Estas escolas foram criadas, em 1971, na província de Camagüey, e um ano depois na cidade de Havana (esta última especializada em psiquiatria). Essa formação técnica formava profissionais para: (1) avaliar pacientes psiquiátricos de acordo com o diagnóstico médico; (2) projetar e implementar estratégias de reabilitação psicossocial para pacientes psiquiátricos, tanto no nível comunitário quanto no nível das instituições responsáveis pela prestação de serviços a essas pessoas; (3) planejar e utilizar diferentes formas de intervenção para criar condições favoráveis de curto prazo que contribuíssem para a participação ativa de indivíduos, grupos e comunidades na melhoria de sua qualidade de vida, gestão do emprego e benefícios sociais para grupos em vulnerabilidade econômica e social; (4) participar do processo de vínculo empregatício das pessoas com deficiência; (5) participar de atividades psicoterapêuticas; (6) realizar estratégias de terapia ocupacional para o cuidado da deficiência, entre outras (Barreras, 2003, p. 71). Tais escolas foram mantidas até a segunda década do século XXI e, gradualmente, nos anos 1980, somaram-se à formação de assistência psiquiátrica em outras áreas de competência do Serviço Social/Trabalho Social, como: moradia, trabalho e prevenção social, sem alterar sua orientação de formação preferencialmente em saúde. Após o término dos anos 1990 houve mudanças nos programas e modalidades de estudo dentro do Ministério da Saúde Pública. A formação de técnicos foi mantida e um Bacharelado em Tecnologia em Saúde foi criado com perfil de Reabilitação Social e Ocupacional, o que definitivamente desfocou a natureza da profissão. O aumento do número de técnicos de assistência social em saúde possibilitou a fundação da Sociedade Científica de Assistentes Sociais de Saúde, conhecida pela sigla Socutras, desde 1978.

A desintegração da União Soviética e do bloco socialista europeu teve um impacto devastador na Ilha. A última década do século XX foi conhecida como o "Período Especial" em tempos de paz. Desde 1989, como resultado da queda do socialismo na Europa Oriental e da intensificação do bloqueio econômico dos Estados Unidos contra Cuba, o país vive uma aguda crise econômica, que atinge todas as esferas da sociedade. Essa crise aprofundou as contradições sociais que já existiam, bem como fez reaparecer problemas sociais que já estavam praticamente resolvidos. Nas palavras de Fidel Castro (Ramonet, 2006, 332):

> O país sofreu um golpe devastador quando, de um dia para o outro, aquela potência desmoronou e nos deixou sozinhos, e perdemos todos os mercados do açúcar e deixamos de receber mantimentos, combustível e até a madeira para fazer os caixões para os nossos mortos. Ficamos sem combustível de um dia para o outro, sem matérias-primas, sem alimentos, sem higiene, sem nada. E todos pensavam: "Isso tudo vai desmoronar". E alguns idiotas continuam pensando que vamos cair, e que se não for agora vai ser depois. E, quanto mais ilusões eles tenham e mais esperarem por isso, mais devemos pensar em nós mesmos, e mais devemos tirar nossas próprias conclusões, para que jamais a derrota possa se abater sobre esse glorioso povo.

Em meio a um contexto tão adverso, com perda de quase 80% de seus mercados, sem combustível, transporte praticamente paralisado, cortes frequentes de energia, escassez de alimentos, medicamentos e vestuário, bem como sob um cerco feroz do imperialismo, a Revolução Cubana decidiu resistir. O Estado gradualmente introduziu reformas na economia: a indústria do turismo foi desenvolvida, foram autorizados investimentos estrangeiros, desenvolveu-se a biotecnologia, a circulação do dólar foi legalizada, estimulou-se o autoemprego individual e familiar, entre outras medidas voltadas para a superação das condições da crise com o menor custo para a população.

No entanto, a combinação crise-reforma não foi feita sem custos para o projeto social. Nesse contexto, as desigualdades preexistentes cresceram e novas surgiram. A população em situação de rua, a prostituição e a pobreza tornaram-se visíveis. Agravou-se o cenário habitacional e piorou o contexto dos bairros insalubres nas áreas periféricas das cidades. Os serviços sociais foram negativamente afetados, embora continuassem importantes. Surgiram problemas de saúde associados às limitações alimentares e comportamentos sociais favorecidos pela crise e pelas desigualdades, o que gerou demanda por ações de Serviço Social/Trabalho Social no país.

A década de 1990 foi um período extremamente crítico do ponto de vista econômico. O agravamento dos problemas sociais e sua visibilidade demandaram mudanças na política social do governo cubano. A constante preocupação do Estado em dar continuidade ao projeto humanista proposto pela sociedade socialista, desenvolveu um grupo de ações e implementou medidas voltadas à preservação das conquistas sociais. Isso criou cenários que demandaram o Serviço Social/Trabalho Social, principalmente atividades desenvolvidas nas comunidades e nas diversas instituições sociais.

Ao mesmo tempo, em 1992, foi realizado o Workshop sobre a Identidade Profissional do(a) assistente social/trabalhador(a) social, no qual foi criado o Grupo Nacional de Trabalho Social (GNTS) com representantes dos Ministérios e organizações que empregavam tais profissionais no país: os Ministérios da Saúde Pública, do Trabalho e da Seguridade Social, da Educação, do Interior e da Federação de Mulheres Cubanas. O objetivo era criar planos comuns de assistência social e prevenção, nisto a necessidade da profissão, a intenção de mantê-la, modificá-la e de formar assistentes sociais/trabalhadores(as) sociais que o país demandava[4].

Foram criados, paulatinamente, níveis de capacitação e de formação profissional (técnico e de pós-graduação) na tentativa de revolucionar a formação e as práticas de Serviço Social/Trabalho Social. No entanto, não foi possível estabelecer a necessária articulação entre o que a sociedade exigia e as propostas institucionalizadas. Os programas criados mantiveram diferenças nas abordagens teóricas e metodológicas. Enfatizaram a área de saúde tanto em aspectos sociais baseados na ciência sociológica — no caso do bacharelado criado na Universidade de Havana — como nas teorias do desenvolvimento com uma perspectiva mais latino-americana no mestrado desenvolvido na Universidade de Camagüey (Muñoz, 2019). Evidenciou-se a pouca sistematização necessária à atualização do conhecimento essencial aos(às) assistentes sociais/trabalhadores(as) sociais, mas, ao mesmo tempo, foi possível apreciar — pela primeira vez no país — um interesse acentuado da academia universitária cubana pelo Serviço Social/Trabalho Social. Novos limites, então, impuseram-se: muitos dos egressos de nível técnico não atenderam aos requisitos que o ensino superior exigia para admissão, bem como não frutificaram os intercâmbios entre formuladores de políticas públicas, assistentes

4. Verificou-se maior preocupação em formar um técnico médio em Serviço Social/Trabalho Social com visão mais abrangente para atuar em todas as esferas da vida social. Ademais, destacou-se a necessidade de estimular um tipo de formação capaz de fomentar maior nível técnico-científico, reconhecendo-se a relevância de uma carreira universitária na área. Embora a mudança projetada pelo GNTS não tenha sido alcançada, em 1995 foi aberto um Mestrado em Serviço Social/Trabalho Social na Universidade de Camagüey, o único programa do gênero no país para graduados das Ciências Sociais e Humanidades ou outros ramos do conhecimento, que lidam com a comunidade nas diversas esferas sociais: educação, saúde, prevenção social, assistência social, cultural e política. Além disso, junta-se a criação do Bacharelado em Sociologia com saída em Serviço Social/Trabalho Social em 1998 na Universidade de Havana, em resposta à demanda de graduados de escolas técnicas para continuar os estudos universitários. Esse currículo proposto foi uma primeira tentativa de iniciar a fase de reabertura da profissão a partir das experiências acumuladas na carreira sociológica e no Departamento de Sociologia da Universidade de Havana (Barreras, 2003, p. 81).

sociais e acadêmicos ligados a essa atividade no sentido de determinar as perspectivas da profissão no país.

Reconhece-se, também, que o Estado cubano tem sido um fator determinante na lógica da atual evolução do Serviço Social/Trabalho Social, sua profissionalização. Teve um peso significativo nos destinos da profissão: fundou as instituições que exigem o perfil ocupacional do(a) assistente social/trabalhador(a) social e dos formadores desses especialistas; projetou uma imagem dos(as) profissionais e da profissão que leva em conta não as necessidades impostas pelo seu perfil profissional, mas as possibilidades ocupacionais existentes. As esferas ocupacionais do Serviço Social/Trabalho Social reconhecidas pelo governo continuam a ter acentuada influência previdenciária, burocrática e setorializada. Essas áreas estavam no sistema de saúde, no sistema de trabalho, segurança e assistência social (em que a formação em Serviço Social/Trabalho Social não era necessária para o desempenho ocupacional); em algumas áreas do sistema de Educação (apenas para centros de Diagnóstico e Orientação e Educação Especial); e no sistema habitacional (as tarefas eram marcadamente burocráticas) (Barreras, 2003, p. 70-77). As funções atribuídas a esses perfis ocupacionais não eram necessariamente as de um profissional (Yordi; Gómez; Caballero, 2012, p. 16-17).

Após uma década de profunda crise econômica, referenciada anteriormente, no início deste século o aprofundamento dos problemas sociais de natureza diversificada no país era visível. Nesse contexto, o Programa de Assistentes Sociais foi fundado pelo Estado para atender a prioridades vinculadas aos segmentos populacionais mais expostos com o objetivo de verificar, quantificar, detectar se as políticas setoriais elaboradas no país estavam tendo os impactos esperados, uma vez que a sociedade estava dando sinais de adensamento, sem precedentes, de diversos problemas de ordem social e o reaparecimento de um conjunto deles, resolvidos em décadas anteriores (Muñoz; Urrutia, 2003, p. 60-63)[5].

---

5. O Programa de Assistentes Sociais liderado pela União dos Jovens Comunistas posiciona-se como um programa avançado que, do ponto de vista social e político, é considerado

Os jovens serão um dos grupos sociais que mais sentirão os impactos da crise. Entre os fenômenos que se manifestarão estarão o desemprego e a não continuidade do ensino superior para aqueles(as) formados (as) no ensino técnico diante da redução dos números de admissão nas universidades cubanas[6].

Nos anos 2000, Cuba mostrou uma tendência de recuperação. Esse período também revelou mudanças progressistas na América Latina e, ao mesmo tempo, novas oportunidades para a integração de Cuba na região. Nos primeiros cinco anos do século, uma nova ofensiva social liderada pelo Estado cubano foi realizada: a partir de um estágio marcado pela resistência, estava passando para um estágio proativo, com novos objetivos sociais. Nesse contexto, reconheceu-se a necessidade do Serviço Social/Trabalho Social e à profissão foi atribuído um papel central e muito versátil no contexto geral da política social. O próprio Fidel Castro, em sua qualidade de líder da Revolução, promoveu a hierarquia da agenda social e estimulou dezenas de novos programas comprometidos com a construção de um socialismo que ele descreveu como mais justo e mais humano (Castro, F., 2000)[7].

Por não haver tradição acadêmica no Serviço Social/Trabalho Social em Cuba nem uma práxis profissional consolidada, aliada à

uma forma de detectar e cuidar da população mais exposta, critério que se conforma com os expressos por Fidel nas conclusões do VI Workshop de Universidades, quando afirmou: "Temos que criar uma sociedade que seja um modelo de justiça, de cultura, de preparação, de riqueza espiritual e de uma solução adequada às suas necessidades materiais"; "O trabalho social tem uma tarefa macroestrutural voltada para a compreensão de todos os problemas sociais com o objetivo de elevar o nível cultural da população" (tradução nossa). Os objetivos que Fidel Castro propõe são: a justiça social, o direito à autoestima e o reconhecimento das desigualdades sociais e da pobreza. Ele propõe a estratégia de igualar (não amparar) de baixo para cima.

6. A primeira Escola Emergente para a Formação de Assistentes Sociais foi inaugurada em Havana em setembro de 2000, e em setembro de 2001 essa experiência foi estendida às províncias de Las Villas, Holguín e Santiago de Cuba, para que todos os jovens do país com décimo segundo ano aprovados pudessem optar por esse tipo de formação. Tal mecanismo se constituiu em uma forma para acessar o emprego.

7. Em 2000 começou a chamada Batalha de Ideias em Cuba, sistema de diversos programas voltados para enfrentar problemas sociais e elevar a cultura e o bem-estar da população, especialmente os jovens.

urgência das demandas sociais existentes, o que balizou o desenvolvimento do Programa Nacional de Formação Emergente de Serviço Social/Trabalho Social/Trabalhadores Sociais foi o "aprender fazendo". Consequentemente, a tarefa inicial desse programa era diagnosticar problemas sociais presentes em contextos macrossociais, que as estatísticas não demonstraram. Ele também participou da distribuição da ajuda, forneceu orientação e transmitiu uma mensagem de confiança na Revolução de grande alcance político e gerador de consenso em favor do projeto socialista cubano. Em uma segunda etapa do desenvolvimento do programa, o Serviço Social/Trabalho Social propôs abordagens mais abrangentes para a situação de determinados grupos sociais já reconhecidos como segmentos mais fragilizados, a quem atenção especial foi dada. Também foram incluídas ações de avaliação de diversos programas e serviços sociais. O levantamento de problemas e a avaliação de mecanismos de atenção dinamizaram algumas políticas setoriais e atestaram a atenção a algumas necessidades urgentes. Mesmo que essas ações não tenham ultrapassado o assistencialismo e se caracterizado como uma das tarefas devidamente profissional do Serviço Social/Trabalho Social, elas não deixaram de ser importantes (Muñoz; Urrutia, 2011).

Entre 2008 e 2011, houve uma projeção para o desenvolvimento de uma prática profissional de Serviço Social/Trabalho Social. A intensa participação da academia no trabalho do programa e o debate interno com a comunidade de assistentes sociais/trabalhadores(as) sociais, ajudaram a reconhecer as limitações de sua prática e a projeção de um desenvolvimento profissional. A partir daí, há evidências de uma orientação no sentido de criar atividades que visavam a prevenção e a transformação dos problemas sociais a partir da participação social e da implementação de políticas públicas e serviços sociais, por meio de ações de orientação, organização, mobilização de recursos, conscientização e educação social.

A organização de um sistema de supervisão profissional foi mais um avanço. Os relatos de supervisão das práticas profissionais dão conta da importância que é dada ao domínio e uso de ferramentas metodológicas no Serviço Social/Trabalho Social, à identificação de recursos — fundamentalmente humanos — em cada contexto, e à intencionalidade de envolver os sujeitos nas ações propostas. A supervisão contribuiu para o desenvolvimento de critérios mais exigentes profissionalmente para avaliação de desempenho. Considerou-se, então, desde a política, a necessidade do(a) assistente social/ trabalhador(a) social como aquele(a) agente que operava com novos métodos para promover diversos programas sociais. Esse profissional trabalha com grupos de pessoas de diversas posições sociais e em meio às relações de poder entre aqueles(as) que decidem e aqueles(as) que necessitam do serviço, isso articulado à natureza política de suas tarefas. Alguns conteúdos e métodos se distanciaram do trabalho profissional e englobaram um ativismo político mais amplo comprometido com a transformação revolucionária empreendida pelo Estado e suas instituições.

Desde o seu início, a prática profissional do Serviço Social/Trabalho Social em Cuba possui uma forte carga de politização e ativismo social, que pode ter sua justificativa histórica, mas que por vezes tem comprometido a natureza da profissão. No entanto, tem contribuído para a resolução de necessidades urgentes de indivíduos, grupos e comunidades, característica manifestada na evolução histórica do trabalho social há mais de sessenta anos. Guardadas algumas especificidades históricas, é possível relacionar o contexto cubano com o que foi apresentado por Netto (2005, p. 39) sobre o processo de reconceituação latino-americano, estabelecendo uma coincidência entre o Movimento de Reconceituação e o desenvolvimento do processo no país, no que o autor se refere como *um caráter essencialmente ativista da profissão*. Isso rendeu inúmeras análises sobre a "politização" e "desprofissionalização" do Serviço Social/Trabalho Social (Muñoz; Urrutia, 2016, p. 4).

O Programa de Trabalhadores Sociais promoveu o desenvolvimento da práxis profissional em Cuba no final da primeira década deste século. As funções profissionais definidas visavam promover a prática independente e criativa. Os papéis profissionais como pesquisador, como agente de política pública e de processos de desenvolvimento social foram aprimorados (Gómez, 2016, p. 436). Paralelamente, houve um processo de revitalização do debate acadêmico em torno do Serviço Social/Trabalho Social: suas funções e métodos de intervenção; os processos de profissionalização e institucionalização; uma reavaliação das concepções e práticas; maior compreensão do papel dos(as) assistentes sociais/trabalhadores(as) como agentes de mudança e transformação da sociedade; a busca de formas de cooperação e consenso interinstitucional e entre o Estado e a sociedade como um todo; entre a comunidade e os interesses privados, em termos de realização de ações públicas que beneficiem o maior número de pessoas, sem perder a perspectiva do específico e do individual (Muñoz; Urrutia, 2011, p. 139).

Paradoxalmente, essa experiência não pode ser consolidada a fim de alcançar resultados de transformação social e mobilização participativa dos sujeitos de forma generalizada no país. Todavia, suas ações por uma década levaram ao reconhecimento político da necessidade de Serviço Social/Trabalho Social em Cuba, acompanhadas por uma produção de conhecimento teórico sobre a área até então praticamente ausente no país. Destacam-se os pronunciamentos sobre a compreensão do Serviço Social/Trabalho Social como disciplina e/ou profissão, debates teóricos enquadrados em espaços acadêmicos específicos nos quais determinadas tradições de pesquisa o demandavam. Entre elas estão as publicações de acadêmicos universitários sobre a história, teoria e metodologia do trabalho social, particularmente em três universidades do país: a Universidade de Havana (Departamento de Sociologia); o Centro de Estudos do Desenvolvimento Comunitário da Universidade Central de Las Villas e a Universidade de Camagüey (Centro de Estudos para o Trabalho Comunitário), ao reconhecer sua iniciadora, a pesquisadora Karelia Barreras, do Centro de Pesquisa Psicológica e Sociológica (CIPS). Com a criação e desenvolvimento do Programa de Trabalhadores Sociais, o diálogo entre academia, profissão e política foi considerado na primeira década do século XXI, mas interrompido quando o programa se desintegrou. Atualmente, há um interesse acentuado em restabelecer o diálogo.

No final da primeira década do século XXI, sob o severo impacto da crise global que se abriu em 2007-2008 e a necessidade de aperfeiçoar o modelo cubano de desenvolvimento econômico e social, houve uma mudança na política social. A nova projeção busca a maior racionalidade e o ajuste dos serviços sociais prestados pelo Estado às limitadas possibilidades econômicas do país. Essa política resultou em reajustes orçamentários e contrações dos programas sociais fundados alguns anos antes. Entre os ajustes feitos estão o corte nos fundos de assistência social, a contração das matrículas universitárias e o encerramento do desenvolvimento incipiente da profissão no país. Ao mesmo tempo, a participação do mercado na economia se expandiu com o aumento do investimento estrangeiro, a autorização de empresas como força de trabalho contratada e uma crescente conexão com o capital transnacional.

Nesse contexto, do ponto de vista institucional, o Programa de Trabalhadores Sociais é encerrado e uma parte dos(as) habilitados(as) são integrados(as) ao Ministério do Trabalho e Previdência Social (MTSS). Outro grupo de jovens qualificados foram realocados para diferentes áreas ocupacionais sendo que processos de treinamento se interromperam. Com base no exposto, a profissão foi reinstitucionalizada sob a direção do Ministério do Trabalho e Previdência Social (MTSS). O Serviço Social/Trabalho Social foi entendido como uma ocupação tecnoburocrática de natureza assistencial, para a qual não é necessária qualificação especializada.

No entanto, as condições impostas por um complexo contexto social de crise econômica, a reconceituação do modelo de desenvolvimento social, o aumento das desigualdades/vulnerabilidades e os impactos da pandemia covid-19 conspiram e forcejam, uma vez mais, a favor de um reconhecimento do Serviço Social/Trabalho Social na agenda pública do Estado. Atualmente, há um interesse acentuado em restabelecer o diálogo. Além disso, ações têm sido realizadas entre ministérios cubanos e academia que demonstram a necessidade de inter-relacionamento entre ciência-academia para alcançar o desenvolvimento social sustentável, questão que poderia ser objeto de outro ensaio[8].

3. Percepções sobre as tendências teóricas que inspiram o Serviço Social/Trabalho Social cubano

Ao analisar o estado das Ciências Sociais em Cuba, após 1959, parece finalmente existir um consenso que reconhece a existência de momentos de crise e de recuperação ao longo de sua trajetória, sobretudo desde os anos 1990. Análises sobre o estado dessas ciências e seus desenvolvimentos díspares são de importância extraordinária, principalmente pelo papel social que desempenham na sociedade. Contribuem para a formação e consolidação de uma visão crítica e propositiva, não apenas referindo-se ao desenvolvimento de processos sociais, mas também com uma vocação transversalizadora e de grande sensibilidade social.

No caso do Serviço Social/Trabalho Social, por se tratar de uma profissão ligada ao cotidiano de sujeitos, grupos e comunidades, mais preocupado com a prática do que com a reflexão teórica, pode parecer que ele está à margem do debate sobre o futuro das Ciências Sociais no contexto da Revolução Cubana. Pelo contrário, debater sobre os fundamentos teóricos e metodológicos que inspiram sua práxis é uma necessidade, bem como sustenta-se no fato de que na nova sociabilidade que se encontra com a construção socialista, a ideia de aperfeiçoar

8. Uma grande reativação ocorreu em 2020. Diversas instituições do Estado que atendem a demandas sociais solicitaram a colaboração dos acadêmicos nos processos de análise de políticas e na elaboração de um plano de estudo de Técnico Superior Universitário de ciclo curto em Serviço Social/Trabalho Social. Isso, sem dúvida, reativará a formação no país e avançará nas práticas. Por outro lado, embora seja um avanço, essa modalidade parece insuficiente diante da demanda que a realidade social do país e do projeto social cubano apresentam à profissão.

a profissionalização do Serviço Social/Trabalho Social, de uma vez por todas, permitirá que ela ocupe o lugar que lhe corresponde no concerto das Ciências Sociais (Muñoz, 2019).

Ao analisar o acolhimento geral da teoria social no contexto cubano, afirma-se que ela apresenta cinco características que a distinguem e que podem ser tomadas como referência para o estudo particular do Serviço Social/Trabalho Social. A *primeira* nasce desse caráter polidisciplinar que no campo teórico tem apresentado a construção da ciência no país, o que alguns estudiosos chamam de intrusão teórica, entendido no sentido da transdisciplinaridade, pois dentro do pensamento social derivações teóricas e preferências temáticas e metodológicas de disciplinas relacionadas são reconhecidas: filosofia, economia, política, sociologia, ética, etc. Nesse sentido, no caso do Serviço Social/Trabalho Social, se o considerarmos como uma disciplina científica que aparece em parte da literatura produzida no país, este tem sido influenciado por outras, como ciências da saúde, psicologia e sociologia[9].

A segunda *característica* importante é o ecletismo teórico presente nessas reflexões, de modo que as ciências sociais não abraçaram, preferencialmente, uma única entre as diferentes correntes que coexistiram

9. Esse debate aparece nas primeiras obras publicadas por Teresa Muñoz Gutiérrez e Lourdes de Urrutia Barroso da Universidade de Havana, nos primeiros anos de 2000, e nas de Ramón Rivero Pino e outros pesquisadores do Centro de Estudos de Desenvolvimento Comunitário da Universidade de Las Villas e do Centro de Estudos para o Trabalho Comunitário da Universidade de Camagüey. Com os debates desenvolvidos pelo Programa de Trabalhadores Sociais e o crescimento do intercâmbio com o pensamento crítico latino-americano iniciado com Porto Rico, México e Brasil desde o final dos anos 1990, que se fortalece nos anos 2000, certo consenso está sendo alcançado sobre a necessidade de considerar o Serviço Social/Trabalho Social profissão, na compreensão dos estudos elucidadores e comprometidos de importantes intelectuais como José Paulo Netto, Marilda Iamamoto, Carmelita Yazbek, Carlos Montaño e um grupo de professores da Unesp-Franca, entre outros. Destaca-se a influência da colaboração organizada primeiro com o Centro de Estudos Multidisciplinares Avançados Mescuba, Núcleo de Estudos Cubanos e estudos realizados com o Brasil, pesquisas denominados *"O Serviço Social no Brasil e em Cuba: trabalho e formação profissional a partir da década de 1960"* (2011-2014 — financiada pela Capes — código 098/2010) e *"Serviço Social e América Latina: tendências teóricas atuais"* (2017-2019, financiada pela Fapesp, projeto 2017/14497-5), ambos liderados pelo Dr. José Fernando Siqueira da Silva.

dentro do pensamento. Pode-se dizer, sem dúvida, que na trajetória intermitente e insuficiente do Serviço Social/Trabalho Social, o que tem ocorrido é um escasso processo de acolhimento de alguns núcleos de pensamento em nível internacional, mais a partir da metodologia do que da própria teoria. Isso provém da detecção de problemas sociais que requerem atenção ou da missão social da instituição que a promove. Assim, o uso da teoria é insuficiente e heterogêneo, e em grande parte pecou pelo pragmatismo.

A *terceira característica* é o peso relativamente pequeno, limitado e escasso dos componentes teóricos dentro do desenvolvimento da ciência, pois se comparadas ao desenvolvimento no campo do metodológico, as formulações teóricas têm sido muito pobres, característica que se adapta à história do Serviço Social/Trabalho Social, cujas contribuições foram muito modestas.

A *quarta característica é* a dependência, a sobreposição e intersecção das Ciências Sociais com o pensamento crítico latino-americano. Momentos de aproximação e influência como os protagonizados pelo contraponto entre a teoria do desenvolvimento e o da dependência nos anos 1960, e momentos de distância total, como os que ocorrem na segunda metade dos anos 1970, com consequências graves para as Ciências Sociais. Isso determinou, à profissão, uma quase ausência desses referenciais até o final dos anos 90 do século XX, que começam a aparecer seletivamente e em pequenos grupos, e até hoje continuam escassos.

O *quinto aspecto* a ser levado em consideração é a circulação limitada e atualização das informações, o pouco acúmulo de resultados de pesquisa e o acesso limitado aos profissionais. Existe um acesso insuficiente à bibliografia, tanto livros quanto resultados de pesquisa, bem como uma tendência de centralização quando disponível[10].

---

10. Consultar: "Panel sobre el desarrollo de la Sociología en Cuba", 9 jul. 1999. Departamento de Sociología, Facultad de Filosofía e Historia, Universidad de la Habana. Participantes: Aurelio Alonso, Juan Valdés Paz, Jorge Hernández, Niurka Pérez Rojas, Graciela González y Teresa Muñoz.

As urgências da atenção aos problemas sociais de diferentes tipos em seus diferentes momentos históricos pelos(as) assistentes sociais/ trabalhadores(as) sociais subestimaram a necessidade da teoria para a prática profissional. Isso explica a reprodução e o predomínio de modelos assistencialistas de intervenção, carente de uma perspectiva teórica e de metodologias relacionadas que orientem a ação profissional e a pesquisa, em diversas realidades sociais. Isso se manifesta nas experiências de formação, no escasso trabalho de pesquisa e nas intervenções que são realizadas, fatos que limitaram, na maioria dos casos, a necessidade de proporcionar aos profissionais uma visão mais ampla possível das diferentes perspectivas teóricas e metodológicas.

No entanto, o marxismo prevalece como uma abordagem teórica fundamental em suas variantes, depois de 1959[11]. Já nos anos 1990, há

11. Desde antes de 1959 e desde a entrada de ideias marxistas no final do século XIX, primeiro ligado a uma visão utópica (Diego Vicente Tejeras), depois na República Neocolonial com Carlos Baliño, Julio A. Mella, Rubén Martínez Villena e outros proeminentes combatentes anticapitalistas e revolucionários-comunistas ligados à fundação do Partido Socialista Popular nos anos 1920 (1925), antes do Partido Comunista de Cuba (1965). Em figuras como Blas Roca e Lázaro Pena, líderes políticos do partido e dos sindicatos; ou intelectuais orgânicos como Juan Marinello. Carlos Rafael Rodríguez e Raúl Roa, entre os mais notáveis que podem ser encontrados desde as primeiras décadas do século XX, aproximam-se dos postulados da Internacional Comunista e outros que produzem críticas a essas visões e que assumem uma visão mais criativa do pensamento de Marx, Engels e Lênin. Todos são portadores de um pensamento que a partir de posições anticapitalistas incorporam a análise do contexto de formação da nação cubana, marcado pela história das lutas pela independência e pela conquista da soberania nacional (Guerra de 1868 e Guerra de 1895). Tais lutas culminam com a vitória dos mambises cubanos, conquista que é tirada deles pela intervenção americana no final da guerra, que foi considerada por Lenin a primeira guerra imperialista da história. Este fato dá origem a quase sessenta anos de interferência americana nos destinos da Ilha e à existência de uma República Neocolonial. Portanto, as ideias marxistas em Cuba, independentemente de suas preferências, sempre defenderam a orientação de que a formação da nação cubana e seu projeto social ético se gestaram desde suas origens até a independência e a justiça social. Desse projeto social de nacionalidade seu maior expoente é José Martí, que, entre os mais altos valores, sempre destacou a justiça social e a dignidade humana. José Martí afirmou (e isso é ratificado na Constituição da República de Cuba aprovada em referendo em 2019): "Quiero que la ley primera de nuestra república, sea el culto de los cubanos a la dignidad plena del hombre". Trata-se de um preceito ético que estrutura o projeto social cubano, pensando na utopia revolucionária que convoca cubanos desde o século XIX. Essas ideias têm continuidade no pensamento revolucionário cubano e marxista, que com Fidel Castro e os jovens do Centenário, "tomaron el cielo por asalto" e

uma presença do paradigma abrangente e um reconhecimento mais explícito do uso de outras teorias estrangeiras, sem muito rigor. Em muitos casos são incorporados a partir do uso de suas metodologias, entre as quais determinados neofuncionalismos, interacionismos e construtivismos. Destacam-se, mais recentemente, as buscas por referências no pensamento crítico latino-americano.

Aprofundando-se na recepção do marxismo[12] e avaliando a complexidade desse processo ainda não suficientemente investigado pelas Ciências Sociais cubanas, a primeira década da Revolução foi reconhecida por estudiosos[13] como um momento criativo e de renovação das Ciências Sociais. No entanto, há uma contradição entre o interesse de promover a pesquisa social e a forma estreita de avaliar a importância de disciplinas sociais como a sociologia e o próprio Serviço Social/ Trabalho Social, o que acabou comprometendo o desenvolvimento destes. Destaca-se que a Reforma Universitária (1962) não reconheceu a importância das Ciências Sociais para a formação de especialistas. A pesquisa de temas sociais tornou-se uma necessidade nesses anos com o objetivo de acompanhar as grandes transformações vividas pelo

declararam J. Martí o "mentor" do ataque ao Quartel de Moncada em Santiago de Cuba, em 26 de julho de 1953. Assim, quando a Revolução triunfa em 1º de janeiro de 1959, as ideias marxistas e leninistas são assumidas e se expandem emulsificadas com as ideias de pátria, revolução, dignidade, justiça, anti-imperialismo e revolução. O desenvolvimento dessas ideias leva à necessidade do socialismo,como a única saída para a manutenção da independência e da soberania. O marxismo-leninismo continua acompanhando a construção do socialismo até hoje. Consultar: Peña, Farías Ángela; Gutiérrez, Teresa Muñoz. "Principales tendencias teórico metodológicas de la investigación sociológica en la década del 80 en Cuba" (trabalho apresentado na Conferencia de Filósofos y Científicos Sociales de Cuba y los Estados Unidos, jun. 2002, Facultad de Filosofía e Historia, UH).

12. O filósofo e professor de Filosofia Jorge Luis Acanda destacou que essa divergência de leituras e formas de colocar em prática a mensagem marxista, se deve a fatores externos e internos de este pensamento. De forma sintética, os fatores externos têm a ver com o caráter polêmico de seus textos, a dispersão de sua obra, a ausência de um resumo sobre ela e a superposição de outras interpretações enviesadas aos textos originais; internamente, a causa fundamental reside na própria complexidade da reflexão marxista. Acanda, Jorge L. (1995). O que no marxismo está em crise?", nos *Debates Americanos*, Havana, n. 1, janeiro-junho, p. 71 e 73.

13. Entre eles(as): Fernando Martínez Heredia, Juan Valdés Paz, Aurelio Alonso, Esteban Morales, Jorge Luis Acanda, Mayra Espina Prieto e Natacha Gómez.

país. São obtidos, então, resultados de pesquisa, o trabalho é promovido nas comunidades, bem como o Ministério da Assistência Social é criado (órgão governamental com "vida curta", mas que serviu de impulso às práticas no Serviço Social/Trabalho Social). Nesse cenário, há uma incorporação bastante criativa do marxismo, embora tenham persistido diferentes formas para entendê-lo na tensa relação dogmatismo-criatividade. Ademais, um diálogo frutífero é estabelecido com o pensamento crítico latino-americano a partir de posições bastante heterodoxas, muitas delas documentadas em publicações importantes da década, tais como as revistas *Pensamento Crítico, Teoria e Prática, Cuba Socialista*, entre outras.

Em termos das Ciências Sociais e dos usos dos marxismos, a fertilidade intelectual que geralmente está associada aos anos 1960 não é experimentada na mesma medida nos anos 1970. Esse período faz parte de um processo de reordenação do socialismo em Cuba[14]. A partir de um modelo gestado no próprio país, passa-se a aceitar o paradigma soviético de socialismo e as Ciências Sociais não são exceção. Mecanicamente assumiu-se um modelo em que o fetichismo das três fontes e das três partes integrais do marxismo, delimitadas na obra de mesmo nome de Lenin, levou à separação entre materialismo dialético e materialismo histórico[15]. Outro grupo de autores tomou posições menos extremas e reconheceu que a concepção de Marx, em sua interpretação soviética mais dogmática, foi assumida como um paradigma único, basicamente na socialização mais ampla da teoria social, embora nem sempre tenha sido assim na pesquisa. Alguns grupos de intelectuais cubanos, por sua vez, não perderam contato com uma literatura mais variada (Muñoz, 2009).

14. Vale destacar alguns eventos importantes: o Congresso de Educação e Cultura em 1971, o Primeiro Congresso do Partido Comunista de Cuba em 1975 e o processo de institucionalização do país. Tais acontecimentos impactaram o modelo de ciências sociais em Cuba.

15. Aspectos que lembram o viés deixado por Stálin na leitura da teoria marxista, após a morte de Lenin.

Como resultado, as Ciências Sociais são submetidas à reitoria de Filosofia e a uma tutela ideológica excessiva que limitava os espaços de debate e aceitação e/ou explicação dos diversos. No período, predominaram estudos descritivos que demonstraram até que ponto o modelo socialista aceito foi implementado em Cuba, esses a partir de uma abordagem excessivamente quantitativa e empirista. Em outros casos, este trabalho de pesquisa trouxe um frágil impacto à realidade, longe da perspectiva de mudança em contraste com a década anterior[16]. Houve, ainda, pouco intercâmbio com a América Latina, produzido principalmente pela descontextualização que ocorre de pensamento em relação à realidade, ou seja, a relação entre a Europa Oriental e Cuba foi aprofundada e a de Cuba com sua região foi negligenciada. Por isso, há escassez de contatos culturais que reduziram a compreensão da identidade latino-americana no país dentro dessas ciências e tornaram os canais de intercâmbio escassos.

A relação entre o Serviço Social/Trabalho Social e o marxismo foi tratada, no limite, como um tema incluído na formação de técnico médio em saúde, sem relação orgânica com os demais conhecimentos recebidos pelos estudantes e principalmente com as metodologias de intervenção social, uma vez que suas práticas privilegiaram a atenção a casos individuais com encaminhamentos bastante burocráticos em relação aos perfis ocupacionais, sem investigação. Esta situação se manteve durante os anos 1980. Na segunda metade dessa década e durante os anos 1990, há um processo de análise e reflexão das Ciências Sociais impulsionado pela crise sofrida no país após o colapso do campo socialista. Ela ajudou a visualizar temas sociais que se pensava superados, bem como identificou novas tensões. Isso, ao mesmo tempo, significou um cenário de oportunidades para o Serviço Social/Trabalho Social. Ao mesmo tempo, a partir do marxismo são realizadas análises autocríticas que permitiram desencadear um momento qualitativamente superior que se estende dos anos 1990 até o presente.

16. Consultar: Espina, Mayra (1995). Tropiezos y oportunidades de la Sociología en Cuba. *Revista Temas*, n. 1, Havana: Cuba.

Já ao final dos anos 1990, como esboçado anteriormente, houve maior nível de institucionalização da profissão (técnico médio e universitário — pré e pós-graduação). O trabalho comunitário foi aprimorado como forma de contribuir para a resolução da gama de problemas sociais existentes. Tudo isso projeta um impulso à profissão e intensifica a busca por referências teóricas e metodológicas para colocar a formação e as práticas profissionais em nível superior, a partir da análise de experiências endógenas e exógenas.

Percebeu-se, ao longo da pesquisa, que muitos(as) assistentes sociais/trabalhadores(as) sociais desenvolviam ações educativas/comunitárias nestes espaços, nos termos adotados por Couceiro (2015), frequentemente articulado com o que é caracterizado em Cuba como "Talleres". Estes espaços se converteram em áreas de investigação de assuntos relevantes para o trabalho comunitário e para o desenvolvimento local do Serviço Social/Trabalho Social, conforme também apontado por Masson, Carmo e Brigo (2020). Está relacionado com programas e projetos, métodos e metodologias de trabalho e às políticas públicas com ênfase no desenvolvimento, bem como é compreendido como um processo de ampliação de oportunidades, aquisição de conhecimentos para o acesso a recursos necessários para alcançar um nível de vida decente, com foco no ser humano[17].

No geral, é evidente uma preocupação intervencionista, a comunidade é destacada como um espaço de construção de relações, com

17. As ideias em torno do comunitário têm sido trabalhadas a partir de vários espaços acadêmicos e não acadêmicos em Cuba. Para citar alguns exemplos em Cuba: desde o Departamento de Sociologia da Universidade de Havana; desde o Centro de Estudos de Desenvolvimento Comunitário da Universidade de Las Villas, como área de construção de relações sociais entre pessoas e grupos, independentemente de espaços geográficos, em que laços de cooperação e solidariedade são tecidos. Assim, em um cenário diferente, mas com particularidades nada desprezíveis, foi criado o mestrado em Serviço Social/Trabalho Social na Universidade de Camagüey. Nas províncias de Cuba, o trabalho comunitário é uma relevante área de pesquisa das Ciências Sociais e Humanas, de organização, mobilização popular socialista e de trabalho do(a) assistente social/trabalhador(a) social. O mestrado em Trabalho Social da Universidade de Camagüey foi concebido a partir de estas demandas e, portanto, as organizações políticas e da sociedade civil têm uma trajetória nesse sentido, a partir de abordagens semelhantes.

senso humano e solidariedade, bem como uma prática inovadora é promovida, mas com uma base teórica e científica escassa, excessivamente instrumental e eclética. As demandas colocadas sobre a profissão pelo Estado são eminentemente operacionais. Nesse cenário complexo, a profissão reforça seu caráter instrumental intervencionista. Embora sejam feitas críticas às práticas assistencialistas da profissão, nem todas as condições ainda estão em postas para alcançar um redimensionamento científico e crítico do Serviço Social/Trabalho Social em Cuba.

Em termos teóricos, é um momento em que vários debates ocorrem e há uma busca pela literatura europeia, sobretudo da Espanha e da Suécia, o que permite avaliar o estado da profissão e organizar programas da licenciatura. Intensificou-se o debate com referenciais do pensamento crítico latino-americano incluindo, em alguns casos, leituras dos anos 1960 desconhecidas no país. Com elas retomou-se o conhecimento relacionado ao processo de reconceptualização atualizando-o a partir da realidade cubana do final dos anos 1990 e 2000. Destacam-se a inclusão do pensamento e das práticas pedagógicas de Paulo Freire e o reconhecimento mais explícito do uso de outras teorias estrangeiras.

Todos os esforços realizados são passos que mostram continuidade, mas que arrastam, do ponto de vista teórico, discussões que devem evoluir para um consenso. Como destacado por Silva e Carmo (2015, p. 147), os termos "Trabajo Social" e "trabajador social" em Cuba têm, hoje, conotações bastante abrangentes. Eles orbitam entre o entendimento profissional generalizado na divisão social do trabalho capitalista (com as adequações necessárias de um trabalho que se reorganizou a partir das condições da economia planejada socialista), até práticas de perfil militante comprometidas com os ideais da revolução iniciada em janeiro de 1959. Todavia, cada uma dessas denominações foi constituída e ou reorganizada por intencionalidades, objetivos e lógicas formativas muito diversas, seguramente emergenciais, mesmo que o foco central tenha sido (e ainda é — para as propostas em curso) *a intervenção na realidade social com ênfase na abordagem comunitárias sem desconsiderar os indivíduos e suas demandas.*

Yordi (2012, p. 18), na mesma direção, afirma que em Cuba não há uma única definição de Serviço Social/Trabalho Social. Ao contrário, o que existe é a dispersão acentuada na visão sobre a problemática dele na atualidade. A partir de posições do "Programa de Trabajadores Sociales" e de seu processo de habilitação profissional, defendeu-se a possibilidade de assumir o papel de assistente social/trabalhador(a) social desde qualquer profissão sócio-humanista, o que respondeu mais às necessidades da política educacional no país do que à própria natureza da profissão. Com base nas posições dos argumentos da academia foram levantados argumentos para qualificá-lo como profissão seguindo a experiência latino-americana, mas também nos primeiros momentos foi defendida a possibilidade de ela ser entendida como disciplina científica em formação. Já hoje, um maior consenso se impôs no sentido de identificar o Serviço Social/Trabalho Social como profissão[18].

É também relevante o reconhecimento de seu vínculo com a identificação e reconhecimento da necessidade de buscar soluções alternativas para os problemas sociais emergentes. Valoriza-se como particularidade do Serviço Social/Trabalho Social em Cuba o fato de ele estar inserido em um contexto de desenvolvimento de políticas públicas sociais relevantes que expressam um compromisso com a equidade e com a justiça social. Cenário em que o Estado é responsável por indicar problemas e propor soluções. Como reconhece Gómez Cabezas (2015), as diversas posições da academia cubana sobre o Serviço Social/Trabalho Social não são contraditórias umas com as outras; ao contrário, se complementam e são expressões do reconhecimento da demanda da profissão no contexto do desenvolvimento socialista. Concordam em relacionar a atividade do Serviço Social/

18. Por volta de 2000, uma produção teórica sobre o trabalho social — até então praticamente ausente no país — foi acumulada. Há uma consciência do grau de problematização que existe em torno da profissão tanto nacional quanto internacionalmente. Isso se justifica, entre outras coisas, por não existir uma posição única e consensual sobre o Serviço Social/Trabalho Social como disciplina e profissão científica. Não há, tampouco, consenso quanto à missão, às funções e aos papéis dos(as) assistentes sociais nos processos de transformação social.

Trabalho Social no campo da política pública e dos serviços sociais, em que a ação profissional se torna essencial, promotora, implementadora e avaliadora, comprometida com processos substantivos de desenvolvimento social, bem-estar humano e participação cidadã com horizonte socialista.

Apesar dos esforços para que se estabeleça uma sustentação teórica, essas bases ainda são muito limitadas e escassas. A setorialização na organização da profissão no âmbito estatal e a pouca comunicação entre a academia e as diretorias institucionais do Estado têm enfraquecido a cooperação e o intercâmbio[19]. Todos esses aspectos tiveram consequências para o Serviço Social/Trabalho Social: pouco reconhecimento de seu papel na sociedade; inexistência de um olhar integral sobre a formação; e a desarticulação entre treinamento-pesquisa-intervenção, são elementos que dificultam seu desenvolvimento teórico e vice-versa.

O Serviço Social/Trabalho Social cubano na área de saúde também tem sido caracterizado pela falta de pressupostos teóricos e metodológicos. Prevaleceu o trabalho intervencionista sobre o investigativo (Jubán, *In*: Alayón, 2005, p. 146). Uma análise criteriosa sobre o texto apresentado por Jubán indica que a autora reconhece debilidades teóricas na área ainda que valorize a qualidade das experiências interventivas aí promovidas. A abordagem da especialista na área de saúde lida com terminologias tais como "dialético", "interativo" e "crítico", adotados formal e ecleticamente, considerando as demandas emergenciais e imediatas do país, reivindicando certo "exercício profissional" que prioriza a intervenção "microssocial", entendida como um tipo de abordagem estimuladora das "capacidades humanas" que auxilia a "satisfação de necessidades". Essa demanda, imposta pelo atual momento a Cuba, inspira-se no espírito empreendedor e

19. Essas características não são exclusivas do Serviço Social/Trabalho Social e têm sido analisadas a partir de outras Ciências Sociais, como a Sociologia. Consultar: Panel sobre el desarrollo de la Sociología en Cuba, 9 de julio de 1999, Departamento de Sociología, Facultad de Filosofía e Historia, Universidad de la Habana.

empoderador, de nítida inspiração sistêmica, que prioriza o indivíduo e destaca a importância de sua rede comunitária no trato de "múltiplas e complexas dimensões" em um espaço dito "complexo", enfatizando uma orientação integral, interativa e comunicativa. Esse procedimento recoloca o conservadorismo na profissão em um cenário de amenização da pauta socialista, na especificidade da área de saúde, destacando a gestão individual e assistencial da questão social em ascensão na atual realidade cubana. Sobre isso destaca Silva (2019, p. 328),

> Trata-se de um procedimento que reforça ações historicamente situadas no campo mais conservador da profissão em um cenário de amenização da pauta socialista provedora de recursos, reposicionando a profissão na direção da gestão individual da questão social em ascensão na atual realidade cubana marcada por restrições do Estado Social. O procedimento, aqui, deveria ser outro: resgatar a tradição socialista cubana (peculiar a este país), seu perfil universal e comunitário (nisto os indivíduos sociais), adensando a formação teórico-crítica enriquecedora de práticas criativas e próximas às demandas populares (o que já é uma tradição em Cuba). Não há como empreender isso estabelecendo como foco principal a dinâmica individual, a mobilização dos indivíduos na solução de dificuldades, bem como sem a qualificação intelectual mediada pelas universidades (embora não somente centrado nelas), pelo estudo e pela pesquisa permanentes (não apenas vinculados aos espaços da prática), em tempos de ofensiva do capital na Ilha. Situa-se, aí, um importante espaço de defesa da tradição socialista cubana no campo particular das profissões.

Tratando do que denominam de "reinstitucionalização do Trabalho Social em Cuba" (Muñoz; Urrutia, 2016, p. 192-193), destacam um grupo de aspectos relevantes a considerar: a) a importância da pesquisa para a formação profissional e intelectual dos trabalhadores(as) sociais; b) a ênfase no estudo permanente como base insubstituível para a formação de intelectuais (nisso a ampla diversidade de referências teóricas com as quais é necessário lidar criticamente); c) a importância da recuperação do legado marxiano, nisso seu método, como procedimento importante e afeito particularmente à tradição revolucionária cubana. Esses aspectos são, certamente, essenciais para redirecionar a formação profissional do Serviço Social/Trabalho Social em Cuba, considerando o legado construído e adensando-o coerentemente inspirado na ampla tradição revolucionária derivada de Marx. Há de se destacar, ao mesmo tempo, o cuidado para não atribuir ao academicismo e ao sociologismo as bases centrais para a inserção do Serviço Social/Trabalho Social como área de conhecimento nas universidades. A necessária densidade teórica é ingrediente imprescindível à qualificação profissional e intelectual, embora não seja suficiente. A militância e a práxis social, como compromisso ético-político com projetos societários orientandos pela emancipação humana (Marx, 2005, p. 42), são traços essenciais para que não se identifique nem se faça a ruptura absoluta entre militância, profissão e ciência, no processo de produção de conhecimentos e nas práticas de intervenção profissional.

Há, nesse leque heterogêneo de estudos que envolvem profissionais da prática e outros vinculados às universidades (em especial com setores da Universidade de Havana e da "Universidad Central Martha Abreu de Las Villas", Coletivo de autores, 2011 e 2012), uma diversidade significativa de temas — *"[...] comunidade LGBTi, mulheres, famílias, juventude, assuntos relacionados a grupos atingidos pela crise econômica, nisto as questões institucionais, governamentais, ambientais, as violências e as políticas e serviços públicos no país"* (Silva, 2019, p. 330) —, bem como ênfases teóricas não homogêneas, certa aproximação com a fração mais progressista do processo de renovação do Serviço Social/Trabalho Social brasileiro e da reconceituação latino-americana. Aqui são resgatados temas vinculados à emancipação social do povo cubano articulado aos históricos compromissos revolucionários de justiça social da Ilha, de José Martí a Fidel Castro, nada afeitas aos procedimentos sistêmicos há pouco sumariados. Na perspectiva de Enrique Gómez Cabezas, por exemplo, existe explícita preocupação formativa-científica, com uma orientação marcada pelos ideais revolucionários cubanos (nitidamente inspiradas na tradição de Martí e Fidel). Para ele, o Serviço Social/Trabalho Social em Cuba deve estar necessariamente articulado ao projeto da Revolução Cubana, com compromisso ético-político, marcado por "processos educativos e de conscientização", "emancipação" e competência teórico-prática profissional em uma sociedade revolucionária que enfrenta transformações[20].

> O projeto da Revolução Cubana é produto de uma ação social focada na construção das relações comunitárias, acima do egoísmo, do hegemonismo cultural e da fragmentação social que prevalecem no mundo globalizado de hoje e que são reproduzidos a partir do constante estímulo dos instintos individualistas dos seres humanos. A nova sociedade, que assim será devido às novas relações sociais que se constituem, caracterizadas por sua simetria e horizontalidade, que potencializam a participação e a colaboração; que sejam verdadeiramente humanas e solidárias. Essas relações não se desenvolvem espontaneamente e demandam processos educativos e de conscientização, que hoje demandam um profissional de trabalho social que exerce uma mediação eticamente comprometida e profissionalmente competente. [...] O trabalho social em Cuba tem o desafio de crescer como prática profissional e assumir, como projeto ético-político comprometido com a emancipação, os desafios enfrentados pelo desenvolvimento social no processo revolucionário. A partir dessa posição é essencial problematizar sobre seu papel na sociedade, valores profissionais e o sentido de sua prática (Gómez Cabezas, 2011, p. 275 e 277, tradução nossa)[21].

20. Como destaca Silva (2018, p. 331), "[...] existe, aqui, inspiração no legado crítico do Serviço Social brasileiro, formalmente inaugurado pelo Método de Belo Horizonte, ainda que se deva considerar, evidentemente, as particularidades de Cuba e as atuais transformações em que passa a Ilha na historicidade em curso."

21. "El proyecto de la Revolución Cubana demanda de una acción social centrada en la construcción de relaciones comunitarias, por sobre el egoísmo, el hegemonismo cultural y la fragmentación social que prevalecen en el mundo globalizado de hoy y que se reproducen a partir de la estimulación constante de los instintos individualistas de los seres humanos. La sociedad nueva, lo será por las nuevas relaciones sociales que se constituyan, caracterizadas por su simetría y horizontalidad, que potencien la participación y la colaboración; que sean verdaderamente humanas y solidarias. Estas relaciones no se desarrollan de manera espontánea

Não resta dúvida de que a sobrevivência do Serviço Social/ Trabalho Social crítico cubano (e não apenas dele), precisa articular iniciativas internas (particularmente qualificação teórica, científica e ético-política), mudanças operadas mundialmente no campo das esquerdas e a construção de alternativas que considerem propostas anticapitalistas (como crítica ao capital), "anti-imperialismo como crítica à dependência, bem como alternativas à resistência potenciadas em esferas locais, regionais, nacionais e continentais relacionadas entre si e internacionalistas" (Silva, 2019, p. 331). Sendo assim, trata-se de uma trajetória a ser trilhada sem tentações endógenas. O desenvolvimento da profissão no país e os desdobramentos do atual contexto de crise estrutural do capital que também impacta Cuba (incluindo a reedição do covarde bloqueio econômico à Ilha), seguramente terão impactos — positivos ou não — no Serviço Social/Trabalho Social e nas tendências teóricas já presentes nessa realidade.

4. Apontamentos finais

Cuba, desde 2015, tem vivido um processo de reconceituação de seu modelo de desenvolvimento econômico e social, contexto agravado pela crise causada pela pandemia de covid-19 em todas as esferas da vida social. Novos desafios estão sendo colocados à academia, bem como estão em curso experiências de trabalho conjuntas para continuar estimulando o debate sobre os papéis e o reconhecimento social dos(as) assistentes sociais/trabalhadores(as) sociais no país. Isso recoloca a questão da formação e da profissionalização desses(as)

---

y reclaman de procesos educativos y de concientización, que demandan hoy de un profesional del trabajo social que ejerza una mediación éticamente comprometida y profesionalmente competente. [...] El trabajo social en Cuba tiene el reto de crecer como ejercicio profesional y asumir, como proyecto ético-político comprometido con la emancipación, los desafíos que enfrenta el desarrollo social en el proceso revolucionario. Desde esa posición es imprescindible problematizar sobre su papel en la sociedad, los valores profesionales y el sentido de su práctica".

trabalhadores(as) na agenda pública do Estado cubano. Trata-se de um processo de diálogo público para continuar buscando os caminhos profissionais que o país requer.

Debater as tendências teóricas hoje em curso no Serviço Social/Trabalho Social e suas diferentes denominações, inclusive em Cuba, é importante para adensar o debate crítico na área. Conforme afirmam Masson, Carmo e Brigo (2020), o Serviço Social/Trabalho Social em Cuba, envolve diversas políticas públicas, sobretudo as sociais, que têm contribuído historicamente com a equidade, a justiça social e o direcionamento ético-político articulado ao legado revolucionário socialista e anti-imperialista. Essa não deve ser apenas uma iniciativa acadêmica. Ao contrário, é procedimento essencial para o adensamento teórico necessário à reconstrução mental do materialmente posto, tendo a própria realidade como o ponto de partida e de chegada da crítica radical.

Essa empreitada, mais do que urgente, se reafirma em tempos de adensamento da pauta do grande capital com requintes particulares na América Latina adensados pela crise estrutural do capital em um quadro pandêmico. Não resta dúvida de que está em curso um aprofundamento do conservadorismo-reacionário, bem como o revigoramento de ações de genocídio e de extermínio daqueles setores vistos como desnecessários à reprodução ampliada do capital e ou objeto de múltiplas opressões (mulheres, negros e comunidade LGBTi+, por exemplo). O enfrentamento dessa realidade exige, ao mesmo tempo, estudo crítico permanente, "projetos efetivos, reais, que se contraponham objetivamente a tais orientações" (Silva, 2019, p. 331-332). Cuba tem ampla tradição para contrapor-se à barbárie em curso: o horizonte da universalização de direitos, com especial destaque à saúde e à educação de qualidade; o reconhecimento do importante papel desempenhado pelo Estado, na defesa dos interesses dos setores desapropriados pelo capital; e a coragem de debater e propor ações reais no projeto socialista envolvendo temas importantes tais como o reconhecimento da igualdade de gênero (sobretudo os direitos das mulheres) e o corajoso debate sobre a comunidade LGBTi+.

A encruzilhada cubana se impõe junto às múltiplas tensões no campo do Serviço Social/Trabalho Social. Não resta dúvida de que a profissão depende, ao mesmo tempo, de decisões possíveis tomadas pelo país, bem como de alternativas internacionais à esquerda. Nas duras e certeiras palavras de Che, um caminho necessário para que o legado da revolução cubana não se perca:

> Teoria e prática constituem uma unidade que deve ser dominada. [...] Tudo isso com base na crítica e na constante autocrítica, descobrir todos os defeitos e todos os problemas, saber aceitar críticas e saber criticar a si mesmo também é importante, e sempre fazer uma análise crítica do próprio trabalho para poder perceber todos os erros que cometemos e corrigi-los (Guevara, 2009, p. 26, tradução nossa)[22].

Referências

ACANDA, Jorge L. ¿Qué marxismo está en crisis? *Rev. Debates Americanos*, Havana: n. 1, p. 71 e 73, jan./jun.1995.

ALAYÓN, Norberto (org.). *Trabajo Social latinoamericano* — a 40 años de la reconceptualización. Buenos Aires: Espacio Editorial, 2005.

BARRERAS, Karelia. Sobre el desarrollo de la profesión del trabajo social en Cuba. *In*: MUÑOZ, Teresa *et al*. *Lecturas sobre la Historia del trabajo social*. Havana: Editorial Félix Varela, 2003. p. 55-9.

BORGIANNI, Elisabete; MONTAÑO, Carlos (org.). *Coyuntura actual, latinoamericana y mundial*: tendencias y movimientos. São Paulo: Cortez, 2008.

---

22. "La teoría y la práctica constituyen una unidad que hay que saber dominar. [...] Todo esto sobre la base de la crítica y la autocrítica constante, descubriendo todas las fallas y todos los problemas, sabiendo aceptar la crítica, y sabiendo criticarse también es importante, y haciendo siempre un análisis crítico del trabajo propio para poder darse cuenta de todos los errores que hemos cometido y enmendarlos".

CABALLERO RIVACOBA, María Teresa; YORDI GARCÍA, Mirtha. *El trabajo comunitario: alternativa cubana para el desarrollo social.* Camagüey: Editorial Ácana y Ediciones Universidad de Camagüey, 2004.

CASTRO, Fidel. *Discurso pronunciado en la clausura del VI Taller de las Universidades,* Havana, Palacio de Convenciones, 2000.

COLECTIVO DE AUTORES. *El Trabajo Social como profesión*: valores y principios éticos. Havana: Ed. Félix Varela, 2008.

COLECTIVO DE AUTORES. *El Trabajo Social*: su aporte a la emancipación humana. Santa Clara: Editorial Feijoo; Villa Clara: Centro de Estudios Comunitarios de la Universidad Central "Marta Abreu" de Las Villas, 2011.

COUTINHO, Carlos Nelson. *O estruturalismo e a miséria da razão.* 2. ed. São Paulo: Expressão Popular, 2010.

ESPINA, PRIETO, Mayra. Espina. Tropiezos y oportunidades de la Sociología en Cuba. *Rev. Temas* No. 1, La Habana: 1995.

FERNANDES, Florestan. *Capitalismo dependente e classes sociais na América Latina.* São Paulo: Global, 2009.

GARCÍA, Mirtha Yordi; CABEZAZ, Enrique Gómez; RIVACOBA, María Teresa Caballero. *El Trabajo Social en Cuba*: retos de la profesión en el siglo XXI. Havana: Ediciones Unión, 2012.

GIANA, Sergio Daniel. *Decadencia ideológica y Trabajo Social*: crítica al debate contemporáneo profesional. La Plata: Editorial Dynamis, 2015.

GÓMEZ CABEZAS, Enrique. El trabajo social en el pensamiento de Fidel Castro Ruz. *Cuadernos do Ceam,* Ano XIII, n.35, setembro 2013, Universidad de Brasilia: Centro de Estudios Avanzados, Núcleo de Estudios Cubanos, 227-246.

GÓMEZ CABEZAS, Enrique *El Trabajo Social: una demanda profesional en Cuba.* Tesis defendida en opción al Grado de Doctor en Ciencias Sociológicas, La Habana: 2015.

GÓMEZ CABEZAS, Enrique *Premisas para el desarrollo del trabajo social en el contexto cubano actual,* 2012, material digital).

GÓMEZ CABEZAS, Enrique Retos para el Trabajo Social en Cuba. In COLECTIVO DE AUTORES. *El trabajo social. Su aporte a la emancipación humana.* Santa Clara,

Villa Clara, Cuba: Editorial Feijóo/Centro de la Universidad Central "Marta Abreu" de Las Villas, 263-279, 2011.

GONZÁLEZ, Ernel; IZQUIERDO, Osnaide. Cuba: modelo de desarrollo e inserción en el mercado internacional. Antecedentes, desafíos y oportunidades en el actual escenario de mundialización del capital. *In*: SILVA, José F. S.; GUTIÉRREZ, Teresa del P. M. (org.). *Política Social e Serviço Social — Brasil e Cuba em debate*. São Paulo: Veras, 2016. (Coleção Coletâneas número 6).

GUEVARA, Ernesto Che. *Retos de la transición socialista en Cuba (1961-1965)*. Ciudad de México: Centro de Estudios Che Guevara/Ocean Sur, 2009.

LENIN, V. I. *O Imperialismo —fase superior do capitalismo*. Tradução de Leila Prado. São Paulo: Centauro, 2008.

MARINI, Ruy Mauro. *América Latina, dependencia y globalización*. Bogotá: Clacso y Siglo del Hombre Editores, 2008.

MARX, Karl. *O capital*: crítica da economia política. São Paulo: Abril Cultural, 1984. v.1, tomo 2.

MARX, Karl; ENGELS, F. *A ideologia alemã*. São Paulo: Boitempo, 2007.

MASSON, Gabriela; CARMO, Onilda Alves; BRIGO, Bruna Alexandra Silva e. Trabajo Social em Cuba: níveis formativos, trabalho comunitário e tendências teóricas. *Revista Libertas*. Juiz de Fora, n. 2, v. 20, p. 431-448, jul./dez. 2020.

MUÑOZ GUTIERREZ, Teresa; URRUTIA, Lourdes. El desarrollo del trabajo social en Cuba — profesionalización y práctica. *Trabajo Social en Cuba y Suecia*. La Habana: Ministerio de Educación Superior, Talleres gráficos de GEOCUBA, 2004, pp.45-67.

MUÑOZ GUTIERREZ, Teresa. La Sociología después de 1959. A manera de prolegómenos. *Para una Sociología de la Sociología en Cuba*, La Habana: Dpto. de Sociología,12 p., 2010 (inédito).

______. *La pertinencia de repensar nuestros saberes. La formación de los(s) sociólogos(as)*. Panel Teórico en Taller de Sociología Universidad de Las Villas, Cuba: 9 de febrero de 2012.

MUÑOZ, Teresa; URRUTIA, Lourdes. Trabajo Social y políticas sociales: experiencias de institucionalización en Cuba durante la última década. *Rev. Santiago,* (124), enero-abril, n.1, 122-149, 2011.

MUÑOZ, Teresa; URRUTIA, Lourdes. "Pensar acerca de la reinstitucionalización del Trabajo Social en Cuba (2011-2015)". *Política Social e Serviço Social — Brasil e Cuba em debate*. São Paulo: Editora Veras, 179-200, 2016. (Coleção Coletâneas número 6)

MUÑOZ, Teresa; URRUTIA, Lourdes. (Compiladoras y autoras). Lecturas Introductorias sobre Trabajo Social, La Habana: Editorial Pueblo y Educación, 2018.

MUÑOZ, Teresa; URRUTIA, Lourdes. *Trabajo Social y Ciencias Sociales. Construyendo saberes para el cambio social*. Conferencia Magistral en Evento internacional de Trabajadores Sociales de la Salud (SOCUTRAS), La Habana: Cuba, 4 de junio de 2019, publicado en el Boletín Surá ALAEITS.

NETTO, J. P. *Capitalismo monopolista e serviço social*. São Paulo: Cortez, 1992.

NETTO, J. P. *Ditadura e serviço social*: uma análise do serviço social no Brasil pós-64. São Paulo: Cortez, 1991.

NETTO, J. P. El Servicio Social y la tradición marxista. *In*: BORGIANNI, E.; GUERRA, Y.; Montaño, C. (comp.). *Servicio social crítico*: hacia la construcción del nuevo proyecto ético político profesional. Sao Paulo: Cortez, 2005.

PCC. *Informe al Primer Congreso del Partido Comunista de Cuba*. Havana: Editorial de Ciencias Sociales, 1976.

RAMONET, Ignacio. *Fidel Castro*: biografia a duas vozes. São Paulo: Boitempo, 2006.

SILVA, José Fernando Siqueira da; CARMO, Onilda Alves do. Notas sobre o Trabalho Social cubano. *Serv. Soc. Soc.* n. 121, p. 143-162. 2015. ISSN 0101-6628. Disponível em: http://dx.doi.org/10.1590/0101-6628.017. Acesso em: 4 fev. 2022. *On-line*.

SILVA, José Fernando Siqueira da. Serviço Social: razão ontológica ou instrumental? *Revista Katálysis*, n. 1, v. 16, 72-81, jan./jun. 2013a.

SILVA, José Fernando Siqueira da. *Serviço Social*: resistência e emancipação? São Paulo: Cortez, 2013b.

SILVA, José Fernando Siqueira da. Serviço Social e tendências teóricas atuais. *Revista Katálysis*, Florianópolis, v. 20, n. 1, p. 65-74, abr. 2017. Disponível em: http://www.scielo.br/scielo.php?script=sci_arttext&pid=S1414=49802017000100065-&lng=en&nrmiso. Acesso em: 16 jun. 2017.

SILVA, José Fernando Siqueira da. Trabalho social cubano e tendências teóricas atuais. *Textos & Contextos*. Porto Alegre, 18(2), e31719, 2019. Disponível em: https://doi.org/10.15448/1677-9509.2019.2.31719. Acesso em: 4 fev. 2022.

SILVA, José Fernando Siqueira da; MUÑOZ, Teresa del Pilar (org.). *Política Social e Serviço Social*: Brasil e Cuba em debate. São Paulo: Veras, 2016. (Coleção Coletâneas, n. 6).

Serviço Social na Costa Rica: tendências teóricas da formação e desafios atuais

Raquel Santos Sant'Ana
Debora de Oliveira Carvalho
Yessenia Fallas Jimenez

1. Introdução

Este capítulo aborda as tendências teóricas presentes nas principais obras de referência do Serviço Social da Costa Rica[1]. Como ressaltado na apresentação deste livro, este estudo é resultado de uma pesquisa que envolveu seis países latino-americanos e analisou as tendências teóricas do Serviço Social a partir das obras mestras de referência de cada país. O estudo da realidade da Costa Rica foi realizado por uma pequena equipe que pôde, depois, contar com a interlocução de uma pesquisadora do país que compõe este artigo como uma das autoras.

1. É importante lembrar que nos países latino-americanos, com exceção do Brasil, o nome utilizado é "Trabajo Social" e não Serviço Social. Isso foi destacado na apresentação deste livro, nota de rodapé número 20.

É importante mencionar que a pesquisa não analisou o Serviço Social como profissão nesses diferentes países, mesmo porque isto demandaria um conjunto de investigações que efetivamente não foram incluídas no estudo e que envolveriam conhecer o trabalho profissional, acompanhar suas práticas, inserções laborais, condições de trabalho e formação. Todavia, é evidente que a direção expressa nas obras mestras estudadas dialoga de maneira direta com as concepções de profissão existentes, as suas características e com o próprio direcionamento ético-político da profissão em cada nação.

Para entender e situar as obras, foram feitos estudos sobre a Costa Rica e a trajetória histórica do Serviço Social. Aliás, como afirma Iamamoto (2000), dois elementos explicam o trabalho profissional na sua generalidade histórica: a) a realidade na qual se insere (divisão sociotécnica do trabalho — como especialização do trabalho coletivo —, políticas públicas etc.); b) o referencial teórico-metodológico e ético-político que o profissional utiliza no seu trabalho profissional. Neste capítulo serão analisados os referenciais teórico-metodológicos presentes nas obras mestras, bem como tecidas considerações sobre a formação profissional na Costa Rica.

Na Costa Rica, atualmente, três universidades possuem o curso de Serviço Social: Universidad de Costa Rica (UCR), a Universidad Libre de Costa Rica (ULICORI) e a Universidad Latina de Costa Rica (ULatina), sendo a primeira pública e as outras duas privadas. Os cursos de Serviço Social dessas universidades oferecem licenciatura e bacharelado, e como todos os estudantes da universidade, para obter o grau de bacharelado, é necessário participar de um projeto vinculado ao "Trabajo Comunal Universitario" (TCU) e o de licenciatura realizar o "Trabajo Final de Graduación" (TFG). Ademais, no curso da UCR o bacharelado é realizado em quatro anos, adicionando de dois a três anos para a licenciatura.

No âmbito da pós-graduação em Serviço Social, existe apenas um curso de mestrado na Universidade de Costa Rica. Eles têm três grandes ênfases, a saber: pesquisa, gerência social e Serviço Social clínico (chamado na Costa Rica de Serviço Social terapêutico). Os profissionais que fazem pós-graduação optam por programas na área de humanas ou história ou, então, quando querem seguir no doutorado em Serviço Social, acabam por sair do país. Segundo informações fornecidas pelas(os) docentes durante a visita à Costa Rica[2], os países mais procurados para a realização de pós-graduação são Estados Unidos, México e Brasil.

Como dito anteriormente, neste capítulo a abordagem estará voltada para os estudos das obras de referência, mas também fará apontamentos sobre a formação profissional na "Escuela de Trabajo Social" da "Universidad de Costa Rica", pois esta universidade é uma referência na área e a primeira a oferecer o curso de Serviço Social (1942) e de pós-graduação (1994).

2. Contexto histórico e o Serviço Social em Costa Rica

Este estudo tem como base os aportes da teoria social de Marx (1983 e 1987) e, portanto, pressupõe a análise concreta da realidade de maneira a apreender o seu movimento e complexidade orientado pela perspectiva de totalidade. É premissa, portanto, analisar as profissões e seus projetos profissionais a partir de suas bases concretas postas pela realidade social e política (Netto, 2001), bem como os contextos históricos onde emergiram e se desenvolveram até os dias atuais. É a partir desse entendimento que vamos tangenciar brevemente o contexto sócio-histórico de Costa Rica situando, mesmo

2. A investigação de campo – que não incorporou "experimentos humanos" – foi realizada pela equipe da pesquisa nas primeiras semanas de agosto de 2019. Nesse período, foi possível coletar informações sobre a formação em Serviço Social no país, inclusive nas bibliotecas das universidades citadas.

que pontualmente, alguns elementos que compõem a trajetória da profissão no país.

Costa Rica é um país da América Central que teve seu passado histórico marcado pelo colonialismo europeu — especificamente espanhol —, mas diferentemente de outros países da América Latina, a América Central não foi uma área prioritária da Espanha devido à ausência de grandes metais preciosos e de produtos agrícolas de interesse do comércio internacional. A partir de 1840, ocorre a desvinculação colonial, e se inicia o processo de formação do que Botey (1994, *apud* Corella, 2007, p. 07) denomina de formação de um Estado Nacional de bases liberais e que se estrutura de maneira a assegurar os interesses e o poder da oligarquia do café e do açúcar.

Com o aumento da produção agrícola destinada ao comércio internacional e com o forte investimento estrangeiro, o Estado liberal permitiu o avanço da expropriação das terras dos camponeses, isto é, a privatização da terra. É, portanto, a partir da configuração de uma sociedade capitalista e dependente que o Estado costarriquenho se desenvolve e desencadeia processos de concentração da riqueza e da terra com impactos decisivos na questão social e em suas múltiplas refrações.

> Até 1880, o sistema de propriedade agrocomercial tinha um profundo sentido capitalista, dentro do desenvolvimento colonial do capitalismo, inicialmente impulsionado pela Inglaterra e depois, até o presente, pelos Estados Unidos. Desde essa data a Costa Rica torna-se um país de economia dependente, primeiro pela exportação de café, pelos capitalistas nacionais, bem como pelo seu comércio, e depois pela banana, cuja produção e comercialização é realizada desde sua criação em nosso país pela empresa norte-americana United Fruit Company, hoje United Brands, e, mais tarde, pelo processo de integração econômica da América Central (Cruz, 2004, p. 24, tradução nossa)[3].

---

3. No original: "Hacia 1880 el sistema de propiedad agrocomercial tenía un profundo sentido capitalista, dentro del desarrollo colonial del capitalismo, inicialmente impulsado por

A implementação da produção de banana no país no século XIX — tendo seu auge entre 1880 e 1914 —, serviu para aprofundar as relações capitalistas e para introduzir o capital transnacional, especialmente estadunidense, o qual passou a controlar os arrendamentos das plantações e ferrovias (Corella, 2007, p. 16). As relações capitalistas se intensificaram devido às novas formas de exploração da classe trabalhadora nas atividades vinculadas à produção e à construção de ferrovias para escoação desta produção. Os trabalhadores inseridos nesse processo eram, em sua maioria, estrangeiros tais como italianos, jamaicanos e chineses.

Os diversos embates entre capital e trabalho, decorrentes das transformações que impactaram as normas para a venda da força de trabalho, a legislação adotada para o pagamento dos salários e a produção e a exploração do trabalho, geraram instabilidade política e econômica ao longo do período. Isto vai impulsionar um redirecionamento no papel do Estado que inicia um incipiente processo de construção de políticas sociais para baixar os níveis de tensão existentes.

Segundo Corella (2007), o Estado liberal entra em decadência com a chegada da era monopólica no século XX. A consequência deste processo é a estruturação do que na Costa Rica tem se chamado Estado reformista-interventor. Podemos acrescentar: frente às novas demandas do capital decorrentes da era monopólica, agudizam-se a desigualdade, as crises e os embates de classe, o que pressiona o surgimento de novas alternativas político-econômicas para a condução do Estado. Essa nova organização do Estado, de cunho reformista, é marcada por uma série de transformações sociais, econômicas, políticas.

Inglaterra y luego, hasta el presente, por los Estados Unidos. Desde esa fecha Costa Rica se convierte en un país de economía dependiente, primero por la exportación de café, por parte de capitalistas nacionales, lo mismo que su comercio, y luego por el banano, cuya la producción y la comercialización la realiza desde su inicio en nuestro país la compañía norteamericana United Fruit Company, hoy United Brands, y, más tarde, por el proceso de integración económica de Centroamérica".

Da mesma forma que em outros países da América Latina, as transformações do Estado foram impactadas pela modernização do sistema capitalista, entre elas, o investimento em uma política de desenvolvimento com a industrialização e do fomento à agropecuária. Com a atuação junto às refrações da questão social, não se esperava a supressão das contradições do capitalismo e sim sua amenização por meio de investimentos públicos. Na assistência social, propunha-se uma sociedade de consumo, essencialmente capitalista, mas também com mecanismos que atendessem ao bem-estar social, como a emissão de legislação social (Corella, 2007, p. 31). Foi a partir desse período, e principalmente a partir da década de 1940, que o Estado costarriquenho teve maior atuação na questão social, por meio da aprovação de política pública em geral e da criação de instituições.

A partir da década de 1990, novos rumos são assumidos pelo Estado que intensifica as orientações neoliberais em sintonia com o contexto internacional. Este fato trouxe rebatimentos diretos sobre a atuação profissional dos(as) assistentes sociais/trabalhadores(as) sociais. Isto porque, na Costa Rica, a ênfase na política social, até então universalista, assume no final do século XX um perfil restritivo orientado para a atenção da população de extrema pobreza. Ou seja, ainda que o governo reconheça algumas demandas sociais, seu enfrentamento se restringe aos extremamente pobres (Corella, 2013, p. 85).

No decorrer do século XXI, a intensificação da crise estrutural do capital reforçou as saídas de corte neoliberal e, com isto, a abertura comercial das empresas estatais que geram negócios rentáveis para o capital tais como seguros, telecomunicações, entre outros que foram se espalhando. Junto com os processos de privatização, desenvolveu-se a focalização das políticas sociais agora dirigidas aos setores da classe trabalhadora mais pauperizados, com um perfil moralizador predominantemente vinculado ao chamado empreendedorismo como moeda de troca para a assistência social.

Com relação ao surgimento do Serviço Social na Costa Rica, é importante destacar que a formação profissional na "Escuela de Trabajo Social" se inicia na década de 1940 e caminha com as transformações dos processos históricos latino-americanos e os debates construídos no âmbito da profissão. Para Molina (2013, p. 10, tradução nossa), compreender a direcionalidade dos projetos de formação profissional de Costa Rica e da América Latina "[...] requer, sem dúvida, uma compreensão das mediações universais que são reproduzidas em cada país e, consequentemente, no ensino superior."[4]; visto que essas mediações políticas, econômicas e sociais refletem nas concepções de Serviço Social nas universidades e em parte dos projetos de formação profissional.

Assim, desde o surgimento da "Escola de Trabajo Social" em 1942 até a década de 2000, o Serviço Social desenvolveu diversos planos de estudos marcados pelas transformações da formação profissional desta e acompanhados pelo processo sócio-histórico do país e da América Latina. A formação profissional do Serviço Social na Costa Rica nasce desvinculada de qualquer ordem religiosa e, por outro lado, tem suas bases teórico-metodológicas baseadas no projeto profissional especificamente dos Estados Unidos (Corella, 2007, p. 65)[5]. A influência estadunidense na formação prevaleceu de forma direta desde o primeiro plano de estudo de 1942 até o plano de estudo de 1965, sem desconsiderar sua reprodução até a atualidade.

Porém, a articulação da escola de Serviço Social com o debate latino-americano durante o período do Movimento de Reconceituação a partir da década de 1970 trouxe um atrito inicial com o Serviço Social estadunidense. As estruturas curriculares a partir do plano de estudo de 1973 se aproximaram de fontes bibliográficas realizadas

4. No original: "[...] exige, sin duda, la comprensión de las mediaciones universales que se reproducen en cada país y, consecuentemente, en la educación superior."

5. Apesar de as bases teórico-metodológicas da escola terem sido influenciadas, principalmente, pelo projeto profissional estadunidense, é possível sugerir que houve certa influência europeia na formação (ainda que não existam estudos que comprovem isso).

a partir de releituras do marxismo e não dos textos originais, o que derivou em "[...] compreensões instrumentalistas, fatalistas ou messiânicas e, consequentemente, aprofundam a separação entre formação profissional e prática profissional institucional" (Molina, 2013, p. 23, tradução nossa)[6]. Ainda assim, os fundamentos teórico-metodológicos na formação profissional puderam contar com melhores níveis de apreensão da realidade social ancorados em elementos de uma tradição histórico-crítica que ia além da base positivo-funcional norte-americana.

Segundo Corella, apesar de o Serviço Social da Costa Rica ter sido influenciado pelo Movimento de Reconceituação, as suas tendências teóricas não romperam com as fundamentações historiográficas de lastro conservador, isto é, as tensões entre as duas principais correntes, dos Estados Unidos e da Europa (Corella, 2007, p. 62). Essas duas correntes ideológicas que moldaram o perfil da profissão apresentam as seguintes particularidades: as fontes ideológicas europeias faziam uma apologia ao capitalismo por meio de uma abordagem romântica da sociedade do capital, enquanto nas fontes estadunidenses a ordem capitalista não era objeto de questionamento (Corella, 2006, p. 91).

Finalmente, os últimos projetos de formação profissional elaborados no país — década de 1990 até o de 2004 — foram marcados por um contexto de contrarreforma do Estado e, consequentemente, do avanço do neoliberalismo na economia internacional, com uma política social cada vez mais focalizada.

Ao longo de sua história, o Serviço Social da Universidad de Costa Rica teve modificações no que se refere aos fundamentos teórico-metodológicos, mas apenas em seu último plano de estudo de 2004 é que a linha curricular, definida como Teoria e Método de Trabalho Social, foi privilegiada nos debates sobre esses fundamentos. Assim, "[...] o teórico-metodológico foi o objeto central da reforma

6. No original: "[...] comprensiones instrumentalistas, fatalistas o mesiánicas y, en consecuencia, profundizan la separación entre formación profesional y práctica profesional institucional".

curricular de 2004, juntamente com a atualização e fortalecimento dos fundamentos histórico-críticos" (Molina, 2013, p. 36, tradução nossa)[7].

Nesse sentido, atualmente o curso da escola de Serviço Social possui uma série de disciplinas que devem ser cumpridas para obter o grau de bacharelado e licenciatura em Serviço Social. Essas disciplinas estão organizadas em três linhas curriculares: linha de História, Teoria e Métodos do Serviço Social; linha de Teoria Social; e linha de Realidade Nacional. Elas expressam o conjunto de orientações sobre as quais a formação profissional deve se organizar com o intuito de atingir um perfil profissional de acordo com as condições históricas e conjunturais do país.

3. As tendências teóricas que inspiram o Serviço Social de Costa Rica

Em Costa Rica, sobretudo nos dois *campi* da universidade pública da UCR, é possível perceber uma grande preocupação com a formação dos/das estudantes e a importância que é dada à base teórica que sustenta o trabalho profissional. Uma evidência dessa preocupação com a formação é a qualidade dos trabalhos de conclusão de curso em Serviço Social da Universidad de Costa Rica, tanto no âmbito da graduação quanto da pós-graduação. Um exemplo disso é que uma das principais críticas feitas à gerência social se deu a partir de um trabalho de conclusão de curso. No mestrado, a preocupação com o referencial teórico e o debate epistêmico são parte constitutiva de todas as obras. Contraditoriamente, no entanto, é o único curso da Faculdade de Ciências Sociais que não possui um centro de pesquisa.

7. No original: "[...] lo teórico-metodológico fue el objeto central de la reforma curricular 2004, junto con la actualización y fortalecimiento de los fundamentos histórico-críticos".

Por outro lado, sobre o Serviço Social em Costa Rica, em linhas gerais, podemos afirmar que ele tem uma base eclética e que isto é reconhecido pela maioria de seus intelectuais como um componente que enriquece a profissão, à medida que permite — para eles(as) — dar um adensamento teórico mais alargado, tendo por base matrizes teórico-metodológicas diferenciadas e definidas a partir do objeto de trabalho. Daí a formação estruturar-se em ênfases teóricas voltadas para subsidiar, a partir de diferentes referenciais, as diversas dimensões do trabalho profissional. As ênfases presentes na formação são: socioeducativa promocional, assistencial, terapêutica e gerencial. É importante mencionar o fato de que essas ênfases foram denominadas em algum momento de modelos de intervenção profissional no livro *Modelos de intervención asistencial, socioeducativo y terapéutico en Trabajo Social*, de Molina e Romero Saint Bonnet (2013)[8]. Posteriormente, as autoras, em uma revisão do seu trabalho, denominaram os modelos como dimensões do trabalho profissional.

Neste item serão tratadas essas ênfases dadas à formação de maneira a evidenciar como o ecletismo é um componente da formação e encarado como algo potente para o enriquecimento teórico metodológico da profissão, a qual possui uma nítida defesa dos direitos humanos e dos movimentos sociais populares. Ainda que a grade curricular não esteja explicitamente organizada a partir dessas ênfases, mas sim a partir das três linhas curriculares anteriormente mencionadas, a presença das ênfases se dá por meio de outros elementos e espaços ao longo da formação (bibliografia utilizada, conteúdos das disciplinas, concepção reproduzida nas disciplinas sobre as particularidades da intervenção profissional e dos espaços socioprofissionais) e constituem base formativa dos profissionais.

Molina e Romero Saint Bonnet (2013), no livro mencionado, e que é a principal referência para a formação em Serviço Social no país, apresentam modelos de intervenção que podem ser voltados para o assistencial, para o socioeducativo promocional e para o terapêutico.

8. Utilizou-se, aqui, a versão do ano de 2013 desta obra, mas ela foi lançada em 2000.

Em função do desenvolvimento das disciplinas e do trabalho profissional, elas reconstroem, na sequência, as concepções presentes no Serviço Social, agora com outra configuração: Assistencial, Tecnocrática, Reconceitualizada, Alternativa e Sincrética.

A descrição pormenorizada do que Molina e Romero Saint Bonnet chamam de concepção sincrética é bastante ilustrativa sobre o posicionamento teórico adotado por elas e que, no nosso entendimento, reflete a posição majoritária assumida pelas profissionais de Serviço Social vinculados à docência em Costa Rica até os dias atuais. Segundo as autoras, essa concepção sincrética teria sido gestada a partir dos anos de 1980 e tem um enfoque integral recuperando o assistencial, o terapêutico e o promocional. O assistencial entendido como direito de cidadania que aspira a consolidação dos direitos humanos. As autoras definem o Serviço Social sincrético da seguinte maneira:

> Trabalho social como integração de elementos afins das concepções anteriores e que gera como resultado uma disciplina e uma profissão com objetivos de mudança social, mediante a intervenção assistencial, terapêutica, promocional, educativa e conscientizadora na busca da realização dos direitos humanos em todas as suas formas e manifestações (Molina; Romero Saint Bonnet, 2013, p. 63, tradução nossa)[9].

Ou seja, a concepção sincrética do trabalho profissional é exatamente a situação ideal em que, a partir de diversas possibilidades de ação e com diferentes objetos e metodologias, o assistente social estaria atuando no sentido de viabilizar os direitos de cidadania como componentes fundamentais dos direitos humanos.

---

9. No original: "Trabajo social como una integración de elementos afines de las concepciones anteriores y que genera como resultado una disciplina y una profesión con objetivos de cambio social, mediante la intervención asistencial, terapéutica, promocional, educativa y concienciadora en la búsqueda de la realización de los derechos humanos en todas sus formas y manifestaciones".

Para captar essa construção complexa e diversa de elementos a partir das obras estudadas, optamos por trabalhar algumas concepções gerais do Serviço Social seguindo, na sequência, com a apresentação das ênfases socioeducativa promocional, assistencial, gerencial e terapêutica, respectivamente. Apesar de apresentar as ênfases, focaremos mais nas obras mestras que são a base teórica que as sustentam ressaltando, em especial, as tendências gerencial e terapêutica, pois estas têm tido maior destaque no processo formativo da UCR, especificamente nos dois últimos anos, tanto na graduação como na pós-graduação.

3.1 Ênfase socioeducativa

Analisando a literatura e os dados da pesquisa de campo, foi possível apreender que há uma linha teórica importante na formação e no trabalho profissional, denominada socioeducativa, trabalhada também como assistência promocional quando envolve atividades não só organizativas, mas também de assistência social[10]. A ênfase socioeducativa promocional é pautada pela intervenção profissional, geralmente com grupos na comunidade, por meio da educação popular orientada nos princípios de Paulo Freire.

Essa intervenção profissional com enfoque socioeducativo promocional é realizada junto à comunidade, normalmente a partir de um processo que inclui o diagnóstico, o planejamento/elaboração, a execução e a avaliação de um projeto ou plano, de acordo com as necessidades dos atores envolvidos, e que se expressam nas diversas refrações da questão social (Molina; Romero Saint Bonnet, 2013; Molina, 2005).

Ao tratar da intervenção socioeducativa promocional, Molina e Romero Saint Bonnet (2013) trazem uma síntese dos métodos utilizados

10. A discussão sobre a relação entre o socioeducativo e o assistencial será objeto de discussão nas páginas posteriores.

ao longo do desenvolvimento do Serviço Social de Costa Rica com a comunidade, de forma que elas resumem esse processo no que se denomina "Modelo socioeducativo-promocional".

Assim, a dimensão socioeducativa promocional é utilizada no trabalho profissional com o intuito de promover uma ação educativa de informação e formação a partir de problemas significativos para setores envolvidos da população, como também para "[...] contribuir para transformar situações de vida, políticas, legislações ou formas de conduzir a gestão dos serviços sociais, públicos ou privados." (Molina; Romero Saint Bonnet, 2013, p. 163, tradução nossa)[11]. As autoras (2013, p. 91, tradução nossa) apontam que:

> Esse modelo tem em comum a necessária construção de redes, alianças, solidariedade em que os participantes são atores que constroem conhecimento de sua realidade, a partir de problemas significativos dos quais estratégias de ação viáveis são propostas para contribuir para a transformação de uma sociedade que exclui grande parte de seus membros. Nesse modelo, os temas são grupos, organizações de base e redes sociais ligadas ou não a instituições públicas[12].

Segundo as autoras, os métodos aplicados nesta dimensão podem sustentar-se em diferentes bases epistemológicas, como o funcionalismo, a fenomenologia e o materialismo histórico-dialético de acordo com os objetivos da intervenção e do período histórico que os origina — e tiveram como ações a defesa da adaptação, da reforma ou da prática transformadora da realidade social (Molina; Romero Saint Bonnet, 2013, p. 156). Os principais métodos apontados foram:

---

11. No original: "[...] contribuir a transformar situaciones de vida, políticas, legislaciones o bien formas de conducir la gestión de los servicios sociales, públicos o privados."

12. No original: "Este modelo tiene en común la necesaria construcción de redes, alianzas, de solidaridad en la que los participantes son actores constructores del conocimiento de su realidad, con base en problemas significativos a partir de los cuales se plantean las estrategias de acción viables para contribuir a transformar una sociedad que excluye gran parte de sus integrantes. En este modelo, los sujetos son los grupos, organizaciones de base y redes sociales vinculados o no a instituciones públicas".

método de trabalho social de grupo; desenvolvimento de comunidade; método alfabetização-conscientização de Paulo Freire; método básico ou integrado; investigação participativa e educação popular.

Em uma observação mais apurada, é possível apreender que na apresentação das autoras, teoria e método aparecem desconectados entre si, isto é, *determinado método pode ser utilizado por diferentes tradições teóricas o que confere a ele um sentido aplicativo-operacional que não exige base teórica única que o fundamente*. Por exemplo: a produção teórica de Paulo Freire é analisada como um método que pode ser utilizado a partir de diferentes marcos teóricos conceituais, assim como a educação popular. Ou seja: pode-se utilizar conhecimentos como metodologias de trabalho que envolvem a comunidade e sua participação, mas os marcos referenciais é que irão dar a direção ético-política do trabalho. Isso pressupõe que a ênfase socioeducativa promocional pode trabalhar inclusive com perspectiva de ajuste do indivíduo à sociedade se o marco teórico for funcionalista; ou pode ter um direcionamento crítico se tiver um marco conceitual que lhe respalde.

A intenção aqui não é trazer um debate sobre cada método, mas sim apontar que existe uma apreensão do conceito de método e da forma de utilização muito próxima ao positivismo: um conjunto de procedimentos para a investigação ou ação. O marxismo, ao contrário, como teoria social pressupõe uma perspectiva de totalidade e, portanto, não permite a segmentação da ontologia, epistemologia e metodologia, ainda que trate esse conjunto como unidade de diversos; afinal, ele traz uma perspectiva de homem e de mundo que se expressa na realidade no trabalho profissional, na forma de ler e atuar no real e concreto das relações instituídas.

3.2 Ênfase assistencial

Para a discussão dessa ênfase, utilizaremos a obra de Molina e Romero Saint Bonnet (2013) que traz uma excelente síntese da concepção do assistencial presente no Trabalho Social de Costa Rica. As autoras iniciam contextualizando brevemente o surgimento da assistência social e a relação com o início da profissão. É interessante notar que, nessa síntese, fica evidente como o Serviço Social surge para responder com ações aos tensionamentos postos pela ordem do capital e as ciências sociais para explicar tal realidade.

> Em 1899, em Amsterdã, foi criado o Instituto de Treinamento para o Serviço Social, cujo currículo continha caridade, trabalho de fábrica, oficinas, história do socialismo, sindicalismo, cooperativismo e seguridade social. No entanto, o estudo dos problemas sociais foi enfrentado pelas escolas de sociologia (Molina; Romero Saint Bonnet, 2013, p. 68, tradução nossa)[13].

Na sequência, as autoras fazem uma distinção entre assistência e assistencialismo de maneira a evidenciar que ainda que a prática da assistência historicamente esteja associada ao assistencialismo, ela não se confunde como tal sendo fundamental para a(o) assistente social entender essa distinção. Segundo as autoras, a prestação de serviços assistenciais pode compor a luta por cidadania, como parte das ações do Estado no sentido de compensar as desigualdades geradas pelo modo de produção. A partir desse entendimento, seguem na apresentação do modelo assistencial que é assim definido:

> [...] a atribuição de um direito de cidadania a um sujeito individual ou coletivo. Esse direito é expresso em um bem ou serviço individual ou como uma satisfação total ou parcial de deficiências vitais ou de contingência. É produzido em uma cadeia que interliga subprodutos através de relações de cooperação e coordenação interinstitucionais

13. No original: "En 1899, en Ámsterdam, se creó el Instituto de Formación para el Servicio Social, cuyo currículo contenía beneficencia, trabajo en fábricas, talleres, historia del socialismo, sindicalismo, cooperativismo y seguridad social. Sin embargo, el estudio de los problemas sociales fue encarado por las escuelas de sociología".

e/ou intrainstitucionais (Molina; Romero Saint Bonnet, 2013, p. 75, tradução nossa)[14].

As autoras supracitadas destacam algo muito emblemático ao final deste item que discute a relação entre o promocional e a assistência: quando o discurso promocional tem uma perspectiva transformadora, não há interlocução com o modelo assistencial e sim com o modelo socioeducativo promocional; neste caso, incorpora a perspectiva dos movimentos sociais (Ibidem, p. 79). A concepção apresentada indica que a assistência é vista como um espaço voltado para o acesso aos direitos fundamentais. Por outro lado, os trabalhos voltados para a transformação da realidade não passariam pela mediação do assistencial e sim pelo socioeducativo. As autoras destacam que a atividade assistencial pode sustentar-se em perspectivas ajustadoras à ordem ou para o atendimento dos direitos de cidadania, mesmo que estes reforcem o caráter contraditório das políticas sociais. Essa diferenciação entre o trabalho assistencial e o trabalho socioeducativo, a dicotomia entre o acesso aos direitos de cidadania e a luta pela transformação da realidade, nos remete ao debate sobre o fazer profissional. Afinal: é o tipo de ação ou o contexto sócio-histórico e os aportes teóricos metodológicos e éticos políticos que definem o direcionamento do trabalho profissional?

Os direitos de cidadania, ainda que nos remetam imediatamente ao processo de luta em prol de emancipação política, podem ser utilizados pela profissão como espaço de fomento para perspectivas libertárias e de reforço à conscientização, ou seja, ter uma perspectiva socioeducativa voltada para o fortalecimento das lutas sociais, mesmo quando se materializa em uma ação de assistência social. Do mesmo modo, o trabalho socioeducativo não necessariamente fomenta processos de transformação social, ou seja, pode até fortalecer perspectivas

14. No original: "[...] la adjudicación de un derecho ciudadano a un sujeto individual o colectivo. Dicho derecho se expresa en un bien o servicio individual o como satisfactor total o parcial de carencias vitales o contingenciales. Es producido en una cadena que interconecta subproductos mediante relaciones de cooperación y coordinación interinstitucional y/o intrainstitucional".

de ajuste do indivíduo à sociedade quando sustentado em referenciais teóricos que não permitam a apreensão dos determinantes da questão social. Acaba, assim, atribuindo ao indivíduo a responsabilidade por sair de situações de vulnerabilidade decorrentes dos elementos estruturais da sociedade capitalista.

Para além da intencionalidade dos sujeitos, as complexas relações entre as classes sociais e o Estado direcionam em grande medida a condução das políticas sociais com rebatimentos diretos sobre o trabalho profissional. Ou seja, mais do que o tipo de ação a ser desenvolvida, *as condições sócio-históricas e os aportes teórico metodológicos e ético-políticos são os elementos que irão definir o direcionamento dado ao trabalho profissional*; isso vai ocorrer quando se está executando ações vinculadas ao repasse de benefícios assistenciais ou ações com ênfase em processos organizativos e, até, quando se faz o atendimento individualizado ou coletivo com grupos ou comunidades. Iamamoto (2019) alerta para a necessidade de analisar o Serviço Social no âmbito das relações sociais capitalistas e a necessidade de apreender as contradições que compõem o exercício profissional em uma sociedade de classes:

> As condições que circunscrevem o trabalho do assistente social expressam a dinâmica das relações sociais vigentes na sociedade. O exercício profissional é necessariamente polarizado pela trama de suas relações e interesses sociais. Participa tanto dos mecanismos de exploração e dominação, *quanto ao mesmo tempo e pela mesma atividade* (grifos nossos) da resposta às necessidades de sobrevivência das classes trabalhadoras e da reprodução do antagonismo dos interesses sociais (Iamamoto, 2019, p. 41).

É evidente que o Serviço Social em cada país perpassa um conjunto de reflexões que são resultantes da própria trajetória histórica e do acúmulo decorrente dos aportes teóricos que vão sendo construídos e adensados a partir de diferentes contextos sócio-históricos. Mas é importante atentar-se para o que Marilda Iamamoto, profissional de referência em âmbito mundial para a área, destaca com relação aos riscos de uma ênfase para o fazer profissional independente da percepção do caráter político da profissão nas sociedades capitalistas. Segundo a autora,

> Os processos históricos tendem a ser reduzidos a um "contexto", distinto da prática profissional, que a condicionariam "externamente". A "prática" é tida como uma relação singular entre o assistente social e os usuários de seus serviços — seu "cliente" — desvinculada da "questão social" e das políticas correspondentes. Nesta perspectiva, a formação deveria privilegiar a construção de estratégias, técnicas e formação de habilidades — centrando-se no como fazer — a partir da justificativa que o serviço social é uma "profissão voltada para a intervenção social" (Iamamoto, 2019, p. 40).

No percurso da profissão na Costa Rica, é possível afirmar que as indicações da obra mestra mais utilizada na formação já sofre influxos e avança no sentido de melhor dimensionar o caráter contraditório e político da profissão. Esse influxo, no entanto, ainda não se traduz em um novo direcionamento para a formação, ainda que seja importante destacar aqui a própria revisão feita por Molina em sua última publicação em 2012, livro que, aliás, esgotou-se rapidamente. Ainda na introdução desta obra, ela apresenta uma definição da relação entre política social e questão social tendo como base referenciais marxianos, os quais, aliás, são bastante mencionados pela autora.

> Compreendendo que a questão social é uma expressão da contradição entre capital e trabalho, refratada nas singularidades humanas e sociais, como manifestações dela em suas diversas formas de confronto. A partir desse entendimento, é possível assumir os objetos do trabalho profissional como demandas sociais que despertam interesse e são colocados ou omitidos na política social, em decorrência da relação dialética concessão-conquista (Molina, 2012, p. 16, tradução nossa)[15].

15. No original: "Entendiendo que la cuestión social es expresión de la contradicción entre capital y trabajo, refractada en las singularidades humanas y sociales, en tanto, manifestaciones de aquélla en sus diversas formas de enfrentamiento. Desde esta comprensión es posible asumir

É importante, aqui, ressaltar uma maior aproximação da autora com os aportes do Serviço Social brasileiro de base marxiana, ainda que a perspectiva eclética se mantenha de maneira geral.

Por fim, é importante mencionar que apreender a maneira como o trabalho assistencial e socioeducativo acontece no país não foi objeto dessa investigação. Mesmo assim, foi possível observar que a maioria dos(as) docentes destacam o caráter libertário das práticas instituídas e a ênfase nos direitos humanos (ainda que o debate sobre o conceito de direitos humanos também não seja objeto de um intenso debate).

3.3 Ênfase na gerência social

As autoras que trazem esse acervo são Maria Lorena Molina e Nidia E. Morera em um informe de pesquisa intitulado *Modelos de atención social*, de 1993. Nessa publicação elas se referem às ênfases como modelo de atenção do Serviço Social. Anos depois (2001), Molina escreve junto com Maria Cristina Romero Saint Bonnet o livro que está sendo aqui apresentado. Nesse livro, as autoras reorganizam e reconstroem a proposta de 1993, mas seguem nas ênfases como elementos definidores da epistemologia e da metodologia a serem utilizadas em Serviço Social. A ênfase gerencial na publicação de 1993, de Maria Lorena Molina e Nidia E. Morera, aparece como socioeducativa promocional-organizativa e se refere à responsabilidade do(a) assistente social na gestão dos serviços sociais.

Atualmente, conforme já mencionado, a gerência social é uma linha de pesquisa da pós-graduação. Na graduação já foi chamada de modelo, mas hoje é vista como uma dimensão com a sua própria perspectiva teórica do trabalho profissional, considerada uma qualificação

los objetos de trabajo profesional en tanto demandas sociales que concitan el interés y se colocan u omiten en la política social, como resultado de la relación dialéctica concesión-conquista".

profissional essencial, pois, segundo as autoras, em tempos de crise do Estado de Bem-Estar Social, gerenciar adequadamente os recursos da política social é fundamental. A gerência social é considerada modalidade diferenciada de gestão, visto que está voltada para garantir a viabilização de recursos para a efetivação de direitos humanos. Para isto, deve-se compreender a realidade histórica e os elementos determinantes que geram as necessidades, as carências, os comportamentos e também as diferentes respostas frente a estas manifestações. Nessa concepção, a análise da crise do Estado como resultado de uma crise estrutural do capital não é identificada. Buscam-se alternativas para as demandas a partir de soluções gerenciais e, consequentemente, não reconhece na organização da classe trabalhadora uma alternativa para esta crise.

Outra obra de referência na área gerencial é de Molina e Morera intitulada *La Gerencia de Servicios Sociales*, de 1999. As autoras iniciam a discussão sobre a gerência dos serviços sociais destacando que o combate à pobreza é impostergável e que para enfrentá-la é necessário planejar e executar políticas públicas eficientes de maneira a atender aquele que mais precisa dos serviços sociais. Essa é uma tarefa que exige qualificação técnica e política à medida que diferentes interesses estão em jogo na execução das políticas sociais.

As autoras enfatizam que as políticas públicas podem ser eficientes e atender com êxito aqueles segmentos mais necessitados, embora por si só não sejam capazes de eliminar a pobreza que é gerada pelo acesso ou não aos meios de produção. Ainda que façam esta menção, na mesma página seguem definindo o fenômeno da pobreza a partir do documento do Banco Interamericano de Desenvolvimento que é mencionado várias vezes no decorrer do texto quando analisam o Estado e as políticas sociais[16]. Talvez em função desse referencial elas apontem as políticas universais como um dos dificultadores na

16. Mais especificamente o documento BID-Programa de Naciones Unidas para el Desarrollo, *Reforma social y pobreza hacia una agenda integrada de desarrollo*, versión preliminar, 16 jan. 1993 (Molina e Moreira, 1999, p 14, nota de rodapé).

diminuição das desigualdades sociais. Afirmam que as políticas de prestação de serviço, ao se aplicarem a todos os segmentos e não só aos mais pobres, acabam por não terem um efeito mais significativo sobre a redução das desigualdades.

Ao qualificar o setor social como desarticulado, com insuficiente participação da sociedade civil, sem critérios de avaliação dos serviços, com concepções e enfoques gerenciais tradicionais, as autoras destacam a importância de uma gerência social para os serviços sociais pois esta poderia trazer novos aportes para a execução das políticas.

Na sequência, Molina e Morera (p. 25-30) constroem propostas para fortalecer os serviços sociais desde um ponto de vista da gerência social: aumentar os recursos disponíveis (mesmo que com cobrança de serviços para quem pode pagar); elevar a eficiência do gasto social e a eficácia dos programas; praticar políticas compensatórias (em oposição às políticas universalistas); redefinir a oferta de políticas sociais; facilitar o acesso de grupos potencialmente beneficiários aos serviços; melhorar a capacidade de administração dos programas sociais; criar uma rede descentralizada e desconcentrada de serviços sociais; obter a colaboração dos usuários; dar persistências e continuidades às políticas públicas; propiciar e fortalecer a participação popular; recuperar tecnologias para que os pobres possam melhorar suas economias.

Um dos autores de referência para discutir a gerência social não só em Molina e Morera, mas também em Guillén (2001) e Molina (2003), é Kliksberg (1989, 1991). Segundo Molina e Morera (1999), esse autor acredita que a gerência social é um novo paradigma na orientação e condução das instituições públicas na América Latina, pois a crise econômica tem provocado ajustes estruturais dos Estados ativando mecanismos econômicos regressivos.

> A resposta dos Estados, condicionada pelas políticas de ajuste neoliberal, levou a uma acentuada redução dos gastos sociais, afetando severamente sua cobertura e qualidade. Daí a importância e a urgência de repensar as políticas sociais. É interessante introduzir melhorias substanciais em seu

> desenho, mas ainda mais importante é a questão de sua gestão. Nesse sentido, Kliksberg argumenta que uma gestão social eficiente é uma condição fundamental de viabilidade para políticas sociais avançadas. (Molina; Moreta, 1999, p. 56, tradução nossa)[17].

Na realidade, a ênfase na gerência social como forma de responder à crise do Estado e ao avanço da proposta neoliberal é retomada por todas as obras mencionadas: Molina e Morera (1999), Guillén (2001) e por Molina (2003)[18]. Aceita-se, como tal, que o Estado está em crise, diminuiu seus gastos sociais e que, portanto, cabe aqueles que estão na gestão utilizar melhor os recursos de maneira a fazer chegar, mesmo que por políticas focalizadas, os serviços a quem deles necessitar.

Guillén, na análise da política social, tendo como referência Klisksberg (1989), afirma que para que a política social possa ser eficiente, é preciso ter gerências competentes, ou seja, a condução eficiente garantiria a eficácia dos resultados. Em tempos de crise do Estado, a gerência passa, então, a ter maior importância, pois permite compreender como funciona as organizações produtoras de serviço sociais, conhecer a definição e formulação das políticas sociais públicas, identificar os atores e seus interesses e valores. Isso permitiria propor políticas e serviços sociais que reconhecem as potencialidades dos sujeitos e sua condição de cidadãos (Guillén, 2001, p. 58).

Molina (2003) explicita esta posição em sua dissertação de mestrado que trata da prestação de serviços remunerados por parte da Universidad de Costa Rica. Ao discutir a temática, a autora defende a

17. No original: "La respuesta de los Estados, condicionada por políticas neoliberales de ajuste, ha conducido a una fuerte reducción en los gastos sociales, afectando severamente la cobertura y calidad de los mismos. De aquí la importancia y urgencia de replantear políticas sociales. Interesa introducir mejoras substánciales en su diseño, pero más importante aún es la cuestión de su gerencia. En este sentido, Kliksberg sostiene que una gerencia social eficiente es una condición de viabilidad fundamental para una política social avanzada".

18. É importante destacar aqui que Guillén (2001) refere-se à mesma autora que escreveu a obra com María Lorena Molina em 1999, ou seja, Nidia Esther Morera Guillén.

necessidade de uma gerência social de maneira a construir uma política de prestação de serviços remunerados por parte da universidade.

Logo de início, ao explicitar seus marcos teóricos, Molina (2003) afirma que utilizará a teoria geral dos sistemas para fundamentar a importância da gerência social, mas que complementará a análise da realidade com o materialismo histórico e dialético.

> Em resumo, a abordagem escolhida de Gerência Social baseia-se na Teoria dos Sistemas, como um marco de referência para interpretar a complexidade da realidade e permitindo-lhe visualizar as (OPSS) como sistemas abertos e complexos com particularidades internas especiais, mas imersos em um ambiente externo que deve ser o ponto crítico para sua compreensão. Isso leva a considerar, necessariamente, o processo de realimentação/impacto que a OPSS estabelece com o sistema maior em que se desenvolvem, razão pela qual essa abordagem da Gerência Social também se baseia nas abordagens do materialismo histórico e dialético, como referências para a compreensão histórica e apoio às ações da OPAS. Isso implica — entre outros aspectos — rever a razão de ser e a existência das organizações e, assim, diferenciar, redefinir e elaborar propostas sustentáveis para o seu desenvolvimento, o que contribui para a transformação de uma sociedade caracterizada pela iniquidade (Molina, 2003, p. 35, tradução nossa)[19].

É interessante mencionar, no entanto, que quando a autora supramencionada discute o contexto social, a sua referência principal é

19. No original: "En síntesis, el enfoque de Gerencia Social elegido, se apoya en la Teoría de Sistemas, como marco de referencia para interpretar la complejidad de la realidad y permitiéndole visualizar a las (OPSS) como sistemas abiertos y complejos con particularidades especiales a lo interno, pero inmersas en un medio externo que debe ser el punto crítico para su comprensión. Ello, necesariamente implica considerar el proceso de realimentación/impacto que se establecen las OPSS con el sistema mayor en el que se desenvuelven, por lo cual este enfoque de Gerencia Social se apoya también en los planteamientos del Materialismo Histórico y Dialéctico, como marcos de referencia para la comprensión histórica y sustentar el actuar de las OPSS. Ello supone — entre otros aspectos —, revisar la razón de ser y existir de las organizaciones, y así diferenciar, redefinir y elaborar propuestas sostenibles para un desarrollo de las mismas, que contribuya con la transformación de una sociedad caracterizada por la iniquidad".

Fritjof Capra, ainda que complemente com outros autores com Mato (2001) e Souza (1999), porém todos da mesma linha teórica[20].

Molina (2003), baseando-se em Souza (1999), parte do pressuposto de que estamos vivendo no que ela chama de "Cambio de época" e não uma "época de câmbios".

> De Souza — apoiado pelas abordagens do sociólogo espanhol Castel — sugere que existem alguns elementos de referência cuja atuação a qualquer momento pode nos revelar se estamos diante de uma mudança de época, ou seja, *quando as relações de produção, relações de poder, formas de experiência humana e cultura são transformadas qualitativamente e simultaneamente.* Mas apenas a simultaneidade das mudanças qualitativas em todos esses elementos é o indicador verificável de uma mudança de época (Molina, 2003, p. 37, tradução nossa)[21].

Segundo a autora, o "Cambio de época" é uma premissa ontológica que está posta na realidade. Daí a importância da gerência social e sua visão sistêmica para compreender as organizações sociais, pois ela traz uma maneira distinta de analisar o contexto e construir inovação institucional (Molina, 2003, p. 41).

A autora segue no debate sobre as possibilidades de construção e regulamentação das atividades remuneradas por parte da UCR, afinal o trabalho tem como objetivo exatamente propor um enfoque de gerência de serviços para a Faculdade de Ciências Sociais da UCR. Não se pretende aqui discutir o objeto específico da autora nem suas

---

20. Souza é um autor brasileiro que teve grande influência na graduação na escola de Serviço Social. Inclusive a coleção intitulada "Innovación para la Sostenibilidad Institucional", da qual participa, foi muito utilizada na Escuela de Trabajo Social, e sua influência é ainda bastante presente nas dissertações construídas no programa de pós-graduação de UCR.

21. No original: "De Souza, apoyado en los planteamientos del sociólogo español Castel — nos plantea que existen algunos elementos de referencia cuyo desempeño en cualquier tiempo, puede revelarnos si estamos frente a un cambio de época, esto es, cuando son transformados de forma cualitativa y simultanea las relaciones de producción, relaciones de poder, formas de experiencia humana y cultura. Pero, sólo la simultaneidad de cambios cualitativos en todos estos elementos es el indicador verificable de un cambio de época".

conclusões, mas é importante destacar que a UCR, ainda que seja pública, não é gratuita, e que diversos serviços já são feitos mediante remuneração. O que a autora propõe é que se construam, do ponto de vista institucional, mecanismos para gerenciar esta prestação de serviços e o faz tendo como referência teórica a teoria geral dos sistemas.

Em outra linha, em seu livro *Gerencia social: un análisis crítico desde el Trabajo Social*, Corella (2005) faz uma profunda crítica à gerência social. Segundo o autor, também costarriquenho, atualmente professor da UCR, *campus* de San José, a gerência social, na realidade, é uma construção que vem no bojo das propostas dos organismos internacionais para viabilizar o Estado neoliberal em toda a América Latina. Em Costa Rica, a partir da década de 1980, o Estado de Bem-Estar Social vai perdendo força política e as orientações neoliberais se destacam como forma de condução do Estado[22]; as políticas focalizadas ganham força e a gerência social passa a ser considerada alternativa de gestão para o Serviço Social.

> Existem, aí, três grandes tensões: as demandas de populações cada vez mais empobrecidas e exploradas; as transformações da intervenção estatal na seguridade social, delegando maior responsabilidade às relações de mercado, como forma de ativar processos econômicos, agora em recessão; e, finalmente, as más condições de trabalho para os profissionais do "social" (Corella, 2005, p. 48, tradução nossa)[23].

22. Vale dizer aqui que existe um debate sobre a existência ou não de um Estado de Bem-Estar na Costa Rica. É bastante comum o uso dessa terminologia apesar de os processos históricos não mostrarem evidência de sua existência; pelo contrário, parece que o desenvolvimento de políticas públicas e sociais, em particular durante as décadas de 1940-1960, aparecem como consequência das relações próprias da periferia capitalista com os países centrais no marco do processo geral de acumulação de capital.

23. No original: "Existen ahí tres tensiones importantes: las demandas de las poblaciones cada vez más empobrecidas y explotadas; las transformaciones de la intervención estatal en la seguridad social, delegando cada mayor responsabilidad a las relaciones de mercado, como forma de activar los procesos económicos, hoy en recesión; y finalmente las paupérrimas condiciones laborales para los y las profesionales de 'lo social'.

À medida que o Estado neoliberal vai desconstruindo as políticas sociais universais e estabelecendo políticas focalizadas no âmbito social e recessivas no âmbito econômico, o agravamento das condições de vida da população se acentua e atinge de maneira direta também os(as) assistentes sociais, pois os postos de trabalho diminuem ou se tornam ainda mais precarizados.

A alternativa buscada nas próprias orientações das organizações latino-americanas como Alaeits/Celats vão direcionar a gerência social como alternativa. Corella (2005) apresenta as orientações do documento das referidas entidades sobre a gerência social e destaca que a mesma é a busca de otimizar recursos pela via administrativa, de maneira a otimizar o bem-estar social e coletivo. A partir das orientações das entidades, a formação em Serviço Social deveria qualificar os estudantes para a gerência social já que esta passa a ser "um novo modelo de intervenção profissional" (ALAEITS/CELATS, p. 126 *apud* Corella, 2005, p. 50, tradução nossa)[24].

Freddy Esquivel Corella mostra como estas orientações vão refletir no processo de formação de Serviço Social e, por fim, destaca:

> A gerência social, proposta criada a partir de dentro das mesmas organizações financeiras internacionais, leva a uma articulação não imediata com a diminuição das conquistas sociais, muitas vezes produto da luta de classes. Essa proposta, que se eleva como profissão e edifica toda uma "estrutura acadêmica" para seu desenvolvimento, propõe que ela seja legitimada como uma proposta de resposta às demandas atuais do conflito entre as classes (Corella, 2005, p. 54, tradução nossa)[25].

---

24. No original: "un nuevo modelo de la intervención profesional".

25. No original: "La gerencia social, propuesta creada desde el seno de los mismos organismos internacionales financieros, llevan a una articulación no inmediata con la disminución de las conquistas sociales, producto muchas veces de la lucha de clases. Dicha propuesta, al plantearse como profesión, y edificarse toda una "estructura académica" para su desarrollo, plantea que sea legitimada como propuesta para responder a las demandas actuales de la conflictividad entre las clases".

Essa obra é a referência crítica à gerência social no país e em toda a América Latina e, incrivelmente, é resultado do trabalho de conclusão do curso do autor. Depois, com mais aportes teóricos, em 2005, ele publica um artigo intitulado "Gerencia Social: algunas reflexiones sobre su génesis".

Corella (2005), a partir de uma leitura marxiana, consegue apreender como os processos de organização do trabalho são os elementos determinantes para as mudanças na própria concepção de gerência e destaca como esta, no modelo toyotista, passa a ter outro papel, diferente da organização fordista/taylorista do final dos anos de 1970 e início de 1980. Ele destaca duas características desse modelo de gestão empresarial que estão presentes no modelo gerencial proposto para a administração das políticas sociais no âmbito do Estado: a) ela é voltada para o controle dos resultados e não dos processos; b) pressupõe terceirização e privatização dos processos de trabalho e das funções do Estado. O autor discute como a gerência social retoma uma concepção de neutralidade do Estado sem identificar como esse reproduz os interesses das classes dominantes, e mais especificamente garante a reprodução do capitalismo enquanto sistema socio-metabólico. Nas palavras do autor:

> No que diz respeito à categoria de gerência social, conclui-se que não se pode estudá-la se não se reconhecer que esta é uma proposta ligada às organizações financeiras internacionais e à sua estrutura ideológica--política-patriarcal e capitalista e, portanto, responde às demandas da globalização neoliberal (Corella, 2005, p. 61-62, tradução nossa)[26].

Ainda que a perspectiva de Corella sobre a gerência social seja discutida ou pelo menos mencionada no âmbito da formação em Costa

26. No original: "En lo referente a la categoría gerencia social se concluye que no se puede estudiarse la misma, si no se reconoce que esta es una propuesta vinculada a los organismos financieros internacionales, y a su estructura ideológico-política-patriarcal y capitalista, y por ende responde a las exigencias de la globalización neoliberal".

Rica, o que prevalece é a concepção de Molina e Morera (1999), Guillén (2001) e Molina (2003). E é nessa perspectiva que a gerência social é apresentada tanto na graduação quanto no mestrado de Serviço Social.

3.4 Ênfase terapêutica

Para apresentar essa ênfase utilizaremos majoritariamente as contribuições de Carolina Madrigal Rojas que hoje é uma das principais pesquisadoras que discute o tema e que tem produzido um importante debate sobre a temática. Antes, porém, serão apresentados os paradigmas propostos por Molina e Romero Saint Bonnet (2013) de maneira a subsidiar o diálogo estabelecido entre as autoras a partir da definição do que é a ênfase terapêutica no Serviço Social na Costa Rica.

Molina e Romero Saint Bonnet (2013) trazem os aportes que sustentam o trabalho terapêutico. Para isto, colocam diversas vertentes a partir de dois paradigmas: o positivismo e a fenomenologia. Dentro da matriz positivista os modelos teóricos seriam: psicanálise, conductismo e culturalismo. Nas teorias de base existencialista estariam as correntes fenomenológicas que teriam como modelo teórico a psicologia compreensiva, a Gestalt e as humanistas. Entre as tendências estrutural-funcionalistas e funcionalistas estruturais estão os modelos de terapia de família que são assim definidos por Molina e Romero Saint Bonnet (2013, p. 209): tradicional, existencial e estrutural sistêmico. Cada modelo de intervenção está descrito no livro e representado em seus respectivos esquemas.

Carolina Rojas (2007), antes de discutir um conceito para o atendimento terapêutico, elabora um esquema para sintetizar as diferentes denominações atribuídas ao trabalho terapêutico ao longo de sua trajetória no Serviço Social. Segundo a autora, na década de 1950, as denominações genéricas do trabalho eram método de caso, Trabalho Social de caso, caso social individual; a denominação específica: Trabalho Social psiquiátrico. Nas décadas de 1960 e 1970, acrescentam-se a estas o método de grupo, o método de Trabalho Social de grupo e o tratamento social. Na década de 1980, terapia familiar ou só terapia passam a ter denominações específicas. Na década de 1990 é utilizada também a denominação geral de intervenção microssocial e no âmbito específico: socioterapia, terapia psicossocial e intervenção terapêutica. Na primeira década do século XXI, acrescentam-se as denominações específicas de modelo terapêutico ou dimensão terapêutica (Rojas, 2007, p. 424).

Para uma definição atual do que é a dimensão terapêutica, Carolina Rojas dialoga com os escritos de Molina e Romero Saint Bonnet (2013) e afirma que a síntese construída por elas avança do ponto de vista conceitual à medida que evidencia que o atendimento terapêutico pode estar voltado para o sujeito individual ou coletivo; que tem como objetivo provocar mudanças relacionais e comunicativas; e que compõem este processo o apoio, a orientação e a interpretação.

> [...] o conceito dessas autoras, afirma que a dimensão terapêutica é caracterizada pela gestão de relações e processos comunicativos que geram tensão, e busca promover mudanças no subsistema em questão, para a realização do equilíbrio, a partir da orientação, do apoio e da interpretação para a elucidação do sujeito individual ou coletivo, e a execução das ações pertinentes à mudança requerida (Molina; Romero Saint Bonnet, 2011 *apud* Rojas, 2007, p. 425, tradução nossa)[27].

No entanto, com o ensejo de precisar ainda mais o conceito, propõe outra definição para posteriores análises e redefinições:

> [...] entende-se por dimensão terapêutica do Serviço Social, os processos de pesquisa-intervenção realizados por um profissional, que visam

27. No original: "[...] el concepto de estas autoras, plantea que la dimensión terapéutica se caracteriza por el manejo de las relaciones y procesos comunicativos que generan tensión, y busca promover cambios en el subsistema que se trate, para el logro del equilibrio, a partir de la orientación, el apoyo y la interpretación para el esclarecimiento del sujeto individual o colectivo y la ejecución de las acciones pertinente con el cambio requerido".

alcançar a mudança subjetiva, relacional e comunicativa dos sujeitos, a fim de reelaborar, ressignificar e superar o sofrimento subjetivo, ou seja, romper com a repetição de sua história pessoal, familiar ou comunitária, quando isso é apresentado como um obstáculo ao seu bem-estar e seu ambiente (Ibidem, p. 425, tradução nossa)[28].

Para entender as bases teóricas atuais que compõem o trabalho terapêutico em Costa Rica, conforme mencionado, serão utilizados os estudos realizados por Carolina Rojas, cuja pesquisa principal foi apresentada como dissertação de mestrado em 2007. Antes, porém, é importante mencionar que a autora mostra que a atuação do Serviço Social nesta área é parte da história da própria profissão. Na dissertação, a autora, a partir de entrevistas realizadas com 23 profissionais e vasta documentação consultada, reconstrói os processos de trabalho e a realidade na qual as profissionais atuavam e atuam em quatro diferentes instituições da área da saúde em Costa Rica.

Segundo essa pesquisa realizada por Rojas, na atualidade o trabalho terapêutico é dado a partir das seguintes referências: aportes da teoria da atuação em situação de crise, humanista-existencial — principalmente a logoterapia — e a terapia sistêmica. Estas são as predominantes, mas ainda são utilizadas referências denominadas como cognitivo ou "cognitivo conductual", eclético de Corey e até o método de Paulo Freire adaptado.

Virgínia Satir, autora sistêmica, foi a mais mencionada junto a Slaikeu, autor de referência na área de intervenção em situação de crise[29]. Todavia, eles não figuram como parte da bibliografia da autora

28. No original: "[...] se entiende por dimensión terapéutica de Trabajo social, los procesos de investigación-intervención realizados por un o una profesional, que pretenden lograr el cambio subjetivo, relacional y comunicativo de las y los sujetos, con el fin de que translaboren, resignifiquen y superen el sufrimiento subjetivo, o bien, que rompan con la repetitividad de su historia personal, familiar o comunitaria, cuando esta se presenta como un obstáculo para su bienestar y de su entorno".

29. A atuação em situação de crise como parte do atendimento terapêutico foi mencionada por todas as coordenadoras de curso, tanto na UCR quanto nos centros de formação particulares. Mas na Universidad Latina a referência teórica foi de Albert Ellis, que propõe uma atuação

sendo apenas indicados pelos participantes da pesquisa. Rojas segue mostrando a importância do trabalho realizado em tempos pretéritos e atuais de maneira a reforçar a importância e relevância social do atendimento terapêutico por parte do assistente social.

Além da dissertação de mestrado, Rojas escreveu dois artigos (um deles em parceria com outro pesquisador) que são importantes na interlocução sobre o que é o atendimento terapêutico. No primeiro, ela vincula a discussão com o tema dos direitos humanos e, no outro, escrito em parceria com Villegas, apresenta a importância e validade do atendimento terapêutico realizado por profissionais de Serviço Social. Nesse escrito, os autores enfrentam as críticas feitas à intervenção terapêutica e rebatem dizendo que, geralmente, estas se sustentam em mitos, ou seja, algo que não correspondem à realidade.

No texto escrito com Villegas, eles recuperam a concepção já trabalhada por Rojas sobre o atendimento terapêutico como complementar a outras formas de atuação, incluindo o diálogo com as outras ênfases que caracterizam o Serviço Social na Costa Rica.

> Outra característica bastante particular do Serviço Social é que os processos terapêuticos se implementam em paralelo e complementariamente com outras formas de trabalho profissional, como o assistencial, socioeducativo promocional e gestão, com o apoio essencial que implica a investigação, que é realizado como apoio à tomada de decisão no processo de atenção (ROJAS, 2007a). Isso implica que este trabalho não é visualizado isoladamente, mas como um complemento para responder às múltiplas necessidades que as pessoas apresentam. [...] Outra característica relevante é que o Serviço Social não trata como parte de seu trabalho terapêutico os aspectos intrapsíquicos ou inconscientes, nem a experimentação com a conduta/comportamento. Nem o projeto e a

---

breve e rápida que ele denomina de "terapia racional emotivo-conductual". A este respeito, ver Ellis, "Una terapia breve más profunda y duradera: Enfoque teórico de la terapia racional emotivo-conductual".

aplicação do teste de personalidade são praticados (Rojas, 2007a *apud* Rojas; Villegas, 2012, p. 51, tradução nossa)[30].

Os autores discutem as bases teórico-conceituais atuais do trabalho terapêutico. Destacam que ainda que este tipo de atendimento tenha sido desenvolvido principalmente pelo método de caso com uma perspectiva de ajuste, depois da reconceituação do Serviço Social suas bases teórico-conceituais foram se modificando de maneira que, hoje, se respaldam em conhecimentos de sociologia, da história, da psicologia, em especial da psicologia social; a teoria crítica pode ser utilizada de maneira a desvelar as contradições do sistema capitalista e patriarcal que impede as pessoas de terem vida digna (Rojas; Villegas, 2012, p. 52).

Segundo os autores, um dos elementos que vai contribuir para a satanização da prática terapêutica é o Movimento de Reconceituação do Serviço Social que ocorreu em todo o continente latino-americano nos anos 1960/1970. Ainda que esse processo tenha sido importante no sentido de evidenciar o caráter histórico da profissão e dar a ela um direcionamento crítico, foi responsável também pela indefinição, improvisação, fazendo com que o Serviço Social perdesse muitos postos de atuação profissional, como foi o caso do trabalho terapêutico que sempre foi espaço sócio-ocupacional historicamente edificado pela profissão na Costa Rica. A generalização de que a assistência e a terapia eram mecanismos de adequação do indivíduo ao sistema fez com que se propusesse quase que um começar de novo da profissão.

30. No original: "Otro rasgo bastante particular de Trabajo Social, es que los procesos terapéuticos se implementan paralela y complementariamente con otras formas de trabajo profesional como la asistencial, la socioeducativo promocional y la de gestión, con el apoyo esencial que implica la investigación, que es realizada como sustento para la toma de decisiones en el proceso de atención (ROJAS, 2007a). Esto implica que no se visualiza esta labor de forma aislada, sino como un complemento para responder a las múltiples necesidades que las personas presentan. [...] Otro rasgo relevante es que Trabajo Social no trata como parte de sus labores terapéuticas los aspectos intrapsíquicos o inconscientes, ni la experimentación con la conducta. Tampoco se practica el diseño y aplicación de teste de personalidad".

Segundo os autores, este posicionamento foi resultado de avaliações feitas por quem estava distante do trabalho profissional, utilizando-se só de uma perspectiva livresca. E para evitar um novo processo de crítica que nega os avanços profissionais, os autores entendem que é necessário desfazer os mitos sobre a intervenção terapêutica[31].

Tendo como referência Pichon-Rivière (1978), Rojas (2011) argumenta que o profissional pode ser uma peça-chave no redimensionamento que as pessoas têm de determinadas situações vivenciadas, especialmente aquelas que geram sofrimentos e dores. Isso é feito considerando, obviamente, as condições concretas nas quais a pessoa está inserida. Ou seja, se existe uma situação de violência instaurada, parte-se do pressuposto de que esta tem que ser eliminada da vida da pessoa para que ela possa enfrentar os processos mentais que tal situação gerou.

> É importante ressaltar que, a partir da dimensão terapêutica, o Serviço Social pode tratar uma importante variedade de objetos de intervenção: as consequências de desastres, consequências de diferentes manifestações de violência, conflitos familiares, crise de desenvolvimento, separações e divórcios, entre outros. No entanto, esse trabalho por si só não responde às múltiplas necessidades presentes na realidade social, por isso é imprescindível continuar, como tem sido feito até agora, com a assistência, promoção socioeducativa e denúncia de desrespeito aos direitos humanos, em conjunto com o trabalho terapêutico (Rojas, 2011, p. 20)[32].

---

31. O artigo mencionado tem como título: "Desafiando mitos: consideraciones sobre la legitimidad de los procesos terapéuticos desarrollados en Trabajo Social" (Rojas, C. M.; Villegas, 2012). No artigo os mitos são apresentados e discutidos de maneira direta, inclusive polemizando diretamente com o Serviço Social brasileiro. Nessa síntese, no entanto, não será possível apresentar a polêmica, pois enfatizaremos outro artigo de Rojas, no qual ela discute a legitimidade institucional da prática terapêutica no país. Trata-se do texto "La dimensión terapéutica del Trabajo Social y la protección de los derechos humanos".

32. No original: "Es importante señalar que, desde la dimensión terapéutica, el Trabajo Social puede tratar una variedad importante de objetos de intervención: las secuelas de desastres, consecuencias de distintas manifestaciones de violencia, conflictos familiares, crisis del desarrollo, separaciones y divorcios, entre otros. Sin embargo, esta labor por sí misma no responde a las múltiples necesidades presentes en la realidad social, por lo que es imperativo continuar,

Nesse artigo, a autora tem como foco relacionar os direitos humanos e a prática terapêutica. Ela conceitua o que entende por direitos humanos para, na sequência, destacar as contribuições que as práticas terapêuticas podem dar para a efetivação destes:

> Portanto, a dimensão terapêutica contribui para o respeito dos direitos humanos de três formas: em primeiro lugar, fornecendo ferramentas para que as pessoas saiam de situações em que seus direitos são violados; segundo, ao evitar o desrespeito aos direitos; e como terceira via, mas não menos importante, ao responder às necessidades de quem precisa, que faz parte das responsabilidades do Estado, que por sua vez é o espaço onde o trabalho profissional é realizado diariamente (Ibidem, p. 21, tradução nossa)[33].

Segundo Rojas, alguns dos direitos humanos que a terapia pode contribuir para efetivar: o direito à saúde, o direito de ser atendido por uma pessoa especialista, de ter sua intimidade respeitada e o direito à dignidade. Para de fato viabilizar o acesso a estes direitos, cabe ao profissional se atentar para as condições objetivas nas quais a pessoa está inserida, identificando os determinantes históricos, sociais, culturais e econômicos. A partir desses elementos e considerando os determinantes de gênero, classe, trabalho, etnia, nacionalidade, identidade sexual, zona de procedência, entre outros, é que o profissional poderá ter uma atuação adequada junto ao sujeito atendido. O atendimento deve ser horizontal e o sujeito envolvido tem que participar ativamente do processo terapêutico a ser construído. Daí, inclusive, a necessidade de os aportes teórico-metodológicos e técnico-operativos

---

como se ha hecho hasta ahora, con las labores asistenciales, socioeducativo promocionales y de denuncia al irrespeto a los derechos humanos, en conjunto con el trabajo terapéutico".

33. No original: "Por consiguiente, la dimensión terapéutica contribuye con el respecto de los derechos humanos en tres vías, primero, al dar herramientas para que las personas salgan de situaciones donde se violentan sus derechos. Segundo, al prevenir el irrespeto de derechos y como tercera vía, pero no menos importante, al dar respuesta a las necesidades a quien lo necesite, lo cual es parte de las responsabilidades del Estado que a su vez es el espacio donde el trabajo profesional se lleva a cabo cotidianamente".

do profissional estarem fundamentados nos direitos humanos. A autora finaliza com menção a Paulo Freire, destacando a necessidade de fortalecer sujeitos éticos que possam se manter críticos, mas também com esperança para lutar pela transformação:

> Não podemos assumir-nos como sujeitos de busca, de decisão, de ruptura, de escolha, como sujeitos históricos, transformadores, a menos que nos assumamos como sujeitos éticos (Freire, 1998, p. 19). Isso requer, como afirma Paulo Freire (1998), ter nitidez sobre as restrições que a humanidade enfrenta no contexto neoliberal, mas sem deixar de ser criticamente esperançados/esperançadas (Rojas, 2011, p. 23)[34].

É interessante observar como Carolina Rojas, na defesa da intervenção terapêutica, não se esquiva das polêmicas que envolvem esta área de atuação, inclusive polemizando diretamente tanto com o Serviço Social brasileiro que tem posição contrária ao atendimento terapêutico por parte dos assistentes sociais, quanto com o Movimento de Reconceituação e suas heranças no continente latino-americano, em especial na Costa Rica. Quando a autora menciona que são setenta anos de experiência desse tipo de atendimento, ela destaca todo o percurso histórico e as transformações que o trabalho profissional foi sofrendo ao longo dessa trajetória histórica. Em sua base teórico-conceitual, segue a mesma premissa da posição hegemônica defendida pelo Serviço Social em Costa Rica: pressupõe a utilização de diferentes aportes teóricos para subsidiar a análise do contexto social, e depois as particularidades do atendimento terapêutico. Teorias sistêmicas e pós-modernas vindas da psicologia ou da sociologia podem ser utilizadas para subsidiar os aportes específicos da área de atuação.

---

34. No original: "No podemos asumirnos como sujetos de la búsqueda, de la decisión, de la ruptura, de la opción, como sujetos históricos, transformadores, a no ser que nos asumamos como sujetos éticos (FREIRE, 1998, p. 19). Esto exige, como afirma Paulo Freire (1998) tener claros los condicionamientos a los que se enfrenta la Humanidad en el contexto neoliberal, pero sin dejar de estar críticamente esperanzados y esperanzadas".

Rojas desconstrói várias críticas que considera idealistas e o faz utilizando-se inclusive da teoria marxiana quando se reporta a questão da subjetividade no trabalho profissional. Mas existe uma polêmica que não aparece como tal para a autora e que é muito debatida no Serviço Social brasileiro: *fazer terapia pressupõe ter aportes que possam permitir ao profissional lidar com situações que, mesmo desencadeadas pelas diversas refrações da questão social, provocam dor e sofrimento nos sujeitos atendidos.* Ainda que a proposta não seja mexer com fenômenos intrapsíquicos, fazer terapia significa lidar com estas situações de dor e sofrimento e isto pode desencadear nos sujeitos envolvidos quadros de psicose para as quais o profissional não tem o aporte teórico para respaldá-lo; ou, em outras situações, por falta de referenciais teóricos mais aprofundados da psicanálise para entender manifestações que não aparecem de forma explícita, o profissional pode não captar situações que poderiam ser evitadas como é o caso do suicídio.

Não estamos negando aqui a importância de o profissional ter uma perspectiva de totalidade para apreender as situações vivenciadas pelos sujeitos. É conhecida a contribuição que o Serviço Social pode dar nas equipes interdisciplinares quando na abordagem das situações dos pacientes hospitalares e outros usuários da política pública debatendo o contexto social, as mediações de raça/etnia, classe e gênero para analisar a situação vivenciada.

É evidente que o contraponto da autora seria a trajetória desenvolvida pelo Serviço Social nesta área e a potência desses atendimentos. Mas fica aqui o questionamento: a terapia proposta é o acolhimento, o diálogo para a apreensão da realidade em outra dimensão? É a possibilidade de evidenciar as determinações de gênero, raça/etnia e classe social de maneira a pessoa verificar que a realidade humana é resultado da construção dos homens e mulheres em sociedade? Ou é identificar as dores da subalternidade, da opressão, da violência e propor um tratamento terapêutico para isto? Outra questão: é possível fazer terapia com uma pessoa que sofreu diversas violências sem entrar em contato com os fenômenos intrapsíquicos? Mesmo sem a intencionalidade do profissional, eles não afloram no atendimento?

Quais dos aportes teóricos presentes na formação poderiam subsidiar tais intervenções? A formação em Serviço Social, ainda que discuta elementos da psicologia, são fundamentalmente voltados para entender o indivíduo social e não permitem adentrar em elementos psíquicos, necessários a este tipo de intervenção. Por isso aqueles profissionais que lidam mais diretamente com tais fenômenos — os psicólogos — têm na sua formação um aprofundamento no debate referente aos elementos intrapsíquicos, fundamentais para o atendimento daquelas pessoas que passam por algum tipo de crise ou sofrimento mental.

Esquivel é um dos autores que enfrentam diretamente o debate sobre a prática terapêutica no Serviço Social. O faz relacionando esta modalidade de intervenção com aportes conservadores da teoria do "Social Work". Ao final, polemiza sobre a formação e as bases ético-políticas e legais - na proteção crítica aos direitos humanos -, das pessoas que podem ser submetidas a processos de esta natureza por quadros profissionais sem a devida competência.

> Dessa forma, os argumentos que tentam estabelecer parâmetros para articular essas práticas clínicas com os discursos de direitos humanos, cidadania e defesa da institucionalidade social, sustentam uma alegação que basicamente atrasa a revelação da conjugação sócio-histórica de suas interconexões (capitalismo; neopositivismo; Serviço Social; práticas clínicas; pós-modernidade; neoliberalismo). Além do exposto, é erguida uma agenda de questões que devem ser penetradas por outros assuntos, como a formação de conteúdos que lhe dão um significado aparente no Serviço Social, a discussão legal de seu exercício nas organizações da categoria profissional, as implicações ético-políticas em relação à cidadania, seu papel em programas de pós-graduação, as bases teóricas como sociais, ontológicos e epistemológicos que o auxiliam e um relato de suas próprias autocríticas para conhecer o alcance das posições revisionistas que o peculiarizam (Esquivel, 2013, p. 56, tradução nossa)[35].

35. No original: "De tal manera, los argumentos que tratan de parametar esas prácticas clínicas con los discursos de los derechos humanos, la ciudadanía y la defensa de la institucionalidad

Até onde uma possível roupagem nova para velhas práticas não se coloca como alternativa para estes tempos tão difíceis e permeados por sofrimentos? A prática terapêutica não atribui ao indivíduo a responsabilidade para que ele dê conta de sua sorte e de sua vida? Com certeza um diálogo profícuo para aqueles que têm em comum a defesa intransigente dos direitos humanos.

4. Considerações finais

É importante mencionar a preocupação com a formação profissional na Costa Rica. Chama a atenção o fato das dissertações de mestrado e até nos trabalhos de conclusão de curso, os(as) autores(as) se debruçarem sobre os temas trazendo aportes históricos, metodológicos e teóricos, fazendo pesquisas de campo significativas e muito bem construídas metodologicamente, o que evidencia um plano de estudo e um processo muito sério em sua construção. Outro destaque interessante é que a produção na área de Serviço Social incorpora a linguagem de gênero há muito tempo, pois as obras do início do século XXI estão escritas neste formato.

As dissertações de Rita Meoño e Carolina Rojas são exemplares nesse sentido. Ainda que a base eclética seja um componente da composição do conhecimento, aliás defendida majoritariamente pela produção acadêmica, existe uma preocupação genuína com o aprofundamento teórico e uma preocupação prática no sentido de construir

social, conducen a un alegato que básicamente retarda develar la conjugación socio-histórica de sus internexos (capitalismo-neopositivismo-Social Work — prácticas clínicas-posmodernidad-neoliberalismo). Sumado a lo anterior se erige una agenda de cuestiones que tienen que penetrarse en otros escritos, tales como contenidos formativos que le brindan un aparente sentido en el Trabajo Social, la discusión legal de su ejercicio en el gremio, las implicaciones ético-políticas hacia la ciudadanía, su papel en los programas de posgrado, las bases teóricas sociales, ontológicas y epistemológicas que le asisten y un recuento de sus propias autocríticas para conocer los alcances de las posturas revisionistas que le peculiarizan".

alternativas frente às diferentes temáticas debatidas. Também a tese de doutorado de Freddy Esquivel Corella segue na mesma direção de aprofundar o debate, com a diferença de que o faz a partir de uma base marxiana e na área da educação.

Na Universidade Latina, a ênfase terapêutica é o principal direcionamento do curso. Nesta universidade a inserção na área da saúde faz com que o curso dê mais destaque para esta ênfase mais próxima do atendimento psicossocial, o que tem inclusive gerado diversos embates com o Conselho de Psicologia. Segundo a coordenadora, o autor que tem maior destaque na formação é Albert Ellis que é médico e psicólogo. Na UCR, ao contrário, a ênfase terapêutica inclui aportes da psicologia, da teoria sistêmica, da teoria crítica. Construiu, ao longo dos últimos setenta anos, diversos intelectuais que são trabalhadores sociais como a norte-americana Virgínia Satir e o costarriquenho Gerardo Casas – hoje aposentado –, pós-graduado no mestrado em terapia familiar sistêmica da ULICORI e com extensa trajetória no Hospital Nacional Psiquiátrico.

Nas outras duas universidades de Costa Rica, ou seja, nos dois cursos da UCR e na ULICORI, é de Molina com Romero Saint Bonnet (2013) a principal referência. É exatamente este livro que apresenta e discute os modelos de intervenção na área de Serviço Social. As autoras apresentam o Serviço Social e suas ênfases a partir de esquemas construídos para sintetizar e ilustrar os vários métodos e fundamentos epistemológicos que compõem diferentes apreensões do trabalho profissional, conforme apresentamos aqui.

Molina (2012), em seu último livro intitulado *Hacia una intervención crítica en Trabajo Social,* logo na introdução, faz uma crítica ao título do livro escrito com Romero Saint Bonnet dizendo que ficaria melhor como *Dimensiones de la intervención profesional en la ejecución de la política social,* posto que, segundo a autora, o livro não trabalha exatamente com modelos, mas com sínteses de diversos autores sobre as temáticas apresentadas.

> A trajetória do debate teórico-metodológico dos últimos quarenta anos, de alguma forma, é uma amostra das múltiplas memórias dessa odisseia da construção de caminhos, em termos de inflexões, continuidades, intenções de ruptura. Há uma trilha, um fio estruturante forjado nos debates; um compromisso ético com a não aceitação da desigualdade social como expressão e a busca de como construir caminhos que levem a um horizonte de justiça social e de acompanhamento aos movimentos sociais que a defendem (Molina, 2012, p. 243, tradução nossa)[36].

Molina afirma que esse fio condutor não necessariamente levou a rupturas, incluiu reveses, mas também avanços. E reafirma: "[...] é necessário estabelecer outros temas relacionados ao trabalho profissional, a fim de avançar na direção de outras rupturas com a ruptura central, ou seja, compreender o teórico-metodológica a partir de sua base ontológica materialista de inspiração marxista" (Molina, 2012, p. 243, tradução nossa)[37]. Esse livro traz a síntese das proposições construídas a partir do Movimento de Reconceituação na América Latina, mas com grande ênfase em autores brasileiros que nos últimos quarenta anos têm se dedicado a estudar o Serviço Social e seu direcionamento crítico de base marxiana. Lançado em 2012 na Argentina, ele esgotou-se rapidamente também quando lançado na Costa Rica. Molina é uma das grandes referências não apenas no seu país como em toda a América Latina e, em especial, nos países de Centro-América.

Na pesquisa realizada, a busca de uma formação crítica com aportes da teoria marxiana é destacada nas falas de quase todas as docentes do curso de Serviço Social da UCR, tanto do *campus* de San

---

36. No original: "El recorrido debate teórico-metodológico de los últimos 40 años, de alguna manera es una muestra de los múltiples recuerdos de esta odisea de construcción de caminos, en términos de inflexiones, continuidades, intenciones de ruptura. Hay una trocha, un hilo estructurante forjado en los debates; un compromiso ético con la no aceptación de la desigualdad social como expresión y la búsqueda de cómo construir caminos que desemboquen en un horizonte de justicia social de acompañamiento a los movimientos sociales que abogan por ello".

37. No original: "[...] es necesario establecer otros temas referidos al trabajo profesional para transitar hacia otras rupturas con la ruptura central, o sea, comprender lo teórico-metodológico desde su base ontológica materialista de inspiración marxista".

José, quanto de San Ramón. Mas o que predomina hoje é a ideia de que no início da formação, os estudantes precisam ter uma base crítica para a análise da realidade social e do capitalismo utilizando-se do "materialismo histórico e dialético", ainda que isto não fique evidente na bibliografia utilizada. Depois, ao longo da formação, terão que buscar outros aportes no sentido de subsidiar-se para as especificidades que compõem os diversos objetos do trabalho profissional. Daí o fato de para a formação os "*talleres*" (denominação utilizada para as disciplinas de estágio), serem desenhados exatamente a partir das ênfases mencionadas e suas respectivas bases teórico-metodológicas de origem sistêmica, fenomenológica, funcionalista ou marxista.

O sincretismo/ecletismo é, portanto, a base sobre a qual se assenta a formação profissional no âmbito da graduação e da pós-graduação. A isso se combina um firme direcionamento no sentido de que a carreira defende os direitos humanos, a diversidade, os direitos de cidadania e os movimentos sociais. Contraditoriamente, no entanto, ao defender a eficácia e a eficiência na gestão das políticas públicas, acabam por defender políticas focalizadas! As publicações sobre gerência social partem do pressuposto de que os recursos do Estado diminuíram e que, cabe ao bom gestor, fazer chegar a quem mais precisa os serviços sociais.

No que diz respeito ao sincretismo/ecletismo, esta é uma polêmica importante para pensar o Serviço Social na Costa Rica. Majoritariamente a literatura aponta o sincretismo teórico (ecletismo) como condição adequada para a formação em Serviço Social e a própria estrutura curricular aponta neste sentido. Nos primeiros anos, os estudantes têm contato com o materialismo histórico e dialético, mesmo que de forma muito precária e apenas em algumas disciplinas. Na sequência, vão estudar as ênfases do trabalho profissional a partir de referências da teoria sistêmica, fenomeno-lógica, entre outras. Isto está expresso na própria concepção dos modelos propostos, ou seja, o modelo articula premissas ontológicas, epistemológicas, teórica e, portanto, de acordo com a finalidade da intervenção, vai ter diferentes abordagens epistemológicas (Molina;

Romero Saint Bonnet, 2013). A estrutura curricular da UCR de 2004 traduz exatamente este desenho.

Ainda que Molina em sua última obra faça importante autocrítica sobre o livro anterior, este, de fato, traduz uma proposta assentada em uma perspectiva formal abstrata de produção do conhecimento e que se apoia em modelos de intervenção. E é importante mencionar que é a principal obra utilizada para a formação nos cursos de Serviço Social do país. O último livro em que a autocrítica é apresentada – onde se agrega a ontologia marxiana – não figura como obra mencionada no processo de formação. A única menção à nova terminologia proposta por Molina foi de Carolina Rojas. Todavia, é possível que este debate seja mais frequente no cotidiano da formação do que foi possível apreender.

É importante, também, mencionar que a defesa do sincretismo/ecletismo como proposta de formação, ainda que majoritária, não é única no curso da UCR. Freddy Esquivel Corella, em diálogo estabelecido durante a visita ao país, aponta que existe um pequeno grupo de professores marxistas que têm outro posicionamento e isto também foi confirmado por outra docente. Como ele é um dos autores que faz uma das críticas mais profundas ao Serviço Social da Costa Rica, recuperamos sua contribuição no debate sobre as ênfases gerencial e terapêutica.

Corella, acertadamente, reconhece que as premissas das quais se parte no processo de discussão dos métodos de trabalho ou mesmo nos modelos de intervenção, estão em desacordo com a perspectiva crítico-dialética reclamada por diferentes correntes teóricas, incluindo a principal expoente intelectual do Serviço Social na Costa Rica: Maria Lorena Molina Molina. O autor tem um posicionamento dissonante da posição majoritariamente defendida no Serviço Social de Costa Rica; na realidade seria possível classificá-lo como antagônico. Quando ele discute a gerência social, apresenta de maneira a evidenciar seus profundos vínculos com o sistema capitalista, especialmente em sua fase neoliberal. Depois, na sua dissertação de mestrado e em artigos a respeito do processo de renovação do Serviço Social na Costa Rica, o autor entende que esse processo não envolveu rupturas com as posturas conservadoras de sua gênese, ou seja, renovou, mas manteve sua base conservadora que se expressa, dentre outros aspectos, na fragmentação do debate sobre ontologia, epistemologia e método e na construção de modelos para o trabalho profissional.

Corella afirma que o sincretismo/ecletismo faz com que o Serviço Social assuma diferentes linhas teóricas e, portanto, não consiga ter um posicionamento ético-político voltado, de fato, para uma leitura que questione as bases da ordem constituída, ou seja, não tem como fonte a teoria marxiana ainda que faça menções esparsas aos sistemas de exploração e dominação. As contribuições de Marx e de sua diversa tradição exige a leitura de homem e de mundo, portanto, não permite fragmentar teoria, método, epistemologia e ontologia.

Esse processo que envolve diversas tensões e disputas compõe a realidade complexa na qual se insere o Serviço Social na Costa Rica. Acreditamos que o grupo de professores que se referenciam a partir de Marx tem importante contribuição para que o debate plural se efetive no âmbito da formação. E isto é fundamental para que a profissão possa de fato sustentar a defesa da diversidade, dos direitos sociais e dos direitos humanos.

Referências

CORELLA, F. E. Contrapuntos socio-históricos sobre los apotegmas argumentativos de la llamada intervención terapéutica en el Trabajo Social. *Revista Rumbos TS*. Un Espacio Crítico Para La Reflexión En Ciencias Sociales, (8), 47-58, 2013. Disponível em: http://revistafacso.ucentral.cl/index.php/rumbos/article/view/124. Acesso em: 7 fev. 2022.

CORELLA, F. E. Debates teórico-metodológicos contemporáneos en Trabajo Social. *Revista Costarricense de Trabajo Social*, n. 18, 2006. Disponível em: https://revista.trabajosocial.or.cr/index.php/revista/article/view/99/112. Acesso em: 7 fev. 2022.

CORELLA, F. E. Gerencia Social: algunas reflexiones sobre su génesis. *Revista Costarricense de Trabajo Social*, n. 17, 2005. Disponível em: https://revista.trabajosocial.or.cr/index.php/revista/article/view/91/104. Acesso em: 18 maio 2021.

CORELLA, F. E. *Gerencia Social*: un análisis crítico desde el trabajo social. Buenos Aires: Espacio, 2005.

CORELLA, F. E. La formación en la Escuela de Trabajo Social de la Universidad de Costa Rica en el atisbo neoliberal del siglo XX, 2013. Disponível em: https:revista.trabajosocia.or.cr/índex.php/revista/article/view/272. Acesso em: 21 fev. 2019.

CORELLA, F. E. *Trabajo Social en Costa Rica*: del ideario liberal a su constituición en el reformismo. San José: Editorial UCR, 2007.

CORELLA, F. E. Reflexiones sobre el debate ético-político en el Trabajo Social. *Sociedade em debate*, Pelotas, 12 (2), p. 77-94, jul./dez. 2006.

CRUZ, V. Las Luchas Sociales en Costa Rica 1870-1930. Disponível em: http://editorial.ucr.ac.cr/en/ciencias-sociales/item/2477-las-luchas-sociales-en-costa-rica.html. Acesso em: 22 ago. 2019.

ELLIS, A. *Una terapia breve más profunda y duradera*: enfoque teórico de la terapia racional emotivo-conductual. Barcelona: Ediciones Paidós, 2018.

GUILLÉN, N. E. M. La gerencia de organizaciones productoras de Servicios Sociales. San José: Editorial de la Universidad de Costa Rica, 2001.

IAMAMOTO, M. V. *O Serviço Social na contemporaneidade*: trabalho e formação profissional. São Paulo: Cortez, 2000.

IAMAMOTO, M. V. O Serviço Social brasileiro em tempos de mundialização do capital. *In*: YAZBEK, M. C.; IAMAMOTO, M. V. (org.). *Serviço Social na história*: América Latina, África e Europa. São Paulo: Cortez, 2019.

MARX, K. *A ideologia alemã* (I- Feuerbach). Tradução de José Bruni e Marco Aurélio Nogueira. 6. ed. São Paulo: Hucitec, 1987.

MARX, K. *O Capital*: crítica da economia política. Tradução de Regis Barbosa e Flávio Kothe. São Paulo: Abril Cultural, 1983.

MOLINA, I. Educación y sociedad en Costa Rica: de 1821 al presente (una historia no autorizada). Disponível em: https://revistas.ucr.ac.cr/index.php/dialogos/article/view/18349/18539. Acesso em: 22 ago. 2019.

MOLINA, M. L. M. *Hacia una intervención profesional crítica en trabajo social*. Ciudad Autónoma de Buenos Aires: Espacio Editorial, 2012.

MOLINA, M. L. M. El espacio local y los derechos económicos y sociales. *In*: BURGOS, N. (org). *Acerca de la democracia y los derechos sociales:* política social y trabajo social. Buenos Aires: Espacio Editorial, 117-134, 2006.

MOLINA, M. L. M. Transformaciones de la formación profesional em la Escuela de Trabajo Social. Universidad de Costa Rica, 2013. Disponível em: https:revista.trabajosocia.or.cr/índex.php/revista/article/view/260. Acesso em: 21 fev. 2019.

MOLINA, M. L. M.; BONNET, M. C. R. S. *Modelos de intervención asistencial, socioeducativo y terapéutico en trabajo social*. San José: Universidad de Costa Rica, 2013.

MOLINA, M. L. M.; MORERA, N. *La gerencia de servicios sociales*.Buenos Aires: Lumen/Hvmanitas, 1999.

MOLINA, R. M. *Vinculación remunerada con el sector externo: Un reto para la Facultad de Ciencias Sociales de la Universidad de Costa Rica*. Tesis sometida a la consideración del Programa de Estudios de Posgrado para optar por el grado de Magíster en Trabajo Social con énfasis en Gerencia Social. Universidad de Costa Rica. Costa Rica, San José, 2003.

NETTO, J. P. *Capitalismo monopolista e Serviço Social*. 8. ed. São Paulo: Cortez, 2001.

PLAN DE ESTUDIOS. Disponível em: http://www.ts.ucr.ac.cr/index.php/asuntos-estudiantiles/plan-de-estudios Acesso em: 01 abril de 2022.

ROJAS, C. M. *Dimensión terapéutica del Trabajo Social costarricense*: un análisis de su surgimiento y desarrollo en cuatro instituciones pioneras. Tesis sometida a la consideración de la Comisión del Programa de Estudios de Posgrado en Trabajo Social para optar al grado de Magistra Scientiae en Trabajo Social con énfasis en Intervención Terapéutica. Universidad de Costa Rica. Costa Rica, San José, 2007.

ROJAS, C. M. La dimensión terapéutica del Trabajo Social y la protección de los derechos humanos. *Revista Costarricense de Trabajo Social*, v. 1, p. 19-23, nov. 2011.

ROJAS, C. M.; VILLEGAS, C. Desafiando mitos: consideraciones sobre la legitimidad de los procesos terapéuticos desarrollados en Trabajo Social. *Revista ConViviendo*, año VIII, n. 32, p. 48- 67, dez. 2012.

Fortalecer os fundamentos: principal desafio da formação profissional do Serviço Social no Paraguai

María del Carmen García Aguero
Ada Concepción Vera Rojas
Stella Mary García
José Fernando Siqueira da Silva

1. Considerações iniciais

O debate sobre os fundamentos do Serviço Social deve ser realizado a partir de um complexo processo histórico marcado pelas lutas sociais que constitui a relação entre Estado-sociedade e demarca a profissão na divisão sociotécnica do trabalho. Os fundamentos, portanto, devem ser apreendidos na relação entre história, teoria e o método, com base material precisa, sempre considerando as particularidades da realidade analisada. Esse percurso tem sido marcado por buscas, tropeços e permanente capacitação dos(as) assistentes sociais e cientistas sociais, em diferentes áreas, na América Latina e no mundo.

No Paraguai, a ausência de quadros acadêmicos marxistas consistentes, particularmente nas Ciências Humanas e Sociais em geral, tem sido uma regra, não sem exceções. No entanto, estudos e pesquisas latino-americanos que respondem pelas transformações sociais na América Latina, muitos decorrentes da relação Estado-sociedade, têm abordado de forma muito lúcida as críticas quanto às submissões à ordem do capital, comparando os processos ultratardios da economia paraguaia na relação com o cenário mundial. Essas análises têm, consequentemente, contribuído em espaços profissionais para que os(as) assistentes sociais problematizem a realidade em que se produz a questão social e suas refrações, cujos efeitos finais são constituídos por demandas e necessidades atendidas pela profissão, em diferentes instituições que implementam políticas sociais.

Deve-se lembrar de que tanto o surgimento quanto a institucionalização e a atualidade do Serviço Social no Paraguai estiveram marcados por um processo econômico predominantemente agroexportador e pecuário, ou seja, sem o desenvolvimento de indústrias nacionais relevantes, bem como propagador de políticas sociais tardias e débeis que impactam o espaço sócio-ocupacional do Serviço Social em boa parte da história da profissão no país. Relevante ressaltar, ainda, que nas primeiras quatro décadas do século XX (e um pouco depois), o movimento médico-higienista aportou importantes conteúdos avaliativos no campo da assistência. A intervenção religiosa também foi significativa. As pesquisas que registram entrevistas com as pioneiras da profissão no país, mostram sinais de moralidade religiosa e preservação dos costumes nos quais o aspecto ético da intervenção social foi associado. Isso também foi revigorado pelo vínculo dos Serviços Cooperativos Interamericanos comandados desde Washington aos Estados da América Latina[1]. Tudo isso teve um impacto significativo no perfil dos programas de assistência do Paraguai[2].

1. Entrevistas incluídas no livro de García (2019): *La Cuestion Social en la Paraguay del siglo XX*: Trabajo Social y Políticas Sociales. Asunción, Editorial Arandura.

2. Assim, o Serviço Cooperativo Interamericano de Saúde Pública trabalhou diretamente com os Ministérios da Saúde, o STICA (Serviço Técnico Interamericano de Cooperação Agrícola), com o Ministério da Agricultura, Comércio e Indústria, com o SCIDE (Serviço Cooperativo Interamericano de Cooperação), com o Ministério da Educação, órgãos que mais tarde passaram a depender

O Serviço Social passa, assim, da carreira técnica à universitária em 1963, com significativa influência dos Estados Unidos não só na profissão, mas também no espaço da Universidad Nacional de Asunción (UNA). Os dados mencionados são importantes em um cenário marcado pela posição de um mundo dividido em 2 blocos (o capitalista e o socialista), isso mais visível após a Segunda Guerra Mundial. Portanto, o contexto da institucionalização da carreira universitária foi marcado por um Estado que demanda profissionais do Serviço Social em instituições diretamente influenciadas pela organização técnica e pelo ideário de um dos blocos: o norte-americano. Um pouco antes, em 1954, Stroessner havia assumido o poder. Além de se constituir como um modelo ditatorial, este governo utilizou a máquina do Estado para reorganizar todo o seu aparato, alterando a demanda de trabalho ocupacional por profissionais que atuam no campo das políticas sociais. Entre esses profissionais se encontravam aqueles(as) graduados(as) em nível universitário na área de Serviço Social.

Portanto, os anos 1970 e 1980 foram marcados pela submissão da profissão aos mandatos ditatoriais, bem como pelo isolamento do Serviço Social paraguaio daquelas organizações profissionais internacionais, o que influenciou para que o Movimento de Reconceituação latino-americano não introduzisse suas reflexões ou debates no Serviço Social do país. Isso, entre outros danos, influenciou para que tal Movimento não se desenvolvesse no Paraguai.

Dos anos 1990 aos dias atuais, foram registradas inúmeras lutas dentro da Universidad Nacional de Asunción, bem como naquelas instituições estaduais que definem o orçamento público, com o objetivo de elevar e valorizar a área de Serviço Social. Isso fez com que quadros didáticos, estudantis e técnicos da formação, se aliassem a diferentes setores acadêmicos, organizações sociais e populares, a fim de, em 2018, compor o primeiro corpo docente de ciências sociais na mais antiga universidade pública do país, onde funciona hoje a formação profissional do Serviço Social e da Sociologia.

---

do IIAA (Instituto de Assuntos Interamericanos), que, durante as décadas dos anos 1940 e 1950, enfatizou a formação técnica em diversas áreas de serviço no Paraguai, segundo Glasman (1993).

2. Subsídios para analisar a realidade do Paraguai

É fundamental registrar o Paraguai, no interior da América Latina, como um dos países colonizados pela Espanha. Posteriormente, teve governos independentes em boa parte dos anos 1700 e 1800, tais como os de Lopes (Carlos e seu filho Francisco) e do Dr. Gaspar Rodríguez de Francia. Foi um país próspero até seu ingresso no capitalismo, o que se deu após a Guerra da Tríplice Aliança (1870) que envolveu Brasil, Argentina e Uruguai e que quase exterminou o Paraguai (Chiavenato, 1995).

As oligarquias dos três países vitoriosos foram obedientes à Inglaterra que perfilava como o império naquela época. O conflito deixou o Paraguai sob o jugo do capitalismo e de seus impérios, posteriormente e em especial o norte-americano já durante o século XX. As regiões produtivas destes países seguiam úteis à acumulação do capital em nível mundial no papel de produtor primário que comercializava matéria-prima agrícola e pecuária, contexto que também se impôs ao Paraguai. Mais tarde, já no final da primeira metade do século XX, desenvolveu-se a continuidade da produção de matérias-primas, em vez do processo de industrialização por meio da substituição de importações, tendo como base os insumos produzidos na região.

Assim, enquanto na segunda metade do século XX os países centrais aumentaram sua produção por meio da indústria e da tecnologia, concentrando unidades produtivas que deram lugar aos monopólios que aceleraram a acumulação e deram força ao capital[3], a América Latina sofreu com o aumento substancial da extração de mais-valia absoluta e relativa (MARINI, 2008; MARX, 1984). Em outras palavras, o que ocorria no mundo impactava diretamente a região, incluindo o Paraguai, fatos estes que adensavam a consolidação do imperialismo em diferentes tempos por meio de dois episódios centrais ocorridos

3. Com aplicação financeira fora das fronteiras nacionais por meio de empréstimos ao setor público e investimentos estrangeiros.

na primeira metade do século XX: a) a desorganização imposta pelo mercado mundial por meio da crise de 1929 e as guerras pela hegemonia mundial em 1914 e 1939, b) este processo acabou por reforçar os Estados Unidos como centro hegemônico do imperialismo confrontando-se, até o final dos anos 1980, com o campo socialista liderado pela União Soviética. Marini (2008) caracterizará este processo como hipertrofia do sistema estatal ao converter-se como agente de produção e de consumo da economia imperialista, fato que se consolidou e se adensou no final do século XX a partir do chamado neoliberalismo e da reestruturação produtiva mundial.

As economias periféricas, comandadas pela superexploração da força de trabalho, passam a ser espaços crescentes para generalizar a mais-valia dos centros integradores, contexto este que deixa os países latino-americanos como dependentes o que equivale a nenhuma indústria nacional relevante. No Paraguai se impõe a economia primário exportadora, enquanto a industrialização centrada na substituição de importações se desenvolve na Argentina, no Brasil e no México, especialmente. Se produz, assim, uma interface entre a economia agrária e industrial na América Latina. Marini (2008) e Fernando Henrique Cardoso/Faletto (2009), ainda que com posições divergentes, caracterizam esse processo como aquele que marca a revolução burguesa latino-americana: dependente e realizada a partir de traços coloniais.

As contradições que em matéria de cultura política autoritária se instalou no Paraguai a partir de sua obediência ao capital internacional, sobretudo a partir de 1870 após a Guerra da Tríplice Aliança, reforçou a dimensão rural do país e agravou a situação da população indígena historicamente apartada das políticas públicas paraguaias. Esse processo, todavia, não ocorreu sem resistências ao longo da história. São exemplos em tempos diferentes: a) a vigência do idioma guarani até os dias atuais e as respostas de resistência de autogestão considerando demandas e necessidades relacionadas ao resgate e transmissão de saberes nativos e ancestrais na atenção à saúde (por exemplo), transmitidos de geração em geração a famílias e comunidades, sem a via das políticas públicas, até quase o fim do século XX; b) o legado da revolução comunera (1721-1735) que resistiu à invasão espanhola; c) as ligas agrárias cristãs contrárias à ditadura stronista na década de 1970, entre outras insurreições que contribuíram para a formação da consciência como resultado da relação com outros indivíduos e com a natureza, processo esse tratado por Gramsci (1991) como vontade coletiva e sentido comum da população.

Dessa forma, diversas gerações populacionais nativas que não contavam com suficiente aporte do pensamento acadêmico crítico, mantiveram vivas pautas soberanas em distintos momentos da história do Paraguai, pautas estas frequentemente vinculadas à defesa da terra como bem público pertencente aos povos campesinos e indígenas, em que pese as imposições estrangeiras entre inúmeras lutas e algumas conquistas. Segundo Chaui (1986), o cultivo e o cuidado com a terra (nisto a agricultura), com as crianças (puericultura) e com o sagrado (cultos), passou a configurar as potencialidades humanas que afloraram por meio da cultura. As contribuições de Chaui (1986) e Gramsci (1991), subsidiam a análise sobre a construção de pautas legítimas relacionadas à vida, à cidadania e ao político, considerando o que tem sido construído pelos paraguaios(as) ao longo da história.

Há de se destacar, ainda, que o Paraguai viveu uma das ditaduras cívico-militares mais longas da América Latina, regime este mantido por Alfredo Stroessner durante 35 anos seguidos (1954-1989). O papel residual da economia paraguaia na região e no mundo, marcado pela histórica dependência latino-americana e seus requintes especiais no Paraguai, também impôs ao país um processo tardio de desenvolvimento e difusão acadêmica, nisto a institucionalização das Ciências Sociais e do Serviço Social. Isto reforçou, determinou, adensou e estendeu a relação do Serviço Social no país com questões de ordem religiosa e médico higienista presente na sua gênese e institucionalização. Mais do que isso, o Serviço Social no Paraguai não viveu nem foi influenciado pelo Movimento de Reconceituação latino-americano da segunda metade dos anos 1960 e primeira metade dos anos 1970 (García, 2019), bem como não realizou intentos teórico-práticos para ir além do conservadorismo que marcou a gênese da profissão desde a fundação da "Escuela de Visitadoras Polivalentes de Higiene", em 1939, considerada o marco inicial do Serviço Social no país.

Mesmo com os inúmeros limites sumariados até aqui, em especial o ranço predominante conservador ainda presente na profissão e a ausência de uma tradição acadêmica no país durante praticamente todo o século XX e início do século XXI[4], as bases para a construção de um projeto ético-político profissional do Serviço Social no Paraguai, nisto a formação profissional universitária, estão postas no país mesmo que por caminhos adversos.

As categorias básicas para a análise da realidade particular do Paraguai, por especialmente a sua história econômica, historicamente enfatiza a produção agropecuária primária para exportação, sem qualquer desenvolvimento das indústrias nacionais durante o século passado. Isso exige que o Serviço Social considere a realidade camponesa desta nação desde sua formação. Os processos de trabalho e a realidade camponesa compõem aspectos chaves para explicar a realidade do mercado de trabalho no país incluindo, nele, o Serviço Social como profissão e o(a) assistente social como trabalhador(a). As dimensões da política social e o nível específico de intervenção estão repletos de contradições inerentes ao modelo de produção-reprodução do capital nas condições específicas do Paraguai, que também determinam a realidade da intervenção profissional.

As crises no mundo do trabalho, a mudança do regime keynesiano fordista pelo toyotismo, a redução do Estado no contexto internacional, a responsabilização dos sujeitos que sofrem com os efeitos da pobreza e da desigualdade do sistema atual, entre outros aspectos, impõem a necessidade de investigar as contradições atuais.

Nesse sentido, podemos afirmar que o Serviço Social do Paraguai, nos anos 1990 e em diante, após seu processo de renovação, por meio do contato com as bibliografias latino-americanas contemporâneas sobre a profissão, especialmente a brasileira, bem como a relação

4. Ou seja, a presença universitária no país é absolutamente recente.

da nossa categoria profissional com organizações do Serviço Social latino-americano, tem propiciado a aproximação — no plano de formação profissional da Universidad Nacional de Asunción (UNA, 2002) — com as contribuições marxianas/marxistas da profissão, que redesenham a interpretação do objeto de trabalho, a partir de uma análise das manifestações da questão social.

3. As três dimensões da formação e do trabalho profissional do(a) assistente social no Paraguai: as atuais tensões objetivas da profissão no país

Quando o campo da formação do Serviço Social se constituiu no país, observou-se a existência e a persistência de problemas que impuseram a necessidade da revisão do que se ensina e se investiga sobre as contradições impostas à profissão na divisão sociotécnica do trabalho, como especialização do trabalho coletivo[5]. A compreensão do sentido social da profissão não pode ser separada dos processos sociais, políticos e econômicos que deram origem e estabeleceram o desenvolvimento e o lugar atual do Serviço Social como disciplina e ocupação com reconhecimento legal, com código de ética, entre outras importantes bases. A profissão adquiriu o *status* profissional como recurso necessário ao Estado, como parte da ampliação de seu controle sobre a sociedade civil. Trata-se de aspecto importante envolvido com a prática profissional, em um inevitável processo de regulação social, por meio de políticas sociais projetadas, executadas e avaliadas que expressam o papel histórico contraditório da profissão. A relação entre a promoção humana e o controle social sempre marcou a história da profissão.

5. Lembremos que a gênese do Serviço Social no Paraguai ocorreu em 1939 com as pioneiras (visitadoras polivalentes de higiene), considerando que em 1993 o Serviço Social tornou-se profissão universitária na Universidad Nacional de Asunción, conforme exposto por García (2019).

É inegável a sequência de avanços no Serviço Social no Paraguai dos anos 1990 aos dias atuais. São mais de quatro décadas de busca de explicação sobre as contradições fundamentais da profissão no país. As problematizações que resultaram em conquistas de enorme significância — a Lei de Prática Profissional, uma Associação de Unidades Acadêmicas em formação, um Código de Ética com orientações democráticas, organizações profissionais no fortalecimento de processos como a Associação Profissional de assistentes sociais do Paraguai —, são ótimos exemplos desses avanços. Eles, em um contexto de experiências coletivas, contextualizam uma formação profissional desafiada a dar conta da explicação desse movimento, ou seja, dessas organizações e, ao mesmo tempo, da fragmentação nas agendas de lutas.

Encontra-se em processo de formalização no Paraguai uma articulação nacional entre as Unidades Acadêmicas de Serviço Social denominada "Asociación de Unidades Académicas de Trabajo Social del Paraguay". Após seis encontros realizados entre os anos de 2018-2019, em que foi possível articular as quatro faculdades públicas e quatro privadas do país, tais órgãos acadêmicos decidiram iniciar a implementação de um plano de trabalho seguindo três eixos: a) a formalização da Associação; b) a formação de professores; c) a comunicação com instâncias de Serviço Social em nível nacional e internacional. As Unidades Acadêmicas do Serviço Social do Paraguai também concordaram em estabelecer relação com a "Asociación Latinoamericana de Enseñanza e Investigación en Trabajo Social" (Alaeits). A pesquisa e o ensino latino-americano em Serviço Social no Paraguai, por meio da Facultad de Ciencias Sociales da Universidade de Asunción (FACSO-UNA), vem dialogando com esta importante associação latino-americana. Destaca-se que o início desta organização no país representa um marco na história da profissão no Paraguai, uma experiência pioneira. Por muito tempo, o Serviço Social e principalmente a formação profissional, estiveram desvinculadas das organizações profissionais nacionais e internacionais, entre elas as mais representativas e de longa tradição na área.

A Lei para o Exercício da Profissão do Serviço Social deve dispor de um Código de Ética que defenda princípios e práticas democráticas que estabeleça os fundamentos de um Projeto Ético-Político (não observado no Serviço Social do passado). Isso, levando em conta a amplitude, o acordo de agendas de prioridades e a realização de obras conjuntas dos projetos coletivos de caráter nacional, o que enriquece a história atual da profissão no país. As diversas entidades organizacionais do Serviço Social possuem, hoje, condições de comunicação e articulação de redes temporais baseadas em agendas concertadas, mesmo tendo uma heterogeneidade territorial, diversidade geracional de profissionais e diferentes abordagens teóricas e linhas de pensamento[6]. No entanto, a profissão, como nunca, possui as condições reais para avançar na direção de uma agenda nacional comum a toda categoria profissional.

São conquistas que articulam temáticas semelhantes e relevantes, que no futuro podem favorecer a construção de uma agenda comum capaz de articular organizações profissionais com as de formação profissional, bem como profissionais com estudantes de Serviço Social, assumindo desafios coletivos fundamentais. As oito universidades que formam profissionais na área estabeleceram, nos seis encontros acima descritos, outras importantes prioridades:

a) a dinamização dos debates atuais do Serviço Social no Paraguai, fortalecendo o quadro da intervenção nas políticas sociais do país;
b) a elucidação dos marcos teóricos (epistemológicos ou ontológicos das Ciências Sociais), técnico-operatório, bem como o

6. Asociación de los Profesionales de Trabajo Social de Paraguay (APSSTS-PY), a carreira de Serviço Social da Universidad Nacional de Asunción (FACSO-UNA), o Sindicato de Profesionales de Trabajo Social de Paraguay (SIPROTRASO), as carreiras de Serviço Social da Facultad de Humanidades y Ciencias da Universidad Evangélica (FAHCE), a Universidad Técnica de Comercialización y Desarrollo (UTCD), a Universidad Autónoma de Encarnación (UNAE), a Universidae Nacional de Itapúa (UNI), a Universidad Nacional de Pilar (UNP), a Universidad Nacional de Concepción (UNC), a carreira de Serviço Social estudada na Universidad Politécnica e Artística do Paraguay (UPAP), e a Asociación de Profesionales de Trabajo Social de Encarnación, de Concepción e de Pilar.

ético-político, a partir dos debates contemporâneos do Serviço Social que é de interesse e que representa aproximadamente a produção resultante do debate maduro do Movimento de Reconceituação latino-americano, bem como do debate mais recente;

c) o estabelecimento de áreas temáticas específicas da abordagem profissional vinculadas aos direitos humanos e os debates atuais da profissão.

Diante disso, uma indagação tem sido feita: como abordar essa tensão/contradição na formação profissional e nos espaços articuladores do Serviço Social tendo como referência a crítica a este processo? Diante desta questão, a única possibilidade para que não sejam reproduzidas posturas ingênuas, messiânicas e fatalistas (Iamamoto, 1992) é a de assumir a tensão implícita nessa condição histórica da profissão, que é atravessada por polarizações marcadas por interesses de diferentes classes sociais em luta. Trata-se de uma tensão de natureza social, não apenas profissional, que continuará a ter validade independente de nossos avanços profissionais, sendo necessário conhecê-la, problematizá-la e não esgotá-la em perspectivas caóticas, atendendo às possibilidades de superação de limites assumidas coletivamente.

Essa reflexão diz respeito a uma das principais preocupações do Serviço Social no Paraguai de hoje: *"adquirir técnicas para agir" cujo critério de verdade seria a eficiência, sendo a teoria muitas vezes entendida unicamente como um complemento explicativo ao que já foi feito, com base em urgências.* A profissão expressa uma cultura disciplinar resultante de um conjunto de práticas reais realizadas com legitimidade e significado. Não resta dúvida de que é necessário adensar o espaço de formação profissional no sentido de que ele reconheça e trabalhe conteúdos teóricos que ajudem a elucidar o significado social do Serviço Social a partir de condições historicamente dadas. O caráter processual e contraditório da profissão e seu desenvolvimento científico, processo este que se expressa em conteúdos de formação profissional, devem contribuir para que a função social da profissão seja demarcada e analisada. Ainda que se trate de uma profissão com nítida marca prático-interventiva e com determinações objetivas que independem de seu estatuto analítico-explicativo, ela vem sendo interpretada no Paraguai a partir de fragmentos de diferentes tradições teóricas.

A influência do positivismo sustentou explicações sobre as origens da profissão desde a evolução de suas protoformas, identificando funções para "resolver problemas sociais" com apoio científico e "objetivo", ao aplicar a metodologia de caso, grupo e ou comunidade. Na mesma tradição, ainda que com marcas específicas, a influência do funcionalismo esteve e está presente em propostas que utilizam um esquema conceitual inspirado na teoria geral dos sistemas, que promove uma explicação quase paralisada dos problemas sociais e, como consequência, entende a prática do(a) assistente social como exercício profissional que relaciona e equaliza demandas e recursos na busca da gestão das tensões e do equilíbrio social.

Existem outras posições sobre a relação sujeito-objeto ou teoria-prática no Serviço Social/Trabalho Social, presente em diferentes abordagens da profissão. É necessário, todavia, que pelo menos os(as) docentes-pesquisadores(as) da unidade acadêmica explicitem a tradição teórica que os(as) orienta no processo de apreensão das determinações da profissão e a expressem no âmbito da formação profissional, seja ela de base ontológica ou epistemológica. A proposição aqui defendida é a de que a unidade/diversa entre teoria-prática deveria orientar o Serviço Social no Paraguai, expressando-se teoricamente na formação profissional. No entanto, autores da tradição histórico-crítica latino-americana (Netto, 1994; Martinelli, 1997; Iamamoto, 1992; Montano, 1999; R. Dulcich, 2017; Mallardi, 2016; entre outros) destacam que essa relação de unidade/diversa existe objetivamente sendo necessário estimular processos investigativos que favoreçam a extração da essência dessa relação para além da aparência imediatamente dada.

Nesse sentido, o principal desafio hoje no Paraguai é o de resgatar enfoques de Serviço Social capazes de reconstruírem a unidade/diversa da relação teoria-prática e sujeito-objeto, como dimensões indissociáveis. São também inseparáveis as dimensões teórico-metodológica, ético-política e técnico-operacional, embora essa indissociabilidade, para ser captada, exija um arcabouço teórico inspirado em Marx e em sua tradição (escasso no país). Isso exige, portanto, ao mesmo tempo, caldo cultural acumulado no sentido de subsidiar a reconstrução da realidade como "concreto-pensado", o que supõe o estudo e a análise das relações efetivamente dadas, sustentadas em relações capitalistas, conforme expresso por Iamamoto (2005) ao abordar a função social que é nossa profissão nesta sociedade.

É nesse sentido que uma primeira dimensão da formação e do trabalho profissional se impõe no âmbito do Serviço Social: *a dimensão ético-política*. Vivemos em uma sociedade onde existem classes sociais antagônicas e o poder é exercido na relação tensa estabelecida entre os interesses hegemônicos das classes dominantes e as pressões oriundas daquelas camadas que vivem da venda da força de trabalho. Barroco (2004), importante referência intelectual no estudo da dimensão ético-política na profissão, insiste na necessidade de que se reconheça as condições sócio-históricas que determinam o Serviço Social como prática político-profissional que se inscreve em relações de poder. A atividade política forceja na direção da transformação que se busca. Envolve projetos vinculados a ideias e valores. Articula prática política e intervenção profissional que envolvem assistentes sociais, estudantes e professores no enfrentamento das contradições identificadas na formação e no trabalho profissional.

O ético-político esteve, pelo menos formalmente, oculto na gênese e no desenvolvimento da profissão, explicitando-se a partir do processo de reconceptualização latino-americano e de seu desenvolvimento. O que é central, hoje, nesse projeto, é que ele orienta o comportamento individual dos profissionais e tende a consolidar uma orientação profissional coletiva com direção social explícita em favor das necessidades humanas, em uma sociedade em que o mercado se coloca como o provedor de todos os problemas e subordina o ser social a ele.

A dimensão ético-política articula nossa capacidade teórica e metodológica, exige a análise das relações de força na intervenção profissional, as relações de poder aí socialmente constituídas, em um dado momento histórico, bem como supõe alianças, estratégias de resistência e de intervenção profissional, entre outros aspectos. O importante é incluir na formação não apenas conteúdos formalmente significativos que constituem as matérias de ética, legislação, direitos humanos ou prática pré-profissional, por exemplo, mas também nos conteúdos teóricos, históricos, filosóficos e informativos que ajudam a analisar criticamente a sociedade na qual são disputados projetos de opressão e de resistências.

Articulada e inseparável do ético-político, encontra-se uma segunda e importante dimensão: *a teórico-metodológica*. A formação profissional auxilia na explicitação e na consolidação de uma concepção sobre o mundo, sobre os indivíduos e sobre as relações sociais que eles estabelecem nas diversas refrações da questão social enfrentadas pelos(as) assistentes sociais em sua prática profissional. Nisto se situam as concepções teóricas diversas, sejam aquelas mais ligadas ao positivismo/funcionalismo ou aquelas cujos quadros interpretativos estão baseados em teorias que sustentam sua posição no compreensivo/hermenêutico com foco na construção de subjetividades como constitutiva do social que valorizam a linguagem e a interação. E, por outro lado, vamos encontrar orientações de inspiração histórico-crítico-dialética que se propõem a reconstruir a realidade como totalidade concreta que oferece uma consistência monumental. Sob esta última perspectiva, segundo Netto (2009), como dito anteriormente, o real e seu movimento são capturados pela razão com base no método da teoria social (a de Marx) reproduzido, no plano do pensamento, as determinações materiais captadas. O teórico, então, se refere à análise que elucida o objeto de estudo com base no método de investigação que, na formação, também se expressa na relação ensino-pesquisa-extensão. É por isso que a formação existe não apenas nos chamados sujeitos "teóricos", mas nas investigações do concreto, nas interpretações provenientes de experiências de prática ou abordagens pré-profissional. Estamos nos referindo à realidade empírica do trabalho comunitário, das instituições ou organizações, entre outros espaços. Necessariamente vinculada às duas dimensões anteriores, inseparável delas, está a *dimensão técnico-operativa*.

Não se trata, aqui, de pragmatismo ou aplicação de teorias, mas da implementação de um conjunto de interpretações e ações profissionais de organização coletiva, direcionados a determinados serviços esperados na intervenção que dão sentido ao técnico-operacional. Consiste, então, em estimular capacidades que auxiliam no desenvolvimento de habilidades requeridas que subsidiam a intervenção, embora os objetivos pedagógicos tratem mais diretamente de conteúdos, habilidades a serem desenvolvidas, do que das necessidades da instituição que recebe os(as) alunos(as) pela experiência. Nesse processo, tais necessidades devem ser relacionadas, embora pareça aconselhável enfatizar os objetivos pedagógicos e buscar possibilidades de atualização para profissionais que supervisionam os(as) alunos(as), em diferentes áreas de atuação ou abordagem pré-profissional.

Enquanto a habilidade é estudada como um dever de ser, a destreza é exercida como um ato materializado na situação concreta. O mais importante é que a formação considere como ponto de partida as necessidades postas ao Serviço Social na divisão social e técnica do trabalho, considerando um conjunto de instrumentos e de técnicas úteis ao trabalho profissional demandado e criticado com auxílio da reflexão teórica e dos desdobramentos ético-políticos aí contidos.

O espaço institucional é onde essa dimensão se concretiza, mas não sem desconsiderar sua relação teórico-metodológica e ético-política. Nela é importante localizar qual é a política social que a instituição implementa, caracterizá-las no Paraguai, considerando os marcos supracitados (teóricos, informativos, jurídicos com perspectiva de direitos humanos, entre outros). Isto permitirá situar o técnico-operacional para além do pragmatismo ou praticidade imediata marcadas pela repetição das atividades institucionais sem modificá-las com base nos objetivos e acordos estabelecidos pela equipe de trabalho. Se a dimensão instrumental for separada das outras duas dimensões, o Serviço Social não se diferencia das atividades voluntárias ou voluntaristas. O pragmatismo, ao buscar a eficiência, não apreende os elos do complexo processo objetivamente posto, articulado à realidade institucional (Guerra, 2005), elos muito necessários para desenvolver a formação e a intervenção profissional críticas.

A dimensão técnica-operacional da profissão é desenvolvida na cotidianidade dos processos de trabalho, embora não contenha exclusivamente expressões do cotidiano-imediatas. Ao contrário, é rica em determinações e mediações, ainda que nem sempre apareça como tal e nem seja apreendida a partir do ponto de vista de totalidade. Isso se materializa, por exemplo, em relatórios sociais que podem desdobrar-se por caminhos absolutamente diferentes caso eles se esgotem em um ato puramente administrativo solicitado pela instituição que emprega o(a) assistente social. Neste caso, o relatório é o instrumento que registra argumentos e decisões que deveriam derivar da investigação do objeto posto na realidade com suas respectivas mediações, envolvendo o tema analisado e as potencialidades da atuação profissional nas instituições e organizações. Essa superação exige, portanto, que os(as) profissionais sejam capazes de articular as três dimensões aqui relacionadas, bem como depende do referencial teórico que inspira a análise.

Não há, aqui, qualquer espécie de neutralidade. Ao contrário de culpabilizar sujeitos como os principais responsáveis por satisfazer ou não suas carências e necessidades humanas, o que se pretende é bem diferente: *propor um tipo de intervenção que contribua para que tais sujeitos sejam conscientes de sua condição.* A dimensão técnico-operativa, portanto, deve registrar e expor as manifestações da "questão social", as mediações que a particularizam como classe, gênero, pessoas portadoras de necessidades especiais, entre outras esferas, bem como documentar o agravamento da precariedade e da reprodução das condições de vida dos sujeitos e da família.

Essa proposta de articular e explicar as três dimensões de qualquer intervenção do Serviço Social deve ser considerada independentemente do instrumento utilizado no âmbito da profissão: relatório social, visita domiciliar, diagnósticos institucionais, formação e/ou fortalecimento de planos de organizações, entre outros procedimentos relacionados à intervenção do(a) assistente social e previstos na Lei do Exercício Profissional no Paraguai. Ao vincular as três dimensões e avançar na compreensão e na análise das políticas sociais — ao decompor e analisar a prática inscrita no campo de tais políticas —, é imprescindível elucidar as matrizes teórico-metodológicas que orientam a profissão, ainda que, no caso do Paraguai, considerando a tímida tradição intelectual já relatada na introdução deste capítulo, tais perspectivas teóricas não estejam tão bem demarcadas. Frequentemente se revelam por meio de fragmentos incorporados a partir de tradições teóricas diversas que inspiram a formação e o trabalho profissional.

4. Formação profissional em Serviço Social e tendências teóricas atuais no Paraguai[7]

Entendemos como "tendências teóricas" os princípios filosóficos, históricos, metodológicos, teóricos que levam a afirmar posições que sustentam a análise da realidade, auxiliam a extração das determinações objetivamente existentes e subsidiam a esfera do trabalho profissional, compondo os fundamentos do Serviço Social como profissão.

7. Importante ressaltar que das quatro obras que serão a seguir citadas e comentadas, três delas tiveram a participação direta das autoras deste capítulo. Sendo assim, é necessário destacar: a) elas representam quadros importantes do Serviço Social no Paraguai como autoras de obras relevantes no país, têm vínculo com a categoria profissional dos(as) assistentes sociais, participam diretamente das lutas pelo reconhecimento da profissão no Paraguai e exercem cargos estratégicos no espaço universitário. Impossível desconsiderá-las; b) o conteúdo apresentado neste item 4 foi objeto de debate coletivo com a participação ativa do coordenador do projeto "Serviço Social e América Latina: tendências teóricas atuais".

No caso do Paraguai, somente podemos falar de percepções sobre as tendências teóricas que inspiram o Serviço Social. Essas percepções podem ser observadas em estudos escritos por assistentes sociais que, neste caso, são quadros da formação profissional de Serviço Social na Universidad Nacional de Asunción. Estas obras circulam nos trabalhos escritos disponíveis em diversas esferas organizacionais e acadêmica do Serviço Social no Paraguai. Algumas delas também são citadas em publicações internacionais, sobretudo quando são tratados temas sobre a formação profissional no Paraguai ou estudos comparados entre países latino-americanos que incluem essa disciplina.

A menção desses estudos neste trabalho, se deve a que são poucas as obras escritas e difundidas no Paraguai sobre as tendências no Serviço Social em nível nacional. Isso se deve à escassa tradição de pós-graduações no país, o residual desenvolvimento das Ciências Sociais na história universitária nacional e ainda o predomínio de uma visão tradicional que situa o Serviço Social como uma profissão "da prática", "do fazer", mais do que o conhecer e investigar.

Existem quatro trabalhos que permitem uma primeira aproximação das tendências teóricas presentes no âmbito da formação do Serviço Social na Universidad Nacional de Asunción: a) "Matrices Teóricas en la Formación del Trabajo Social en el ITS-UNA", de María del Carmen García, publicado em 2015 (material difundido pela Direção de Investigação da UNA); b) "Incorporación de la Teoría Critica en la Formación Profesional del Trabajo Social en la UNA de Paraguay", artigo de Nidia Battilana e Sara López, publicado na obra *Formación en trabajo social: miradas y reflexiones sobre el proceso de enseñanza,* publicada em 2018; c) "La Cuestión Social en el Paraguay del Siglo XX" e "Trabajo Social y Políticas Sociales", de Stella Mary García (2019), publicado sem 2019; d) "La formación disciplinar del Trabajo Social. Conservadorismo, Direitos Sociais e Políticas Sociais", presente na *Revista MERCOSUR de Políticas Sociales del ISM,* publicado em 2018, de autoria de Ada Vera Rojas. Essas obras analisam os aportes temáticos, informacionais e analíticos que oferecem as fontes bibliográficas que utilizam, os marcos teóricos que inspiram a análise empreendida e os desafios e adensamentos pendentes em relação ao Paraguai necessários para explicar o movimento da realidade desde uma perspectiva de totalidade social.

A obra *Matrices Teóricas en la Formación del Trabajo Social en el ITS-UNA*, de autoria de María del Carmen García (2015), se baseia em uma investigação realizada nos anos 2014-2015. O texto trata das tendências teóricas presentes nos conteúdos que se referem ao Serviço Social (especificamente a prática pré-profissional e os fundamentos do TS). Trata-se de uma pesquisa exploratória e descritiva (Bervian, 1989) que lida com quatro dimensões: identificação das matrizes teóricas, tratamento metodológico das categorias teóricas, análise das categorias a partir da realidade do Paraguai e tratamento da dimensão ético-política. O estudo oferece aproximações que apontam a convivência de várias tendências teóricas que inspiram a formação do Serviço Social, ao tratar da relação entre objeto de estudo e objeto de intervenção, bem como o ensino do Serviço Social na UNA. Adverte que existe a coexistência de diferentes tendências no interior do curso, particularmente positivistas, estruturalistas e funcionalistas, mais observadas nos propósitos enunciados por aqueles que enfatizam o saber-fazer para aperfeiçoar o Serviço Social e em ideias sobre a adaptação e integração dos indivíduos diante de distintas situações. Ainda que se verifique o desejo de que a formação se desenvolva no marco de tendência crítica, histórico-críticas e sociocríticas, a análise mostra outro caminho diferente deste. A hermenêutica também está presente em análises que, desde o Serviço Social, de seu "que fazer" diário, ressalta experiências cotidianas e processos de subjetivação a partir de experiências na área.

Entre os(as) autores(as) citados(as) por esta investigação, situam-se diferentes representantes que remetem às tradições teóricas acima referenciadas: Morán (2003), Vélez Restrepo (2003) Aquin, N. (2003), Bentura, P. (2013), Borgianni, E. & Montaño, G. C. (2003), Caraballeda, A. (2006), Cazzaniga, S. (2007), García, S. (1996), Iamamoto, M. (2003), Martinelli, M. L. (1997), Matus, T. (2006), Montaño, C. (1998),

Netto, J. P. (1992), Parra, G. (1999), entre outros[8]. Estes(as) autores(as) estão presentes nos programas de estudo que a pesquisa analisou, o que permite sugerir a convivência de diversas tendências teóricas na base que inspira a formação profissional no principal centro de formação universitário em Trabalho Social no Paraguai: a Universidad Nacional de Asunción. A obra expõe os conteúdos trabalhados nas matérias de prática profissional oferecida entre o primeiro e o quarto ano da carreira, somados a entrevistas individuais e grupais sobre os programas de estudo além de opiniões geradas a partir de diálogos.

Os temas presentes nesta matéria ministrada entre o primeiro e quarto ano do curso são os seguintes[9]: sistema capitalista; a institucionalização do Serviço Social; questão social; Estado e políticas sociais; o espaço sócio-ocupacional do Serviço Social; o trabalho como categoria fundante do ser social; a questão social no Paraguai; a prática do Serviço Social no escopo institucional; as ferramentas para a intervenção profissional; o trabalho no Paraguai; instrumentos de avaliação/conhecimento e políticas sociais; entre outros temas técnicos vinculados à ação profissional.

O estudo aponta avanços importantes na proposta curricular no sentido de melhor contextualizar a realidade paraguaia a partir de aportes críticos, ainda que insista na necessidade de torná-los mais próximos do cotidiano profissional. Sendo assim, ressalta que é importante que tais conteúdos sejam analisados pelos atores vinculados a este processo, ou seja, profissionais, docentes, alunos(as), desde o espaço da prática-profissional, elegendo as categorias que deveriam ser analisadas teoricamente. Neste sentido, María del Carmen García indica como principal desafio a adoção da perspectiva histórico-crítica com o rigor que ela exige, tal como anunciados nos postulados do plano de estudos da carreira de Serviço Social na UNA. Para tanto, é

8. Nota-se a presença significativa de autores(as) do Serviço Social brasileiro, argentino e chileno vinculados(as) a tendências muito diferentes.

9. "Práctica Pré-Profesional" é atualmente denominada na grade curricular do curso como "Abordajes de Trabajo Social".

necessário formar quadros docentes capazes de analisar a complexidade da realidade, articulando as dimensões macrossocial (de análise mais geral) e microssocial (aspectos técnicos), bem como particularizando esse debate nas suas expressões concretas, inspirada em uma perspectiva teórico-metodológica sustentada na categoria da totalidade.

Esta investigação aponta como avanço a não indicação de um método específico para o Serviço Social, como se defendia em anos anteriores no Paraguai. Manifesta, ainda, a preocupação coletiva em formar quadros docentes, equipes de investigação para buscar recursos e estudar aspectos importantes da realidade enfrentada pelos(as) trabalhadores(as) sociais, entre outras iniciativas necessárias para favorecer o avanço acadêmico no país. Sendo assim, embora a diversidade teórica seja intensa, quase sempre anunciando uma ou outra tradição teórica como inspiração e utilizando aportes nem sempre coerentes com o pretendido, é fato que existe uma preocupação coletiva em curso com o desenvolvimento e a consolidação acadêmica no país.

O artigo de Nidia Battilana e Sara López, denominada "Teoría Critica en la Formación Profesional del Trabajo Social en la UNA de Paraguay", publicado em 2018, analisa a formação universitária sustentada em fontes secundárias: oferece um resumo de diversas publicações e de documentos da UNA. As autoras utilizam três publicações básicas que retomam aspectos sócio-históricos da profissão e do Paraguai: "Bases para un análisis del origen del TS en Paraguay", de García S. M. (1996); *La Reconceptualización del TS en Paraguay* (García, *in* Alayón, 2005) e "Formación Profesional del Trabajo Social", publicado, pela mesma autora, no marco do "XX Seminario Latinoamericano de Escuelas de Trabajo Social" (2012). Utiliza, ainda, um leque heterogêneo de autores(as) como *La Metamorfosis de la Cuestión Social, de Robert Castel* (1998), *La naturaleza del Servicio Social,* de Carlos Montaño (2007); *Capitalismo Monopolista y Servicio Social,* de José Paulo Netto (1992); *Trabajo Social Perspectivas Contemporáneas,* de Teresa Matus (2010); *Antimodernidad y Trabajo Social,* de Gustavo Parra (2001). O estudo se concentra em obras importantes, mas não tão recentes. Nota-se, aqui, como já enfatizado anteriormente, uma diversidade de autores(as) e de inspirações teóricas referenciadas, o que em si não é problema.

É possível identificar que os marcos teóricos que informam a análise estão sustentados em vertentes teóricas muito diversas. A obra *La Metamorfosis de la Cuestión Social*, de Robert Castel, por exemplo, utilizada pelas autoras, aporta o debate delas sobre a sociedade salarial nas três formas de cristalização das relações de trabalho que conduzem às condições proletária, obreira ou salarial. Todavia, há de se ressaltar que no Paraguai não se desenvolveu a sociedade propriamente industrial e predominantemente urbanizada, nem predomina o salário propriamente tido como forma generalizada de pagamento (nos termos propostos por Castel ao analisar o cenário europeu). A supremacia do mundo do trabalho no país deu-se por meio do espaço rural, como economia primária, durante praticamente todo o século XX (especificamente na sua primeira metade). Ademais, as noções de coesão social de Castel, os problemas relacionados à integração e à anomia dentro do todo social, se sustentam em nítidas raízes positivistas durkheimianas. Ora, é exatamente a noção de coesão social que sustenta o enfrentamento da questão social, marco este afeito a orientações conservadoras, o que não permite uma explicação mais densa sobre as causas do desemprego crescente, da precarização e pauperização relativa absoluta ou relativa, ainda mais em sociedades como a paraguaia. Castel suaviza os antagonismos de classe, a expropriação capitalista, propondo saídas pela via do Estado que legitima reformas sociais sem o adensamento sobre as contradições estruturais do capitalismo no atual estágio de acumulação. O que seria, propriamente hoje, um Estado social? Haveria espaço para isso? Como pensar essa questão em sociedades latino-americanas com o perfil do Paraguai? Mais do que isso, é preciso decodificar as mediações necessárias para explicar a questão social nas condições particulares impostas pela realidade paraguaia, nisto elucidar o significado deste cenário para o Trabalho Social neste país.

Nidia Battilana y Sara López qualificam o Serviço Social desde 2001 no Paraguai como de ruptura, especialmente como marco para a introdução da perspectiva crítica na formação profissional. No entanto, há de se destacar que o rompimento com o conservadorismo não implica necessariamente um processo gradual e formal de iniciativas (por mais bem intencionado que seja), mas procedimentos intelectuais que exigem incorporação rigorosa dos marcos teóricos existentes, as determinações e especificidades do país, nisto o debate plural de qualidade, bem como propostas e projetos concretos que alterem a realidade posta. Sob a orientação marxista, assentada em Netto (1992), esse intento pode ser mais bem perseguido por meio da articulação entre a perspectiva crítico-dialética, a teoria valor-trabalho e a possibilidade histórica de ruptura com a ordem do capital, ainda que consideremos que essa não seja uma tarefa limitada ao espaço profissional (embora dele se aproprie) e que esse debate necessita ser realizado a partir da realidade concreta do Paraguai. Sendo assim, o alcance das visões inspiradas em marcos críticos introduzidos nos planos de estudos da UNA, as orientações aí incluídas, exigem um longo, denso e trabalhoso caminho que não renuncia a estudos e pesquisas permanentes, também no sentido de adensar o debate entre as diferentes tendências teóricas que inspiram o Trabalho Social no Paraguai e na América Latina.

A ausência de uma sustentação teórico-metodológica densa não somente impede a ruptura com o conservadorismo, mas também conduz a posturas centradas unicamente na intervenção profissional em si, ainda que elas possam se comprometer ética e politicamente com a melhoria das condições de vida e a organização dos setores populares[10]. Isso ocorre frequentemente por meio de posições que reeditam tipos de messianismo vinculados a partidos políticos, formas

10. Essa prática foi comum em vários países da América Latina na relação com o Trabalho Social nas últimas quatro ou cinco décadas. A militância, nesse caso, se sobrepôs à necessidade de adensamento teórico-metodológico (como se ele brotasse naturalmente da prática), sem gerar debates densos seja fora da profissão, seja em relação aos fundamentos do Trabalho Social que se insere na realidade burguesa de forma peculiar na divisão social e técnico do trabalho.

de militância revolucionária ou diferentes relações como movimentos populares, ainda que essa afirmação jamais deva servir para desconsiderar essas instâncias ou sobrevalorizar a academia (seguramente crivada de conservadorismos). A chave está em qualificar o processo teórico e praticamente por meio de uma abordagem radicalmente crítica, propositiva, madura, capaz de mensurar os limites e as potencialidades das ações, não academicista, nem militantista, *mas seguramente acadêmico-militante.*

Sendo assim, mesmo que os planos de estudo de Serviço Social da UNA tenham a intencionalidade de distanciar-se do conservadorismo, como indicam as autoras, alterando nomenclaturas, modernizando abordagens, por diferentes caminhos, podem acabar reafirmando tradições conservadoras. A questão a ser considerada é se a análise empreendida é capaz de perceber diferenças substanciais existentes entre os(as) especialistas citados(as) e as tradições teóricas que os apoiam (seus potenciais e limitações), ainda que todas elas aportem algum tipo de conhecimento para o Serviço Social no Paraguai e na América Latina. Nesse quesito, que determina as fronteiras entre o pluralismo e o ecletismo, é preciso avançar substancialmente.

A obra *Cuestión Social en el Paraguay del siglo XX: Políticas Sociales y Trabajo Social*, de Stella Mary García (2019)[11], sustenta-se em fontes primárias e secundárias. Aborda a gênese, institucionalização e diferentes processos relacionados ao Trabalho Social ao longo do século XX, destacando episódios que são chaves para explicar a realidade paraguaia no contexto do capitalismo mundial. Trata das principais características sócio-históricas do social entre os anos 1900 e 2000, articulando aspectos econômicos, culturais e políticos de um século, que explicam a subordinação paraguaia no contexto do capitalismo internacional e a forte herança conservadora proveniente da ditaduras cívico-militares que assolou o país (particularmente aquela liderada por Stroessner). Essa tradição ditatorial reforçou pautas

11. O texto é produto da dissertação de mestrado da autora na Universidade Federal do Rio de Janeiro (UFRJ), com foco na formação profissional na UNA.

liberais-autoritárias em todas as esferas da vida social, seguramente com sequelas para os dias atuais. Estes aspectos atravessam o Serviço Social e as Políticas Sociais, sendo que a o estudo de García oferece análise sobre a trama concreta que determinou as condições para a gênese, o desenvolvimento, a institucionalização e a configuração atual do Serviço Social no Paraguai, nisto o protagonismo da UNA foi chave para as tentativas realizadas no sentido de questionar as diferentes expressões do conservadorismo.

O livro, também, revela algumas pistas para problematizar a necessidade da consistência teórico-prática importante para analisar a intervenção profissional no social, bem como a necessidade da abordagem histórica da profissão e da proteção social, vinculada à política econômica, destacando o aspecto compensatório e residual resultado do modelo de produção-acumulação que assola o país no contexto latino-americano. Destaca a existência de um Estado fortemente atrelado aos interesses dominantes em todo o ciclo político paraguaio no século XX, seguindo rigorosamente o projeto imperialista para diagnosticar, desenhar, fazer a gestão e a avaliação das políticas em geral desenvolvida no país. Trata-se, então, de trabalho de fôlego, pioneiro no trato histórico da profissão no Paraguai, ainda que a obra suscite inúmeras questões e deixe alguns vazios e inconsistências que devem ser objetos da crítica e do aprofundamento para futuras produções. As fontes primárias e secundárias utilizadas nesta obra são bastante diversas: publicações sobre o Serviço Social no Paraguai em documentos oficiais da UNA e sobre as políticas sociais públicas contidas em documentos oficiais do Ministério da Saúde Pública, bem como outros documentos que revelam influências internacionais no Estado e nos modelos de atenção social (em especial vinculados aos Estados Unidos e a United States Agency for International Development — USAID). Todas essas informações impactaram a formação sócio-histórica da profissão no país, bem como ajudam a explicar o porquê o Processo de Reconceituação latino-americano não frutificou no Paraguai (García, 2005). A explicação sobre o país e sobre o Serviço Social nele desenvolvido é oferecida por meio de fontes que dimensionam interpretações oferecidas por autores(as) que integram a literatura nacional subsidiados em diferentes perspectivas teóricas (sobretudo na primeira metade do livro em que é analisado o lugar do Paraguai no contexto do capitalismo internacional). Ainda que García se inspire na tradição marxista, a ausência dela no trato de temas particulares paraguaios dificultou esse tipo de abordagem. Todavia, a autora faz o estudo por meio de um debate plural, articulando aspectos da realidade do Paraguai amparada na leitura marxista da realidade e de autores(as) dessa tradição pertencentes ao Serviço Social (especificamente brasileiro): José Paulo Netto, Marilda Iamamoto, Carlos Montaño, em particular[12].

A autora, ainda, denuncia o paradigma positivista inspirado sobretudo em Durkheim que insiste na exterioridade do sujeito que investiga e do objeto investigado, formalizando racionalmente a investigação e a história por meio de regras. Se a narrativa desta tradição sobre a realidade paraguaia se sustenta na evolução ascendente de episódios, no caso do Serviço Social, essa influência impacta a profissão como um tipo de "fazer" cujos profissionais escrevem relatórios, informes, atas e narrativas comprometidas com a descrição da realidade, própria de procedimentos investigativos sustentados nas ciências naturais. A autora defende, como essencial, retomar tais pressupostos impregnados na tradição paraguaia, insistindo em uma abordagem inspirada na perspectiva histórica e de totalidade, o que supõe opor-se aos pressupostos positivistas no trato da questão social e de suas múltiplas refrações no contexto particular do Paraguai.

Do material bibliográfico denominado *La formación disciplinar del Trabajo Social. Conservadurismo, Derechos Sociales y Políticas Sociales*, de Vera Ada (2018), pode-se extrair informações e análises sobre o processo histórico que constitui a formação do Serviço Social no Paraguai

12. Destaca-se, aqui, a decisiva influência do Serviço Social brasileiro, sobretudo a partir dos anos 1990, em parte da tradição do Serviço Social latino-americano (inclusive o paraguaio). Muitos quadros da América Latina passaram, no passado recente, por cursos de mestrado e de doutorado nas universidades brasileiras, particularmente em São Paulo (PUC), no Rio de Janeiro (UFRJ) e em outros centros formativos.

a partir da construção desta disciplina no âmbito da UNA. Apoiada em bibliografia do país e latino-americana, Ada busca rupturas com práticas disciplinares e epistemológicas de perfil conservador. Suas referências bibliográficas recuperam diversas observações de Stella García, comentada há pouco, sobre as bases das políticas sociais no país e a gênese do Trabalho Social como profissão[13]. Apropria-se, ainda, como fontes primárias, de documentos e informes sobre a carreira de Serviço Social na UNA, e outras bibliografias nacionais.

Como parte das referências latino-americanas, para abordar a profissão, a autora recorre a Montaño (2007) para debater a natureza do Serviço Social, Iamamoto (1985), sobre a divisão sociotécnica do trabalho, bem como revisa a definição do Mercosul de Organizações Profissionais (2012) com respeito à definição da categoria profissional dos trabalhadores sociais. Ao tratar do conservadorismo, Ada também recupera aporte teórico do Serviço Social brasileiro, especificamente aquele oferecido por Leila Netto Escorsim (2011), Marilda Iamamoto (1994), Maria Lúcia Martinelli (1993) e José Paulo Netto (1992). Sobre o pensamento social paraguaio, recupera os estudos de Caballero (2011), Robledo (2009) y Soler (1991).

Quanto aos marcos teóricos que sustentam seus postulados é possível verificar um fio condutor histórico-crítico situado no amplo campo democrático-popular progressista. Seu estudo debate as políticas sociais no Paraguai, o atraso da proteção social no país em relação a outros modelos existentes, as particularidades do Serviço Social nesse contexto e paradigmas profissionais verificados no âmbito do Mercosul. A autora situa o Serviço Social no Paraguai observando o contexto em que se insere a concepção sobre esta profissão, situando-a como uma disciplina no campo das Ciências Humanas e Sociais, inserida na divisão social e técnica do trabalho, capaz de interferir nas esferas individual e coletiva, na implementação de políticas sociais.

O estudo também aborda o Serviço Social na UNA, analisa um processo de formação profissional de doze anos (1989-2011), que

13. García, S. (1996); García, S. (2007); García, M. C.; García, S. (2017).

tratou de questionar tradições disciplinares e epistemológicas de corte conservador. Para tanto, oferece uma análise sócio-histórica sobre as distintas perspectivas que permitem definir a profissão. A referência entre o Serviço Social e o pensamento conservador aí analisado, adverte sobre o necessário cuidado ao se trabalhar o termo conservadorismo, uma vez que sua origem e seus elementos constitutivos o situam no movimento concreto da história. Nisto, a autora reflete sobre as diferentes tradições teóricas que influenciaram a profissão, identificando as raízes do pensamento conservador. Ressalta, aqui, a importância do caráter epistemológico-crítico no processo de busca constante de ruptura com as diferentes formas de conservadorismo que assolam o Serviço Social, sempre tratando das especificidades paraguaias.

Com relação aos desafios ainda pendentes, o artigo situa a necessidade do aprofundamento teórico daqueles elementos centrais que constituem as políticas sociais e os fios condutores que unem a profissão em diferentes momentos históricos, ou seja, o conservadorismo presente na gênese do Serviço Social e as formas que permitem a continuidade dele na atualidade. Estudos do gênero, segundo Ada, convidam o leitor a identificar o conservador nas chamadas "boas práticas profissionais" desenvolvidas atualmente, o que exige investigações com delimitações temáticas que se detenham em expressões relevantes para o Serviço Social no Paraguai, diferenciando tentativas que recolocam e modernizam o conservadorismo daquelas que expressam rupturas de fato, sólidas.

Por fim, considerando que no cenário atual a produção teórica do Serviço Social no Paraguai é escassa e concentrada na UNA, incluindo as que debatem as tendências teóricas que inspiram a área no país, é importante ressaltar que, as quatro obras aqui referenciadas *anunciam a intenção de utilizar perspectivas críticas para a formação profissional no âmbito do Serviço Social.* Entretanto, fazem referência a grande predominância da tradição positivista/funcionalista no debate do Serviço Social no país. A profissão no Paraguai vive um momento chave, também no campo das suas referências teóricas: *a rejeição e a crítica à tradição positivista/funcionalista (registrada nas principais obras que tratam da profissão no país), processo este potenciado por uma diversa interlocução latino-americana que representa tradições teóricas diferentes.* A intelectualidade em formação no Serviço Social paraguaio encontra-se em um momento muito particular de estudo e de debate para que possa situar-se teórica e academicamente, revelando-se em formação no país, ainda sem muita nitidez quanto as suas tendências teóricas. Junto disto existe uma questão objetiva: *a unidade dos diferentes segmentos nascentes na profissão, considerando os objetivos do coletivo profissional no Paraguai (uma prioridade de máxima importância), e que se impõe nesta diversidade teórica nascente.*

Em resumo: as obras indicadas reconhecem o predomínio do paradigma positivista/funcionalista como inspirador do Serviço Social no Paraguai, ainda que todas elas tenham a intenção de adotar uma orientação crítica a essa tradição. Nisto dois desafios se impõem imediatamente: a) manter a unidade profissional considerando os interesses comuns para consolidar o reconhecimento da profissão, inclusive como área de conhecimento do país, independentemente das tradições teóricas nascentes no interior destes grupos; b) considerar uma formação profissional que permita o aprofundamento das tradições teóricas que têm alimentado o debate, ainda que pontualmente, na relação com o estudo e a pesquisa. Nisto, o sentido do que se entende por formação crítica imediatamente expresso na necessidade de superar a tradição mais conservadora presente no Serviço Social.

5. Considerações finais

Depois de abordar os principais pontos que levariam a fortalecer a formação profissional do Serviço Social no Paraguai, as reflexões aqui descritas indicam a necessidade de situar esse país como parte do contexto internacional, com explicações que requerem um método de conhecimento que não se afasta da história, nem da teoria, que fomente uma interpretação do Serviço Social paraguaio no sentido de:

1. continuar a busca pelo fortalecimento dos quadros de docentes, discentes, graduação e pós-graduação, que utilizam a matriz histórico-crítica capaz de captar a realidade e explicar suas contradições, como uma possibilidade de superação, além de construir capacidades e técnicas inteligíveis, transformadas em fundamentos que possam apoiar as organizações profissionais já estabelecidas, no que diz respeito às suas agendas explicitamente insatisfeitas com a realidade atual que repudia exponencialmente as desigualdades de classe, de gênero e de várias outras formas de opressão;
2. consolidar os avanços na formação de graduação, com propostas de pós-graduação em Serviço Social, que permitam a adoção de fundamentos que contribuam com o conhecimento, a explicação e, acima de tudo, a construção de agendas para a formação profissional, para as organizações de graduados, para o trabalho profissional e para as organizações estudantis da categoria dos(as) assistentes sociais no Paraguai. É preciso valorizar uma presença mais proeminente e organizada dos(as) assistentes sociais, possibilitando influenciar a definição de instâncias de Políticas Sociais, bem como resistência junto com a sociedade civil, movimentos sociais, entre outras instâncias, trabalho que inclui ensino, pesquisa e extensão articulados à militância;
3. fortalecer as relações internacionais do Serviço Social paraguaio com instâncias que possam contribuir para solidificar o estudo e a pesquisa dos fundamentos históricos críticos capazes de sustentar os dois processos supracitados;
4. O Serviço Social do Paraguai tem, hoje, a possibilidade histórica de promover as Ciências Humanas e Sociais, no campo acadêmico, por meio de pesquisas que disponibilizam os fundamentos históricos-críticos em relação à realidade social. Isto certamente alimentará o acervo de obras já disponíveis, possibilitará formar pesquisadores de diferentes áreas das ciências sociais, democráticos e críticos, recorrendo às produções de pós-graduação, percorrendo o caminho investigativo orientado pelo conhecimento do ser social e da realidade em que vive.

Referências

APSSTSPY. Asociación de Profesionales de Servicio Social o Trabajo Social del Paraguay. *Código de Ética del Profesional de Trabajo Social Paraguay*, 2008. Disponible en: https://www.ifsw.org/member-organisation/paraguay/

BARROCO, Maria Lúcia. *Ética e sociedade*: curso de capacitação ética para agentes multiplicadores. Brasília: CFESS, 2004.

BATTILANA N.; LOPEZ, S. Incorporación de la Teoría Critica en la Formación Profesional del Trabajo Social en la UNA de Paraguay. *In*: VERBAUWEDE, Viviana. *Formación en trabajo social*: miradas y reflexiones sobre el proceso de enseñanza. Editorial Fundación la Hendija, 2018.

CABALLERO J. N. Cien años de desarrollo de la sociología en Paraguay en el año de su Bicentenario. Del rezago histórico institucional en el pasado a la debilidad contemporánea. *Rev. Int. Investig. Cienc. Soc.*, 7(2), 119-160, 2011.

CARDOSO, F. H.; FALETTO, E. *Dependência e desenvolvimento na América Latina*: ensaios de interpretação sociológica. São Paulo: Afiliad, 1970.

CHAUI, Marilena. *Conformismo e resistência*: aspectos da cultura popular no Brasil. São Paulo: Brasiliense, 1986.

DURKHEIM, Emile. *As regras do método sociológico.* 3. ed. Lisboa: Editorial Presença, 1987.

CHIAVENATTO, Julio José. *Genocidio americano. La Guerra del Paraguay*. Asunción: Carlos Schauman Editor, 1995.

DULCICH, Ramiro. El Trabajo Social y la administración de la barbarie neoliberal en América Latina. *Anais de congresso*. Resultado de investigacion. Eje temático: Trabajo en la contemporaneidad, cuestión social y Trabajo Social. Universidad de Costa Rica, 2017. Disponível em: http://www.ts.ucr.ac.cr/binarios/congresos/reg/slets/slets-019-225.pdfwww

FACSO/UNA. *Plan de estudio de la carrera de Trabajo Social 2001 y 2015*. Disponível em http://www.facso.una.py/index.php/carrera-de-trabajo-social/ts-curri

GARCÍA, Carmen. *Matrices teóricas de la formación del Trabajo Social en Paraguay*; agosto 2015. Documento-Informe de Investigación, disponible en los archivos físicos de la FACSO-UNA Dirección de Investigación.

GARCÍA, Stella Mary. Avances y perspectivas en la formación profesional. *Periódico de Trabajo Social y Ciencias Sociales*. Asunción, 2006. Disponível em: https://www.margen.org/suscri/margen41/garcia.html. Acesso em: 7 fev. 2022.

GARCÍA, Stella. La protección social en Paraguay; conexiones históricas para entender el presente. *Revista de Investigación en Ciencias Sociales*, Asunción, n. 2, v. 3, jun. 2015.

GARCÍA, Stella. La reconceptualización del Trabajo Social en Paraguay. In: ALAYÓN, Norberto (coord.). *Trabajo Social latinoamericano*: a 40 años de la reconceptualización. Espacio Editorial: Buenos Aires, 2007.

GARCIA Stella. M. *La cuestión social en el Paraguay del siglo XX*: Trabajo Social y Políticas Sociales. Asunción, Paraguay: Arandura Editorial, 2019.

GARCÍA, Stella. *Génesis y procesos de institucionalización del Servicio Social en Paraguay.* Tesis de maestría. Universidad Federal de Rio de Janeiro, Brasil, 1997.

GLASMAN. Historia de la asistencia de EEUU a Paraguay 1942-*1992*. Embajada de los EEUU USAID, Asunción. Disponível em https://py.usembassy.gov/es/our-relationship-es/policy-history-es/

GRAMSCI, A. *Concepção dialética da história.* Rio de Janeiro: Civilização Brasileira, 1999.

GUERRA, Yolanda. Instrumentalidad del proceso de trabajo y Servicio Social. *In*: ROJAS, Ana Isabel Ruiz (coord.). *Búsquedas del Trabajo Social latinoamericano.* 2005. Disponível em: https://dialnet.unirioja.es/servlet/autor?codigo=1956434. Acesso em: 7 fev. 2022.

GUERRA, Yolanda. *Instrumentalidad del proceso de Trabajo y Servicio Social*. Buenos Aires: Espacio Editorial, 2005.

IAMAMOTO, Marilda Villela. *Servicio Social y división del trabajo.* São Paulo: Cortez, 2005.

IAMAMOTO, Marilda Villela. *Renovação e conservadorismo em Serviço Social*: ensaios críticos. São Paulo: Cortez. 1992.

MALLARDI, M. *Sociabilidad y proyectos profesionales en el Trabajo Social contemporâneo.* Algunas notas a partir de la experiência de Argentina. *Revista Plaza Pública,* n. 23 (13) Estado, Políticas Sociales y Trabajo Social. Disponível em https://ojs2.fch.unicen.edu.ar/ojs-3.1.0/index.php/plaza-publica/article/view/84

MARINI, R. M. La acumulación capitalista mundial y el subimperialismo. *Cuadernos Políticos,* n. 12, México, 2008.

MARTINELLI, Maria Lucia. *Serviço Social*: identidade e alienação. São Paulo: Cortez, 1997.

MARX, Karl. O capital: crítica da economia política. São Paulo: Abril Cultural, 1983. v.1, t. 1

MONTAÑO, Carlos; PASTORINI, Alejandra. *Génesis y legitimidad del servicio social*: Dos tesis sobre el origen del Servicio Social, su legitimidad y su función en relación a las Políticas Sociales. Montevidéu: FCU Fundación de Cultura Universitaria, 1999.

MNTS Mesa Nac. de TS; Pyto. de. *Ley que establece el ejercicio del TS en Paraguay* (Doc. Borrador) 2017-2018-2019. Disponível em: https://www.bacn.gov.py/leyes-paraguayas/8922/ley-n-6220-regula-el-ejercicio-profesional-del-trabajo-social-en-paraguay

NETTO, J. P. *Capitalismo monopolista e Serviço Social.* Cortez: São Paulo, 1994.

NETTO, J. P. *Cinco notas a propósito de la cuestión social.* São Paulo: Cortez, 2009.

NETTO, J. P. *Introdução ao método da teoria social.* Disponível em: https://www.pcb.org.br/portal/docs/int-metodo-teoria-social.pdf. Acesso em: 7 fev. 2022.

ROBLEDO. Apuntes para una historia de la sociología en Paraguay. El caso de la Revista Paraguaya de Sociología. *XXVII Congreso ALAS.* Facultad de ciencias Sociales, Universidad de Buenos Aires, Argentina, 2009.

ROJAS, Vera A. La formación disciplinar del Trabajo Social. Conservadurismo, Derechos Sociales y Políticas Sociales. *Revista Mercosur de Políticas Sociales del ISM*, 2018.

SEPÚLVEDA, Teresa Matus. *Propuestas contemporáneas en Trabajo Social*: hacia una intervención polifónica. Buenos Aires: Espacio Editorial 1999.

SILVA J. F. Serviço Social e tendências teóricas atuais. *Revista Katálysis*, v. 20, p. 65-74, 2017.

SILVA J. F. *Trabalho, questão social e Serviço Social*: a autofagia do capital. São Paulo: Cortez, 2019.

SOLER, Lorena. Campo, intelectuales y debates (1964-1991). *Revista Paraguaya de Sociología*, (22), 1991.

VERA, Ada. La formación disciplinar del Trabajo Social. Conservadurismo, derechos sociales y políticas sociales. *Revista MERCOSUR de Políticas Sociales*, [S.l.], v. 2, p. 310-325, dic. 2018. ISSN 2663-2047. Disponivel en: http://revista.ismercosur.org/index.php/revista/article/view/79

YAZBEK, Maria Carmelita. *A América Latina e o Serviço Social*: desafios conjunturais. Pesquisa Fapesp, São Paulo, 2018.

YAZBEK, Maria Carmelita. *Fundamentos históricos e teórico-metodológicos e tendências contemporâneas no Serviço Social*. Pesquisa Fapesp, São Paulo, 2018.

A crise do capital e o fechamento do ciclo progressista do governo da Frente Ampla no Uruguai: desafios para as políticas sociais e para o Serviço Social

Alan de Loiola Alves
Alex Fabiano de Toledo
Douglas Alves dos Santos
Shirleny Pereira de Souza Oliveira
José Pablo Bentura

1. Apresentação

O capítulo aqui apresentado, vinculado ao projeto de pesquisa intitulado *Perspectivas teóricas do Serviço Social na América Latina: tendências atuais*, é um dos dois textos escritos sobre o Uruguai para este livro. Visa, neste primeiro momento, analisar os desafios impostos à profissão e às políticas sociais no Uruguai em tempos de crise do capital e de fechamento do ciclo do governo da Frente Ampla.

Destaca-se que o estudo resulta de uma pesquisa bibliográfica e documental que teve por base a busca por referências teóricas consideradas maestras na discussão sobre a América Latina, tendo em vista as particularidades de sua inserção no modo de produção capitalista e, em especial, no Uruguai à luz da teoria social crítica. Inspirado na abordagem marxiana de crítica ao capital e ao capitalismo e de sua análise dialética que adota como ponto de partida o real-concreto que orienta a reprodução intelectiva do movimento do real, o texto se propõe a oferecer alguns elementos essenciais para situar as particularidades do Uruguai na América Latina.

O Uruguai, desde princípios do século XX, foi o país pioneiro em proteção social na região, se destacando neste contexto como uma "Suíça da América do Sul" por conta de suas políticas sociais e de promoção aos Direitos Humanos. No entanto, observamos uma regressão desse quadro, considerando o avanço do neoliberalismo, do neoconservadorismo e de seu consequente ataque às políticas sociais.

Desse modo, este texto apresentará uma análise sobre o processo de formação sócio-histórica do Uruguai, destacando o período de sua colonização, inserção no capitalismo, a conquista de direitos e construção de políticas sociais no país. Além disso, entende-se como de suma importância considerar o processo que culminou na chegada da Frente Ampla ao governo e as medidas adotadas por este, no que se refere às políticas sociais, bem como sua derrota nas últimas eleições presidências no ano de 2019. A partir daí, descortinar o crescimento dos movimentos conservadores e reacionários com cariz neoliberal que busca, diante da crise estrutural do capital, garantir o aprofundamento da acumulação por meio da financeirização e de processos de reestruturação produtiva com seu ataque aos trabalhadores e trabalhadoras. O resultado disto é conhecido: a regressão dos direitos, a fragilização de seus movimentos organizativos, a privatização dos serviços públicos e a manutenção do superávit primário, do câmbio flutuante e dos juros altos.

É nesse contexto de crise do capital e sua financeirização que devemos buscar compreender os impactos das propostas de contrarreformas na América Latina considerando sua posição subordinada e dependente no sistema capitalista mundial e seus reflexos nas políticas sociais e na vida da classe trabalhadora.

2. A formação sócio-histórica do Uruguai e o processo de construção de direitos sociais e das políticas sociais

Para entender o processo de construção de direitos sociais e das políticas sociais no Uruguai, é necessário situar alguns elementos que compõem a formação sócio-histórica deste país. Nesse sentido, destaca-se que a atual chamada República Oriental do Uruguai surgiu em 1825 após sua independência. Como observa Grinberg (2009), o Uruguai, até tornar-se independente, foi palco de disputas constantes pela dominação de suas terras, especialmente por sua localização geográfica, estratégica para o comércio, tendo em vista sua proximidade com o Rio da Prata. Além das lutas travadas entre os colonizadores e os indígenas que habitavam originalmente o território, por muito tempo houve confrontos entre espanhóis e portugueses[1], sendo estas disputas estendidas para o início do século XIX, pelos chamados Estados nascentes, que se tornara o atual Brasil e a República da Argentina que almejavam a posse de seu território (Traversoni, 1968).

Foi também nesse período que o Uruguai sofreu uma interferência do governo do Reino Unido, o qual teve como pretexto a mediação do conflito travado entre Brasil e Argentina, uma vez que era de seu interesse as independências dos países e os acordos de paz entre eles,

1. O início da colonização uruguaia data do ano de 1680, quando um grupo de portugueses fundou a cidade de Colônia do Sacramento, situada às margens do Rio da Prata, em sentido oposto a Buenos Aires. Algum tempo depois, os portugueses foram expulsos pelos espanhóis, que intensificaram o processo de dominação das terras e, quase meio século mais tarde, fundaram a cidade de Montevidéu, atual capital do país, como forma de assegurar seu domínio sob o território (Acosta, 2005).

para que se pudessem ampliar as vantagens comerciais e favorecer o mercado britânico que se encontrava em profunda expansão industrial.

A questão da dominação do Uruguai não se restringia às disputas por seu território, mas se estendia à sua dominação econômica. Na particularidade do seu desenvolvimento capitalista, observa-se uma dupla articulação entre a conservação das oligarquias herdadas da fase colonial e a penetração do capital monopolista na esfera da produção, acentuando assim uma relação de dependência com os países centrais (Acosta, 2005). Neste sentido, a história do desenvolvimento do capitalismo neste país não se difere das circunstâncias postas à América Latina, de modo geral, protagonizando inversões estrangeiras em setores como o financeiro e o de transporte, principalmente as ferrovias, que tinham como objetivo o controle do comércio interior e exterior.

No âmbito político, a formação do Uruguai, já na segunda metade do século XIX, evidenciava uma vinculação explícita com o conservadorismo, fincado na posse de terra e o direcionamento de seu comércio ao mercado internacional. Nesse sentido, a transição para o capitalismo na formação social uruguaia processou-se pela via da chamada "revolução passiva", liderada pela burguesia nacional em aliança com as "velhas classes sociais" (a aristocracia, ou mais precisamente o "patriciado"). Assim, a constituição do Estado uruguaio se deu mediante um processo "outorgado" ou "pelo alto", ainda que incorporasse genuínos sentimentos autonomistas que se tinham manifestados quase que desde o início da colonização espanhola (Acosta, 2005). É preciso considerar que a consolidação do Estado moderno no Uruguai esteve vinculada à emergência do capitalismo monopolista, localmente comandada pela burguesia urbana, que mantinha seus negócios no campo e que necessitava da pacificação para otimizar seus lucros. Neste sentido, se destaca o processo de construção de uma consciência nacional uruguaia[2], para qual a universalização da

2. Destaca-se a importância e influência nesse processo das obras do poeta Juan Zorrilla de San Martín, do pintor Juan Manuel Blanes e do historiador Francisco Bauzá, que exaltavam o sentimento nacionalista.

educação pública teve um papel fundamental, bem como a incorporação de valores conservadores na sociedade que pautou o trato das expressões da questão social. Ambos os aspectos tiveram uma forte influência no processo de integração social.

Um importante aspecto referente à formação sócio-histórica uruguaia diz respeito ao nominado período do batllismo que, segundo Acosta (2005), emerge como uma fração do chamado "Partido Colorado", este que estava no centro das mudanças do Uruguai na primeira metade do século XX. O batllismo consistiu em um período de ascensão do pensamento Liberal no Uruguai do início do século XX, expresso na forma de um movimento de poder político liderado por José Batlle y Ordóñez. Identifica-se, como uma expressão desse movimento, o nascimento de um processo populista inspirado no sentimento da nacionalização, levantando bandeiras de luta por pautas como a busca pela ruptura radical com o pensamento conservador da Igreja católica, independência econômica do país, a modernização do Estado uruguaio e a institucionalidade e democratização da política uruguaia. Caracterizou-se por ser um modelo político que consolidou as bases do Estado moderno do Uruguai e culminou na implementação de uma espécie de estado de bem-estar, evidenciando algumas particularidades do desenvolvimento social do país e inaugurando um longo período de desenvolvimento social com uma institucionalidade política estável.

A derrota do levante armado e a morte — em 1904 — do líder caudilho Aparicio Saravia pelo exército no governo de José Batlle y Ordoñez (1903-1907) possuem vários significados[3]. O fim do chamado último caudilho, que representava uma dualidade de poderes, permitia avançar na consolidação definitiva do Estado nação, como também significou a supremacia da cidade sobre o campo. Este período na

3. O chefe desse governo civil, José Batlle y Ordoñez, marca toda uma época na história uruguaia, dando lugar ao batllismo (1903-1931), que, segundo alguns autores, constitui uma forma de "populismo", ou seja, um cesarismo "progressivo" que, diríamos na perspectiva gramsciana, promove mudanças moleculares (quantitativas). (Acosta, 2005, p. 34)

história do Uruguai, foi a base para a emergência da liderança que permitiu a constituição do Estado Social no governo Batlle marcando, assim, a identidade e força do batllismo, que defendia que a industrialização era a única garantia para o progresso do país[4]. Segundo Filgueira y Filgueira (1995), este período foi marcado pelo processo de incorporação de demandas da classe trabalhadora que modelaram o Estado Social uruguaio até a sua crise que se inicia nos anos 1950.

Segundo Acosta (2005), o primeiro batllismo questionou a formação social, política e econômica vigente à época no Uruguai, sendo o grande diferencial do segundo período ter impulsionado o processo de industrialização, já iniciado com a busca pelas nacionalizações[5]. Também no segundo batllismo, se revelaram as limitações da estratégia de expansão das indústrias pela substituição de importações, devido aos constrangimentos do mercado interno do país.

No que se refere à peculiaridade do desenvolvimento político-institucional do Uruguai neste período, Acosta (2005) assinala a formação de um grupo político especializado na gestão da administração pública. Nesse contexto, as políticas sociais também modelaram a estrutura social, participando da construção do próprio aparelho do Estado, devendo, por isto, serem entendidas como um produto da ordem social, pois como políticas, possuem um papel ativo no

---

4. "Para Batlle y Ordóñez a indústria era fundamental na tarefa de diminuir a dependência do comércio exterior do país, mitigando os laços que atavam o Uruguai principalmente da Grã-Bretanha. No entanto, também cumpria uma função de estabilidade social, criando as fontes de ocupação e ingressos para os habitantes do país que imigravam do meio rural como consequências dos avanços em sua modernização". (Jacob, 1981, p. 80)

5. Segundo Acosta (2005) o primeiro "batllismo" (ou reformismo) compreendeu o período entre os anos de 1903 e 1931 com as presidências de: José Batlle y Ordóñez (1903-1907, 1911-1915); Claudio Williman (1907-1911); Feliciano Viera (1915-1919); Baltasar Brum (1919-1923); José Serrato (1923-1927); Juan Campisteguy (1927-1931), e Gabriel Terra que assume a presidência em 1931, que dois anos depois dará um golpe de Estado. O segundo batllismo, ou "neobatllismo" entrou em cena nos anos de 1947-1958 tendo sido presidido por: Luis Batlle Berres (1947-1950, que assumiu seu mandato depois do falecimento do presidente eleito Tomás Berreta); Andrés Martínez Trueba (1951-1955). No período de 1955 a 1958, a presidência do governo se articulou em forma de colegiado, tendo sido assumida em sua maioria pelo partido colorado. Cf. Vanger (2009).

sentido de criar também uma estratificação social. Neste sentido, as Políticas Sociais no Uruguai não foram simplesmente adotadas por um Estado que, na altura do seu desenvolvimento histórico, deixava de ser liberal para transformar-se em intervencionista. Elas cumprem, ao mesmo tempo, funções "externas" que dizem respeito à regulação dos processos sociais e políticos (assegurar a ordem e a harmonia social, criar condições para garantir o processo de acumulação de capital e obter apoio político, ou seja, legitimidade); e funções "internas", quer dizer, vinculadas ao processo de consolidação e desenvolvimento do próprio Estado (Papadópulas, apud Acosta, 2005, grifos no original).

Evidencia-se, deste modo, que as primeiras medidas de proteção social foram tomadas já com o nascimento do Estado Uruguaio e a constituição de um corpo especializado de funcionários — militares e trabalhadores públicos —, com capacidade de extrair e administrar os recursos necessários para o funcionamento do próprio aparato estatal em formação. Sendo assim, é importante destacar, no que se refere ao âmbito social, que o período do batllismo inaugurou um processo de legitimação e de reconhecimento de direitos sociais por meio tanto do desenvolvimento de políticas sociais no Uruguai, como de implementação de legislações que asseguraram o reconhecimento aos direitos trabalhistas, das mulheres, de proteção às crianças, de promoção e acesso à saúde, dentre outros.

A partir dos meados dos anos 1950, o Uruguai entrou em um longo período de crise socioeconômica, assim como do sistema político baseado na coparticipação no governo dos dois partidos políticos tradicionais: Partido Colorado e Partido Blanco ou Nacional. Em essência, esse período culminou na entrada do capital monopolista na economia uruguaia, dando início a um processo de adequação da economia às novas demandas do capital transnacional.

No plano do sistema político, por sua vez, a crise se manifestou com a perda das eleições do Partido Colorado no ano de 1958, depois de 93 anos no governo, e o advento do primeiro governo do Partido Nacional. Este resultado eleitoral constituiu um giro conservador da sociedade uruguaia, uma vez que este governo, ao mesmo tempo, inicia as reformas liberalizantes, levando adiante também a proposta do Plano Nacional de Desenvolvimento Econômico e Social, que resultou no abandono do projeto de industrialização e o retorno da exploração das "vantagens comparativas" do Uruguai como produtor de carne, couro e lã para o comércio internacional (Acosta, 2005, grifos no original). Deste ano em diante, o batllismo perdeu sua força progressista, culminando, por exemplo, no abandono do nacional-reformismo e da institucionalidade democrática, além de passar a militar no campo do conservadorismo moderno.

Nas eleições de 1966, o Partido Colorado retomou o poder, acompanhado de uma reforma constitucional que marca o retorno do presidencialismo, assumindo a presidência Oscar Gestido, que falece no ano seguinte. Deste modo, seu vice-presidente, Jorge Pacheco Areco, assumiu o poder e exerceu uma presidência com base em medidas de segurança e repressão. Em 1972 Areco tenta a reeleição com uma reforma constitucional que não prosperou, assumindo o vencedor do pleito Juan María Bordaberry. Esse governo caracterizou-se pela subordinação às forças militares, que finalmente realizarão um golpe em 27 de junho de 1973, permanecendo no poder durante 12 anos, período que perdurou de ditadura militar no Uruguai (Acosta, 2005)[6].

Com a instauração da ditadura (1973-1984), o processo de concentração da renda passa a agir diretamente sobre os salários da classe trabalhadora, uma vez que os mecanismos de pressão e representação política e social destes foram proibidos. Na educação superior, a consequente perda da autonomia da Universidade e a perseguição dos professores engajados nos partidos e em movimentos democráticos e revolucionários, traz como resultado a interrupção do

6. O Partido Comunista do Uruguai caracterizou como ditadura fascista o regime político instaurado a partir de 1973 no Uruguai. Essa caracterização considera que o conteúdo social desse regime político era um regime burocrático-autoritário.

desenvolvimento dessas tendências, agravada pela falta de interesse do governo ditatorial no desenvolvimento da universidade. Assim, o Uruguai não foi diferente da América Latina, já que a ditadura decapitou, literalmente, quadros políticos e profissionais que até hoje não puderam ser repostos (Acosta, 2005).

3. A Frente Ampla: da sua formação até o poder

É com base no contexto da década de 1960, em oposição à escalada do autoritarismo e à implantação de políticas de abertura do país ao capital externo, que foi criada a Frente Ampla em 1971 (Gadea, 2018). A Frente Ampla contou com o fortalecimento dos partidos de esquerda (o Partido Socialista fundado em 1910 e o Partido Comunista formado em 1920), dos movimentos políticos de esquerda e dos sindicatos, bem como obteve a simpatia de dissidentes insatisfeitos com a direção tomada pelos partidos tradicionais: o Partido Colorado e o Partido Nacional.

A Frente Ampla assume desde sua criação uma orientação democrática, lutando contra o autoritarismo e, como aponta Bentura (2010, p. 149, tradução nossa), "se apresentava como uma alternativa que propunha mudanças radicais", inspirados nos valores da Revolução Francesa. Por este motivo, ela foi posta na ilegalidade no período da ditadura cívico-militar, período este em que "muitos militantes foram assassinados, centenas entraram na lista de desaparecidos e milhares foram presos e/ou exilados" (Castro, 2016, p. 23). Apesar de todas as perseguições a Frente Ampla se consolidou como oposição, lutando ativamente pela redemocratização do país, conforme apontam (Sátyro *et al.*, 2019), chegando ao poder vinte anos após o início do processo de redemocratização uruguaia[7].

7. O fim da ditadura militar e civil em 1985 não significou o avanço da direção progressista: pelo contrário, foi marcado pela volta dos partidos Colorado e Nacional, que realizaram reformas

A implementação do ideário neoliberal tem início no primeiro governo Blanco em 1958, porém tendo um forte impulso a partir da década de 1990, provocando profundas alterações no caráter do sistema de proteção social universal e social-democrático uruguaio, construído desde o período do batllismo, passando a priorizar políticas focalizadas, precárias, mínimas e de mercado[8]. É diante dessa conjuntura e de uma profunda crise econômica que assolou o país no início dos anos 2000, que o Partido da Frente Ampla chega ao poder em 2005 com o presidente Tabaré Vázquez, como aponta Claramunt (2018, p. 59), tendo como principais bandeiras a *"justiça social, combate à pobreza e à indigência"*, uma vez que o descrédito sofrido pelos partidos políticos tradicionais era intenso, fomentando já na década de 1990 a expansão dos partidos de esquerda. Assim, de acordo com Bentura (2010, p. 157), no final da década de 1990 a Frente Ampla passa a falar sobre a "emergência social", destacando o que deveria ser enfrentado o mais rápido possível.

Nesse contexto, o presidente Tabaré Vázquez (2005-2010) assume seu mandato em um período de reativação da economia, mas ainda com profundas sequelas da crise econômica. Este governo exerce o poder com a proposta de retomada moderada do Estado interventor, assumindo a responsabilidade nas políticas sociais. A primeira grande ação dele foi a criação do Ministerio de Desarrollo Social — MIDES, tendo como função controlar e articular as políticas sociais. Todavia, como apontam Bentura (2010) e Vencinday (2017), as organizações da sociedade civil assumiram a execução de diversas políticas sociais,

---

de cunho neoliberal sob orientações do Banco Mundial, do Fundo Monetário Internacional e do Banco Interamericano de Desenvolvimento, assim como os demais países da América Latina, como apontam Pastorini e Martínez (2014) e Soto, Lima e Tripiana (2016).

8. "Aqui também vale a pena sublinhar a importância daquela transição indecisa representada pelos dois períodos de governo colegiado nacionalista (1959-1967). Durante eles, é preciso dizer, toda a pragmática econômica do neoliberalismo foi posta em prática ou pelo menos tentada. Forte apoio à produção rural através de mecanismos monetários e cambiais, rearranjo 'realista' destes últimos, desmantelamento — ainda que hesitante — do sistema de taxas, subsídios e 'preços políticos' [...]. Os propósitos de redimensionar o Estado e podar a burocracia foram cumpridos ou tentaram ser cumpridos." (Azúa, 1984, 76) (tradução nossa).

participando da terceirização dos serviços públicos, o que evidencia para os autores que o MIDES consistiu no retorno do Estado mínimo com uma visão limitada sobre desenvolvimento social, já que concentrou esforços em programas focalizados na pobreza e extrema pobreza, consolidando o projeto neoliberal.

Essa influência e adesão ao neoliberalismo não foi restrita ao Uruguai, mas assolou os partidos de esquerda que assumiram governos na América Latina no início dos anos 2000. Isso afetou diretamente o sistema de proteção social, já que priorizou a lógica do mercado, reforçando o caráter punitivo e coercitivo do Estado, provocando distanciamento da direção redistributiva e democrática da proteção social pautados na lógica da social-democracia. A seletividade e a focalização, traços das políticas sociais neoliberais como destacam Pastorini e Martínez (2014), podem ser observadas nos programas e planos implantados pelo MIDES, como no "Programa de Atención Nacional para la Emergencia Social — PANES" e posteriormente no "Plan de Equidad".

O PANES funcionou entre 2005 e 2007 direcionado para a emergência social, buscando minimizar os efeitos da pobreza e da indigência, com a implantação de programas de transferência de renda "Ingreso Ciudadano" e "Tarjeta Alimentaria", focalizados na pobreza extrema. Já o "Plan de Equidad" entra em vigor em 2007, possuindo estratégia de longo prazo, englobando tanto a pobreza como as questões de gênero, étnico-racial e geracional, como destacam Sátyro, *et al.* (2019).

O "Plan de Equidad" ampliou o número de beneficiários dos programas assistenciais implementados pelo PANES, conforme apontam Soto, Lima e Tripiana (2016), e criou outros programas de transferências de renda direcionados para crianças, adolescentes, mulheres, idosos e pessoas em situação de rua. Viabilizou, ainda, reformas nas políticas de saúde, previdência, habitação, trabalho, educação e tributária, como também desenvolveu planos nacionais de igualdade de oportunidades e direito, tudo isso com o intuito de reorganizar o sistema de proteção social, como aborda (Vencinday, 2017). É preciso salientar que em relação ao conceito de cidadania, a política assistencial do MIDES é meticulosamente respeitosa aos preceitos neoliberais, observando que o seu elemento determinante consiste na concessão de benefícios essencialmente monetários.

Durante este governo foram estabelecidas medidas de proteção ao trabalhador por meio da Lei de Liberdade Sindical, a regulamentação do trabalho doméstico e da jornada de trabalho de oito horas para o trabalhador rural. Além disso, segundo Castro (2017), ocorreu a retomada dos Conselhos de Salários, recuperando o debate entre o movimento sindical com o Ministério do Trabalho. Apesar dos avanços mencionados quanto à proteção ao trabalho, neste governo é oficializada a precarização do trabalho com a regulamentação da terceirização e subcontratação do trabalhador.

O segundo mandato da Frente Ampla se deu por meio da eleição de José Alberto Mujica Cordano (Pepe Mujica) e esta, no entanto, ocorreu diante de um discurso e sentimento de insegurança e uma cobrança de controle e repressão em substituição de pautas sociais. O Governo de Mujica (2010-2015) deu sequência às políticas desenvolvidas pelo seu antecessor, mas ampliou a cobertura dos programas realizados e priorizou a política de assistência social. Esta última conquista um lugar de destaque no sistema de proteção social com a aprovação do documento *La reforma social. La nueva matriz de protección social del Uruguay. Plan de acción* pelo Consejo Nacional de Políticas Sociales — CNPS em 2011.

Além disso, este governo assumiu o compromisso e a luta pela defesa das liberdades e dos direitos humanos, aprovando lei do aborto e do casamento homoafetivos, a descriminalização da maconha e a legislação das concessões públicas de comunicação. Promoveu, também, inovações na gestão de recursos humanos, nas políticas de saúde sexual e reprodutiva e saúde mental e drogas (Claramunt, 2018). Ademais, implantou ações afirmativas direcionadas para pessoas transexuais, travestis e transgênero, como, por exemplo, o programa de transferência chamado Tarjeta Uruguai Social Trans — TUS Trans (2012).

O terceiro e último governo da Frente Ampla ocorreu com a volta de Tabaré Vázquez (2015-2020) ao poder, este que assume o governo em uma conjuntura de crise salarial, em decorrência da desaceleração do crescimento econômico, como apontam Claramunt (2018) e Mariatti (2020). Este governo da Frente Ampla assume o poder tendo como pilares mudanças no sistema educacional, porém como aponta Vencinday (2017), sofre pressões dos sindicatos da educação, não conseguindo realizar nenhuma mudança neste sistema. No entanto, deu-se continuidade às políticas sociais e manteve-se o compromisso de garantir os direitos humanos adotados nos governos anteriores da Frente Ampla[9]. Ressalta-se que este foi o momento em que o progressismo recebeu a maior investida contrária oriunda dos grupos mais conservadores-reacionários do país.

No período dos governos da Frente Ampla, o país vivenciou uma valorização progressiva da democracia, contando com a força da participação dos sindicatos e dos movimentos organizados (Sátyro *et al.*, 2019). Este governo conseguiu diminuir o desemprego no país, porém a qualidade de trabalho em decorrência da precarização, intensificação, flexibilização e baixos salários continuou afetando prioritariamente jovens, mulheres e a população negra, como afirma Claramunt (2018). Além disso, aumentou a quantidade de servidores públicos, especificamente nas áreas da educação, saúde e seguridade, priorizando uma agenda redistributiva na cobertura do sistema de proteção social.

De acordo com Bentura (2010), a Frente Ampla, desde o final dos anos 2000, já vinha praticando discursos e práticas mais moderadas. Conforme discorre Claramunt (2018, p. 64), as reformas realizadas no Uruguai em tempos de Frente Ampla provocaram integração entre as políticas protecionistas focalizadas sem abandonar as políticas

---

9. Nesse período, foi estabelecido o reconhecimento de direito de identidade de gênero das pessoas transexuais através da promulgação da Ley Integral para Personas Trans.

tradicionais de caráter universal e sem realizar reformas estruturais no país neste período.

Os quinze anos de governo da Frente Ampla encerram seu período no poder em março de 2020, após a derrota nas eleições de 2019 para o partido de centro-direita, o Partido Nacional, este que estabeleceu alianças com a extrema direita e voltou ao poder depois de 25 anos de ausência. Esse processo acompanhou o enfraquecimento dos partidos de orientações de esquerda, centro-esquerda e progressistas e o avanço do processo de renovação modernizador e neoconservador da América Latina.

4. Crescimento de movimentos conservadores e o processo da conquista da direita Uruguaia ao poder: desafios para as políticas sociais e para o Serviço Social

Na atualidade, a América Latina, sob os impactos da crise estrutural do capital, vem sofrendo com o forte processo de reativação do pensamento conservador, restaurador e defensor da ordem instituída. O conservadorismo-reacionário tem confrontado os valores democráticos e proposto eliminação de direitos. Esse "neoconservadorismo busca legitimação, pela repressão, dos trabalhadores ou pela criminalização dos movimentos sociais, da pobreza e da militarização da vida cotidiana" (Barroco, 2011, p. 209).

Cabe destacar que, no caso do Uruguai, os reflexos da crise estrutural do capitalismo tem se agravado, tendo em vista os traços constitutivos de sua economia como a ausência de indústrias nacionais, forte presença de produtos importados, dolarização intensa, financeirização e taxas de câmbio pouco reais administradas pelos governos progressistas para impedir o crescimento da inflação e pelos ajustes aos ideários neoliberais implantados nas últimas décadas, dentre eles destaca-se a flexibilização e precarização das relações de trabalho.

Estas mudanças rebatem diretamente na vida da "classe-que-vive-do-trabalho"[10] com o aumento da miséria, da pobreza e dos índices de criminalidade no país (particularmente na capital, Montevidéu). Assim, identifica-se o avanço do neoconservadorismo no Uruguai nos últimos anos da década de 2010, ficando mais evidente nos últimos cinco anos, quando se fortaleceram os posicionamentos a favor da militarização e da repressão, aumentaram os discursos de medo da violência e de insegurança pública, como também aqueceram os ideários moralistas sob orientações religiosas, como o movimento de revogação dos direitos que reconhecem a identidade de gênero de pessoas transexuais, ou mesmo na proposta de militarização e da repressão[11].

Do ponto de vista político, o avanço do neoconservadorismo pode ser observado com a fundação, em março de 2019, do Partido Cabildo Abierto — CA, criado por militares reformados, dissidentes das alas mais conservadoras dos partidos tradicionais: Nacional e Colorado, tendo como bandeiras o nacionalismo, o antiliberalismo, a restauração da ordem e dos valores tradicionais[12].

É diante desse contexto de avanço do neoconservadorismo na América Latina que ocorre a derrota da Frente Ampla e a volta ao

10. Detalha-se que a expressão "classe-que-vive-do-trabalho" tem sua formulação em Antunes (1995) e deriva do esforço empregado pelo pesquisador em dar conta da composição da classe trabalhadora na atualidade, uma vez que a noção de classe trabalhadora, atualmente, é notadamente mais ampla, complexa, fragmentada e heterogênea quando comparada à classe operária do século XX, a qual Marx se debruçou a estudar.

11. Nos referimos à tentativa da ala evangélica do Partido Nacional, juntamente com os movimentos das igrejas evangélica e católica, de revogar os direitos que reconhecem a identidade de gênero para pessoas transexuais: Ley Integral para Personas Trans n° 19.684 de 2018, através da convocação de um referendo em agosto de 2019; e aos posicionamentos a favor da militarização e da repressão, que culminou em 2019 na proposta realizada pela fração minoritária do Partido Nacional de plebiscito constitucional, solicitando a criação de uma guarda nacional militarizada, a abolição da liberdade condicional para alguns crimes, a autorização de adentramento noturno da força policial e a prisão perpétua. Este plebiscito não chegou a ser aprovado, conforme afirma Nocetto (2020). Apesar desse plebiscito não ter ocorrido, ressaltam-se os riscos destes posicionamentos para o processo de um Estado Social Democrático.

12. De acordo com Queirolo (2020) apud Nocetto (2020, p. 524, tradução nossa), "[...] o líder da CA e outros líderes relevantes do partido sustentam posições onde: eles atribuem aos homossexuais a responsabilidade pela queda na taxa de natalidade do país, se manifestam contra o casamento igualitário, e apontam que os imigrantes são priorizados sobre os uruguaios."

poder no Uruguai, do Partido Nacional, por meio da eleição presidencial de Luis Alberto Lacalle Pou[13], este que teve como carro-chefe da campanha presidencial a questão da segurança pública. O discurso do atual presidente enfatizou a necessidade de recuperar a convivência do povo uruguaio garantindo a segurança das pessoas e da família, para o qual seria preciso aumentar penas, facilitar o porte de armas, aumentar o poder da força policial, combater o crime organizado e reformar o sistema prisional (Partido Nacional, 2019, p. 74).

No ponto de vista econômico seu plano de governo assume a implantação do ideário neoliberal como uma política de austeridade, corte dos gastos públicos, um Estado eficiente e organizacional e a promessa de redução do déficit fiscal, na qual encontra-se a proposta da reforma de previdência social e do MIDES (Partido Nacional, 2019)[14]. Cabe salientar que ao longo das últimas décadas presenciamos o mesmo receituário neoliberal sendo aplicado em outros países da América Latina, cujos reflexos são visíveis com o aumento da pobreza e da miséria, aumento da desigualdade social, da concentração de renda e da violência. Nesse contexto, observamos, no Continente, a ampliação, de Políticas Sociais focalizadas, como é o caso dos PTRC cujos traços principais são o público-alvo, famílias pobres e extremamente pobres, e o estabelecimento de condicionalidades. Assim, na primeira década do século XXI, esses programas cresceram em número, em cobertura e na ampliação de recursos a eles destinados, de modo que em 1997 estavam presentes em três países e em 2010, segundo o Banco de Dados da CEPAL, já eram implementados em 18 países.

Outra proposta de campanha do Partido Nacional (2019) diz respeito a alterações nos Consejos de Salarios, que foram revigorados

---

13. A candidatura de Lacalle Pou contou com a coalizão de cinco partidos: Partido Nacional, Partido Colorado, Partido Independiente, Partido de la Gente e Cabildo Abierto.

14. O plano de governo do Partido Nacional (2019) destacou como prioridade fortalecer as agendas do Mercosul, ampliar as relações com os países vizinhos (em especial com o governo brasileiro de extrema direita de Jair Bolsonaro), bem como discursivamente ressaltou um pragmatismo nas relações a serem estabelecidas na região, ou seja, a defesa dos interesses do Uruguai sem preferências por orientações político-ideológicas específicas.

durante o Governo da Frente Ampla, restabelecendo as negociações coletivas e ampliando a cobertura desse órgão para além dos trabalhadores do comércio e indústria, incluindo agora os trabalhadores rurais, particulares, funcionários públicos (Ibarra, 2008) [15]. Tal proposta de "modernização dos Consejos de Salários" tinha por objetivo o aumento do mercado de trabalho através da cooperação e negociação direta entre trabalhador e empresário, incentivando o trabalho tecnológico, automatizado e empreendedorismo, propondo flexibilização e o fator produtividade nas negociações coletivas (Partido Nacional, 2019). No entanto, como se sabe, tal proposta, ao contrário do que parece, enfraquece o poder de negociação dos sindicatos, individualiza e fragmenta negociações favorecendo, sobremaneira, o capital em detrimento do trabalho. Contraria, por isso, a ideia original dos Consejos de Salários e fragiliza ainda mais a organização da classe que vive do trabalho[16].

Esse governo inicia seu mandato em uma conjuntura social de crise com baixo crescimento econômico, aumento do desemprego com taxas de 9,8% (Instituto de Estatisticas do Uruguai, junho de 2019, a maior taxa nos últimos doze anos), como apontam De Rosa *et al.* (2020), Mariatti (2020) e Mordecki (2020). Ao mesmo tempo em que o número de desempregados no país supera a marca de 339 mil, o Estado Nacional reafirma o discurso da austeridade, o corte de gastos públicos e demonstra dificuldades para manter os programas sociais de gestão da desigualdade, o que agrava ainda mais a o problema do aumento da pobreza no país.

---

15. Conselhos de Salários, que foram instituídos em 1943, em decorrência das lutas dos trabalhadores, eram constituídos por "comissões tripartidas, compostas pelo governo, sindicatos e patronais, compostas por ramos de atividade, que têm competência para fixar salários-mínimos" (Ermida, 2006 *apud* Ibarra, 2008, p. 64), atuando de forma descentralizada (tradução dos autores).

16. O processo de modernização dos "Consejos de Salários" se assemelha ao que ocorreu com esse órgão no processo de redemocratização do país, quando suas atividades foram retomadas após sua suspensão no período da ditadura civil-militar em que perseguiram os sindicatos, concederam poder absoluto aos patrões e desvalorizaram cada vez mais o trabalhador. No processo de redemocratização foram abandonadas as negociações coletivas, sendo que os conselhos de salários foram potenciados pela Frente Ampla com o objetivo de ressaltar a importância das negociações coletivas.

Atrelado a esta conjuntura social, a atualidade marcada pela pandemia de covid-19 configura o período do chamado capital pandêmico, como bem define Antunes (2020), este que caracteriza um panorama de agravamento das expressões da questão social e, dentre suas consequências, resulta na penalização da "classe-que-vive-do-trabalho", sendo esta, "empurrada" para os postos de trabalho em condições adversas[17]. A tragédia se aprofundou diante da necessidade do(a) trabalhador(a) se expor ao vírus para manter o trabalho formal e informal (precarizado), em nome da manutenção da economia e dos empregos, bem como diante da ampliação do desemprego que já era um processo em curso. Em decorrência da pandemia, o governo uruguaio, em março de 2020, decretou estado de emergência sanitária nacional, estabelecendo como primeira medida o isolamento social voluntário. Em decorrência disso, instituiu restrições e fechamentos dos estabelecimentos públicos e espaços que poderiam ter aglomerações; porém, em abril de 2020, iniciaram o debate sobre o processo de flexibilização do isolamento social, como destacam Espino e Santos (2020).

Neste período de crise pandêmica, algumas ações foram implementadas voltadas para a "classe-que-vive-do-trabalho" como a flexibilização dos subsídios de seguro desemprego, podendo recorrer a este direito os trabalhadores formais e informais que perderam o emprego ou tiveram redução de carga horária; instituiu a quarentena preventiva para a população idosa, garantindo auxílio doença para os trabalhadores com mais de 65 anos do setor privado, rural e doméstico e também foram criadas políticas para enfrentar a violência doméstica e de gênero, como também a criação de ações para a população em situação de rua, como destacam respectivamente Espino e Santos (2020) e Sequeira e Lembo, 2020, p. 29).

17. "[...] fato muito mais funesta ao atingir o corpo da classe trabalhadora e, sucessiva e progressivamente o corpo — classe das mulheres trabalhadoras brancas, e mais intensamente o corpo — classe das trabalhadoras negras, indígenas, imigrantes, refugiadas, LGBTs etc. Sob a impulsão das necessidades mais elementares que lhe são vedadas dirigem-se ao trabalho e à aglomeração social aproximando-se potencialmente da contaminação e da morte" (Antunes, 2020, p. 21).

Cabe salientar que a pandemia do coronavírus evidenciou o aumento da taxa de informalidade no Uruguai, uma vez que foi necessário flexibilizar alguns critérios de acesso ao seguro-desemprego, já que os dados apontam para uma deterioração das taxas de emprego formal nas últimas décadas, reflexo também das medidas adotadas de flexibilização do trabalho no país. Dados do Panorama Laboral em tempos de covid-19 da OIT (2020) indicam para uma queda na taxa de empregos e para um aumento na taxa de desemprego de 6,5% em 2014 para 9,1 % em fevereiro de 2020, já a taxa de informalidade em 24,8%. Segundo o relatório entre as 400 mil pessoas ocupadas no país que contribuem para a previdência 67% não são assalariados, mas estão na informalidade do mercado de trabalho. Entre setores com maior proporção de trabalhadores informais estão os trabalhadores do setor doméstico, do setor de ensino e de saúde que possuem as mais baixas remunerações e com uma grande participação de mulheres.

Ainda no que concerne ao avanço do neoconservadorismo no Uruguai, é preciso destacar a recente proposta de Lei de Urgente Consideração (LUC), encaminhada em abril de 2020, e aprovada pelo Congresso e pelo Senado, em pleno momento da pandemia, se constituindo como uma das principais bandeiras de campanha da coalizão liderada por Lacalle Pou. Embora esta lei aborde em seus 476 artigos temas-chaves de áreas como educação, saúde, trabalho, economia e meio ambiente, é importante sinalizar que grande parte de seu conteúdo está vinculado à pauta da segurança, um dos motivos pelos quais a proposta enfrentou resistência por parte das centrais sindicais e movimentos sociais[18].

Segundo dirigentes da Frente Ampla, das centrais como a PIT-CNT e dos movimentos sociais, a Lei aprovada representa um retrocesso,

18. Outras organizações também se manifestaram contrárias à LUC, como o UNICEF (Órgão da ONU para a infância), por considerarem que essa lei contradiz os princípios internacionais de proteção aos direitos humanos e da infância. Juristas também advertem quanto à flexibilização presente na LUC no que se refere aos pagamentos de salários e outras transações, que autoriza as compras de bens em espécie nas transações de até 10 mil dólares; além disso, reduz os mecanismos de controle sobre os agentes na cadeia de pagamentos.

constituindo-se no mais atrasado pensamento neoliberal e conservador, pois criminaliza a pobreza e os protestos sociais, violando os direitos básicos fundamentais como o direito a greve, fragilizando a organização dos trabalhadores e facilitando, desse modo, a implantação dos ajustes que pretendem com o rebaixamento dos salários e precarização trabalhista.

Vários capítulos da LUC incluem a atribuição de mais poderes às forças de segurança e endurecem o Código Penal, especialmente para os menores de idade, dentre os pontos mais polêmicos aparece a flexibilização da legítima defesa policial o que evidencia o processo de militarização da vida cotidiana.

No plano econômico, a LUC estabelece uma nova regra fiscal, com limitações dos gastos públicos, mais rigorosa que a atual, além de diminuir o número de funcionários do Estado e alterar o funcionamento das empresas públicas que controlam setores cruciais como a eletricidade, a água, os combustíveis e as telecomunicações. Todavia, como destaca Mordecki (2020), o governo de Lacalle Pou priorizou na pandemia as empresas, dirigindo com mais afinco atenção para as consequências econômicas do que para as condições de vida da "classe-que-vive-do-trabalho"[19].

As reflexões feitas até este momento, considerando as alterações no sistema capitalista mundial e suas particularidades na América Latina e em especial no Uruguai — transformações estas operadas na esfera do Estado e das políticas sociais —, já apresentavam seus reflexos tanto na condição de vida da classe trabalhadora como na materialidade do Serviço Social uruguaio através das condições objetivas e subjetivas de trabalho dos(as) assistentes sociais, condições estas

19. Entre os estímulos econômicos que estavam previstos para empresas de diferentes atividades produtivas e comerciais, foi instituído o diferimento de impostos e a possibilidade de parcelamento sem juros, bem como a possibilidade de concessão de empréstimos em nome individual pela Agência (Ande). Esta última medida atingiria potencialmente 67 mil empresas. Foi também anunciado o adiamento do pagamento das contribuições patronais dos sócios, correspondentes aos meses de março e abril, para monotributistas, empresas unipessoais e particulares com até dez empregados (indústria e comércio) e o parcelamento foi habilitado, acrescentando-se que o Estado subsidiará uma parte do pagamento.

que devem ser ainda mais agravadas com a ascensão de um governo de perfil liberal liderado por Luis Lacalle Pou (2020), seu plano de governo e com a aprovação da Lei de Urgente Consideração.

É neste sentido que retomamos as formulações de Yazbek (2018) e Iamamoto (2012) que afirmam que os(as) assistentes sociais na atualidade, são desafiados(as) a decifrar a realidade social e a gênese dos processos sociais, desvendando as relações do mundo do trabalho diante da reestruturação produtiva, sendo desafiados também a intervir nas novas configurações e manifestações da questão social.

5. Considerações finais

A crise do capital posta na conjuntura atual da América Latina e os processos de transformação do mundo do trabalho a partir da crise dos anos 1970, desencadearam uma forte ofensiva do capital sobre o trabalho (Netto, 1996; Antunes, 1995). Agravaram, ainda mais, as expressões da "questão social", acendendo e fortalecendo o discurso e o ideário neoconservadores nos costumes e os neoliberais no sistema de proteção social, o que resultou no estabelecimento de uma ordem de refração dos direitos sociais e intensificação da lógica individualista e de mercado pregada pelo capitalismo.

Nas últimas décadas, vivemos uma difícil conjuntura societária de ofensiva do capital sobre o trabalho, e com grandes impactos nas políticas sociais nos países da América Latina. Enfrentamos tempos de mudanças, que nos desconcertam, diante de nossa capacidade de explicação e compreensão dos retrocessos nas políticas sociais. A tendência neoliberalizante nas políticas sociais tem cada vez mais individualizado a forma para se dar resposta às questões trazidas pelos(as) usuários(as), somado a um processo de precarização do trabalho no país que também se evidencia nos espaços de trabalho dos(as) assistentes sociais/trabalhadores(as) sociais (como será adensado no próximo capítulo deste livro). Essas características não são unicamente uruguaias: trata-se de um contexto que se repete, com maior ou menor intensidade, com algumas variações, no Serviço Social por toda América Latina.

Esta tendência significou uma reconceituação dos discursos sobre a cidadania, despojando-a dos direitos sociais, para reconstruir um discurso onde a liberdade de mercado se articulava com os discursos conservadores, que fazem da participação e da responsabilidade os novos componentes da cidadania.

A particularidade do Uruguai recente, com a ascensão de um governo de direita e com as iniciativas por este governo tomadas, tem reproduzido o cenário devastador no país, mas que não se diferencia tanto da realidade já vivenciada por outros países da América Latina. Este pequeno país, conhecido por diversas conquistas progressistas do cone sul da América, tem apresentado grande deterioração de seus índices sociais, causando grandes impactos na vida da população atendida pelas políticas sociais.

Em decorrência deste processo, o Uruguai vivenciou experiências de materialização dos direitos humanos na América Latina que, como visto, teve seu início no batllismo e retomada no Governo da Frente Ampla com a lógica da social-democracia, e tem sofrido influências do neoliberalismo nas últimas décadas.

Caberá, ainda, compreendermos quais as possibilidades de mobilização e resistência a estas propostas de contrarreformas do Estado uruguaio, tanto pela "classe-que-vive-do-trabalho", pelas suas organizações, como também do engajamento dos trabalhadores sociais nestas lutas.

Referências

ACOSTA, Luis. *O processo de renovação do Serviço Social no Uruguai*. 2005. Programa de Pós-Graduação — Escola de Serviço Social, CFCH, Universidade Federal do Rio de Janeiro, Rio de Janeiro, 2005.

ANTUNES, R. *Adeus ao trabalho*. São Paulo: Cortez, 1995.

ANTUNES, R. *Coronavírus*: o trabalho sob fogo cruzado. São Paulo: Boitempo, 2020. *E-book*.

AZÚA, Carlos Real de. *Uruguay ¿una sociedad amortiguadora?* Montevidéu: Ciesu-Ebo, 1984.

BARROCO, Maria Lucia S. Barbárie e neoconservadorismo. *Serviço Social & Sociedade*, n. 106. São Paulo: Cortez, 2011.

BENTURA, J. P. *La "cuestión social" como construcción ideológica*: propuesta de una tipología para su comprensión. Análisis del caso de la política asistencial del gobierno del Frente Amplio. 2010. Tese (Doutorado) — Facultad Latinoamericana de Ciencias Sociales (Flacso), Buenos Aires, 2010.

CASTRO, M. S. P. de. *Uruguai*. São Paulo: Editora Fundação Perseu Abramo, 2016. (Coleção Nossa América Nuestra).

CLARAMUNT, A. S. *Los trabajadores sociales em el Uruguay de la última década:* sus espacios ocupacionales y condiciones de trabajo. 2018. Tese (Doutorado em Ciências Sociais com especialização em Trabalho Social) — Universidad de la República del Uruguay, Montevidéu, 2018.

DE ROSA, M.; LANZILOTTA, B.; PERAZZO, I.; VIGORITO, A. *Las políticas económicas y sociales frente a la expansión de la pandemia de Covid-19*: aportes para el debate. IECON-FCE y A. Montevidéu, 2020. Disponível em: https://www.colibri.udelar.edu.uy/jspui/handle/20.500.12008/23910

ESPINO, Alma; SANTOS, Daniela de los. Pandemia, Políticas Públicas y Desigualdades de Género em Uruguay. *ONU Mujeres*, Montevidéu, 2020. Disponível em: https://ciedur.org.uy/wp-content/uploads/2020/07/medidas-de-politica--publica-onu-mujeres-julio2020.pdf. Acesso em: 21 dez. 2020.

FILGUEIRA, C.; FILGUEIRA, F. *El largo adiós al país modelo:* políticas sociales y pobreza en el Uruguay. Montevidéu: Kellogg Institute, 1995.

GADEA, C. A. El Estado y la izquierda política en el Uruguay: la recuperación de la "matriz institucional". *Rev. bras. Ci. Soc.*, São Paulo, v. 33, n. 96, 2018. Disponível em: https://www.scielo.br/scielo.php?pid=S0102-69092018000100504&script=sci_abstract&tlng=es Acesso em: 20 dez. 2020.

GRINBERG, K. Escravidão e relações diplomáticas? Brasil e Uruguai, século XIX. *In*: ENCONTRO ESCRAVIDÃO E LIBERDADE NO BRASIL MERIDIONAL, 8, 2009, Curitiba. *Caderno de Resumos*. Rio de Janeiro: Apicuri, 2009. Disponível em: http://www.escravidaoeliberdade.com.br/site/images/Textos4/keilagrinberg.pdf. Acesso em: 27 jul. 2020.

IAMAMOTO, Marilda Villela. *O Serviço Social na contemporaneidade*: trabalho e formação profissional. 23. ed. São Paulo: Cortez, 2012.

IBARRA, Luis. Los Consejos de Salarios en Uruguay con el gobierno de la izquierda. *Revista de Ciências Humanas*, Florianópolis: EDUFSC, v. 42, n. 1 e 2, 2008. Disponível em: https://doi.org/10.5007/2178-4582.2008v42n1-2p61. Acesso em: 7 fev. 2021.

JACOB, R. *Breve historia de la indústria en Uruguay*. Montevidéu: Fundación de Cultura Universitaria, 1981.

MARIATTI, A. O processo de transformação do trabalho no Uruguai. *Textos & Contextos*. Porto Alegre, v. 19, n. 1, jan./jun. 2020. Disponível em: https://revistaseletronicas.pucrs.br/ojs/index.php/fass/article/view/39219/26286. Acesso em: 30 nov. 2020.

MORDECKI, Gabriela. *Coyuntura económica uruguaya en épocas de pandemia* [en línea]. Blog del Departamento de Economía, 6 ago. 2020. Disponível em: http://fcea.edu.uy/images/dto_economia/Blog/Coyuntura_uruguaya_en_%C3%A9pocas_de_pandemia.pdf. Acesso em: 21 dez. 2020.

NETTO, J. P. Transformações societárias e Serviço Social. *Revista Serviço Social e sociedade*, n. 50, São Paulo: Cortez, 1996.

NOCETTO, Lihuen; PIÑEIRO, Rafael; ROSENBLATT, Fernando. Uruguay 2019. Fin del ciclo progresista y reestructura del sistema de partidos. *Revista de Ciência Política*, v. 40, n. 2, 2020. Disponível em: https://scielo.conicyt.cl/pdf/revcipol/v40n2/0718-090X-revcipol-S0718-090X2020005000117.pdf. Acesso em: 7 fev. 2021.

ORGANIZACIÓN Internacional del Trabajo — OIT. *Panorama Laboral em tempos de la covid-19, nota técnica*: impactos en el mercado de trabajo y los ingresos en América Latina y el Caribe, 2020. Disponível em: https://www.ilo.org/wcmsp5/groups/public/---americas/---ro-lima/documents/publication/wcms_756694.pdf. Acesso em: 5 maio 2021.

PARTIDO NACIONAL. Lo que nos une. Programa de gobierno 2020-2025. Uruguai, 2019. Disponível em: https://lacallepou.uy/descargas/programa-de--gobierno.pdf. Acesso em: 25 jan. 2021.

PASTORINI, A.; MARTÍNEZ, I. Tendências das mudanças da proteção social no Brasil e no Uruguai: a centralidade das redes mínimas na América Latina. *Katálysis*. Florianópolis, v. 17, n. 1, p. 59-67, jan./jun. 2014.

SÁTYRO, N.; FREITAS, R.; ZANETTI, D.; BARBOSA, P. Comparando políticas sociais em governos de esquerda. *Caderno CRH: Revista do Centro de Estudos e Pesquisas em Humanidades*, Salvador: CRH/UFBA, v. 32, 2019.

SEQUEIRA, Federico; LEMBO, Victoria. Tiempos de cambio y pandemia en Latinoamérica perspectivas y desafíos de las políticas culturales uruguayas. *Alteridades*, n. 30, v. 60, 2020. Disponível em: https://doi.org/10.24275/uam/izt/dcsh/alt/2020v30n60/Sequeira. Acesso em: 6 fev. 2021.

SOTO, S. F.; LIMA, V. F. S. A.; TRIPIANA, J. D. Transformações do sistema de proteção social no contexto latino-americano e antecedentes políticos e institucionais dos Programas de Transferência de Renda Condicionada [PTRC]. In: SILVA, M. O. S. e (coord.). *O mito e a realidade no enfrentamento à pobreza na América Latina*: estudo comparado de programas de transferência de renda no Brasil, Argentina e Uruguai. São Paulo: Cortez, 2016.

TRAVERSONI, A. *La Independencia y el Estado Oriental*. Montevidéu: Enciclopedia Uruguaya, 1968.

VANGER, M. José Batlle y Ordóñez, 1915-1917. *Humanizando el capitalismo*: Uruguay y el Colegiado. Montevidéu: Ediciones de la Banda Oriental, 2009.

VENCINDAY, L. La reingeniería de la política asistencial en el Uruguay "progresista" y sus repercusiones para el Trabajo Social. *In*: SILVIA, Cecilia (coord.). *Transformaciones sociales, protección social y Trabajo Social*: XII Congreso Nacional de Trabajo Social. Montevidéu: Udelar, 2017.

YAZBEK, Maria Carmelita. Fundamentos históricos e teórico-metodológicos e tendências contemporâneas no Serviço Social. *In*: GUERRA, Yolanda *et al*. *Serviço Social e seus fundamentos*: conhecimento e crítica. São Paulo: Papel Social, 2018.

O Serviço Social no Uruguai: formação profissional e tendências teóricas

Gracielle Feitosa de Loiola
Maria Conceição Borges Dantas
Nathália Lopes Caldeira Brant
José Pablo Bentura
José Fernando Siqueira da Silva

1. Considerações introdutórias

Analisar o Serviço Social uruguaio na história é um exercício interessante que nos permite apreciar como homens e mulheres resolvem, de forma prático-política, questões que a teoria é responsável por iluminar. Como Hegel nos ensinou, *"A coruja de Minerva voa ao crepúsculo"* (1968, p. 37). Todos os debates e questões traçados por Montaño (2000), sobre a natureza e a gênese do Serviço ou Serviço Social, estiveram presentes no calor de *"um pote de água fervente"*, utilizando a bela imagem de Herman Kruse. No entanto, em termos prático-políticos, os(as) assistentes sociais resolveram esse problema por serem coerentes com o que acreditamos ser a verdadeira "natureza" da profissão. Marx (1976, p. 105) diria *"no lo saben, pero lo hacen"*.

Podem ser realizados debates sobre a gênese da profissão no Uruguai, sobre sua natureza, sobre seus vínculos com a filantropia e com a caridade. Mas há um aspecto que, em nossa opinião, estabelece uma unidade da profissão desde sua origem com as "Visitadoras Sociais da Higiene" (1927 — ORTEGA, 2008, p. 48), considerando, ainda, os(as) egressos(as) da Escola que funcionou no Ministério da Instrução Pública (1954 — absorvido pelo EUSS desde sua criação), os(as) assistentes sociais Universitários(as) da Escola Universitária de Serviço Social (EUSS 1958-1992), aqueles(as) oriundos(as) da Escola de Serviço Social do Uruguai de origem católica graduados(as) em Serviço Social da Universidade Católica (a partir de 1984), bem como os(as) atuais egressos(as) e os(as) licenciados(as) em Trabalho Social do Departamento de Trabalho Social da Faculdade de Ciências Sociais (1992 até hoje) (Acosta, 2005; Ortega, 2008): todos(as) eles(as) vinculam-se a uma área de formação profissional reconhecida pelo Estado e têm uma prática profissional legítima. Em suma, pode-se dizer, seguindo as definições compiladas por Norberto Alayón (1987) na América Latina, que no âmbito do Serviço Social, seja o que for (arte, ciência a técnica), os profissionais uruguaios reconhecem como equivalentes todas aquelas áreas que receberam uma formação terciária legitimada pelo Estado para participar dos espaços ocupacionais administrados visando gerenciar a "questão social" e suas refrações.

Outro elemento que não pode faltar nesta apresentação é o *caráter mais militante do que acadêmico* que teve o processo de renovação do Serviço Social uruguaio. Um elemento que emerge dessa apresentação é que a profissão no Uruguai sempre foi assalariada e sempre existiu a consciência sobre este perfil. Isto contou, sobretudo, com a força do movimento estudantil e de seus *"obreros y estudiantes unidos adelante"*[1], fez com que o processo de renovação do Serviço Social uruguaio fosse marcado por segmentos conscientes de seu *status* como trabalhadores,

1. Sobre a relação entre o movimento estudantil e a classe trabalhadora, D'Elia ressalta que (1969, p. 26, tradução nossa): "No momento em que se projeta para o social, captura, com sensibilidade aguda, que no vértice desse problema social está a classe trabalhadora".

em resistência, primeiro ao avanço do autoritarismo e depois à feroz ditadura que se desdobrou sobre o povo uruguaio. Isso não significa, obviamente, que não existam no âmbito da profissão representantes conservadores, mas que essas expressões que debateram intensamente nas reuniões e congressos, suas diferenças, foram ofuscadas pela unidade do Serviço Social uruguaio, particularmente contra a repressão que impactou dramaticamente seus profissionais, professores e alunos com mortes, tortura, prisão e exílio. Não por acaso, a ditadura cívico-militar fechou a Escola de Serviço Social pela segunda vez em 1975, retirando seu representante interino e dispensando professores, quando detectou movimentos de resistência que persistiram dentro dela e que, seguramente, continuaram clandestinamente até o fim da ditadura (Acosta, 2005).

A fundação da Associação dos Assistentes Sociais do Uruguai (ADASU), como aponta Acosta (2008), foi concebida pelos(as) assistentes sociais de todas as perspectivas teórico-políticas existentes, como um sindicato em pé de guerra contra a ditadura reacionária. Nesse sentido, é possível arriscar como hipótese que o Serviço Social uruguaio subordinou seu desenvolvimento acadêmico ao combate político, juntamente com o movimento social que foi sitiado por governos repressivos na "dictablanda" — segundo a definição de Alfredo Errandonea (1986, p 13) — e na brutal ditadura cívico-militar que se impôs sobre o povo uruguaio em 1973.

A intervenção na Escola de Serviço Social universitária inaugurou um período de terror profundamente marcado pela resistência clandestina, bem como por estudos contra os mandatos da tirania. Com a queda da intervenção em 1985, a profissão recuperou esses estudos e retomou o debate desde onde havia estagnado pela repressão. Essa retomada e a posterior consolidação do Serviço Social como área de conhecimento reconhecida na Faculdade de Ciências Sociais como Departamento de Serviço Social na Universidade da República em 1992, foram marcos essenciais que significaram a entrada da profissão à maturidade.

2. A renovação do Serviço Social no Uruguai: suas bases materiais

Para analisar o Serviço Social no Uruguai, incluindo sua renovação, é preciso esforço para apanhar o movimento real-objetivo da profissão a partir das condições materiais deste país, suas particularidades na América Latina impactadas pela sociedade burguesa dependente. A profissão no Uruguai, desde sua gênese em 1927 — imbricada com as "*Visitadoras Sociales de Higiene*" — (Ortega, 2008, p. 48), se configurou a partir de um Estado Social bastante prematuro para o contexto latino-americano (Calvo e Pellegrino, 2005, p. 251). Vale retomar, como tratado no capítulo anterior, que o Estado Social batllista, tanto no seu período clássico (1903-1931) quanto no neo-batllismo (a partir de 1938 — mais intensamente entre 1948-1958), desenvolveu um sistema de proteção social que gerou a ilusão de uma espécie de Genebra rousseauniana ou, no ditado de Hobsbawm, "[...] a agora esquecida 'Suíça da América Latina' e sua única verdadeira democracia: o Uruguai." (Hobsbawm, 1995, p. 115, tradução nossa)[2], onde parecia que igualdade, fraternidade e liberdade eram possíveis.

O Estado Social no Uruguai fez sentido ao combinar dois aspectos substantivos que lhe deram certa consistência: a) um sistema de proteção social baseado em políticas universais, onde a previdência social era central e vinculada à assistência aos desqualificados do trabalho; b) uma política estatal que garantiu o pleno emprego combinando à industrialização clássica por substituição de importação, por obras públicas e pela ampliação da força de trabalho dos servidores públicos em períodos de crise. O modelo de industrialização por substituição de importação foi substituído no período iniciado no final dos anos 1950 pelo modelo "Liberal, Aperturista, Concentrador e Excludente" (LASE), segundo o nome dado por Olesker (2001). O modelo anterior tinha como complemento ideal o sistema de proteção social que

2. No original: "[...] la hoy olvidada 'Suiza de América Latina' y su única democracia verdadera: el Uruguay".

permitia o aumento dos processos de expansão da cidadania. No novo modelo, implantado a partir de 1959, a expansão da cidadania tornou-se um fardo insuportável e foi necessário desmantelar esse sistema de proteção social para construir outro que só cuidasse da sobrevivência dos(as) desapropriados(as).

Foi nesse contexto que o "Serviço Social tradicional", no Uruguai, com suas características particulares, entrou em crise, processo este vivido por boa parte da América Latina, a partir de 1965 (demarcado nas décadas de 1960 e 1970 — com variações temporais e impactos diversos). O Movimento de Reconceituação teve como base material as profundas mudanças socioeconômicas, políticas e culturais desencadeadas a partir do final da Segunda Guerra Mundial e adensadas na segunda metade dos anos 1950, que conduziram e impactaram o desenvolvimento do capitalismo latino-americano. Nas palavras de José Paulo Netto, esse Movimento se deu a partir de um momento de inflexão "[...] erosão da legitimidade do Serviço Social 'tradicional'" (2007, p. 145, grifo do autor). É preciso ressaltar a diversidade deste processo nos países na América Latina, bem como os heterogêneos impactos que essas mudanças provocaram na profissão, ambos marcados pelo controle e pela intervenção dos países de capitalismo central no financiamento e apoio às ditaduras que se instalaram por toda a região, as resistências aí constituídas, a construção de experiências democráticas e a ofensiva neoliberal que se impôs abertamente a partir da década de 1990.

Reserva-se, aqui, algumas considerações sobre as particularidades da conjuntura latino-americana no Uruguai, mais precisamente no desenvolvimento da profissão, considerando as proposituras do Movimento de Reconceituação e a renovação do Serviço Social uruguaio. Esse processo, também neste país, tem relação direta com a formulação de propostas que se expressaram em projetos de formação que irão ser desenvolvidos no Uruguai tendo como referência o legado construído antes da implantação da ditadura cívico-militar em 1973, durante a resistência ao regime ditatorial e a partir das bases que serviram à democratização política uruguaia. Importante enfatizar que a forma diversa não descaracteriza a unidade no sentido de uma retomada na perspectiva teórico-metodológica, técnico-operativa e ético-política como alternativa ao Serviço Social "tradicional". Nesse sentido, a diversidade está na particularidade do Serviço Social nos diferentes países latino-americanos e no acúmulo que a profissão construiu em cada um deles. Apreender a conjuntura e suas determinações, em que a Reconceituação se desenvolveu, importa para dimensionar os desafios, impasses e possibilidades que os processos de renovação assumiram na construção de alternativas para a profissão (particularmente no Uruguai).

É por isso que Netto (2007, p. 146) indica que as condições de superação do Serviço Social "tradicional", vinculam-se à ruptura com a opressão da estrutura desigual e imperialista presente no continente o que supõe reforçar o papel da profissão diante das manifestações da questão social. Reforça que

> [...] a reconceptualização está intimamente vinculada ao circuito sociopolítico latino-americano da década de sessenta: a questão que originalmente a comanda é a *funcionalidade profissional na superação do subdesenvolvimento*. [..] questionando-se sobre a eficácia das ações profissionais e sobre a eficiência e legitimidade das suas representações, inquietando-se com o relacionamento da profissão com os novos atores que emergiam na cena política [...] (p. 146, grifo do autor).

É preciso indicar que, como aponta Netto (2007, p. 147, grifo do autor), o Movimento, embora tenha se iniciado em uma "*grande união*", a conjuntura que acompanhou o desenrolar do processo provocou uma pulverização e dentre os motivos está *"[...] a perspectiva burguesa da 'modernização' por vias ditatoriais ou do seu puro congelamento repressivo"*. Essa realidade se particulariza no Uruguai entre os anos de 1973 e 1984, com o Golpe de Estado, no período da Ditadura Militar. Um dos primeiros atos da ditadura militar foi perseguir e eliminar a Confederação dos Trabalhadores, uma proscrição que lhe rendeu os aplausos das associações empresariais. Nas questões econômicas, a ditadura implementou o Plano Nacional de Desenvolvimento desenhado pela

Secretaria de Planejamento e Orçamento para o período 1973-1977. Era um programa ultraliberal, aprofundando-o com a nomeação do Sr. Vegh Villegas como Ministro da Economia.

> Livre da oposição sindical, o modelo fundamentalista foi aplicado em sua totalidade. Como consequência, houve um processo de empobrecimento generalizado dos trabalhadores e, finalmente, para o ano 82 também a perda de apoio empresarial, que foi afetada por uma forte crise que só favoreceu o capital financeiro (Caetano; Rilla, 1991, tradução nossa)[3].

O marco de início do Movimento de Reconceituação, indicado em 1965, se dá a partir da realização do I Seminário Regional de Serviço Social, ocorrido em maio daquele ano em Porto Alegre, Rio Grande do Sul (RS), em que os participantes eram tanto do Brasil, como da Argentina e do Uruguai. Em 1966, aconteceu o II Seminário Regional Latino-Americano de Serviço Social na capital uruguaia. O tema principal do II Seminário foi, conforme aponta Acosta (2014), "Serviço Social: evolução e revolução", tema esse dividido em três eixos indicados a partir de problemas metodológicos, evolução e revolução e política do Serviço Social. Dentre as conferências que discutiram "evolução e revolução", destaca-se a contribuição de Enrique Iglesias acerca do "Serviço Social nos países subdesenvolvidos". Esse destaque se vale pela importância de Iglesias no processo de renovação no Uruguai, além de ter sido diretor da Escola Universitária de Serviço Social (EUSS), que era parte da Universidade da República (Udelar), de 1972 até o golpe de Estado e, após, na redemocratização.

> Enrique Iglesias centrou sua conferência na relação entre Serviço Social e subdesenvolvimento. Iglesias (1966) questiona nesta conferência os

3. No original: "Liberado de la oposición sindical, el modelo fundamentalista fue aplicado en su totalidad. Como consecuencia se registró un proceso de empobrecimiento generalizado de los trabajadores y, finalmente, hacia el año 82 también la pérdida del apoyo empresarial, el cual se vio afectado por una fuerte crisis que solo favoreció al capital financiero".

> princípios éticos do Serviço Social tradicional por causa do seu caráter abstrato, chamando a atenção para a necessidade de definir os valores, os métodos e as técnicas para uma situação concreta: aqui e agora (Acosta, 2014, p. 185).

A importância da participação de Iglesias no II Seminário se evidencia na ênfase dada na determinação das estruturas econômicas como base para o desenvolvimento dos sujeitos. Dessa forma, o Serviço Social assume novas possibilidades e desafios e, a partir de Iglesias (Acosta, 2014), deve ser desenvolvido com base em dois planos coordenados:

> a) na participação do planejamento que assegure o pleno desenvolvimento nacional, contribuindo na tomada de consciência pública sobre as falhas da organização social presente e, b) na tarefa direta de superação de carências impulsionando modificações parciais a nível individual ou grupal, com uma perspectiva da projeção social das mesas (Acosta, 2014, p. 185).

A referência nas colocações de Iglesias remete às mudanças que o novo currículo assume a partir de 1966, aprovado em 1967, com "[...] um plano de estudos inspirado no Movimento de Reconceituação do Serviço Social na América Latina." (De Martino, Espasandin, Zorrilla de San Martín, 2018, p. 587, tradução nossa)[4]. A reforma do currículo foi um marco no processo de renovação no país. No novo currículo "[...] afirma-se que a ação social do serviço social se desenvolve [...] pela realização de modificações estruturais [...]" e "[...] a atuação direta com a promoção de iniciativas de cooperativização e de autorregulação da vida social de localidades." (Acosta, 2014, p. 189). É nesse sentido que Acosta indica que Iglesias, em suas proposições, acaba por retomar e remeter à composição do novo currículo de 1967.

4. No original: "[...] un plan de estudios inspirado en el Movimiento de Reconceptualización del Servicio Social en América Latina.".

Iglesias afirmava que para se apreender o desenvolvimento econômico eram necessários alguns elementos vinculados ao enfrentamento da crise, democracia e condições objetivas, o que faz com que em sua prática o(a) assistente social "[...] deve investigar diagnosticar e tratar os problemas sociais que, ainda que possam obedecer a causas de ordem individual, na maioria das ocasiões reconhecem uma origem estrutural" (Acosta, 2014, p. 186). Em termos gerais, a formação profissional deveria dar condições para o profissional intervir como agente de mudança social, compor equipe técnica do planejamento e execução do desenvolvimento social, na busca de uma conciliação entre o planejamento e a população, explicitando uma consciência social no intuito dos interesses coletivos, conforme Acosta (2014) destaca a partir das considerações de Iglesias. Destaca, ainda, que para Iglesias "[...] o assistente social enxerga a realidade social 'de perto', aproximando-se cordialmente dos homens. Sem esta aproximação à realidade social sócio-humana não é possível entender nada" (Acosta, 2014, p. 186).

O documento de Iglesias expressa um aspecto do Serviço Social uruguaio que foi sumariado na introdução deste capítulo: "o caráter mais militante do que acadêmico". A partir de uma análise pouco epidérmica das palavras de Iglesias, basta perceber o caráter sincrético deles (Netto, 1992). Seguindo as considerações de José Paulo Netto (1997), lá podemos extrair princípios da "atualização do conservadorismo", por exemplo, "o assistente social enxerga a realidade social 'de perto', aproximando-se cordialmente dos homens" e da "modernização conservadora", ao atribuir ao(à) assistente social/trabalhador(a) social a função de "investigar diagnosticar e tratar os problemas sociais". Os traços da "intenção de ruptura" se expressam na ação social do Serviço Social na perspectiva de modificações estruturais. A preocupação com o consenso e a unidade parece ser a preocupação de Enrique Iglesias, que, como foi dito, é uma preocupação central da profissão.

O princípio básico que afirma que capturar a lógica do desenvolvimento de uma profissão implica necessariamente em decodificar o desenvolvimento da sociedade em que está inserida, é aplicado quase que imediatamente neste caso. Desde a crise do modelo de substituição de importações, no final dos anos 1950, uma mudança é gerada no bloco no poder. O triunfo em 1958 do Partido Nacional inaugura um processo no qual as forças opostas serão articuladas em dois blocos bem demarcados/articulados: a) o movimento social cujas vanguardas estavam atreladas ao movimento operário e o movimento estudantil. Deve-se lembrar que a consolidação da Confederação Nacional dos Trabalhadores (CNT) que unificou todo o movimento sindical no Uruguai, surgiu de uma proposta do movimento estudantil já unificado no âmbito da Federação dos Estudantes Universitários do Uruguai (FEUU), fato que demonstra a estreita articulação entre esses segmentos que compunham a oposição; b) as forças conservadoras que se aglutinaram no projeto liderado pelo Partido Nacional.

O movimento sindical, que incluiu importantes setores das classes médias em conjunto com o movimento estudantil, foi a base para formar a unidade de todas as forças progressistas na Frente Ampla (fundada em 1971), constituída como a unidade política das forças tradicionais de esquerda e setores progressistas que abandonaram os tradicionais partidos Blanco e Colorado. Isso estabeleceu um confronto clássico como descrito por Marx no Dezoito Brumário de Louis Bonaparte (1986): por um lado, a Frente Ampla que simbolizava as mesmas forças que representavam "La Montaña": pequena burguesia e proletariado; por outro, os partidos Blanco e Colorado que, como "Orleanistas e Legitimistas" constituíram o "partido da ordem" representante da oligarquia e do grande capital financeiro. Vale lembrar que a Frente Ampla sofreu o mesmo destino da "La Montaña". O mandato que se tornou o mantra do movimento popular e que também marcou a história do Serviço Social no processo de renovação foi, sem dúvida, a "unidade".

Essas considerações e contribuições de Iglesias, expressam a importância e o marco do II Seminário Regional Latino-Americano e do novo currículo de 1966 no processo de renovação do Serviço Social no Uruguai. No desenvolvimento do processo de renovação, a conjuntura política impôs determinações na autonomia e condução das atividades da Universidade e, em consequência, na Escola Universitária de Serviço Social, pela Ditadura a partir de outubro de 1973. As mudanças nos cargos eleitos impactaram, como já mencionado, na saída de Enrique Iglesias como diretor da Escola. A ditadura fechou a Escola de Serviço Social pela segunda vez em 1975, retirando seu representante interino e dispensando professores, quando detectou movimentos de resistência que persistiram dentro dela e que, certamente, continuaram clandestinamente até o fim da ditadura (Acosta, 2005).

Ainda que a intenção fosse o fechamento da Escola, de início o diretor interventor impôs alteração no novo currículo de 1966: "Basicamente, o que a reforma do currículo fez foi retirar algumas disciplinas do novo currículo e restabelecer algumas disciplinas do Serviço Social Tradicional, como Grupo e Comunidade em substituição de Teoria e Prática Profissional" (Acosta, 2014, p. 190). O impacto e as consequências da Ditadura na Escola, no curso de Serviço Social e no processo de renovação serão retomadas a seguir. Nisto, a proposta de formação, o projeto da profissão e as tendências teóricas que aí se constituirão.

3. Serviço Social: a trajetória da profissão após a década de 1980

Como já mencionado, pode-se dizer que o período da Ditadura Militar no Uruguai (1973-1984), interrompeu o processo de renovação que vinha ocorrendo no Serviço Social (Claramunt, 2018). A década de 1970 foi marcada por intervenções na Universidade, recrudescimento da repressão, demissão de docentes e desmonte do curso de Serviço Social, inclusive com o fechamento da EUSS no ano de 1976. Sua reabertura ocorreu somente em 1977 com a retomada de um projeto de formação "tradicional", "restaurando o aspecto benéfico-assistencial nos currículos." (De Martino, Espasandin, Zorrilla de San Martín, 2018,

p. 588, tradução nossa)[5]. O "novo" Plano de Estudos reincorporou disciplinas tradicionais, focando no Serviço Social de caso, grupo e comunidade, perdendo a concepção que articulava teoria e prática (Acosta, 2014, p. 184).

Essas alterações no currículo se pautavam na perspectiva de ajustamento dos indivíduos a partir de aspectos moralizantes, especialmente da família, com o intuito de atender às exigências da política de desenvolvimento com segurança implantada pela ditadura militar, retomando o lugar profissional de complementação e subalternidade em relação à área médica e jurídica (Acosta, 2014; Beltrán, 2013).

No final da década de 1970 e início de 1980, o movimento estudantil do Serviço Social, que já vinha construindo processos de resistência ao longo da Ditadura, articulou-se a assistentes sociais formados(as) no intuito de reconstruir uma organização da categoria profissional que também havia sido fechada com a instalação da Ditadura (Acosta, 2014). Desse movimento, tem-se a criação da Asociación de Asistentes Sociales del Uruguay (ADASU), no ano de 1981, que passou a ter um papel importante na reorganização da categoria profissional nesse contexto, além de se constituir como um espaço de capacitação permanente para os(as) profissionais, por meio da realização de eventos, cursos e reuniões nesse período. Para que fosse possível realizar as reuniões da associação era necessário informar às autoridades os temas e motivos da reunião (Claramunt, 2018). Somado a isso, a ADASU também teve importante papel na retomada dos(as) docentes da EUSS que haviam sido demitidos(as) no período mais severo da ditadura, bem como foi importante para o processo de redemocratização do país, em especial na mobilização pela anistia dos presos políticos, sendo referência para muitos(as) assistentes sociais (Acosta, 2014).

A fundação da Associação dos(as) Assistentes Sociais/Trabalhadores(as) Sociais do Uruguai, como aponta Acosta (2008), foi concebida por profissionais de todas as perspectivas delineadas, como um

5. No original: "restaurando el cariz benéfico-asistencial en los planes de estudio".

sindicato em pé de guerra contra a ditadura reacionária. Nesse sentido, é possível arriscar como hipótese, como já foi adiantado, que o Serviço Social uruguaio subordinou seu desenvolvimento acadêmico ao combate político, juntamente com o movimento social que foi sitiado por governos repressivos e pela brutal ditadura que foi posteriormente implantada sobre o povo uruguaio em 1973.

No início da década de 1980, devido ao contexto de abertura política que começa a espraiar no país, houve uma maior articulação dos movimentos sociais em oposição à ditadura. O próprio Serviço Social fortalece sua vinculação com as organizações da classe trabalhadora, tendo como expressão sua participação enquanto categoria profissional, em 1983, no primeiro ato público de massas em comemoração à data do primeiro de maio, organizado pelo movimento sindical. Importante destacar que o movimento dos(as) assistentes sociais do Uruguai teve um papel importante no processo de redemocratização do país, com destaque para a manifestação, em 1984, mobilizada pela força sindical que levou 400 mil pessoas à rua contra a ditadura militar (Castro, 2016). Com o processo de reabertura política, que culmina com o fim da ditadura em 1984, retomam-se os debates interrompidos pelo regime cívico-militar sobre o movimento de renovação no Serviço Social, somados a novas demandas do contexto de redemocratização.

A discussão sobre a revisão e reconstrução da profissão se associará a um debate mais amplo sobre a reestruturação da universidade, que será influenciada pelas próprias mudanças que estão ocorrendo no mundo do trabalho, fruto da reestruturação produtiva que se generaliza por toda América Latina principalmente a partir da década de 1990, ainda que seguramente influenciada pela crise da acumulação capitalista dos anos 1970. Essa chegada, precisamente nos anos 1990, é marcada pela ofensiva do pensamento único: o neoliberalismo impacta fortemente o mundo acadêmico colocando um novo desafio para a profissão. O Serviço Social encontra um campo acadêmico em que a "[...] impugnação do funcionalismo, do quantitativismo e da superficialidade" — que havia sido registrada nos anos sessenta

(Netto, 2007, 144, tradução nossa)[6] —, voltam à cena com o frescor do primeiro dia. Por sua vez, como consequência imediata, o vínculo do Serviço Social com a teoria crítica é repreendido como ultrapassado e não científico.

O produtivismo imposto ao trabalho intelectual promoveu uma superficialidade inaceitável para as capacidades teóricas críticas alcançadas pela profissão, fato que agravou ainda mais esse contexto. As propostas de Bolonha, adaptadas à educação universitária e voltadas às demandas imediatas do mercado, encontraram eco em um corpo discente que exige respostas rápidas para a urgente saída ao emprego.

No âmbito do Serviço Social esse processo culmina na criação de um novo Plano de Estudos que passa a vigorar a partir de 1992, que busca elevar o nível acadêmico e incentivar a produção de conhecimento na área (Claramunt, 2018). O Plano de Estudos de 1992 deu ênfase na pesquisa e na investigação, além de promover a mudança na nomenclatura do curso que passa a ser nomeado como "Trabajo Social". Segundo Claramunt (2018, p. 91, tradução nossa) a mudança de nomenclatura é "[...] uma expressão de intenção de ruptura com as práticas assistencialistas da tradição profissional e a busca de novas e renovadas concepções e práticas diante das transformações sociais processadas naquele momento histórico"[7]. Ainda em relação à mudança de nomenclatura, Acosta (2005) destaca que essa alteração também expressa "uma vontade por parte dos profissionais de Serviço Social de alcançar um novo patamar no processo de amadurecimento acadêmico, passando de uma formação técnica para a de um intelectual [...]" (2005, p. 250)[8].

6. No original: "[...] impugnación del funcionalismo, del cuantitativismo y de la superficialidad".

7. No original: "[...] una expresión de intención de ruptura con las prácticas asistencialistas de la tradición profesional y la búsqueda de concepciones y prácticas nuevas y renovadas ante las transformaciones sociales procesadas en ese momento histórico".

8. Importante destacar que a adoção da expressão Trabalho Social marcou a crítica ao Serviço Social tradicional e à importação de referenciais conservadores nada afeitos ao trabalho e à formação profissional na América Latina. Isso ocorreu em vários países latino-americanos.

Também na década de 1990 foi criada a Faculdade de Ciências Sociais (FCS) e o "Departamento de Trabajo Social". Isso reconfigurou a estrutura na qual se inseria o curso na Universidade que deixou de se constituir como escola e passou a fazer parte da Faculdade de Ciências Sociais. Autores(as), como Claramunt (2018), Acosta (2005, 2014), Bentura y Mariatti (2016), avaliam que a vinculação do curso a Ciências Sociais é um aspecto importante para a maturidade intelectual e acadêmica da área, assim como para a ampliação da autonomia profissional do Trabajo Social no Uruguai.

É desse período também a criação da pós-graduação na área de Trabajo Social inicialmente através dos cursos de especialização. A formação da pós-graduação *stricto sensu* originou-se com o mestrado realizado por meio de um convênio com a Universidade Federal do Rio de Janeiro, momento em que o professor Dr. José Paulo Netto teve um papel de liderança[9]. Posteriormente, com a consolidação do mestrado e do doutorado autônomo (Bentura, 2010).

Como reflexo do Movimento de Renovação no país, como perceptível em muitos países da América Latina, é possível identificar o surgimento e convivência de diversas tendências teóricas no interior da categoria profissional, que associados às particularidades de constituição do Serviço Social uruguaio, em que não houve a construção de um Projeto Profissional hegemônico, acarretam um maior tensionamento em prol das disputas teórico-metodológicas no interior da profissão, que também serão reconfiguradas no século XXI, com a nova Reforma Universitária.

Em resumo, a derrota da ditadura cívico-militar com a participação das forças democráticas e a queda da intervenção da Universidade,

---

No Uruguai essa alteração foi significativa. Na Argentina, por exemplo, o mesmo ocorreu no final dos anos 1960.

9. O protagonismo do professor Dr. José Paulo Netto revelou, aos(às) assistentes sociais uruguaios(as) não apenas sua enorme estatura teórica, mas também sua generosidade intelectual. Cabe destacar, aqui, a importância, ao longo da constituição do Serviço Social uruguaio, da influência das universidades brasileiras, sobretudo da Universidade Federal do Rio de Janeiro (UFRJ) e da Pontifícia Universidade Católica de São Paulo (PUC-SP), como referência na formação do corpo docente e na constituição do Programa de Pós-Graduação da Universidade.

inauguram um novo processo de desenvolvimento da profissão que tem como ponto de virada a entrada do EUSS na Faculdade de Ciências Sociais como Departamento de Trabalho Social. Sem abandonar seu caráter político e sua participação ativa no movimento popular, a profissão inicia um processo de divisão do trabalho com a formação de quadros acadêmicos que, a partir do Departamento de Trabalho Social, dispensados do trabalho profissional, se engajam ativamente na produção de conhecimento no campo das ciências sociais.

Todo esse processo, que culmina na constituição de pesquisadores(as) assistentes sociais no campo das ciências sociais — em que a avaliação por pares não é mais apenas feita por profissionais da área, mas por pesquisadores(as) situados(as) no campo das Ciências Sociais —, permite o início de um novo debate no Serviço Social uruguaio em que perspectivas metodológicas teóricas começam a ser delimitadas com um assento na teoria social consolidada e madura.

4. Projeto de formação e a Reforma Universitária

O projeto de formação que está em vigência no país data do ano de 2009 e resulta de um novo processo de Reforma Universitária iniciado na primeira década do século XXI. Segundo o Plano de Estudos da Faculdade de Ciências Sociais de 2009, as alterações foram necessárias pois precisavam se adequar às mudanças no campo das Ciências Sociais e do mundo do trabalho.

O início desse processo se deu em 2003 relacionando-se aos objetivos propostos no Plano Estratégico da Universidade que, apoiado por um amplo processo de avaliação dos cursos associado às mudanças no próprio projeto de universidade – principalmente pautado na ideia de flexibilização dos currículos e adaptação às necessidades do mercado de trabalho –, indica a necessidade de grandes alterações na forma de organização dos cursos, assim como da própria universidade.

Segundo De Martino, Espasandín y Zorrilla de San Martín (2018, p. 589, tradução nossa), a ideia da flexibilização, para além da reorganização dos currículos, traz em seu bojo a perspectiva de que o/a estudante possa ter maior flexibilidade na escolha das disciplinas a cursar, assim como na construção de seu percurso formativo, o que "[...] muitas vezes não respeita a lógica mínima de aprendizagem"[10].

O Plano de Estudos de 2009 propôs alterações que implicaram diretamente o processo de formação em Serviço Social, promovendo uma maior articulação entre as áreas e fortalecendo espaços comuns e interdisciplinares na faculdade. A Reforma Universitária teve uma forte influência do Acordo de Bolonha que trouxe impactos nas políticas educacionais de diversos países na América Latina, não somente no Uruguai, abandonando a concepção de educação como bem público em favor da mercantilização. Isso precisa ser enfrentado por meio de ações e projetos comprometidos com a defesa de uma educação laica, pública e socialmente referenciada.

Atualmente, o curso de Serviço Social no Uruguai está organizado em quatro anos sendo os dois primeiros anos chamado de Ciclo Inicial (responsável pela formação geral) e os dois últimos anos intitulado de Ciclo Avançado — responsável pela formação específica na carreira escolhida pelos(as) estudantes (De Martino, Espasandín y Zorrilla de San Martín, 2018). A Faculdade de Ciências Sociais, onde o curso está inserido, conta ainda com mais três cursos, sendo estes: Sociologia, Ciência Política e Desenvolvimento.

O curso de Serviço Social da Udelar, para De Martino, Espasandín y Zorrilla de San Martín (2018), busca efetivar uma formação que permita ao discente construir a intervenção profissional a partir da interação de três dimensões: investigativa, assistencial e pedagógico-educativa. Aqui cabe destacar que tal projeto de formação considera que a dimensão ético-política, presente no Código de Ética Profissional (aprovado pela Associação de Assistentes Sociais do Uruguai no ano de 2001), é transversal às demais dimensões.

10. No original: "[...] muchas veces no respecta la mínima lógica del aprendizaje".

No Plano de Estudos do curso de Serviço Social de 2009, também há um destaque para o perfil desejado de profissional a ser formado. De Martino, Espasandín y Zorrilla de San Martín (2018) destacam que este perfil deve ser orientado pelas seguintes características: um profissional crítico, informado, propositivo, que relacione capacitação e compromisso, tenha uma rigorosa formação teórico-metodológica, seja capaz de realizar ações em diversos níveis, seja de formulação, assessoramento, planejamento, gestão e execução de programas e políticas sociais. Em contrapartida, a partir de dados de uma pesquisa do perfil dos egressos do ano de 2015, foi possível constatar alguns desafios para formar o perfil desejado de profissionais que também são percebidos em outras realidades dos países latino-americanos, assim como no próprio Brasil.

De Martino, Espasandín y Zorrilla de San Martín (2018) indicam que o curso de Serviço Social é o que agrega o maior número de matrícula de estudantes femininas da Faculdade, que são em sua maioria estudantes jovens, que advêm de escolas públicas e representam a primeira geração nas universidades de seus grupos familiares. Ademais, a maioria é composta por estudantes-trabalhadores(as). Isso indica uma aproximação do perfil dos(as) discentes com o dos usuários das políticas neoliberais, que reforçam a individualização das ações e a precarização laboral da classe trabalhadora (incluindo assistentes sociais).

Vale um destaque sobre as considerações que De Martino, Espasandín y Zorrilla de San Martín (2018, p. 599-600) indicam sobre as motivações que levam os(as) estudantes optarem pelo curso de Serviço Social. Nesse quesito, aparecem indicações de solidariedade humana, realização pessoal, opção ideológica, vocação, entre outras. Há um destaque também para o aumento dos(as) estudantes que advêm de várias igrejas, indicando inclusive a necessidade de um estudo que apreenda as implicações dessas relações e a incidência de determinadas orientações religiosas no próprio processo de formação profissional.

Para De Martino, Espasandín y Zorrilla de San Martín (2018), o Plano de Estudos de 2009 tem uma perda de horas para a formação em investigação e prática, o que traz reflexos para a própria formação profissional.

> Temos a impressão de que em nossa profissão ainda permanecem esquemas generativos precedentes: (i) dicotomia entre teoria, prática e pesquisa; (ii) a pesquisa como atividade alheia ao exercício profissional; (iii) certa negligência em relação aos elementos técnico-operacionais da profissão que, obviamente, não são meramente operacionais; (iv) estrutura acadêmica que associa agentes portadores de maior "capital" — graus mais elevados da hierarquia docente — a tarefas supostamente "mais elevadas" (De Martino; Ortega, 2019, p. 197).

Observa-se que a presença de uma estrutura acadêmica flexível e organizada em ciclos/módulos, podendo ser direcionada pelo próprio estudante, por vezes pode dificultar a construção de uma lógica e unidade básicas no processo de aprendizagem, trazendo impactos para o processo de formação, levando a compreensões como as levantadas acima por De Martino e Ortega (2019). Tais elementos refletem a estratégia do Acordo de Bolonha nos países periféricos, que reforça a ruptura entre ensino, pesquisa e extensão e a tendência a aligeirar a formação.

Assim, com todas essas particularidades que constituem o processo de formação profissional no país, pode-se dizer que a definição de uma direção teórico-metodológica para o Serviço Social não se configura como a principal preocupação da categoria, visto que há outras questões anteriores que precisam ser construídas e avançadas para dar base para essa discussão. Tal questão revela a ausência de um projeto profissional, com determinada direção social, com as dimensões ético-política, teórico-metodológica e prático-operativa. Isso, importante enfatizar, não significa que não haja direção no desenvolvimento do trabalho e da formação, mas que havendo "direções" não existe uma direção hegemônica sustentada em um Projeto Profissional.

Como foi dito, a entrada do Serviço Social uruguaio na Faculdade de Ciências Sociais representou o início de sua maturidade como profissão, com um campo acadêmico que começa a se consolidar e participar ativamente do debate das chamadas "Ciências Humanas e Sociais". Esses desafios são postos a uma profissão que historicamente construiu relações políticas capazes de fazer as alianças e desenvolver capacidades pedagógicas necessárias para qualificar as demandas estudantis. Essa situação vai muito além do Serviço Social uruguaio, hoje, graças à reconceptualização, processo esse que tornou possível reconhecer a existência de um Serviço Social autenticamente latino-americano que continua enfrentando desafios, mas o faz construindo laços de solidariedade e encontro que são uma força indubitável para enfrentá-los.

5. Sumariando as perspectivas teórico-metodológicas hoje em curso no Serviço Social uruguaio

Retomando o acúmulo e a construção teórica da profissão realizada por pesquisadores(as) uruguaios(as), importa destacar que tais autores(as) são protagonistas na construção do projeto de formação em curso atualmente no país. Um dos aspectos importantes que deve ser enfatizado no processo de formação do Serviço Social no Uruguai, é a necessidade de intensificar as discussões sobre um projeto profissional mais abrangente que possibilite um direcionamento hegemônico à profissão e que fundamente a formação profissional.

Nessa perspectiva, o ponto de partida é a compreensão de que o fundamento das profissões se dá a partir da realidade social. O pressuposto é que a profissão só pode ser entendida no movimento histórico da sociedade. Sociedade que é produto de relações sociais, de ações recíprocas dos homens/mulheres entre si, no complexo processo de reprodução da vida social.

Dessa forma, pode-se indicar que as questões pertinentes à formação e concernentes à profissão se apresentam, de forma integrada, como as reflexões que agora predominam no Serviço Social uruguaio, cabendo ainda destacar que esse conjunto de dimensões evidenciam a presença de diversas "tendências teóricas" na constituição da profissão no país e que estas expressam diferentes visões de mundo sobre a compreensão da sociabilidade capitalista.

Como foi dito, o ingresso da profissão na Faculdade de Ciências Sociais implicou um forte impulso ao seu desenvolvimento acadêmico, especialmente a partir do convênio com a Universidade Federal do Rio de Janeiro. Praticamente sem produção acadêmica prévia, duas gerações de professores realizaram seus mestrados, sem bolsas e em tempo recorde. As dissertações do mestrado geraram um enorme impulso à produção acadêmica, a ponto de a revista *Fronteras* (ver VV. AA 1995) começar a ser publicada, alcançando continuidade anual e ainda sendo publicada.

Mais uma vez é importante analisar a configuração de tendências teóricas vinculando-as às tarefas políticas que são apresentadas à profissão nos anos 1990. Como no resto da região, no Uruguai, com a presidência de Luis Lacalle Herrera (pai do atual presidente), houve uma forte ofensiva do capital sobre o trabalho, revestida de retórica neoliberal. A profissão se viu convocada pela unidade do movimento social, novamente em pé de guerra contra a violação das conquistas históricas da classe trabalhadora que moldaram o Estado Social. O desenvolvimento acadêmico se organizou, então, pelas demandas ético-políticas do momento. Duas determinações seguem a partir desses requisitos que moldaram o desenvolvimento das tendências teóricas da profissão, configuração que ainda pode ser identificada no presente.

Em primeiro lugar, os objetos de pesquisa no campo do Serviço Social responderam, quase imediatamente, aos objetos de intervenção social das instituições de proteção social ameaçadas pelo desfinanciamento promovido pela referida ofensiva neoliberal. Podem ser encontradas dissertações que tratam de temáticas de todos os objetos institucionalmente construídos e que as diretrizes do Consenso de Washington recomendaram o desmantelamento para substituir por "políticas integrais, focadas e descentralizadas": infância, saúde, moradia, adolescência em conflito com a lei, deficiência, organizações da sociedade civil, questão agrária. A grande tarefa realizada pela pós-graduação do Departamento de Serviço Social foi a formação de quadros acadêmicos, profissionais e políticos, articulados e participando ativamente do debate sobre a Política Social.

A segunda determinação é consequência direta da primeira: o campo das políticas sociais, como foi dito, é um campo cujos objetos de intervenção respondem a uma construção estritamente institucional e, como aponta José Paulo Netto (1992), seus problemas resultam em uma construção de natureza sincrética. É evidente que uma abordagem acadêmica para o debate das Políticas Sociais do ponto de vista acadêmico não implica necessariamente o ecletismo. De fato, as possibilidades de apreender suas determinações essenciais e evitar o ecletismo implica uma abordagem radical, mas o Serviço Social uruguaio, um pouco por sua imaturidade, mas sobretudo por razões políticas estritamente estratégicas (consentir ou não), optou por abordagens essencialmente ecléticas que permitem um debate mais direto com o sincretismo do campo. Também teve uma importante influência do próprio campo das ciências sociais acadêmicas, presente na Faculdade de Ciências Sociais, fortemente determinado por um ecletismo dominante. O que caracterizou a produção do Serviço Social Uruguaio, que em algum momento a diferenciou do resto da produção acadêmica das ciências sociais, foi a incidência quase exclusiva de fontes fundamentalmente críticas e diversas: Gramsci, Lukács, Escola de Frankfurt, até as contribuições de Foucault, Bourdieu e Robert Castel.

Adela Susana Claramunt, por exemplo, é o quadro intelectual que mais intensamente trabalhou a realidade do Serviço Social no Uruguai na sua fase mais recente. Sua tese de doutorado, denominada "Los trabajadores sociales en el Uruguay de la última década: sus espacios ocupacionales y condiciones de trabajo" (Claramunt, 2018), oferece um excelente debate sobre a profissão no processo de crise estrutural do capital — na era da acumulação flexível — nas condições específicas do Uruguai. Recupera a história do país e a trajetória da profissão inserida nesse contexto, perquirindo os diferentes espaços sócio-ocupacionais que se inserem os(as) assistentes sociais, a intensificação do trabalho e sua precarização, os perfis profissionais, o tipo de trabalho realizado, suas opiniões sobre a profissão e as atividades que desenvolvem, as tensões e as potencialidades da profissão, a autonomia relativa existente, os problemas vinculados à desprofissionalização na área e as tensões atuais vinculadas ao Serviço Social nos governos da Frente Ampla. O faz reproduzindo depoimentos das(os) próprias(os) assistentes sociais o que confere ao estudo relevância por eleger como objeto de estudo o trabalho profissional no Uruguai. A autora, apesar de reconhecer os inúmeros avanços conquistados nos governos frente-amplistas, não deixa de apontar tensões vinculadas, sobretudo, às condições de trabalho, aos regimes de contratação, à precarização, aos baixos salários e às múltiplas atividades profissionais, em um cenário de profundas alterações no mundo e nas relações de trabalho (Claramunt, 2019). Destaca, também, a importância de uma atuação profissional progressista, ética-politicamente comprometida (Claramunt; Machado; Rocco, 2019).

A produção teórica de Alejandro Casas é aquela que mais explicitamente recupera a tradição marxista gramsciana na estreita relação com as contribuições de Carlos Nelson Coutinho, seja inspirando-se na abordagem propriamente dita de Gramsci, seja pela proximidade com os temas eleitos para análise. Elegendo a política como foco da análise no conjunto da crítica gramsciana registrada em suas obras principais (particularmente os Cadernos do Cárcere — Gramsci, 2000, 2007a e 2007b), Casas atenta-se para as categorias hegemonia e bloco histórico nas condições particulares do Uruguai atual. É nesse cenário que outras importantes categorias são analisadas a partir da realidade latino-americana e uruguaia: Estado, sociedade civil, intelectuais, moral, direção social-cultural estratégica, correlação de forças, cultura e cultura popular e revolução passiva (como transformismo), por exemplo (Casas, 2018; Casas e Otero, 2019). Faz análise mirando a realidade particular do Uruguai, o precoce e contraditório estado social batllista e seu bloco social, a emersão da sociedade civil uruguaia, as "transformações pelo alto" sem massiva participação popular ou liderança diretamente vinculada às classes dominantes. Alejandro oferece interessante análise sobre a particularidade uruguaia inspirado nas observações e categorias gramscianas, analisando, objetivamente, diversos momentos da história do país (Casas, 2018), incluindo a formação do bloco histórico e sua base de sustentação social que levou a Frente Ampla ao poder por 15 anos e os inúmeros limites anunciados no início do século XXI. Indubitavelmente os estudos de Alejandro Casas, seguindo os passos gramscianos, elege a política como eixo central de sua análise o que não significa, necessariamente, um abandono ou mesmo uma subestimação do peso da crítica à economia política feita por Marx.

Os estudos de José Pablo Bentura, organizados no Grupo de Estudios Sobre Sistemas de Protección Social, Prácticas Institucionales e Profesionales, abordam a questão do Estado Social uruguaio, as políticas sociais no contexto da acumulação capitalista, seus limites e tensões (Bentura, 2014c). Nisto, o debate de programas e projetos de gestão da pobreza e de transferência de renda efetivados nos governos da Frente Ampla, seus alcances, potencialidades e limites (Bentura, 2018; 2014a e b e Bentura *et al*, 2016). O autor também possui importantes estudos sobre a trajetória do Serviço Social mais atual no Uruguai (Bentura, 2013), sobretudo na relação com a esfera acadêmica (particularmente a Universidad de La República), concentrando sua produção em uma tradição explicitamente marxista fortemente articulada a um amplo debate com autores e autoras pertencentes a outras tradições teóricas progressistas. Em uma perspectiva similar, e no mesmo grupo de pesquisas, situa-se Laura Vencinday com estudos originais no campo da assistência e da proteção social (Bentura e Vencinday, 2019; 2013 — Vencinday e BenturaA, 2019). Igualmente, com suas particularidades, Alejandro Mariatti estuda processos vinculados à mundialização da economia capitalista, tecnocratização, ativação do mercado de trabalho (Bentura e Mariatti, 2018; 2016;

2013), com estudos próprios sobre as transformações do trabalho no Uruguai (Mariatti, 2020).

Outros estudos realizados como parte de um grupo que pode ser caracterizado como amplo, diverso e progressista, foram realizados por Elisabeth Ortega Cerchiaro. Suas pesquisas iniciais, efetivadas na forma de um mestrado efetivado em parceria com a Universidade Federal do Rio de Janeiro (Ortega, 2008), revelaram a explícita preocupação da autora com os processos de medicalização presentes na sociedade uruguaia a partir de uma abordagem sócio-histórica do país. Seu estudo seguinte, de explícita inspiração foucaultiana (Ortega, 2011), oferece importante análise sobre a relação entre medicina e religião debatendo, nesse contexto, com base na análise genealógica, as transformações do Serviço Social no Uruguai nos vinte anos que antecederam a ditadura cívico-militar no país. A partir de um detalhamento caracterizado por um sistema de categorização sustentado na análise genealógica, a autora aborda as transformações socio-políticas no Uruguai entre 1955-1973 (o sistema de proteção social, os dispositivos de intervenção neste social, as forma de gestão social e seus impactos no Serviço Social). Trata, propriamente, da profissão e sua relação com o processo de medicalização e de identificação com o que socialmente era caraterizado como normal/patológico e a relação disto com a Igreja Católica, bem como analisa o que caracterizou como início de novas formas de profissionalização e de gestão do social (gestão biopolítica, autonomia e formação profissional, a forma de exercer a profissão nos processos socio-técnicos de classificação, instituições sociais, entre outros assuntos relevantes — Ortega, 2011).

Os estudos de Carolina González Laurino e de Sandra Leopold Costábile, seja com produções conjuntas ou próprias, destacam as recentes transformações no modelo de proteção social uruguaio com especial ênfase no debate da infância e da juventude. A crítica centra-se na perda do caráter universal desta proteção social, na penalização da área da juventude que vive em conflito com a lei, nas medidas ditas socioeducativas aí presentes e no controle sociopenal (Leopold Costábile, S. e González Laurino, C., 2015; González Laurino, C. e

Leopold Costábile, S., 2018; Leopold Costábile, S., 2014). Interessante destacar que as pesquisas de ambas possuem forte articulação com as políticas implementas pelo "Ministerio de Desarrollo Social" (MIDES — particularmente durante os governos da Frente Ampla), com significativa proximidade com as demandas enfrentadas pelo país na área. Ademais, tais estudos transitam entre a crítica às políticas não universais (fragmentadas) e o processo de criminalização e penalização da área da infância e da juventude, reforçando uma tradição de defesa de direitos universais e de ações de perfil efetivamente socioeducativo. Destaque deve ser dado às diversas produções na área coordenadas por ambas as autoras envolvendo diversas(os) investigadoras(es), tais como os *Cuadernos del Diploma en Penalidad Juvenil,* estudo este apoiado pela Fundação Rosa Luxemburgo e Casa Bertold Brecht, em parceria com o "Grupo de Estúdios sobre Infracción Adolescente" e a "Universidad de La República".

Importante destacar, ainda, a contribuição de Silvia Rivero. Sua tese de doutorado, denominada *"De la acción política a la gestión. Sociedad civil en movimiento"* (Rivero, 2013), oferece estudos sobre as novas formas de gestão das políticas sociais em associação com as chamadas organizações da sociedade civil. Aborda, por isso, a relação entre Estado e sociedade civil (em transformação), a transferência de recursos econômicos para instâncias que desenvolvem projetos e programas, a forma de intervenção na realidade, os(as) atores(as) envolvidos(as) neste processo e os impactos disto nas políticas sociais e nos direitos no contexto da sociedade uruguaia de tradição universal.

Vale ressaltar, por último, de forma sumária, o perfil particular das produções de Mônica de Martino (2018; 2010a e b; 2009). Os estudos da autora tendem a estabelecer um diálogo entre tradições teóricas críticas e diversas tais como Marx, Foucault e, mais recentemente, Sartre. A análise da pesquisadora, mais próxima à tradição destes dois últimos autores, debate o que é caracterizado como os limites da teoria social de Marx, sobretudo em relação ao que foi caracterizado como anulação ou, pelo menos, submissão da subjetividade do ser a determinações coletivas e universais. É a partir daí que se dedica ao estudo de temas relevantes: os sistemas de proteção social e as famílias; os processos de economização do social adensados pelo discurso da vulnerabilidade social; e os debates sobre gênero, por exemplo. Interessante ressaltar que o tema das políticas sociais dedicadas a segmentos e viabilizadas pelo Estado possuem, aqui, na abordagem da autora, importante centralidade. Sua originalidade está, todavia, em uma postura analítica que tenta apontar os limites de Marx e dos marxismos no estreito debate com outras tradições precursoras da pós-modernidade, como um retorno ao debate travado na década de 1960 e sem desconsiderar as contribuições da tradição moderna.

Como particularidade do Serviço Social uruguaio, se destaca a predominância da formação dos(as) assistentes sociais na Udelar, ainda que haja a presença do curso na Universidade Católica do Uruguai. Isso indica a forte influência de uma formação realizada por meio de uma universidade pública, apesar das seguidas reformas e desmontes em torno da Política de Educação, o que em tempos de mercantilização da Educação no mundo do capital, dentro desse contexto de contradições, sinaliza um aspecto de resistência e defesa da educação pública, gratuita, laica e socialmente referenciada. Importante destacar, também, um conjunto de autores(as) formados no contexto ora sumariado — embora vivam fora do Uruguai (particularmente no Brasil) — e têm contribuído substancialmente com o debate aqui apresentado: Carlos Montaño, Luis Acosta, Gabriela Lema e Alejandra Pastorini Corleto, por exemplo.

Enquanto processo dinâmico, vale ressaltar que o Serviço Social uruguaio teve recentemente no país, a aprovação de sua Lei de Regulamentação da Profissão promulgada em 7 de agosto de 2019. Em relação ao Código de Ética, seu primeiro código foi aprovado no ano de 2001 após longos debates sobre esse tema que se iniciaram no final da década de 1990. Assim, pode-se dizer que há um avanço do que podemos nomear como as bases do que pode vir a ser o projeto profissional, sob determinadas condições e tensionado por determinada direção social.

Ao indicar alguns aspectos da formação ao longo desse processo histórico, desde o movimento de reconceituação, passando pelo fechamento da universidade e até a retomada pós ditadura cívico-militar, é possível identificar que há uma necessidade de estimular e fortalecer o debate sobre a compreensão das diferenças que compõem hoje o curso de Serviço Social da Udelar, até para que se possa avançar nos debates e reflexões sobre as tendências teóricas do Serviço Social revelando seus reflexos no próprio processo de formação profissional. Como indicado acima, isso se coloca como uma necessidade no momento, para que se avance e se consolide a maturidade e a densidade intelectual por meio do debate.

6. Considerações finais

Guardada a riqueza de todo processo aqui resumidamente registrado, dois aspectos devem ser ressaltados: a) por um lado, a forte tradição do Serviço Social uruguaio que prioriza estudos vinculados aos direitos e ao papel do Estado na garantia deles. Mais ainda, estes estudos têm continuado intensamente na atualidade reafirmando importância do tema, a íntima relação dele como Serviço Social, bem como a forte preocupação com o desmonte desta dimensão no Uruguai atual considerando os limites objetivos impostos aos governos da Frente Ampla — assim como suas opções políticas nos últimos anos — e o profundo adensamento desse processo a partir do atual governo e sua diversa base de sustentação (comandada pelo Partido Nacional de Lacalle Pou). A continuidade destes estudos é uma realidade entre tais pesquisadores(as), considerando suas diversas tendências, o que é de grande importância; b) a ausência de estudos que abordem os fundamentos do Serviço Social (trabalho e formação) nas condições particulares do Uruguai, mesmo considerando os estudos importantes já realizados sobre as condições de trabalho e a inserção sócio-ocupacional dos(as) assistentes sociais no país presentes, por exemplo, nas pesquisas de Adela Susana Claramunt.

De uma forma geral, assim como por toda América Latina — não sem particularidades —, o Serviço Social no Uruguai possui uma marca sincrética inegável, como traço contido na sua gênese como profissão. Isso estimula, embora não determine, o sincretismo teórico, ou seja, o ecletismo. Embora o sincretismo seja um traço constitutivo da natureza desta profissão, o ecletismo pode e deve ser combatido já que ele navega por diferentes tradições teóricas sem estabelecer nitidamente suas fronteiras, suas diferenças, sem adensar o debate necessário entre elas e seu alcance possível. O que deve, sim, compor a formação profissional — e isso é outra coisa — é o radical conhecimento sobre as teses apresentadas pelas diferentes tendências teóricas, o debate entre elas, seus representantes, ainda que aqui posicionamentos políticos se inspirem em um ou outro projeto de sociedade. Certamente não existem "santos acadêmicos", mas sujeitos históricos reais em luta, cujas posições podem reforçar polos antagônicos ou articular e compor polos não idênticos.

Há de se reconhecer, ainda, que também no Uruguai, hegemonicamente, os(as) trabalhadores(as) sociais/assistentes sociais — como em toda a América Latina —, estão, na sua ampla diversidade, comprometidos(as) com valores democráticos e com a melhoria dos níveis de vida dos setores desapropriados pelo processo de acumulação capitalista em seu atual estágio. Nesse sentido, a identificação — não sem críticas — com as pautas lideradas pelo bloco da Frente Ampla é inegável. Sem qualquer dúvida se trata de uma categoria profissional comprometida com valores humanos e, no mínimo, com crescentes níveis de emancipação política conquistada no interior da sociedade burguesa. Vale destacar, no entanto, que formas de conservadorismo reacionário também crescem no interior da profissão (inclusive no Uruguai), mesmo que esse país seja marcado por uma importante tradição republicana, laica, iluminista e democrática. Cuidado especial deve ser dado a este aspecto, também ao considerar a tendência de distanciamento — que não é só uruguaia — entre assistentes sociais inseridos(as) no espaço acadêmico e aqueles(as) que operam diretamente programas e projetos sociais no campo das políticas sociais do país.

Referências

ACOSTA, L. O processo de renovação do Serviço Social no Uruguai. *Em pauta*, Rio de Janeiro, v. 12, n. 33, p. 181-203, 1º sem. 2014.

ACOSTA, L. *O processo de renovação do Serviço Social no Uruguai*. 2005. Tese (Programa de Pós-Graduação da Escola de Serviço Social da Universidade Federal do Rio de Janeiro) — Universidade Federal do Rio de Janeiro, Rio de Janeiro, 2005. 392 p.

BELTRÁN, M. J. *Processos institucionais e reestruturação do campo profissional*: o caso do Serviço Social no Uruguai (1986-1995). 2013. Dissertação (Mestrado em Serviço Social) — Universidade Federal de Santa Catarina, Florianópolis, 2013.

BENTURA, José Pablo. *Anotaciones sobre la significación político-ideológica de los Programas de Transferencia de Renta Condicionada*. La Plata: Escenarios, 2014a.

BENTURA, José Pablo. Cuestión Social y Trabajo Social. Un opaco vínculo familiar. *Katálysis*. Florianópolis: UFSC, v. 17-2, 2013.

BENTURA, José Pablo. La activación como estrategia de combate a la pobreza. Análisis de las estrategias de activación presentes en los programas socio-laborales del Plan de Equidad del Ministerio de Desarrollo Social de Uruguay. *Sociedade em debate*. Pelotas: Universidade Católica de Pelotas, v. 24, p. 162-175, 2018. Disponível em: http://revistas.ucpel.tche.br/index.php/rsd/issue/view/110. Acesso em: 7 fev. 2022.

BENTURA, José Pablo. Los programas de Transferencia de Renta Condicionadas como gestión neoliberal de la cuestión social. *Serviço Social e Sociedade*. São Paulo: Cortez, 2014b.

BENTURA, José Pablo. Los significados prácticos y políticos de las crisis del capitalismo. *In*: RABASSA, Vini *et al*. *Política Social* — Fundamentos, práticas e desafios no contexto sul-americano, v. 1, 1, p. 31-48. Pelotas: Editora da Universidade Católica de Pelotas, 31-48, 2014c.

BENTURA, José Pablo. Posgrados e investigación en el Trabajo Social Uruguayo. Un proceso de transformación por lo alto. *Revista Escenarios*. La Plata: Espacio Editorial, n. 15, out. 2010.

BENTURA, Pablo *et al*. Centralidade da família e da infância nos programas de enfrentamento à pobreza na América Latina. *Estudo comparado de Programas de Transferência de Renda no Brasil, Argentina e Uruguai*. São Paulo: Cortez, 173-191, 2016a.

BENTURA, Pablo *et al*. Exigência de condicionalidades: significados, alcances e controvérsias no debate. *In*: SILVA E SILVA, María Ozanira da (org.). *O mito e a realidade no enfrentamento à pobreza na América Latina*: estudo comparado de programas de transferência de renda no Brasil, Argentina e Uruguai. São Paulo: Cortez, 2016. p. 147-70.

BENTURA José Pablo; MARIATTI A. La integralidad de las funciones universitarias en el contexto de mundialización de la economía. Apuntes desde el Trabajo Social. *Revista Fronteras*, Montevidéu: Departamento de Trabajo Social, n. 9, mar. 2016.

BENTURA, José Pablo. La metamorfosis del trabajo y los procesos de activación. *Serviço Social e Sociedade*. São Paulo: Cortez, 2018. Disponível em: http://dx.doi.org/10.1590/S1414-49802013000300005. Acesso em: 7 fev. 2022.

BENTURA, José Pablo. Lucha política y des-politización: nuevos dispositivos tecnocratizantes. *Revista Textos y Contextos*. Porto Alegre: PUC-RS, 33-46, v. 12. 2013. Disponível em: http://revistaseletronicas.pucrs.br/fass/ojs/index.php/fass. Acesso em: 7 fev. 2022.

BENTURA, José Pablo; VENCINDAY, Laura. Desafios, obstáculos e tensões do Serviço Social uruguaio no início do século XXI. *In*: YAZBEK, Maria Carmelita; IAMAMOTO, Marilda Villela (org.). *Serviço Social na História — América Latina, África e Europa*. São Paulo: Cortez, 2019. p. 217-39.

BENTURA, José Pablo. La evaluación "tautológica" de los programas de transferencia de renta condicionada. *Revista de Políticas Públicas*. São Luís: UFM, 139 -148, v. 17-1, 2013.

BERMUDÉZ, M. M.; CÁRDENAS, C. E.; SAN MARTÍN, M. C. E. Trabajo Social en el siglo XXI ¿Envejecimiento del campo profesional? Uruguay. *In*: NIETO-MORALES, C.; BERMÚDEZ, M. S. M. *Trabajo Social en el siglo XXI*: desafíos para la formación académica y professional. Madri: Dykinson, 2018.

CASAS, Alejandro. Luchas por la hegemonía y bloques históricos en el Uruguay contemporáneo y en la actual coyuntura. *In*: CASAS, Alejandro (org.). *Sujetos colectivos populares, mundo del trabajo y territorios*: estudios en el Uruguay progresista. Montevidéu: Área Académica De Liberación, 2018. p. 6-40.

CASAS, Alejandro (org.). *Sujetos colectivos populares, mundo del trabajo y territorios*: estudios en el Uruguay progresista. Montevidéu: Área Académica De Liberación, 2019.

CASAS, Alejandro; OTERO, Martina. Cultura y cultura popular en la tradición marxista y en la perspectiva de Gramsci: una aproximación. *In*: CASAS, Alejandro (org.). *Sujetos colectivos populares, mundo del trabajo y territorios*: estudios en el Uruguay progresista. Montevidéu: Área Académica De Liberación, 2019. p. 22-45.

CASTRO, M. S. P. *Uruguai*. São Paulo: Fundação Perseu Abramo, 2016. (Coleção Nossa América Nuestra).

CERCHIARO, Elizabeth Ortega. *El Servicio Social y los procesos de medicalización de la sociedad uruguaya en el periodo neobatllista*. Montevidéu: Trilce, 2008.

CLARAMUNT, A. *Los trabajadores sociales en el Uruguay de la última década*: sus espacios ocupacionales y condiciones de trabajo. 2018. Tese (Doutorado em Ciências Sociais com especialização em Trabalho Social) — Universidad de La República del Uruguay, Montevidéu, 2018.

CLARAMUNT, A. Transformaciones globales en el contexto del capitalismo financeirizado, reestructuración productiva e impactos sobre la clase que vive de la venta de su fuerza de trabajo. *In*: CASAS, Alejandro (org.). *Sujetos colectivos populares, mundo del trabajo y territorios*: estudios en el Uruguay progresista. Montevidéu: Área Académica De Liberación, 46-68, 2019.

CLARAMUNT, A. S.; MACHADO, Gustavo; ROCCO, Beatriz. Sujetos colectivos y Trabajo Social: apuntes sobre las estrategias de intervención y sus componentes ético-políticos. *In*: CASAS, Alejandro (org.). *Sujetos colectivos populares, mundo del trabajo y territorios*: estudios en el Uruguay progresista. Montevidéu: Área Académica De Liberación, 56-67, 2019.

COSTÁBILE, S. Leopold. *Los laberintos de la infancia*: discursos, representaciones y crítica. Montevideo: Universidad de la República Uruguay, CSIC, 2014.

COSTÁBILE, S. Leopold; LAURINO, C. González. Los riesgos de la individualización en el nuevo modelo de protección social uruguayo: el caso del Programa Jóvenes en Red. *Sociedade em Debate*, 21(1), 211-254, 2015. Disponível em: https://revistas.ucpel.edu.br/rsd/article/view/1224. Acesso em: 7 fev. 2022.

DE MARTINO, Mónica. Familias y Protección Social. Diálogos entre el campo del marxismo y Foucault. *Revista de Políticas Publicas* (UFMA), v. 13, p. 43-53, 2009.

DE MARTINO, Mónica. Marxismo, género e historia social. Puntos y Contrapuntos. *Revista de Políticas Públicas* (UFMA), v. 14, p. 39-46, 2010.

DE MARTINO, Mónica. Sobre el método progresivo-regresivo sartreano: una perspectiva para el trabajo social. *Revista Katálysis*, Florianópolis, v. 23, n. 3, p. 590-600, set./dez. 2020. ISSN 1982-0259. Disponível em: https://doi.org/10.1590/1982-02592020v23n3p590. Acesso em: 7 fev. 2022.

DE MARTINO, Mónica. Vulnerabilidad como economización de lo social. *Perspectivas* — Notas sobre intervención y acción social, v. 1, p. 103-114, 2010.

DE MARTINO, Monica Solange; ORTEGA, Elisabeth. Passado e presente do Serviço Social uruguaio. Sobre as teses de precarização. *In*: YAZBEK, Maria Carmelita; IAMAMOTO, Marilda Villela (org.). *Serviço Social na História — América Latina, África e Europa*. São Paulo: Cortez, 2019. p. 188-216.

ERRANDONEA, Alfredo. Entre dictadura y "dictablanda". Cuadernos de Marcha — Cuadernos del CLAEH — una revista plural para una sociedad en transformación. Montevideo: Impresora Polo LTDA, tercera época, año II, n.14, 13-14, diciembre de 1986. Disponivel em: http://bibliotecadigital.bibna.gub.uy:8080/jspui/handle/123456789/43238

GUERRA, Y. *A polêmica sobre o Mestrado Profissional e a área de Serviço Social:* subsídios à reflexão. Rio de Janeiro, 2012. Disponível em: http://www.abepss.org.br/arquivos/anexos/a-polemica-sobre-o-mestrado-profissional-e-ss-201707191921520152250.pdf. Acesso em: 18 fev. 2021.

LAURINO, C. González. Sentidos, prácticas y modificaciones en los informes técnicos del sistema penal juvenil uruguayo. *Tempo Social*, 33(1), 203-224, 2021. Disponível em: https://doi.org/10.11606/0103-2070.ts.2021.172532. Acesso em: 7 fev. 2022.

LAURINO, C. González; COSTÁBILE, S. Leopold. *Cuadernos del diploma en penalidad juvenil — Mirar lejos*: continuidades y rupturas en el control socio penal adolescente. Montevidéu: Casa Bertolt Brecht e Grupo de Estudios sobre Infracción Adolescente, 2018.

LAURINO, C. González; COSTÁBILE, S. Leopold. *Cuadernos del diploma en penalidad juvenil* — Argumentar y castigar. Saberes y prácticas expertas en la justicia penal juvenil. Montevidéu: Casa Bertolt Brecht e Grupo de Estudios sobre Infracción Adolescente, 2019.

LAURINO, C. González; COSTÁBILE, S. Leopold. Transformaciones en la Matriz de Protección Uruguaya a Inicios del Siglo XXI — Transformations in the Uruguayan Protection Matrix at the Beginning of the 21st Century. *Textos & Contextos* (Porto Alegre), 17(1), 52-66, 2018. Disponível em: https://doi.org/10.15448/1677-9509.2018.1.29077. Acesso em: 7 fev. 2022.

MARIATTI, A. El proceso de transformación laboral en Uruguay. *Textos & Contextos*. Porto Alegre, 19(1), e38359, 2020. Disponível em: https://doi.org/10.15448/1677-9509.2020.1.38359. Acesso em: 7 fev. 2022.

NETTO, J. P. *Ditadura e Serviço Social*: uma análise do Serviço Social no Brasil pós-64. 11. ed. São Paulo: Cortez, 2007.

NETTO, J. P. *Capitalismo monopolista e Serviço Social.* São Paulo: Cortez, 1992.

ORTEGA, E. *El Servicio Social y los procesos de medicalización de la sociedad uruguaya en el período neobatllista.* Montevidéu: Trilce, 2008.

ORTEGA, E. *Medicina, religión y gestión de lo social*: un análisis genealógico de las transformaciones del Servicio Social en el Uruguay (1955-1973). Montevidéu: Udelar, 2011.

RIVERO, Silvia. *De la acción política a la gestión. Sociedad civil en movimiento.* 2013. Tese (Doutorado) — Facultad de Ciencias Sociales Udelar, Montevidéu, 2013.

SILVA, J. F. S.; BENTURA, José Pablo. *O Serviço Social uruguaio e suas bases críticas.* Serv. Soc. Soc., São Paulo, n. 143, p. 62-80, jan./abr. 2022.

VENCINDAY, Laura; BENTURA, José Pablo (org.). *Entre la asistencia y la activación*: intervenciones sobre la pobreza en el Uruguay progresista. Montevidéu: Udelar/Grupo de Estudios sobre Sistemas de Protección Social, Prácticas Institucionales e Profesionales, 2019.

SOBRE OS(AS) AUTORES(AS)

ADA VERA ROJAS — Assistente Social formada pela Universidad Nacional de Asunción (UNA), doutoranda em Serviço Social na Universidad Nacional de La Plata (UNLP-Argentina). Professora da FACSO-UNA desde 1996 de disciplinas que tratam de temas relacionados aos fundamentos e à prática do Serviço Social, no Departamento de Serviço Social da Una. Diretora da Faculdade de Ciências Sociais da Universidad Nacional de Asunción, autora dos textos "La formación disciplinar del trabajo social. Conservadurismo, derechos sociales y políticas sociales" e "Reflexiones sobre la Cuestión Social en Paraguay", bem como de outros trabalhos publicados em revistas científicas no país e no exterior. País de origem: Paraguai.

AILA FERNANDA DOS SANTOS — Assistente Social, mestra em Serviço Social e Políticas Sociais pela Unifesp-Baixada Santista e doutoranda em Serviço Social pela PUC-SP. Professora substituta na Faculdade de Serviço Social da Universidade Federal do Rio de Janeiro. Integrante do Grupo de Estudos e Pesquisa Trabalho e Profissão da PUC-SP e do Grupo de Estudos e Pesquisas Marxistas (Gepem). Pesquisa sobre feminismo marxista, proibicionismo às drogas e América Latina. País de origem: Brasil.

ALAN DE LOIOLA ALVES — Assistente Social. Especialista em Atendimento a Criança e Adolescente Vítima de Violência Doméstica. Mestre em Serviço Social pela PUC-Rio. Doutor em Serviço Social pela

PUC-SP. Docente de graduação em Serviço Social no eixo de Fundamentos Históricos e Teórico-Metodológicos. Pesquisador do Núcleo de Estudos e Pesquisas sobre Crianças e Adolescentes (NCA-PUC-SP). Principais áreas de pesquisa: Infância e Adolescência, Exploração Sexual Comercial, Proteção Social, Serviço Social, América Latina e MERCOSUL. País de origem: Brasil.

ALEX FABIANO DE TOLEDO — Graduado em Filosofia pela Faculdade Jesuíta de Filosofia e Teologia (Faje). Graduado em Serviço Social pelo Centro Universitário das Faculdades Metropolitanas Unidas (FMU). Mestre, Doutor e Pós-Doutor em Serviço Social pela Pontifícia Universidade Católica de São Paulo (PUC-SP). Professor do Curso de Serviço Social na Universidade do Oeste do Paraná (Unioeste). País de origem: Brasil.

ALFREDO VIELMA — Graduado em Serviço Social pela Universidade do Chile. País de origem: Chile.

BEATRIZ PAES DIAS FERNANDES — Bacharel em Serviço Social pela Universidade Estadual Paulista Júlio de Mesquita Filho (Unesp). Integrante do Grupo de Pesquisa "Serviço Social e América Latina: tendências teóricas atuais" desde 2018. Bolsista PIBIC de 2018 a 2020, tendo como produção final a monografia *Ditaduras cívico-militares, universidades e Serviço Social na Argentina de 1955-1983*. País de origem: Brasil.

CAMILA CAROLINE DE OLIVEIRA FERREIRA — Assistente Social. Doutoranda em Serviço Social pela PUC-SP. Mestre em Serviço Social pela Universidade Federal de São Paulo (Unifesp). Graduada em Serviço Social pela Universidade Estadual Paulista (Unesp), Faculdade de Ciências Humanas e Sociais. Professora substituta do Departamento de Serviço Social da Universidade de Brasília (UnB). Membro do Grupo de Estudos e Pesquisas Marxistas (Gepem) e do Núcleo de Estudos e Pesquisa sobre Trabalho e Profissão (Netrab).

Pesquisa sobre financeirização do capital, crédito e endividamento da classe trabalhadora. País de origem: Brasil.

DEBORA DE OLIVEIRA CARVALHO — Graduanda em Serviço Social pela Universidade Estadual Paulista Júlio de Mesquita Filho (Unesp). Bolsista Fapesp de 2019 a 2020. Tema de estudo: *Formação Profissional na Escuela de Trabajo Social da Universidad de Costa Rica* (Proc. 2019/10108-0). Membra do grupo de extensão da Unesp, Núcleo Agrário Terra e Raiz (Natra). País de origem: Brasil.

DOUGLAS ALVES DOS SANTOS — Doutorando em Serviço Social no Programa de Estudos Pós-Graduados em Serviço Social na Pontifícia Universidade Católica de São Paulo (PUC-SP). Mestre em Serviço Social pela mesma universidade (2019). Assistente Social graduado pela Universidade Federal de São Paulo (Unifesp) (2016). Participante do Núcleo de Estudos e Pesquisas Trabalho e Profissão (Netrab); Núcleo de Estudos e Pesquisas sobre Movimentos Sociais (Nemos); Núcleo de Estudos e Pesquisas sobre Identidade (Nepi) e do Núcleo de Estudos em Aprofundamento Marxista (Neam), todos na PUC-SP. Linhas de pesquisa: Fundamentos do Serviço Social; Trabalho e Serviço Social; Serviço Social no âmbito da Política de Educação; Política Social. País de origem: Brasil.

ENRIQUE JAVIER GÓMEZ CABEZAS — Doutor em Ciências Sociológicas e mestrado em Desenvolvimento Comunitário. Sua pesquisa de doutorado é pioneira no Serviço Social/Trabalho Social em Cuba. Professor titular, pesquisador e vice-diretor científico do Centro de Investigaciones Psicológicas y Sociológicas de Havana. País de origem: Cuba.

FREDDY GIOVANNI ESQUÍVEL CORELLA — Professor Catedrático em Serviço Social, Universidad de Costa Rica. Doutor em Educação (CSUCA-Uned, Costa Rica). Mestre em Ciência em Serviço Social, ênfase em pesquisa (SEP-UCR, Costa Rica). Graduado em Serviço Social (Universidad de Costa Rica — UCR, Costa Rica). Bacharel em Serviço Social (UCR, Costa Rica). Doutorando em Ciências Sociais com especialização em Serviço Social (Udelar, Uruguai). Pós-Doutorando em Serviço Social e Política Social (Unifesp). Pesquisador em reprodução do Serviço Social na América Latina e Europa, Direitos Humanos e Ontologia em Lukács. Ex-diretor do Programa de Pós-Graduação em Serviço Social da UCR. Ex-vice-diretor da Escuela de Trabajo Social UCR. País de origem: Costa Rica.

GABRIELA ABRAHÃO MASSON — Doutora em Serviço Social pela Unesp/Franca (2016), com fomento da Capes. Mestre e graduada em Serviço Social pela Unesp/Franca (2011/2006), onde desenvolveu estudos e pesquisas com fomento da Fapesp. Especialista em Serviço Social, Famílias e Reabilitação na área da Saúde, pela Unicamp (2008), onde contou com o fomento da Fundap. Experiência profissional como assistente social no âmbito das políticas públicas, trabalho com ênfase na saúde, assistência social e questão agrária. Professora no Departamento de Serviço Social da UFTM e atuação na Residência Multiprofissional em Saúde da UFTM. Foi membro do Grupo de Estudos e Pesquisa em Política Social da Unesp/Franca (2012 a 2016); é membro do Grupo de Estudos Teoria Social de Marx e Serviço Social e do Núcleo de Estudos Territoriais e Agrários (Naterra). Foi membro titular da Abepss/Região Sul II (gestão 2014/2015). Coordena o Programa Interdisciplinar de Extensão "Fortalecendo a Agricultura Camponesa" em Uberaba (Facu), na UFTM, que desde 2015 busca fomentar a agricultura camponesa em Uberaba, por meio da extensão universitária. A equipe Facu/Naterra tem realizado ações no âmbito de ensino, pesquisa e extensão; a Feira da Agricultura Camponesa na UFTM é uma delas. País de origem: Brasil.

GRACIELLE FEITOSA DE LOIOLA — Assistente Social. Exercício profissional nas áreas da assistência social e judiciária. Mestre e Doutoranda em Serviço Social pela PUC-SP. Pesquisadora do Núcleo de

Estudos e Pesquisas sobre Crianças e Adolescentes — NCA/PUC-SP e do Núcleo de Estudos e Pesquisa sobre Identidade (NEPI/PUC-SP). País de origem: Brasil.

JOSÉ FERNANDO SIQUEIRA DA SILVA — Assistente Social graduado pela Universidade Estadual Paulista (Unesp-Franca). Mestre e doutor em Serviço Social pela Pontifícia Universidade Católica de São Paulo (PUC-SP). Livre-docente em Serviço Social pela Universidade Estadual Paulista (Unesp), Faculdade de Ciências Humanas e Sociais. Pós-Doutor em Serviço Social pela Universidade Nacional de La Plata (UNLP — Argentina) e Universidade da República (Udelar — Uruguai). Professor Titular do Departamento de Serviço Social da Unesp-Franca. Docente colaborador do Programa de Pós-Graduação em Serviço Social e Políticas Sociais da Universidade Federal de São Paulo (Unifesp) e do Programa de Pós-Graduação em Serviço Social da Unesp-Franca. Bolsista Produtividade do CNPq desde março de 2009 (nível 2). Coordenador do Grupo de Estudos e Pesquisas Marxistas (Gepem). Autor de diversos artigos, capítulos e livros, entre eles *"Serviço Social: resistência e emancipação?", "'Justiceiros' e violência urbana" e "Política Social e Serviço Social: Brasil e Cuba em Debate"*. País de origem: Brasil.

JOSÉ PABLO BENTURA — Assistente Social. Doutor em Ciências Sociais pela Faculdade Latino-Americana de Ciências Sociais (FCS) da Universidade da República (Udelar — Uruguai). Docente e pesquisador do Departamento de Trabalho Social da Faculdade de Ciências Sociais da Universidade da República. Pesquisador do Sistema Nacional de Investigadores da Agência Nacional de Investigação e Inovação (ANII). País de origem: Uruguai.

LAURA MASSA — Graduada em Serviço Social (Universidade Nacional de Lujan-UNLu), Especialista em Estudos de Gênero (UNLu), concluiu o curso completo do Mestrado em Economia Social

(Universidade Nacional de General Sarmiento-UNGS) e Doutora em Ciências Sociais e Humanas (UNLu). Atua como professora associada e pesquisadora na Universidad Nacional de Lujan (Bs As) e professora titular na Faculdade de Serviço Social da Universidade Nacional de La Plata. Na pós-graduação faz parte do corpo docente do Mestrado em Serviço Social da Universidad do Centro do Pcia de Bs As e da Especialização em Gestão da Economia Social e Solidária (EGESS) da Universidad Nacional de Quilmes. É autora e coautora de livros, capítulos de livros, artigos e textos de apoio acadêmico. Como pesquisadora, dirige projetos de pesquisa ligados à prática profissional de uma perspectiva feminista e territorial. Atuou profissionalmente em equipes técnicas e em funções de gestão/coordenação/direção nas áreas de saúde, gênero, economia social, formação. Em três ocasiões fez parte da equipe de gestão da carreira Licenciatura em Serviço Social da Universidad Nacional de Luján. Atualmente, combina ensino, pesquisa e extensão com a co-supervisão de equipes técnicas de diferentes campos de intervenção. País de origem: Argentina.

MARIA CARMELITA YAZBEK — Assistente Social. Doutora em Serviço Social pela Pontifícia Universidade Católica de São Paulo PUC-SP. Pós-doutora pelo Instituto de Estudos Avançados da Universidade de São Paulo (USP). Professora do Programa Pós-Graduação em Serviço Social da PUC-SP, membro do Conselho Científico e Acadêmico da Faculdade de Serviço Social da Universidade Nacional de La Plata (UNLP-Argentina). Professora visitante do Instituto Superior João Paulo segundo de Luanda Angola e da Universidade Lusófona de Porto (Portugal). Bolsista Produtividade em Pesquisa do Conselho Nacional de Desenvolvimento Científico e Tecnológico CNPq-Brasil, nível 1A. País de origem: Brasil.

MARIA CONCEIÇÃO BORGES DANTAS — Doutora e Mestre em Serviço Social pela PUC-SP. Tese: *O trabalho de assistentes sociais na Educação Profissional e Tecnológica*: desvelando seu processamento no Instituto Federal de São Paulo (IFSP). Graduada em Serviço Social pela Universidade Estadual Paulista Júlio de Mesquita Filho (2003). Assistente Social no Instituto Federal de São Paulo, Campus Paulo, desde 2013. Organizadora do livro *Serviço Social e Educação Profissional e Tecnológica* (Cortez, 2019) e membra da atual Gestão Estadual do Conselho Regional de Serviço Social — Gestão Ampliações: Em defesa do Serviço Social — Nos encontramos na luta (2020-2023). País de origem: Brasil.

MARÍA DEL CARMEN GARCÍA — Assistente Social formada pela Universidad Nacional de Asunción, Técnica de Pesquisa do Instituto Social do Mercosul (ISM), Mestre em Políticas migratórias pela Universidade de Buenos Aires e Doutoranda em Serviço Social pela Universidad Nacional de La Plata (UNLP-Argentina). Professora em temas relacionados a Políticas Sociais e Abordagens de Trabalho Social desde 1999. Professora classificada da FACSO-UNA no Departamento de Serviço Social UNA. Professora de pesquisa e autora de trabalhos sobre as matrizes teóricas que subsidiam o ensino do Serviço Social. No ISM, pesquisa as políticas sociais do Paraguai e do Cone Sul da América Latina. É editora da revista *KeraYboty*: Reflexiones sobre la Cuestión Social. País de origem: Paraguai.

MARILEIA GOIN — Assistente Social. Doutora em Serviço Social pela PUC-RS. Pós-doutora pela PUC-SP. Docente da Graduação e da Pós-Graduação do Departamento de Serviço Social da Universidade de Brasília (UnB). Líder do Grupo de Estudos e Pesquisas sobre Fundamentos do Serviço Social e América Latina (GFAL). País de origem: Brasil.

MIRTHA JULIANA YORDI GARCÍA — Graduada em Filosofia. Doutora em Ciências Filosóficas pela Universidade Estadual de Minsk, Bielorrússia. Professora do Facultad de Ciencias Sociales, de la Universidad de Camagüey, Cuba. Catedrática em Estudos de

Desenvolvimento da Unesco (2002) da Universidad de Valencia, España. Professor visitante da Universidade de Guadalajara, Jalisco México. País de origem: Cuba.

NATHÁLIA LOPES CALDEIRA BRANT — Assistente social no Ifsuldeminas, Campus Machado. Graduada e Mestre em Serviço Social pela Unesp-Franca. Doutora em Serviço Social pela PUC-SP. Cocoordenadora do Núcleo de Estudos em Agroecologia e Produção Orgânica (Neapo). Pesquisadora no Grupo de Estudos e Pesquisas Marxistas (Gepem) e no Núcleo de Estudos Trabalho, Agroecologia e Soberania Alimentar (Netasa). País de origem: Brasil.

NATHALY DÍAZ CELIS — Assistente Social e estudante de Mestrado em Serviço Social da Universidade do Chile. Tese Fondecyt n. 1190866. País de origem: Chile.

PAULA VIDAL — Doutora em Serviço Social pela Universidade Federal do Rio de Janeiro, Brasil. Professora Associada, Coordenadora do Mestrado em Serviço Social e do Núcleo de Relações Socioeconômicas e Lutas Sociais da Faculdade de Ciências Sociais da Universidade do Chile. Pesquisadora responsável pelo projeto Fondecyt n. 1190866. Membro do Conselho Nacional do Colégio de Assistentes Sociais do Chile. País de origem: Chile.

RAQUEL SANTOS SANT ANA — Assistente Social formada pela Faculdade de Serviço Social de Lins. Mestre em Ciências Sociais com ênfase em Sociologia Rural pela Faculdade de Ciências e Letras de Araraquara (Unesp). Doutora em Serviço Social pela Faculdade de Ciências Humanas e Sociais de Franca (Unesp). Pós-Doutora pela Faculdade de Serviço Social da Universidade Federal do Rio de Janeiro (UFRJ). Professora da disciplina de Fundamentos de Serviço Social do Departamento de Serviço Social da Faculdade de Ciências Humanas e Sociais de Franca (Unesp). Pesquisadora do Grupo de Estudos e Pesquisas Marxistas (Gepem). Investigadora da temática agrária e Serviço Social. País de origem: Brasil.

SERGIO GIANNA — Graduado em Serviço Social (ETS-UNC), Mestre em Serviço Social FTS — Universidad Nacional de La Plata (UNLP) e Doutor em Ciências Sociais (FSOC-UBA). Professor do Departamento de Ciências Sociais da Universidade Nacional de Luján e Professor Visitante do Programa de Pós-Graduação em Serviço Social da Universidade Federal de Alagoas (UFU). Membro do Grupo de Pesquisa em Reprodução Social (FSSO-UFAL) e pesquisador sobre os fundamentos do Serviço Social e o trabalho de Lukács e Mészáros. Editor de *Editorial Dynamis*, autor de diversos artigos em mídia acadêmica, capítulos de livros e do livro *Ideologia, ciência e filosofia:* unidade e diferença no pensamento de Lukács e Mészáros (disponível em: https://drive.google.com/file/d/1MGSXkuJ1zfJfsJg1tJMG_9e06nvGV1fr/view). País de origem: Argentina.

SHIRLENY PEREIRA DE SOUZA OLIVEIRA — Assistente Social. Especialista em Serviço Social no Sóciojurídico e a Atuação do Profissional no Sistema de Garantia de Direitos: fundamentos teórico-metodológicos, assessoria, perícia e gestão (Unialphaville e AASPSI Brasil). Mestra em Direitos Humanos, Cidadania e Políticas Públicas pela Universidade Federal da Paraíba (PPGDH/UFPB). Doutoranda em Serviço Social pela Pontifícia Universidade Católica de São Paulo (PEPGSS/PUC-SP). Principais áreas de pesquisa: Serviço Social, América Latina, Direitos Humanos e Sistema Prisional. País de origem: Brasil.

STELLA MARY GARCÍA AGÜERO — Assistente Social formada pela Universidade Nacional de Asunción, Mestre em Serviço Social pela Universidade Federal de Rio de Janeiro (UFRJ — Brasil) e doutoranda em Ciências Humanas e Sociais pela Universidad Nacional de Misiones (Unam — Argentina). Professora em temas relacionados a Políticas Sociais, Formação Sociohistórica do Paraguai e Fundamentos do Trabalho Social desde 1997. Professora classificada no Departamento de Serviço Social FACSO-UNA e no Departamento de Sociologia FACSO-UNA. Diretora da Carreira de Trabalho Social atualmente (2021). Autora do livro *La Cuestión Social en el Paraguay del siglo XX:* Trabajo Social y Políticas Sociales 1900-2000 e coautora de outras publicações relacionadas a problemas de fronteira, proteção social e políticas públicas. País de origem: Paraguai.

TERESA DEL PILAR MUÑOZ GUTIÉRREZ — Doutora em Filosofia pela Universidade de Kiev, Ucrânia. Licenciada em História pela Universidade de Havana — UH (1977). Professora Titular da UH e presidenta do Conselho Científico da Faculdade de Filosofia e História da mesma universidade. Presidenta do Comitê de Mestrado em Sociologia do Departamento de Sociologia da Universidade de Havana. Presidenta do Tribunal de Doutorado em Sociologia da República de Cuba. Linhas de investigação: história e teoria do Trabalho Social e teoria sociológica em Cuba. Coordenadora Cubana do Projeto Capes-Mes-Cuba (2011-2014 — processo n. 098/2010). País de origem: Cuba.

YESSENIA FALLAS JIMÉNEZ — Bacharelado em Serviço Social, pela Universidade da Costa Rica. Licenciatura em Serviço Social, pela Universidade da Costa Rica. Mestrado em Serviço Social com ênfase em pesquisa, pela Universidade da Costa Rica. Doutorado em Serviço Social, pela Universidade Federal de Rio de Janeiro, Brasil. Professora da Escola de Serviço Social da Universidade da Costa Rica, especificamente nos cursos da linha da história, teoria e métodos do Serviço Social e da Pesquisa. Pesquisadora da mesma universidade especificamente em temas relativos ao capital, Estado moderno e crise estrutural. País de origem: Costa Rica.